中華文化復興運動推行委員會(國家文化總會)
國立編譯館中華叢書編審委員會 主編

史記今註

（四）

馬持盈 註

臺灣商務印書館

目次

【第四冊】

卷三十九　晉世家第九

晉唐叔虞者㊀，周武王子而成王弟。初，武王與叔虞母會時，夢天謂武王曰：「余命女生子，名虞，余與之唐。」及生子，文在其手曰「虞」，故遂因命之曰虞。

【註】㊀唐叔虞初封於唐，後封於晉，故曰晉唐叔虞。叔者，兄弟長幼次序之排號，虞者，其名也。晉之疆土甚廣，所滅十八國，又衞滅之邢，秦滅之滑，皆歸於晉。景公時，翦滅眾狄，盡收其前日蹂躪中國之地。又東得衞之殷墟，鄭之虎牢，自西及東，延袤二千餘里。有山西全省，有河南省舊懷慶府衞輝府之各縣，黃河以南之陝州、閿（音文，ㄨㄣˊ）鄉、靈寶、洛寧、澠池、偃師、嵩縣、亦均屬之。有河北省舊大名府、順德府、真定府縣各。有陝西省之舊同州府、延安府、及西安府之臨潼縣各地，有山東省舊東昌府之恩縣、冠縣，曹州府之范縣各地。跨五省之地，共二十二府、五州，可以說是泱泱大國了。

武王崩，成王立，唐有亂㊀，周公誅滅唐。成王與叔虞戲，削桐葉為珪㊁以與叔虞，曰：「以此封若㊂。」史佚因請擇日立叔虞㊃。成王曰：「吾與之戲耳。」史佚曰：「天子無戲言。言則史書之，禮成之，樂歌之。」於是遂封叔虞於唐。唐在河、汾之東，方百里，故曰唐叔虞。姓姬氏，字子于。

【註】㊀故唐城在山西翼城西二十里，即堯嗣所封之地。㊁削桐葉以為圭玉之狀。㊂若：汝。㊃史佚：成王時史官之名。天子說話，行事，都有史官的記錄。

唐叔子燮，是為晉侯。晉侯子寧族，是為武侯。武侯之子服人，是為成侯。成侯子福，是為厲侯。厲侯之子宜臼，是為靖侯。靖侯已來，年紀可推。自唐叔至靖侯五世，無其年數。

靖侯十七年，周厲王迷惑暴虐，國人作亂，厲王出奔于彘，大臣行政，故曰「共和」。

十八年，靖侯卒，子釐侯司徒立。釐侯十四年，周宣王初立。十八年，釐侯卒，子獻侯籍立。獻侯十一年卒，子穆侯費王立。

穆侯四年，取齊女姜氏為夫人。七年，伐條。生太子仇。十年，伐千畝㊀，有功。生少子，名曰成師。晉人師服曰㊁：「異哉，君之命子也！太子曰仇，仇者讎也。少子曰成師，成師大號，成之者也。名，自命也；物，自定也。今適庶名反逆㊂，此後晉其能毋亂乎？」

【註】㊀千畝：在山西介休縣。㊁師服：晉大夫。㊂嫡庶之名，正好相反，不順於理。適：同「嫡」。

二十七年，穆侯卒，弟殤叔自立，太子仇出奔。殤叔三年，周宣王崩。四年，穆侯太子仇率其徒襲殤叔而立，是為文侯。

文侯十年，周幽王無道，犬戎殺幽王，周東徙。而秦襄公始列為諸侯。

三十五年，文侯仇卒，子昭侯伯立。

昭侯元年，封文侯弟成師于曲沃㊀。曲沃邑大於翼。翼，晉君都邑也。成師封曲沃，號為桓叔。靖侯庶孫欒賓相桓叔。桓叔是時年五十八矣，好聽，晉國之眾皆附焉。君子曰：「晉之亂其在曲沃矣。末大於本而得民心，不亂何待㊁！」

【註】㊀曲沃：當時之地在今山西聞喜縣。曲沃之為邑，大於京都翼城。㊁末杪比根幹大，而桓叔又得民心，怎麼能不發生變亂呢？

七年，晉大臣潘父弒其君昭侯而迎曲沃桓叔。桓叔欲入晉，晉人發兵攻桓叔。桓叔敗，還歸曲沃。晉人共立昭侯子平為君，是為孝侯。誅潘父。

孝侯八年，曲沃桓叔卒，子鱓㊀代桓叔，是為曲沃莊伯。孝侯十五年，曲沃莊伯弒其君晉孝侯于翼。晉人攻曲沃莊伯，莊伯復入曲沃。晉人復立孝侯子郄㊁為君，是為鄂侯。

【註】㊀鱓：音善（ㄕㄢˋ）。㊁郄：音細（ㄒㄧˋ），通「郤」字。

鄂侯二年，魯隱公初立。

鄂侯六年卒。曲沃莊伯聞晉鄂侯卒，乃興兵伐晉。周平王使虢公將兵伐曲沃莊伯，莊伯走保曲沃。晉人共立鄂侯子光，是為哀侯。

哀侯二年，曲沃莊伯卒，子稱代莊伯立，是為曲沃武公。哀侯六年，魯弒其君隱公。哀侯八年，晉侵陘廷㈠。陘廷與曲沃武公謀，九年，伐晉于汾旁㈡，虜哀侯。晉人乃立哀侯子小子為君，是為小子侯。

【註】㈠陘廷：在山西翼城縣東南。陘，音行（ㄒㄧㄥˊ）。㈡汾旁：汾水之旁。

小子元年，曲沃武公使韓萬殺所虜晉哀侯㈠。曲沃益彊，晉無如之何。

【註】㈠曲沃的勢力更為強大，曲沃武公把晉哀侯殺了，晉國一點辦法也沒有。

晉小子之四年，曲沃武公誘召晉小子殺之。周桓王使虢仲㈠伐曲沃武公，武公入于曲沃，乃立晉哀侯弟緡為晉侯。

【註】㈠虢仲：周武王克商，封文王異母弟虢仲於夏陽。夏陽：在陝西韓城縣南。

晉侯緡四年，宋執鄭祭仲而立突為鄭君。晉侯十九年，齊人管至父弒其君襄公。

晉侯二十八年，齊桓公始霸。曲沃武公伐晉侯緡，滅之，盡以其寶器賂獻于周釐王。釐王命曲沃武公為晉君，列為諸侯，於是盡併晉地而有之。

曲沃武公已即位三十七年矣，更號曰晉武公。晉武公始都晉國，前即位曲沃，通年三十八年。

武公稱者，先晉穆侯曾孫也，曲沃桓叔孫也。桓叔者，始封曲沃。武公，莊伯子也。自桓叔初封曲沃以至武公滅晉也，凡六十七歲，而卒代晉為諸侯。武公代晉二歲，卒。與曲沃通年㊀，即位凡三十九年而卒。子獻公詭諸立。

【註】㊀通年：從其為曲沃武公之始以至於代晉而為諸侯之年，合併通計，曰「通年」。

獻公元年，周惠王弟穨攻惠王，惠王出奔，居鄭之櫟邑㊀。

【註】㊀櫟邑：在河南禹縣。櫟，音利（ㄌㄧˋ）。

五年，伐驪戎㊀，得驪姬弟㊁，俱愛幸之。

【註】㈠驪戎：在陝西臨潼縣東。㈡弟：妹妹。

八年，士蔿說公㈠曰：「故晉之羣公子多，不誅，亂且起㈡。」乃使盡殺諸公子，而城聚都之，命曰絳，始都絳㈢。九年，晉羣公子既亡奔虢，虢以其故再伐晉，弗克。十年，晉欲伐虢，士蔿曰：「且待其亂㈣。」

【註】㈠士蔿：晉大夫，蔿，音偉（ㄨㄟˇ）。㈡晉國原來的羣公子還有很多，如果不把他們都殺死，禍亂將會起來了。且：將也。㈢聚：晉邑名。今山西新絳縣。㈣且：暫時，姑且。可見「且」字的解釋甚多，隨文勢而定。

十二年，驪姬生奚齊。獻公有意廢太子，乃曰：「曲沃吾先祖宗廟所在，而蒲邊秦㈠，屈邊翟㈡，不使諸子居之，我懼焉。」於是使太子申生居曲沃，公子重耳居蒲，公子夷吾居屈。獻公與驪姬子奚齊居絳。晉國以此知太子不立也。太子申生，其母齊桓公女也，曰齊姜，早死。申生同母女弟為秦穆公夫人。重耳母，翟之狐氏女也。夷吾母，重耳母女弟也。獻公子八人，而太子申生、重耳、夷吾皆有賢行。及得驪姬，乃遠此三子㊂。

【註】㊀蒲：在山西隰縣西北。與秦國接境。㊁屈：在山西石樓縣東南，與狄人接境。㊂疏遠了這三個賢良的兒子。

十六年，晉獻公作二軍。公將上軍，太子申生將下軍，趙夙御戎，畢萬為右，伐滅霍㊀，滅魏㊁，滅耿㊂。還，為太子城曲沃㊃，賜趙夙耿，賜畢萬魏以為大夫。士蔿曰：「太子不得立矣。分之都城，而位以卿㊄，先為之極㊅，又安得立！不如逃之，無使罪至。為吳太伯，不亦可乎㊆，猶有令名㊇。」太子不從。卜偃曰㊈：「畢萬之後必大。萬，盈數也；魏，大名也㊉。以是始賞，天開之矣⑪。天子曰兆民，諸侯曰萬民，今命之大，以從盈數，其必有眾⑫。」初，畢萬卜仕於晉國，遇屯之比。辛廖⑬占之曰：「吉。屯固比入⑭，吉孰大焉。其後必蕃昌⑮。」

【註】㊀霍：在山西霍縣西南十六里。㊁魏：在山西芮城縣東北。㊂耿：在山西河津縣東南。㊃築曲沃之城。㊄將下軍，即卿之位也。㊅先把他的地位提高到至於不能再高。㊆吳太伯知天命在王

季，乃逃於吳，即暗示太子申生應該逃了。㈧令名：美好的聲名。㈨卜偃：晉掌卜之大夫，名偃。㈩魏：同「巍」，高大也。㈡上天為他開拓了盛大之路。㈢他一定會有廣大的羣眾。㈢辛廖：晉大夫。㈣屯：險難。固：堅久也。比：順利。入：轉化。言其受險難之長期磨鍊，即能堅固，而後轉化為順利。㈤這是最吉利的卦，其後人必然繁榮而昌盛。

十七年，晉侯使太子申生伐東山㈠。里克㈡諫獻公曰：「太子奉冢祀社稷之粢盛㈢，以朝夕視君膳者也，故曰冢子㈣。君行則守㈤，有守則從㈥，從曰撫軍㈦，守曰監國㈧，古之制也。夫率師，專行謀也㈨；誓軍旅，君與國政之所圖也：非太子之事也㈩。師在制命而已㈡，稟命則不威㈢，專命則不孝㈢，故君之嗣適不可以帥師㈣。君失其官㈤，率師不威㈥，將安用之㈦？」公曰：「寡人有子，未知其太子誰立㈧。」里克不對而退，見太子。太子曰：「吾其廢乎㈨？」里克曰：「太子勉之！教以軍旅，不共是懼，何故廢乎㈩？且子懼不孝，毋懼不復立㈡。修己而不責，則免於難㈢。」太子帥師，公衣之偏衣㈢，佩之金玦㈣。里克謝病，不從太子。太子遂伐東山。

【註】㈠東山：赤狄之別種，處於皋落氏，在今山西垣曲縣西北五十里。或謂在山西昔陽縣東七十里。㈡里克：晉卿里季也。㈢粢盛：祭祀之供物。㈣冢：大也。冢祀：宗廟之祭祀。冢子：嫡子也。㈤君行於外，則太子坐守於內。㈥如有人代太子而守，則太子可以從君而行。㈦從君出行是撫慰軍士。㈧坐守於內是監護國家。㈨統率軍隊必有行軍用謀的專斷之權。㈩宣佈號令，誓師動員，是君主與執政大臣所圖謀決策的事，不是太子的事。⑪統率軍隊就在於主宰命令，有發號施令的全權。（將在外，君命有所不受，以獲致戰果為第一）。⑫如果事事都稟承命令而行，那就一點威嚴沒有了。⑬如果專斷命令，全權在握，那就有近於不孝。⑭所以君之嫡嗣太子不可以帶領軍隊出兵作戰。⑮如果命令太子出征，那就是君上委託非人，失其官職。⑯如果太子出師，事事稟命，那就失其威嚴。⑰由此看來，這種措施，對於君王，對於太子，都是不適宜的，何必用這種辦法呢？⑱晉獻公說道：「我有好幾個兒子，現在還沒有決定立誰為太子。」（可見其廢太子之意了）。⑲里克回後，見了太子，太子問道：「我大概是要被廢立了嗎？」⑳里克說道：「太子啊，努力吧！現在命令（教）你率領軍隊，你應當戒慎恐懼的想法如何去達成任務（共：同「恭」，莊敬從事），何必談廢立不廢立的事呢？㉑並且為兒子者，只怕不孝順，不怕不得立。㉒只求修明自已本身，而不責怨別人，那就可以免於患難了。」㉓偏衣：左右顏色不同的衣服。雜色的衣服。㉔金玦：金屬所製之玦。玦，音決（ㄐㄩㄝˊ），玉佩也。半環曰玦。

十九年，獻公曰：「始吾先君莊伯、武公之誅晉亂，而虢常助晉伐我，又匿晉亡公子，果為亂。弗誅，後遺子孫憂。」乃使荀息以屈產之乘㊀假道於虞。虞假道，遂伐虢㊁取其下陽以歸㊂。

【註】㊀屈地所出產的有名之馬。㊁借道於虞以伐虢。虞：故城在今山西平陸縣東北六十里。虢：在今山西平陸縣。㊂下陽：在山西平陸縣東北。

獻公私謂驪姬曰：「吾欲廢太子，以奚齊代之。」驪姬泣曰：「太子之立，諸侯皆已知之，而數將兵，百姓附之，柰何以賤妾之故廢適立庶㊀？君必行之，妾自殺也。」驪姬詳譽太子㊁，而陰令人譖惡太子㊂，而欲立其子。

二十一年，驪姬謂太子曰：「君夢見齊姜㊃，太子速祭曲沃㊄，歸釐於君㊅。」太子於是祭其母齊姜於曲沃，上其薦胙於獻公㊆。獻公時出獵，置胙於宮中。驪姬使人置毒藥胙中㊇。居二日㊈，獻公從獵來還，宰人上胙獻公㊉，獻公欲饗之⑪。驪姬從旁止之，曰：「胙所從來遠，宜試之。」祭地，地墳⑫；與犬，犬死㊁；與小臣，小臣死。驪姬泣曰：「太子何忍也！其父而欲弑代之，況他人乎？且君老矣，旦暮之人，曾不能待而欲弑之㊃！」謂獻公曰：「太子所以然者，不過以妾及奚齊之故。妾願子母辟之他國，若早自殺，毋徒使母子為太子所魚肉也。始君欲廢之，妾猶恨之；至於今，妾殊自失於此㊄。」太子聞之，奔新城㊅。獻公怒，乃誅其傅杜原款。或謂太子曰：「為此藥者乃驪姬也，太子何不自辭明之㊆？」太子曰：「吾君老矣，非驪姬，寢不安，食不甘。即辭之，君且怒之。不可㊇。」或謂太子曰：「可奔他國㊈。」太子曰：「被此惡名以出，人誰內我？我自殺耳㊉。」十二月戊申，申生自殺於新城。

【註】㊀適：同「嫡」。㊁詳：同「佯」，假裝。㊂暗地裡使人讒害太子。㊃齊姜：太子生身之母。㊄齊姜之廟在曲沃。㊅把祭餘之肉，回敬於君上。釐：祭餘之肉。㊆奉上其獻祭之肉於獻公。薦：供獻。胙，音坐（ㄗㄨㄛˋ），祭肉。㊇驪姬使人放進毒藥於祭肉之中。㊈停了兩天。㊉宰人：廚子。⑪饗：食也。⑫墳：地突起如墳墓狀。⑬給犬吃，犬死。⑭驪姬裝作哭泣之狀，說道：「太子為什麼這麼樣的殘忍啊！對於自己的父親，居然想要殺了，取而代之，而況對於他人？況且君

上已經老了，早上活著，說不定晚上就會有三長兩短，就這樣等待不及而欲殺之！」㊄驪姬又對獻公說：「太子所以要這樣作，不過是為了妾及奚齊之故，妾願意子母們逃到別的國家，或者是（若）趕快自殺，免得我們母子門被太子所魚肉。以前君王想要廢他的時候，妾還極力反對，現在才知道我是錯誤了。」㊅曲沃，即是新築之城。㊆有人對太子說：「放進毒藥者是驪姬，你為什麼不具實說明呢？」㊇太子說：「君父已經是老了，沒有驪姬，便寢不安，食不甘。如果（即）具實說明，君父將會更加惱怒。不可以這樣做。」㊈又有人對太子說：「可以逃奔他國。」㊉太子說：「被了壞的聲名以逃亡，那個人會收容我呢？我只有自殺了。」

此時重耳、夷吾來朝。人或告驪姬曰：「二公子怨驪姬譖殺太子㊀。」驪姬恐，因譖二公子：「申生之藥胙，二公子知之。」二子聞之，恐，重耳走蒲，夷吾走屈，保其城，自備守。初，獻公使士蔿為二公子築蒲、屈城，弗就。夷吾以告公，公怒士蔿。士蔿謝曰：「邊城少寇，安用之？」退而歌曰：「狐裘蒙茸㊁，一國三公㊂，吾誰適從㊃！」卒就城。及申生死，二子亦歸保其城。

【註】㊀譖：音怎，去聲（ㄗㄣˋ），讒害，誣陷。㊁狐裘之毛，狼藉雜亂，亂七八糟。㊂一個國

家，三個主人。㈣我到底聽從誰的才對呢？

二十二年，獻公怒二子不辭而去，果有謀矣，乃使兵伐蒲。蒲人之宦者勃鞮命重耳促自殺。重耳踰垣㈠，宦者追斬其衣袪㈡。重耳遂奔翟㈢。使人伐屈，屈城守不可下。

【註】㈠重耳越牆而逃。㈡袪：袂也，音區（ㄑㄩ），衣袖也。㈢翟：同「狄」。

是歲也，晉復假道於虞以伐虢。虞之大夫宮之奇諫虞君曰：「晉不可假道也，是且滅虞。」虞君曰：「晉我同姓，不宜伐我。」宮之奇曰：「太白、虞仲，太王之子也，太伯亡去，是以不嗣。虢仲、虢叔，王季之子也，為文王卿士，其記勳在王室，藏於盟府㈠。將虢是滅，何愛于虞？且虞之親能親於桓、莊之族乎㈡？桓、莊之族何罪，盡滅之。虞之與虢，脣之與齒，脣亡則齒寒㈢。」虞公不聽，遂許晉。宮之奇以其族去虞㈣。其冬，晉滅虢，虢公醜奔周。還，襲滅虞㈤，虜虞公及其大夫井伯百里奚以媵秦穆姬㈥，而修虞祀。荀息牽曩所遺虞屈產之乘馬奉之獻公㈦，獻公笑曰：「馬則吾馬，齒亦老矣㈧！」

【註】㈠盟書所藏之府室。㈡桓、莊之族：即晉之羣公子，獻公八年，使士蔿盡殺之。獻公出身於桓、莊之族，而殺其族之羣公子，則獻公何愛於同姓之虞？故宮之奇言之甚切。㈢「脣亡齒寒」之成語，見於此。㈣宮之奇帶著他的族人，離開虞國。㈤晉師滅虢，軍隊回來的時候，順便把虞國也滅了。㈥穆姬：獻公之女，嫁往秦國。送女，曰媵，音映（一ㄥˋ）。晉國滅虞，虜其大夫百里奚，即以百里奚為陪嫁穆姬的僕從。㈦晉荀息把前時所行賄於虞公之屈地所產的名馬，也牽回晉國了，把馬獻於晉獻公。㈧晉獻公看見馬，笑道：「馬的確是我的馬，只是年紀已經老了。」

二十三年，獻公遂發賈華等伐屈㈠，屈潰㈡。夷吾將奔翟。冀芮曰：「不可，重耳已在矣，今往，晉必移兵伐翟，翟畏晉，禍且及。不如走梁㈢，梁近於秦，秦彊，吾君百歲後可以求入焉。」遂奔梁。二十五年，晉伐翟，翟以重耳故，亦擊晉於齧桑㈣，晉兵解而去。

【註】㈠屈：在山西石樓縣東南。公子夷吾所居之地。㈡潰：民逃其上，曰潰。㈢梁：在陝西韓城縣南二十里，古謂之少梁。㈣齧桑：即《左傳》所謂之「采桑」，在山西鄉寧縣西，大河津濟處

也。

當此時，晉彊，西有河西，與秦接境㈠，北邊翟㈡，東至河內㈢。

【註】㈠河西：泛指黃河以西之地，與秦接界，則河西之地，非秦有者，即為晉有。㈡翟：即狄：夷狄之族，與華夏種族正在同化中，故山西、河北、河南、山東、陝西、甘肅，皆有其種，由此可見當時中國民族混合複雜之狀，當時所謂夷狄者，今日都是混合的中國人也。當時晉國北與翟接境，大概在今日山西石樓縣以北之地。但石樓以南以東各地，仍多翟族生存之地，非石樓以北皆翟族，而石樓以南無翟族也。讀《左傳》一書可以作為研究中國民族之混合，發展的重要資料，亦可以作為中國社會組織演化發展之重要資料。㈢河內：在河南沁陽縣一帶之地，即舊日所謂懷慶府之地。

驪姬弟生悼子㈠。

【註】㈠弟：女弟，即其妹妹。

二十六年夏，齊桓公大會諸侯於葵丘㈠。晉獻公病，行後，未至，逢周之宰孔。宰孔曰：「齊桓公益驕，不務德而務遠略，諸侯弗平。君弟毋會，毋如晉何㈡。」獻公亦病，復還歸。病甚，乃謂荀息曰：「吾以奚齊為後，年少，諸大臣不服，恐亂起，子能立之乎㈢？」荀息曰：「能。」獻公曰：「何以為驗？」對曰：「使死者復生，生者不慙㈣，為之驗。」於是遂屬奚齊於荀息。荀息為相，主國政。秋九月，獻公卒。里克、邳鄭欲內重耳㈤，以三公子之徒作亂㈥，謂荀息曰：「三怨將起，秦、晉輔之，子將何如？」荀息曰：「吾不可負先君言。」十月，里克殺奚齊于喪次，獻公未喪也。荀息將死之，或曰不能立奚齊弟悼子而傅之，荀息立悼子而葬獻公。十一月，里克弒悼子于朝，荀息死之。君子曰：「詩所謂『白珪之玷，猶可磨也，斯言之玷，不可為也』，其荀息之謂乎！不負其言㈦。」初，獻公將伐驪戎，卜曰「齒牙為禍㈧。」及破驪戎，獲驪姬，愛之，竟以亂晉。

【註】㈠葵丘：在河南考城縣。㈡周之宰孔對晉獻公說：「齊桓公越發驕傲了，不努力於修明德行，而拼命的向外侵略，大家諸侯們心都不平。你儘管不參加他所召集之盟會，他對於你（晉）毫無辦法。」弟：同「第」，但，盡管不……。㈢立之為君。㈣即使死的人復生了，這個活著的人，對

於那個復生的人，也毫無對不起的地方。（這話的意思就是說，獻公死了之後，荀息一定不負所託，以忠貞之志，立奚齊為君而保護之，如同獻公活著似的，決不致於在獻公死了之後，就放棄諾言。雖獻公復生，面對獻公，不會有任何慚愧。）㊄里克等大臣想把重耳接回來，立之為君。納：接回來。㊅三公子：申生、重耳、夷吾。里克等要率領三公子們的幹部與羣眾起來推翻新成立的奚齊之政府。㊆《詩經・大雅》篇說：「白玉如果有了汙點，還可以磨而去之。但是，一個人說話如果有了汚點，便永遠沒有辦法了」，所以說話一定要兌現，要言行一致。荀息就是一個言行一致的人，不背叛他所說的話。（這是太史公稱讚荀息之為人）。《左傳》僖公九年記載此事甚詳，謂：初，獻公使荀息傅（輔）奚齊。公疾，召之，曰：「以是藐諸（藐然的）孤，辱在大夫，其若之何！」稽首而對曰：「臣竭其股肱之力，加之以忠貞，其濟，君之靈也；不濟，則以死繼之。」公曰：「何謂忠貞？」對曰：「公家之利，知無不為，忠也；送往事居，偶俱無猜，貞也。」「忠貞」二字，解釋得很好。㊇齒牙為禍：意謂讒言為禍，晉獻公伐得驪姬而寵愛之，而驪姬即以讒言害三公子，卒致晉國內部大流血。故曰齒牙為禍。

里克等已殺奚齊、悼子，使人迎公子重耳於翟，欲立之。重耳謝曰：「負父之命㊀出奔，父死不得脩人子之禮侍喪，重耳何敢入！大夫其更立他子。」還報里克，里克使迎夷吾於梁。夷吾欲往，呂省、郤芮曰：「內猶有公子可立者而外求，難信。計非之秦，輔彊國之威以入，恐危㈡。」乃使郤芮厚賂秦，約曰：「即得入，請以晉河西之地與秦㈢。」及遺里克書曰：「誠得立，請遂封子於汾陽之邑。」秦繆公乃發兵送夷吾於晉。齊桓公聞晉內亂，亦率諸侯如晉。秦兵與夷吾亦至晉，齊乃使隰朋會秦俱入夷吾，立為晉君，是為惠公。齊桓公至晉之高梁而還歸㈣。

【註】㈠負：違背。㈡呂省（甥）、郤芮說：「國內還有公子可立以為君，而現在到國外來求君，其中必有陰謀，不可相信。為今之計，必須到秦國求援，借強國的力量以回國，否則，恐怕要發生危險。」㈢乃派郤芮以厚重的禮物，賄賂秦國，約誓的說：「如果（即）得秦國之助，能夠回國，就以晉國在黃河以西之地，盡給予秦國。」㈣高梁：在山西臨汾縣東北。

惠公夷吾元年，使邳鄭謝秦曰：「始夷吾以河西地許君，今幸得入立。大臣曰：『地者先君之地，君亡在外，何以得擅許秦者？』寡人爭之弗能得，故謝秦㈠。」亦不與里克汾陽邑，而奪之權。四月，周襄王使周公忌父會齊、秦大夫共禮晉惠公。惠公以重耳在外，畏里克為變，賜里克死。謂曰：「微里子，寡人不得立㊁。雖然，子亦殺二君一大夫㊂，為子君者不亦難乎？」里克對曰：「不有所廢，君何以興？欲誅之，其無辭乎㊃？乃言為此㊄！臣聞命矣。」遂伏劍而死。於是邳鄭使謝秦未還，故不及難。

【註】㊀夷吾為君之後，背違與秦國以前之約言，而使邳鄭謝秦。㊁微：非，如果不是……。㊂子：你。㊃欲加之罪，何患無辭。㊄你竟然說出此話。即「乃為此言」。

晉君改葬恭太子申生。秋，狐突之下國㊀，遇申生，申生與載而告之曰：「夷吾無禮，余得請於帝㊁，將以晉與秦，秦將祀余。」狐突對曰：「臣聞神不食非其宗，君其祀毋乃絕乎㊂？君其圖之。」申生曰：「諾，吾將復請帝。後十日，新城西偏將有巫者見我焉㊃。」許之，遂不見㊄。及期而往，復見，申生告之曰：「帝許罰有罪矣，斃於韓㊅。」兒乃謠曰：「恭太子更葬矣，後十四年，晉亦不昌，昌乃在兄㈦。」

【註】㈠之：往。下國：對國都而言。曲沃有先人之宗廟在，故謂之國。在絳都之下，故曰下國。㈡帝：上天。㈢神不吃不是自己祖國的東西，你現在要把晉國的土地給予秦國，你的祭祀豈不是要斷絕了嗎？㈣新城西偏將有巫者，那就是我的化身。㈤狐突答應了，而申生的影子就消逝不見了。㈥在韓地要打敗仗。㈦兄指公子重耳言。

邳鄭使秦，聞里克誅，乃說秦繆公曰：「呂省、郤稱、冀芮實為不從㈠。若重賂與謀，出晉君，入重耳，事必就㈡。」秦繆公許之，使人與歸報晉，厚賂三子。三子曰：「幣厚言甘，此必邳鄭賣我於秦㈢。」遂殺邳鄭及里克、邳鄭之黨七輿大夫㈣。邳鄭子豹奔秦，言伐晉，繆公弗聽。

【註】㈠不順從秦國。㈡逐出惠公，迎接重耳。㈢賂幣這樣的厚，說話這樣的甜，這一定是邳鄭出賣我們於秦國。㈣七輿：中生下軍之眾大夫也。

惠公之立，倍秦地及里克，誅七輿大夫，國人不附。二年，周使召公、過禮晉惠公㈠，惠公禮倨㈡，召公譏之。

【註】㈠召公：凡召公奭之後，供職於中央者，均稱召公，猶周公之後，供職於中央者，均仍稱周公也。㈡禮倨：行禮之時，態度傲慢。

四年，晉饑，乞糴於秦㈠。繆公問百里奚，百里奚曰：「天菑流行㈡，國家代有㈢，救菑恤鄰㈣，國之道也。與之。」邳鄭子豹曰：「伐之。」繆公曰：「其君是惡，其民何罪㈤！」卒與粟，自雍屬絳㈥。

【註】㈠乞糴：請求買米。糴，音迪（ㄉㄧˊ）。㈡天菑：同「天災」。㈢代有：彼此不斷的有。㈣救人之災，愛恤鄰國。㈤我們憎惡的是他的國君，至於他的人民有什麼罪呢？㈥屬：連續不斷的。秦國運往晉國救災的米，從咸陽到絳都，沿路連續不斷。

五年，秦饑，請糴於晉。晉君謀之㈠，慶鄭曰：「以秦得立，已而倍其地約。晉饑而秦貸我，今秦饑請糴，與之何疑？而謀之㈡！」虢射曰：「往年天以晉賜秦，秦弗知取而貸我。今天以秦賜晉，晉其可以逆天乎？遂伐之㊂。」惠公用虢射謀，不與秦粟，而發兵且伐秦。秦大怒，亦發兵伐晉。

【註】㊀到了第二年，秦國鬧米荒，請求晉國賣米。晉君與臣下商量。㊁晉國的大夫慶鄭說：「我們靠著秦國得立，既而我們就違背誓約。去年我們鬧米荒而秦國借給我們。現在秦國鬧米荒，我們應該毫不懷疑的借給他，還商量甚麼？」㊂惠公的舅舅虢射反對，他說：「去年是上天把晉國賜給秦國，秦國不知道取得，反而借給我們以米。今年是上天以秦國賜給晉國，我們豈可以不順上天的命令，我們應該即刻出兵討伐他。」

六年春，秦繆公將兵伐晉。晉惠公謂慶鄭曰：「秦師深矣，奈何㊀？」鄭曰：「秦內君，君倍其賂；晉饑，秦輸粟，秦饑而晉倍之，乃欲因其饑伐之：其深不亦宜乎㊁！」晉卜御右，慶鄭皆吉㊂。公曰：「鄭不孫。」乃更令步陽御戎，家僕徒為右㊃，進兵。九月壬戌，秦繆公、晉惠公合戰韓原㊄。惠公馬騺不行㊅，秦兵至，公窘㊆，召慶鄭為御㊇。鄭曰：「不用卜，敗不亦當乎！」遂去㊈。更令梁繇靡御，虢射為右，輅秦繆公㊉。繆公壯士冒敗晉軍，晉軍敗，遂失秦繆公(一一)，反獲晉公以歸。秦將以祀上帝(一二)。晉君姊為繆公夫人。衰絰涕泣。公曰：「得晉侯將以為樂，今乃如此。且吾聞箕子見唐叔之初封，曰『其後必當大矣』，晉庸可滅乎(一三)！」乃與晉侯盟王城(一四)而許之歸。晉侯亦使呂省等報國人曰：「孤雖得歸，毋面目見社稷，卜日立子圉(一五)。」晉人聞之，皆哭(一六)。秦繆公問呂省：「晉國和乎(一七)？」對曰：「不和。小人懼失君亡親，不憚立子圉，曰『必報讎，寧事戎、狄(一八)。』其君子則愛君而知罪，以待秦命，曰『必報德』。有此二故，不和(一九)。」於是秦繆公更舍晉惠公，餽之七牢(二〇)。十一月，歸晉侯。晉侯至國，誅慶鄭(二一)，修政教。謀曰：「重耳在外，諸侯多利內之。」欲使人殺重耳於狄(二三)。重耳聞之，如齊(二二)。

【註】㈠晉惠公對慶鄭說：「秦兵來打我們越來越深入了，如何是好？」㈡慶鄭答道：「秦國把你送回晉國立以為君，而君背棄盟約；我們晉國鬧饑荒的時候，秦國運糧食給我們，到了秦國鬧饑荒的時候，我們背棄他們，並且趁著人家饑荒的時候，我們派兵去打人家，這樣的無信無義，秦兵打進我們的國土越來越深入，豈不是理所當然的嗎？」㈢晉國占卜，看用誰為晉君御車最合宜。卜辭上說，

以慶鄭為最合宜。㊃晉君說：「慶鄭出言不遜，老是頂撞我。」於是改用別人御車。㊄秦晉兩國交戰於陝西之韓城縣。㊅晉軍的馬陷入於泥濘中，行動不得（鷙）。㊆秦兵來到，晉君的處境，非常窘迫。㊇於是叫慶鄭來御車。㊈慶鄭說：「不採信卜卦之言，失敗不是應當的嗎？」說完就走開了，不給晉君御車。㊉晉君只好另派兩人御車，晉國的兵車把秦君包圍起來了。輅：同絡，網羅也，包圍也。⑪秦君的壯士冒死衝圍，晉軍失敗了，眼看要捉住秦君而又失掉了。⑫反而晉君被捉住了，秦君要把晉君殺了，以祭上天。⑬晉君的姐姐是秦君的太太，一聽說要殺他弟弟，就穿著喪服，哭哭涕涕的哀求。繆公說：「得到晉君本來是件快樂的事，現在你竟然哭哭涕涕。並且我聽說箕子見唐叔初封的時候，曾經說過：『他的後代必然大為發達』，這樣說來，晉國豈可以（庸：豈也）滅掉嗎？」⑭於是兩國之君：盟於王城（在山西臨晉縣東），秦君允許晉君回國。⑮晉君派人回國，告訴國人說：「我雖然得能回國，但是，我實在沒有臉面見宗廟社稷，大家不要等我了，選擇日子，立太子圉為君好了。」⑯晉國人民聽了之後，大家都哭了。⑰秦君問晉國大夫呂省道：「你們晉國是不是就講和呢？」⑱呂省回答道：「不講和！我們一般無知識的人民，都害怕失掉了君上，喪亡了父母，所以決心立太子為君，大家都說：『我們一定要報仇，寧願事奉夷狄，不願事奉秦國。』⑲我們一般有知識的君子，都是親愛君上，知道自己作戰失敗之罪，等待秦國的表示，以求再度作戰而報君上之德。有此兩種原因，所以不能講和。」⑳於是秦君換了好房舍以招待晉君，每日殺豬宰羊的供給他。㉑十一月，晉君回國，殺了慶鄭，又想刺殺公子重耳。㉒晉君以為重耳在外國，各國諸侯多以護送公子重耳回國為有利。所以心欲殺之。㊂公子重耳聽說了，就往齊國去了。

八年，使太子圉質秦㊀。初，惠公亡在梁，梁伯以其女妻之，生一男一女。梁伯卜之，男為人臣，女為人妾，故名男為圉，女為妾。

【註】㊀質：為人質（抵押品）於秦。

十年，秦滅梁。梁伯好土功㊀，治城溝，民力罷怨㊁，其眾數相驚㊂，曰「秦寇至」，民恐惑，秦竟滅之。

【註】㊀土功：土木之功，建築臺榭之類。㊁罷：同「疲」，疲敝。㊂數：屢次的。互相驚擾。

十三年，晉惠公病，內有數子。太子圉曰：「吾母家在梁，梁今秦滅之，我外輕於秦而內無援於國。君即不起㊀，病大夫輕㊁，更立他公子。」乃謀與其妻俱亡歸。秦女曰：「子一國太子，辱在此。秦使婢子侍㊂，以固子之心㊃。子亡矣㊄，我不從子㊅，亦不敢言㊆。」子圉遂亡歸晉。十四年九月，惠公卒，太子圉立，是為懷公。

【註】㈠即：如果。㈡怕的是大夫們輕視我。㈢婢子：太子妻自稱之辭。㈣固：安定。㈤你走吧！㈥我不跟你去。㈦也不敢洩漏你的行動。

子圉之亡，秦怨之，乃求公子重耳，欲內之㈠。子圉之立，畏秦之伐也，乃令國中諸從重耳亡者與期，期盡不到者盡滅其家㈡。狐突之子毛及偃從重耳在秦，弗肯召㈢。懷公怒，囚狐突㈣。突曰：「臣子事重耳有年數矣，今召之，是教之反君也，何以教之㈤？」懷公卒殺狐突。秦繆公乃發兵送內重耳，使人告欒、郤之黨㈥為內應，殺懷公於高梁㈦，入重耳。重耳立，是為文公。

【註】㈠內：同「納」，送其回國。㈡下令國中凡是跟從重耳出亡在外者，限期回國，期滿不到者，盡滅其家人。㈢狐突有兩個兒子跟從重耳在秦國，狐突不肯召其子回國。㈣懷公怒，囚狐突。㈤狐突說：「我的兒子事奉重耳有好多年了，現在我如果召他們回來，等於是叫他們反叛其君上，我如何能這樣教導他們呢？」㈥欒枝、郤穀之屬，在晉國是有勢力的家族。㈦高梁：在山西臨汾縣東北。

晉文公重耳，晉獻公之子也。自少好士，年十七，有賢士五人：曰趙衰；狐偃咎犯，文公舅也，賈佗；先軫；魏武子。自獻公為太子時，重耳固已成人矣。獻公即位，重耳年二十一。獻公十三年，以驪姬故，重耳備蒲城守秦。獻公二十一年，獻公殺太子申生，驪姬讒之，恐，不辭獻公而守蒲城。獻公二十二年，獻公使宦者履鞮趣殺重耳㈠。重耳踰垣，宦者逐斬其衣袪。重耳遂奔狄㈡。狄，其母國也。是時重耳年四十三。從此五士，其餘不名者數十人，至狄。

【註】㈠趣：同「促」，急速也。㈡狄：山西石樓縣一帶之地。

狄伐咎如㈠，得二女：以長女妻重耳，生伯鯈㈡、叔劉；以少女妻趙衰，生盾。居狄五歲而晉獻公卒，里克已殺奚齊、悼子，乃使人迎，欲立重耳。重耳畏殺，因固謝㈢，不敢入。已而晉更迎其弟夷吾立之，是為惠公。惠公七年，畏重耳，乃使宦者履鞮與壯士欲殺重耳。重耳聞之，乃謀趙衰等曰：「始吾奔狄，非以為可用與㈣，以近易通，故且休足㈤。休足久矣，固願徙之大國㈥。夫齊桓公好善，志在霸王，收恤諸侯㈦。今聞管仲、隰朋死，此亦欲得賢佐，盍往乎㈧？」於是遂行。重耳謂其妻曰：「待我二十五年不來，乃嫁㈨。」其妻笑曰：「犂二十五年，吾冢上柏大矣。雖然，妾待子㈩。」重耳居狄凡十二年而去。

【註】㈠咎如：《左傳》為「廧咎如」。咎，讀皋。赤狄的別種。㈡儵：音綢（ㄔㄡˊ）。㈢固謝：堅決謝絕。㈣起初我所以奔來狄國，不是因為此地可以興業（與：係「興」字之誤）。㈤乃是因為此地比較近，容易通行，所以暫且停腳。㈥在這裡停腳已經很久了，實在願意遷往於大國。㈦齊桓公好善，有志於霸王之事業，收納並且愛恤諸侯。㈧現今聽說他的左右賢臣如管仲、隰朋等都死了，這個時候，他正想得到賢能之人為之輔佐，我們何不往他那裡去呢？㈨重耳臨走的時候，告訴他的太太說：「等我二十五年不回來，然後你再嫁。」㈩他的太太笑著說：「再等二十五年，我的墳上的柏樹就會長的很大了！話雖這樣講，但是我絕對等你！」（犂：黎也，遲也，待也）。

過衛，衛文公不禮㈠。去，過五鹿㈡，飢而從野人乞食，野人盛土器中進之㈢。重耳怒。

趙衰曰：「土者，有土也，君其拜受之㊃。」

【註】㊀衞：原在河南淇縣東北，至衞文公遷於今之河南滑縣。㊁五鹿：在河北濮陽縣南。㊂在器物之中，盛之以土，而進之。㊃土者，表示有國土的意思，這是大吉大利之兆。

至齊，齊桓公厚禮，而以宗女妻之，有馬二十乘，重耳安之。重耳至齊二歲而桓公卒，會豎刁等為內亂，齊孝公之立，諸侯兵數至。留齊凡五歲。重耳愛齊女，毋去心㊀。趙衰、咎犯乃於桑下謀行。齊女侍者在桑上聞之，以告其主。其主乃殺侍者㊁，勸重耳趣行㊂。重耳曰：「人生安樂，孰知其他！必死於此，不能去㊃。」齊女曰：「子一國公子，窮而來此，數士者以子為命。子不疾反國，報勞臣，而懷女德，竊為子羞之。且不求，何時得功㊄？」乃與趙衰等謀醉重耳，載以行㊅。行遠而覺，重耳大怒，引戈欲殺咎犯㊆。咎犯曰：「殺臣成子，偃之願也㊇。」重耳曰：「事不成，我食舅氏之肉㊈。」咎犯曰：「事不成，犯肉腥臊，何足食㊉！」乃止，遂行。

【註】㈠重耳愛齊女，沒有離開齊國之心。㈡為了保密，主人殺其侍女。㈢趣：同「促」，速也。㈣重耳說：「人生在世就是為的圖安樂，除此以外，誰還知道別的呢？我是決心要死在這裡了，不能離開了。」㈤他的齊國的太太說：「你是一國的公子，窮途潦倒而來此，跟你來的幾位賢士都是以你為生命，你不趕快回國，而報答安慰你的幹部，反而貪戀於女色，我實在替你羞恥！什麼事情你自己不主動的去尋求，何時纔能成功？」㈥大家商量好，把重耳灌醉了，就載在車上而走。㈦走的很遠了，重耳酒也醒了，醒了之後，大發脾氣，執戈要殺他的舅舅咎犯。㈧咎犯說：「殺了我，完成你，我甘心情願。」㈨重耳說：「如果事不成，我要吃舅舅的肉。」㈩咎犯說：「如果事不成，舅舅的肉又腥又臊，還值得吃嗎？」

過曹，曹共公不禮㈠，欲觀重耳駢脅㈡。曹大夫釐負羈㈢曰：「晉公子賢，又同姓，窮來過我，柰何不禮！」共公不從其謀。負羈乃私遺重耳食㈣，置璧其下㈤。重耳受其食，還其璧。去，過宋。宋襄公新困兵於楚㈥，傷於泓㈦，聞重耳賢，乃以國禮禮於重耳。宋司馬公孫固善於咎犯，曰：「宋小國新困，不足以求入，更之大國㈧。」乃去。

【註】㈠不禮：沒有禮節。㈡駢脅：若干肘骨，併成一起。㈢釐：同「禧」。㈣遺：餽送。㈤食

器下面，置有玉璧。㈥剛剛被楚國打敗。㈦泓：在河南柘城縣。㈧宋國是一個小國，剛剛被楚國打敗，沒有力量幫助公子回國，還是再到別的大國想想辦法。

過鄭，鄭文公弗禮。鄭叔瞻諫其君曰：「晉公子賢，而其從者皆國相，且又同姓。鄭之出自厲王，而晉之出自武王。」鄭君曰：「諸侯亡公子過此者眾，安可盡禮㈠！」叔瞻曰：「君不禮，不如殺之，且後為國患。」鄭君不聽。

重耳去之楚㈡，楚成王以適諸侯禮待之㈢，重耳謝不敢當。趙衰曰：「子亡在外十餘年，小國輕子，況大國乎？今楚大國而固遇子，子其毋讓，此天開子也㈣。」遂以客禮見之。成王厚遇重耳，重耳甚卑㈤。成王曰：「子即反國，何以報寡人㈥？」重耳曰：「羽毛齒角玉帛，君王所餘，未知所以報㈦。」王曰：「雖然，何以報不穀㈧？」重耳曰：「即不得已，與君王以兵車會平原廣澤，請辟王三舍㈨。」楚將子玉怒曰：「王遇晉公子至厚，今重耳言不孫，請殺之㈩。」成王曰：「晉公子賢而困於外久，從者皆國器，此天所置，庸可殺乎？且言何以易之！」⑾居楚數月，而晉太子圉亡秦㊁，秦怨之；聞重耳在楚，乃召之。成王曰：「楚遠，更數國乃至晉。秦晉接境，秦君賢，子其勉行㊂！」厚送重耳。

【註】㊀諸侯各國逃亡的公子路過鄭國者甚多，怎麼能夠把每個人都招待的很週到。㊁之：往也。㊂以平等的諸侯之禮相待。適：同「敵」，相敵對，相平等也。㊃趙衰說：「你流亡在外，十餘年，小國還輕視你，而況大國呢？現今楚國是大國，而堅決的以這樣的禮儀優待你。你不必讓了，這是上天在開拓你的前途。」㊄楚王厚意的待遇重耳，而重耳很是看不起他。㊅楚成王說：「你如果回國了，你將何以報答寡人？」㊆重耳說：「羽毛、齒革、玉帛，你都多得是，我不知道用什麼報答你。」㊇不穀：自謙之辭，與「不佞」同。穀：善也，不穀：不善也，與「不佞」、「不才」之意相同。成王說：「雖然如此，但是你總要說說如何以報答不穀？」㊈重耳說道：「如果在不得已的情況之下，和君王以兵車會戰於平原大澤，我願意避王三舍。」（舍：三十里為一舍）。㊉楚將子玉怒曰：「王待晉公子如此厚禮，而晉公子出言太不客氣（不遜，不順耳），我要殺了他！」㊀楚王說：「晉公子是一個賢能而久困於外的人，跟從他的人都是國家棟梁之材（國器），這是上天所安排的，誰能夠把他殺掉呢？（庸：豈也）。你怎麼說話這樣隨便呢！」（易：輕易，不加考慮，隨口而出）。㊁晉太子圉從秦國逃回晉國。㊂成王對重耳說：「楚國離晉國太遠了，中間要經過好幾個

國家，才能到了晉國。秦晉是鄰國，秦君又很賢良，現在秦君召你，希望你努力為之！」

重耳至秦，繆公以宗女五人妻重耳，故子圉妻與往㊀。重耳不欲受㊁，司空季子曰：「其國且伐，況其故妻乎！且受以結秦親而求入，子乃拘小禮，忘大醜乎㊂！」遂受。繆公大歡，與重耳飲。趙衰歌黍苗詩㊃。繆公曰：「知子欲急反國矣。」趙衰與重耳下，再拜曰：「孤臣之仰君，如百穀之望時雨。」是時晉惠公十四年秋。惠公以九月卒，子圉立。十一月，葬惠公。十二月，晉國大夫欒、郤等聞重耳在秦，皆陰來勸重耳、趙衰等反國，為內應甚眾。於是秦繆公乃發兵與重耳歸晉。晉聞秦兵來，亦發兵拒之。然皆陰知公子重耳入也。唯惠公之故貴臣呂、郤之屬㊄不欲立重耳。重耳出亡凡十九歲而得入，時年六十二矣，晉人多附焉㊅。

【註】㊀秦繆公以宗女五人為重耳之妻，舊日（故）太子圉的太太（重耳的侄兒之妻）亦在五女之內。㊁重耳覺得自己侄兒的媳婦，怎可以娶為自己的太太？所以不想接收。㊂司空季子說：「太子圉的國家還要去討伐，而況其舊日的太太呢？並且把她接受了以結成與秦國的親善關係，而求它幫助

你回國，多麼好呢！你何必拘拘謹謹於小的禮節而忘記了大的敵人呢？」㊃趙衰歌黍苗之詩，詩曰：「芃芃黍苗，陰雨膏之」，言茂盛的黍苗，需要陰雨的滋潤。暗示著晉公子的復國，需要秦君的幫忙。芃芃：同「蓬蓬勃勃」之蓬蓬，生力旺盛也。㊄呂省：郤芮。㊅公子重耳六十二而為君，生活經驗豐富，社會認識深刻，故其用人行政，此之少不更事的君主，要穩妥得多，所以晉民多歸附之。

文公元年春，秦送重耳至河。咎犯曰：「臣從君周旋天下㊀，過亦多矣。臣猶知之，況於君乎？請從此去矣。」重耳曰：「若反國，所不與子犯共者，河伯視之㊁！」乃投璧河中，以與子犯盟。是時介子推從，在船中，乃笑曰：「天實開公子，而子犯以為己功而要市於君，固足羞也。吾不忍與同位㊂。」乃自隱渡河㊃。秦兵圍令狐㊄，晉軍于廬柳㊅。二月辛丑，咎犯與秦晉大夫盟于郇㊆。壬寅，重耳入于晉師。丙午，入于曲沃。丁未，朝于武宮㊇即位為晉君，是為文公。羣臣皆往。懷公圉奔高梁。戊申，使人殺懷公。

【註】㊀在天下四處奔走。㊁若是反國，任何事情有不與子犯共甘苦者，有河大王監視，任憑懲罰。㊂介子推說：「實在是上天開拓公子的命運，而子犯以為是自己的功勞，要脅賣好於君王，真

是羞恥，我不忍心和這種人同朝共事。」㈣於是乃隱藏姓名而渡河。㈤令狐：在山西猗氏縣西。㈥廬柳：在山西猗氏縣西北。㈦郇：音（ㄒㄩㄣˊ），在山西猗氏縣西南。㈧朝於武公之廟。

懷公故大臣呂省、郤芮本不附文公㈠，文公立，恐誅，乃欲與其徒謀燒公宮，殺文公。文公不知。始嘗欲殺文公宦者履鞮知其謀㈡，欲以告文公，解前罪，求見文公。文公不見，使人讓曰：「蒲城之事，女斬予祛。其後我從狄君獵，女為惠公來求殺我。惠公與女期三日至，而女一日至，何速也？女其念之。」宦者曰：「臣刀鋸之餘，不敢以二心事君倍主，故得罪於君。君已反國，其毋蒲、翟乎！且管仲射鉤，桓公以霸。今刑餘之人以事告而君不見，禍又且及矣㈢。」於是見之，遂以呂、郤等告文公。文公欲召呂、郤，呂、郤等黨多，文公恐初入國，國人賣己，乃為微行，會秦繆公於王城㈣，國人莫知。三月己丑，呂、郤等果反，焚公宮，不得文公。文公之衞徒與戰，呂、郤等引兵欲奔，秦繆公誘呂、郤等，殺之河上，晉國復而文公得歸。夏，迎夫人於秦，秦所與文公妻者卒為夫人。秦送三千人為衛，以備晉亂。

【註】㈠懷公舊日的（故）大臣呂省、郤芮本來就不附從文公（重耳）。㈡宦者是受過腐刑之人，所以說是「刀鋸之餘」。㈢君已返國，就是國君了，請不要再提蒲、翟的事情吧！並且管仲曾經射桓公中鉤，而桓公猶用以為相，卒成霸業。現在我以要事來報告，而君不准見，大禍馬上就要及於你的身上了。㈣王城：在山西臨晉縣東。

文公修政，施惠百姓。賞從亡者及功臣，大者封邑，小者尊爵。未盡行賞，周襄王以弟帶難出居鄭地㈠，來告急晉。晉初定，欲發兵，恐他亂起，是以賞從亡未至隱者介子推㈡。推亦不言祿，祿亦不及㈢。推曰：「獻公子九人，唯君在矣。惠、懷無親，外內弃之；天未絕晉，必將有主，主晉祀者，非君而誰㈣？天實開之，三子以為己力，不亦誣乎㈤？竊人之財，猶曰是盜，況貪天之功以為己力乎㈥？下冒其罪，上賞其姦，上下相蒙，難與處矣㈦！」其母曰：「盍亦求之，以死誰懟㈧？」推曰：「尤而效之，罪有甚焉。且出怨言，不食其祿㈨。」母曰：「亦使知之，若何⑩？」對曰：「言，身之文也；身欲隱，安用文之？文之，是求顯也⑪。」其母曰：「能如此乎，與女偕隱⑫。」至死不復見⑬。

【註】㊀未盡行賞：即言行賞未盡之時，恰好有周襄王的事情。㊁因為有這些事情的困擾，所以忘記了賞賜介子推。㊂介子推很謙潔，不言祿位之事，而晉文公也沒有分賜他以祿位。㊃介子推說：「獻公有子九人，現在存在的只有君上了。惠公、懷公，沒有親近，外內之人，都棄絕他。如果上天不棄絕晉國，一定會有個主持之人，主持晉國的命運者，不是君上，還有那個？㊄這實在是上天的安排與保祐，而跟隨流亡的三幾個人就以為是他們的功勞，豈不是大大的錯誤嗎？㊅偷人家的財物，還名之為盜賊，而況貪奪上天的功德而以為是自己的力量嗎？㊆下面的人，冒犯罪惡；上面的人，賞賜姦詐，上下互相蒙蔽欺騙，我是難以和這一羣相處了！」㊇介子推的母親說：「你為什麼不請求一聲呢？不請求而悶悶以死，還懟怨那個呢？懟：音對（ㄉㄨㄟˋ），怨也。㊈介子推說：「已經知道別人是錯誤了，而自己又去仿效別人的行為，那不是更大的罪過嗎？並且還發出怨恨之言？所以絕對不應該再吃人家的祿位了。」⑩他的母親又說：「即使不吃，也應該說一聲叫他知道知道，你覺得怎樣？」⑪介子推說：「言語是身體的裝飾品，現在我的身體就想隱退了，還用那些裝飾品幹什麼？如果再用裝飾品（發言），那就是追求顯達了。」⑫他的母親說：「孩子啊！你當真能這樣

嗎？媽媽陪著你隱退！」㊂所以介子推至死不再見晉文公了。（這是模範母親的故事）。

介子推從者憐之，乃懸書宮門曰：「龍欲上天，五蛇為輔。龍已升雲，四蛇各入其宇，一蛇獨怨，終不見處所㊀。」文公出，見其書，曰：「此介子推也。吾方憂王室，未圖其功㊁。」使人召之，則亡㊂。遂求所在，聞其入緜上山中㊃，於是文公環緜上山中而封之，以為介推田，號曰介山㊄，「以記吾過，且旌善人㊅。」

【註】㊀介子推的隨從，痛惜於介子推的下場，就寫了一條文字，貼於宮門之上，文字說：「龍想上天，有五條蛇幫助它；龍已經升入雲際了，四條蛇都各得其所了！只有一條蛇，悲悲切切，不知道落在何方？」㊁文公看見這個字條，就說：「這就是說的介子推呀！我因為正在憂心王家的事情，所以還沒有想到如何封賞他的功勞。」㊂於是文公趕快派人去召他，他已經走了。㊃文公四下派人去找，以後打聽出來說是他已進入了緜上山中（緜上：在山西介休縣南）。㊄文公於是把緜上山周圍一圈之地，都封為「介推田」，把緜山稱為「介山」。㊅文公說：「藉著『介山』之名，以記念我的錯誤、並且表揚善人！」

從亡賤臣壺叔曰：「君三行賞，賞不及臣，敢請罪㊀。」文公報曰：「夫導我以仁義，防我以德惠，此受上賞㊁。輔我以行，卒以成立，此受次賞㊂。矢石之難，汗馬之勞，此復受次賞㊃。若以力事我而無補吾缺者，此〔復〕受次賞㊄。三賞之後，故且及子㊅。」晉人聞之，皆說㊆。

【註】㊀跟隨流亡的僕人壺叔說：「你舉行了三次封賞，都沒有賞到我，請問我是有了什麼錯失？」㊁文公就說：「輔導我以仁義，規範（防）我以德惠，這種人應該受上等之封賞。㊂輔導我來工作，終於有所成就，這種人應該受次等的封賞。㊃冒著矢石的危險，建立汗馬的功勞，這種人應該受再次一等的封賞。㊄至於以體力來事奉我，而不能匡正我的缺點者，這種人應該受最次一等的封賞。㊅這就是所以在三賞之後纔輪到你的原因。㊆晉人聽說文公這樣的賞賜公平，所以大家都很悅（說）服。

二年春，秦軍河上，將入王㊀，趙衰曰：「求霸莫如入王尊周㊁。周晉同姓，晉不先入王，後秦入之，毋以令于天下㊂。方今尊王，晉之資也㊃。」三月甲辰，晉乃發兵至陽樊㊄，圍溫，入襄王于周㊅。四月，殺王弟帶。周襄王賜晉河內陽樊之地。

【註】㊀秦國派軍隊到了河上（晉境），準備把周王送回洛陽。㊁趙衰說：「要想稱霸於天下，沒有比送周王回都以尊奉周家這件事更重要的了。㊂周與晉是同姓之親，晉國如不首先送王回都，而秦國先送王回都，那我們就沒有方法以命令於天下了。㊃當今尊奉周王，就是我們晉國稱霸最有利的憑藉（資）。㊄陽樊：在河南濟源縣。㊅把溫縣圍住，而送襄王返於固都。

四年，楚成王及諸侯圍宋，宋公孫固如晉告急㊀。先軫曰：「報施定霸㊁，於今在矣。」狐偃曰：「楚新得曹而初婚於衛，若伐曹、衛，楚必救之，則宋免矣㊂。」於是晉作三軍㊃。趙衰舉郤縠將中軍，郤臻佐之；使狐偃將上軍，狐毛佐之，命趙衰為卿；欒枝將下軍，先軫佐之；荀林父御戎，魏犨為右，往伐。冬十二月，晉兵先下山東㊄，而以原封趙衰㊅。

【註】㊀如：往。㊁晉文公流亡之時，到宋國，宋君待之以上賓之禮，並贈之以馬。定霸：奠定霸業。㊂狐偃攻曹救宋的戰略，就是攻其所必救，敵人不能不轉移兵力，則不直接救宋，而宋自救。㊃晉國先有一軍，至晉獻公始作二軍，現在建立三軍，擴充兵力。㊄晉兵首先攻進了山東。㊅原：在河南濟源縣西北。

五年春，晉文公欲伐曹，假道於衞，衞人弗許。還自河南度，侵曹，伐衞。正月，取五鹿㈠。二月，晉侯、齊侯盟于斂盂㈡。衞侯請盟晉，晉人不許㈢。衞侯欲與楚，國人不欲㈣，故出其君以說晉㈤。衞侯居襄牛㈥，公子買守衞。楚救衞，不卒㈦。晉侯圍曹。三月丙午，晉師入曹，數之，以其不用釐負羈言，而用美女乘軒者三百人也㈧。令軍毋入僖負羈宗家以報德。楚圍宋，宋復告急晉。文公欲救則攻楚，為楚嘗有德，不欲伐也；欲釋宋，宋又嘗有德於晉：患之。先軫曰：「執曹伯，分曹，衞地以與宋，楚急曹、衞，其勢宜釋宋。」於是文公從之，而楚成王乃引兵歸㈨。

【註】㈠五鹿：在河北濮陽縣南。或曰在衞縣西北。㈡斂盂：在河北濮陽縣東南。㈢衞侯請與晉國盟，晉人不許。㈣衞侯欲與楚國聯合，衞國的人民不願意。㈤所以衞國的人民就把衞君驅逐出國，以取悅於晉國。（說：同悅字）㈥襄牛：大概在山東濮縣。㈦不卒：不成功。㈧大夫始有資格乘軒，曹君愛美女，故美女乘軒者有三百人，可見其紀綱廢弛。釋：捨而不救。下句又有一「釋」字，當作「放開」，「釋放」解。

楚將子玉曰：「王遇晉至厚，今知楚急曹、衛而故伐之，是輕王㊀。」王曰：「晉侯亡在外十九年，困日久矣，果得反國，險阸盡知之，能用其民，天之所開，不可當㊁。」子玉請曰：「非敢必有功，願以閒執讒慝之口也㊂。」楚王怒，少與之兵㊃。於是子玉使宛春告晉：「請復衛侯而封曹，臣亦釋宋㊄。」咎犯曰：「子玉無禮矣，君取一，臣取二，勿許㊅。」先軫曰：「定人之謂禮。楚一言定三國，子一言而亡之，我則毋禮。不許楚，是弃宋也。不如私許曹、衛以誘之，執宛春以怒楚，既戰而後圖之㊆。」晉侯乃囚宛春於衛，且私許復曹、衛㊇。曹、衛告絕於楚㊈。楚得臣怒，擊晉師㊉，晉師退。軍吏曰：「為何退⑪？」文公曰：「昔在楚，約退三舍，可倍乎⑫！」楚師欲去，得臣不肯。四月戊辰，宋公、齊將、秦將與晉侯次城濮⑬。己巳，與楚兵合戰，楚兵敗，得臣收餘兵去。甲午，晉師還至衡雍⑭，作王宮于踐土⑮。

【註】㊀楚將子玉說：「王待遇晉君極厚，現在知道我們楚國非常關切（急）於曹、衛，而他故意

去侵伐曹、衞，簡直是輕視王。」㈡楚王說：「晉侯流亡在外十九年，受困苦的日子很久了，果真是回到晉國，他對於人世的艱險困阨，完全體驗了，能夠善於使用其民。這是上天的安排，沒有任何力量可以阻擋得住的。」㈢子玉請求的說：「我並不是敢於保證一定可以成功，不過希望藉此可以堵塞（執）那些讒言害我的人們之口舌。」（意指蔿賈曾言：子玉過三百乘不能入也。）㈣楚王怒，只給子玉少數的兵力。㈤於是子玉使楚大夫宛春告訴晉國：「請恢復衞、曹二國的獨立與領土，我也釋放宋國。」㈥咎犯說：「子玉太無禮了，我們只得其一（宋），而他得其二（曹、衞），不可以答應他。」㈦先軫說：「能夠使人安定，纔叫作『禮』，楚國一句話而使三個國家得到安定，你一句話而使三個國家失去安定，這是我們的不講禮（理）。我們不答應楚國的建議，這就是我們棄絕了宋國。不如私下許曹、衞獨立以誘惑他們使與我們接近。另外，把楚國代表宛春囚綁起來，以激楚國之怒，逼他與我們作戰。然後，在戰鬥進行中把握有利的機會以設法戰勝之。」㈧於是晉侯乃囚宛春於衞地，並且私自允許恢復曹、衞的獨立與領土完整。㈨因為晉國允許曹、衞二國的獨立與領土完整，所以曹、衞二國向楚國告絕，說是不必再派兵來救了。㈩楚將得臣（即子玉）怒，攻擊晉軍。⑪晉師後退，軍吏說：「為什麼後退呢？」⑫文公說：「我以前在楚國的時候，曾對楚王說：『如果將來兩國交戰，我願意退兵三舍』（舍：三十里為一舍），以前說過的話，怎可以背棄呢？」

⑬城濮：在河南陳留縣。一說在山東濮縣南。⑭衡雍：在河南滎陽縣。⑮踐土：在河南滎澤縣西北。

初，鄭助楚，楚敗，懼㈠，使人請盟晉侯。晉侯與鄭伯盟。五月丁未，獻楚俘於周㈡，駟介百乘，徒兵千㈢。天子使王子虎命晉侯為伯㈣，賜大輅，彤弓矢百㈤，玈弓矢千，秬鬯一卣，珪瓚，虎賁三百人㈥。晉侯三辭，然後稽首受之。周作晉文侯命㈦：「王若曰：父義和，丕顯文、武㈢，能慎明德㈨，昭登於上⑩，布聞在下⑪，維時上帝集厥命于文、武⑫。恤朕身，繼予一人永其在位⑬。」於是晉文公稱伯。癸亥，王子虎盟諸侯於王庭⑭。

【註】㈠鄭助楚，楚敗而鄭人懼。㈡俘：俘擄。㈣駟介：駟馬被甲。徒兵：步兵。㈣王子虎：周大夫。㈤大輅：金車。彤弓：赤弓。玈弓：黑弓。玈：音盧（ㄌㄨˊ），黑弓。㈥秬：音句（ㄐㄩˋ），黑色的黍。鬯：音唱（ㄔㄤˋ），祭祀用的酒。卣：音有（ㄧㄡˇ），古時的酒杯。珪瓚：奠酒用的祭器。虎賁：有勇力之士卒，形容其勇猛如虎之奔。㈦晉文侯之命：此文見於《尚書》。周幽王被犬戎所殺，晉文公、鄭武公助周平定亂事，平王因以得即位於洛陽。平王感念晉文侯之功，而錫之以命，故曰文侯之命。而《史記》引其文，以為是周襄王命晉文公之辭。時間相差一百餘年，代數相隔十餘代，實係錯誤。㈧大顯光明的文王、武王。㈨能謹慎的修明其德行。⑩光明照耀於天上。⑪

聲名普遍於地下。㊂於是上天就把大命交託於文王、武王。㊂希望祖先和長輩們愛護（恤）我，繼續的支持我，使我能夠長久的恪守職位。㊃王庭：踐土新建成之宮庭。

晉焚楚軍㊀，火數日不息，文公歎。左右曰：「勝楚而君猶憂，何㊁？」文公曰：「吾聞能戰勝安者唯聖人㊂，是以懼。且子玉猶在，庸可喜乎㊃！」子玉之敗而歸，楚成王怒其不用其言，貪與晉戰，讓責子玉，子玉自殺。晉文公曰：「我擊其外，楚誅其內，內外相應㊄。」於是乃喜。

六月，晉人復入衛侯。壬午，晉侯度河北歸國，行賞，狐偃為首㊅。或曰：「城濮之事，先軫之謀㊆。」文公曰：「城僕之事，偃說我毋失信。先軫曰『軍事勝為右』，吾用之以勝。然此一時之說，偃言萬世之功，奈何以一時之利而加萬世功乎？是以先之㊇。」

冬，晉侯會諸侯於溫㊈，欲率之朝周。力未能，恐其有畔者㊉，乃使人言周襄王狩于河陽㊁。壬申，遂率諸侯朝王於踐土。孔子讀史記至文公，曰：「諸侯無召王。『王狩河陽』者，春秋諱之也。」

【註】㊀焚燒楚軍戰死者之屍體。㊁我們戰勝了楚國而君猶憂愁，為什麼呢？㊂能戰勝而又能安定者，只有聖人能夠辨得到。㊃庸：豈也，怎可以歡喜啊！㊄我在外邊打擊楚國，而楚國內部自相殘殺，等於內外互相應合以削弱楚國的勢力。㊅晉文公從黃河之南，渡河而北歸，歸國之後，頒佈賞賜，以狐偃為首賞。㊆有人就問他說：「城濮之戰，是先軫的計謀，為什麼不以先軫為首賞，而以狐偃為首賞呢？」㊇文公說：「偃勸我不可失掉信用，先軫建議『軍事以戰勝為上策』，我聽了先軫的話而得勝。但是，你們要曉得：勝利是一時之計，而狐偃所言乃萬世之功，怎可以以一時之利而加之於萬世的功之上？所以首賞狐偃者就是這種道理。」㊈溫：河南溫縣。㊉畔：同「叛」。㊀河陽：在河南孟縣。

丁丑，諸侯圍許。曹伯臣或說晉侯曰：「齊桓公合諸侯而國異姓，今君為會而滅同姓㊀。曹，叔振鐸之後；晉，唐叔之後。合諸侯而滅兄弟，非禮。」晉侯說㊁，復曹伯。

於是晉始作三行㊂。荀林父將中行，先縠將右行，先蔑將左行。

【註】㊀齊桓公合諸侯而保存異姓之國。今君合諸侯而滅亡同姓之國。㊁說：同「悅」。㊂晉又

擴充軍隊，作三行。（比三軍的編制為小）。除三軍之外，又擴充三行。

七年，晉文公、秦繆公共圍鄭，以其無禮於文公亡過時，及城濮時鄭助楚也。圍鄭，欲得叔瞻，叔瞻聞之，自殺。鄭持叔瞻告晉。晉曰：「必得鄭君而甘心焉。」鄭恐，乃閒令使謂秦繆公曰㊀：「亡鄭厚晉，於晉得矣，而秦未為利。君何不解鄭，得為東道交㊁？」秦伯說㊂，罷兵。晉亦罷兵。

【註】㊀暗中派人從小路到秦國。㊁滅了鄭國，增加了晉國的力量，對晉國來說，是有利的；對秦國來說，是不利的。秦君為何不解除對鄭國的包圍，而結為東道之交（將來秦君有什麼事情到東方來，鄭國可以作為東道主，招待一切）。㊂說：同「悅」。

九年冬：晉文公卒，子襄公歡立。是歲鄭伯亦卒。鄭人或賣其國於秦，秦繆公發兵往襲鄭㊀。十二月，秦兵過我郊㊁。襄公元年春，秦師過周，無禮，王孫滿譏之。兵至滑㊂，鄭賈人弦高將市于周，遇之，以十二牛勞秦師。秦師驚而還，滅滑而去㊃。

【註】㈠鄭人有出賣其國家於秦國者，秦繆公偷偷的發兵突襲鄭國。據《左傳》云，秦大夫杞子從鄭國派人私下告於秦曰：「鄭人使我掌其北門之管（鎖匙），若潛師以來，國可得也。」可見是秦大夫在鄭國私下通消息於秦國。㈡秦兵襲鄭經過洛陽。㈢滑：在河南偃師縣南二十里有緱氏城，即滑國。㈣鄭國商人弦高，在途中碰見了秦兵，怕秦兵搶奪其貨物，於是將計就計，以十二條牛，慰勞秦兵，欲以免禍。而秦兵做賊膽虛，以為是鄭國知道秦兵的突襲計劃，早有防備，所以撥馬而回。倒楣的是滑國，被秦兵順手牽羊似的滅掉了。

晉先軫曰：「秦伯不用蹇叔，反其眾心㈠，此可擊。」欒枝曰：「未報先君施於秦㈡，擊之，不可。」先軫曰：「秦侮吾孤，伐吾同姓，何德之報㈢？」遂擊之。襄公墨衰絰㈣。四月，敗秦師于殽㈤，虜秦三將孟明視、西乞秫、白乙丙以歸。遂墨以葬文公。文公夫人秦女，謂襄公曰：「秦欲得其三將戮之。」公許，遣之㈥。先軫聞之，謂襄公曰：「患生矣㈦。」軫乃追秦將。秦將渡河，已在船中，頓首謝，卒不反㈧。

【註】㈠違反大眾的心理。㈡沒有報答秦國對於我們先君的恩惠。㈢秦國輕侮我們的幼主，侵伐我們的同姓（鄭、滑，皆姬姓）。有什麼恩德可報？㈣晉襄公穿著黑色的喪服從戎。衰：此處讀

崔（ㄘㄨㄟ）。絰：音疊（ㄉㄧㄝˊ）。衰：喪服。絰：喪服用的麻。㊄殽：山名，在河南澠池縣以西之地。㊅文公的夫人是秦國的女子，秦女向其祖國，她就對晉襄公說：「秦國想著自己把這三個敗軍之將殺掉，把三將放回秦國，讓他們自己殺了好了。」襄公不知是計，就答應放走了。㊆先軫聽說此事，告訴襄公說：「糟了，大禍從此發生了。」㊇就趕快去追，而秦國三將已經上了船，渡在河中，叩頭表示謝意，但是再也追不回來了。

後三年，秦果使孟明伐晉，報殽之敗，取晉汪以歸㊀。四年，秦繆公大興兵伐我，度河，取王官㊁，封殽尸而去。晉恐，不敢出，遂城守。五年，晉伐秦，取新城㊂，報王官役也。

【註】㊀汪：在彭衙附近。彭衙在陝西白水縣東北。㊁王官：在山西聞喜縣西十五里。㊂新城：在陝西澄城縣東北二十里。

六年，趙衰成子、欒貞子、咎季子犯、霍伯皆卒。趙盾代趙衰執政。

七年八月，襄公卒。太子夷皋少。晉人以難故，欲立長君㊀。趙盾曰：「立襄公弟雍。好善而長，先君愛之；且近於秦，秦故好也。立善則固㈡，事長則順㈢，奉愛則孝㈣，結舊好則安㈤。」賈季㈥曰：「不如其弟樂。辰嬴嬖於二君㈦，立其子，民必安之。」趙盾曰：「辰嬴賤，班在九人下㈧，其子何震之有㈨！且為二君嬖，淫也㈩。為先君子，不能求大而出在小國，僻也⑪。母淫子僻，無威⑫；陳小而遠，無援，將何可乎⑬！」使士會⑭如秦迎公子雍⑮。賈季亦使人召公子樂於陳。趙盾廢賈季，以其殺陽處父。十月，葬襄公。十一月，賈季奔翟。是歲，秦繆公亦卒。

【註】㈠晉人因為國家多難，所以願立年歲較大之人為君。㈡立善良之人而為君，則基礎鞏固。㈢事年長之人而為君，則順於情理。㈣奉先君之愛子而為君，則近於孝道。㈤結舊日之友好，則國勢安定。㈥賈季：晉大夫狐偃之子射姑也。食采於賈，字季。㈦辰嬴：秦女，先嫁於懷公，後嫁於文公，故曰「嬖於二君」。㈧辰嬴是賤妾，位次在九人之下。㈨她的兒子還有什麼威嚴足以安定國家呢？㈩以一女為二君之嬖妾，就是淫亂。⑪樂乃先君之子，不能到大國去發展，而出居於小國之陳，就是邪僻。⑫母親淫亂，兒子邪僻，根本無威嚴之可言。⑬陳國是小國，離晉又遠，沒有支援能力，怎麼可以呢？⑭士會：晉卿士蔿之孫，成伯缺之子，季武子也。食采於隨，故曰隨會。又曰

士會，又曰范文子。㊄如：往。

靈公元年四月，秦康公曰：「昔文公之入也無衞㊀，故有呂、郤之患㊁。」乃多與公子雍衞。太子母繆嬴日夜抱太子以號泣於朝，曰：「先君何罪？其嗣亦何罪？舍適而外求君，將安置此㊂？」出朝，則抱以適趙盾所，頓首曰：「先君奉此子而屬之子，曰『此子材，吾受其賜；不材，吾怨子』㊃。今君卒，言猶在耳，而弃之，若何㊄？」趙盾與諸大夫皆患繆嬴，且畏誅，乃背所迎而立太子夷皋，是為靈公㊅。發兵以距秦送公子雍者㊆。趙盾為將，往擊秦，敗之令狐㊇。先蔑、隨會亡奔秦。秋，齊、宋、衞、鄭、曹、許君皆會趙盾，盟於扈㊈，以靈公初立故也。

【註】㊀無衞：沒有衞護之人。㊁所以才有呂省、郤芮之患。㊂先君有什麼罪？他的兒子又有什麼罪，舍棄了嫡（適）子不立，而另外到外面去求君，將來怎樣安置太子？㊃先君把這個兒子交給你，並且囑咐你說：「這個兒子將來若是成材，我感謝你的幫忙；將來若是不成材，我就永遠怨恨你。」㊄現在先君雖然死了，而先君對你所說的話，彷彿猶在耳邊，記憶仍新，你現在竟然忍心舍棄，這將怎樣解釋呢？㊅趙盾被太子的母親這樣死纏，困擾不堪，於是又改變主意，立太子，是為

晉靈公。㈦另外，發兵拒絕秦國送公子雍回國。㈧令孤：在山西猗氏縣西。㈨扈：河南滎陽縣。

四年，伐秦，取少梁㈠。秦亦取晉之鄀㈡。六年，秦康公伐晉，取羈馬㈢。晉侯怒，使趙盾、趙穿、郤缺擊秦，大戰河曲㈣，趙穿最有功。七年，晉六卿患隨會之在秦，常為晉亂，乃詳令魏壽餘反晉降秦㈤。秦使隨會之魏，因執會以歸晉。

【註】㈠少梁：在陝西韓城縣南二十里有古少梁城。㈡鄀：係錯字，據《左傳》文公十年春，晉人伐秦取少梁；夏，秦伯伐晉取北徵。北徵即年表之徵，在陝西澄城縣西南二十五里。㈢羈馬：在山西永濟縣南三十六里。㈣河曲：在山西永濟縣。黃河自永濟折而東，入芮城縣，謂之「河曲」。㈤詳：同「佯」，假裝。

八年，周頃王崩，公卿爭權，故不赴㈠。晉使趙盾以車八百乘平周亂而立匡王。是年，楚莊王初即位。十二年，齊人弒其君懿公。

【註】㈠周之公卿爭權，即周公閱與王孫蘇爭政。所以不告喪於各國諸侯。赴：同「訃」，訃聞，告喪於各國。

十四年，靈公壯，侈，厚斂以彫牆㊀。從臺上彈人，觀其避丸也㊁。宰夫胹熊蹯不熟㊂，靈公怒，殺宰夫，使婦人持其尸出弃之，過朝。趙盾、隨會前數諫，不聽；已又見死人手㊃，二人前諫。隨會先諫，不聽。靈公患之，使鉏麑刺趙盾㊄。盾閨門開，居處節㊅，鉏麑退，歎曰：「殺忠臣，弃君命，罪一也。」遂觸樹而死㊆。

【註】㊀晉靈公已經長成壯年了，但是很壞，生活奢侈，厚斂於民以彫牆。㊁從高臺之上，彈射行人，觀行人之避丸以為樂。㊂胹：音兒（ㄦˊ），燔燒。熊蹯：熊掌。蹯，音藩（ㄈㄢˊ）。㊃已：同「既」，既而，之後。㊄鉏麑：人名。鉏：音祖（ㄗㄨˇ）。麑，音尼（ㄋㄧˊ）。㊅閨門：即寢門也，臥室之門已開，但因上朝的時間尚早，故坐而假寐，所謂「居處節」，即謂雖在假寢之時而坐的很恭敬。㊆刺客鉏麑看見趙盾的態度恭敬，知道他是忠心事君，所以不忍心刺他而觸樹自殺。

初，盾常田首山㊀，見桑下有餓人。餓人，示眯明也㊁。盾與之食，食其半。問其故，曰：「宦三年，未知母之存不，願遺母㊂。」盾義之，益與之飯肉㊃。已而為晉宰夫，趙盾弗復知也。九月，晉靈公飲趙盾酒，伏甲將攻盾。公宰示眯明知之，恐盾醉不能起，而進曰：「君賜臣，觴三行可以罷㊄。」欲以去趙盾，令先，毋及難㊅。盾既去，靈公伏士未會，先縱齧狗名敖。明為盾搏殺狗㊆。盾曰：「弃人用狗，雖猛何為。」然不知明之為陰德也㊇。已而靈公縱伏士出逐趙盾，示眯明反擊靈公之伏士，伏士不能進，而竟脫盾㊈。盾問其故，曰：「我桑下餓人。」問其名，弗告。明亦因亡去㊉。

【註】㊀首山：在山西永濟縣南。㊁示眯明：《左傳》為提彌明。㊂在外遊宦三年，不知道母親是否尚在？想著把這種肉食帶回奉敬母親。㊃趙盾覺得他是個孝子，很敬重他，臨走的時候，又給他很多的美食，叫他帶給其母親。㊄君賜臣飲食，酒過三巡，就可以罷止了。㊅他要趙盾速去，不可遭遇危險。㊆靈公所派暗殺趙盾的壯士，還未聚齊，而盾走，靈公就叫他的猛犬咬趙盾，提彌明搏殺猛犬。㊇趙盾說：「舍棄了人而用犬，犬雖猛，有何用？」但是，趙盾並不知道那是提彌明的暗地相救。㊈以後，靈公所埋伏的武士們出來攻擊趙盾，提彌明又與他們搏鬥，因而趙盾脫身而去。㊉以後趙盾問提彌明之姓名，提彌明說：「我乃桑下之餓人！」趙盾再三問其姓名，始終不告而去。

盾遂奔，未出晉境。乙丑，盾昆弟將軍趙穿襲殺靈公於桃園㊀而迎趙盾。趙盾素貴，得民和；靈公少，侈，民不附，故為弒易。盾復位。晉太史董狐書曰「趙盾弒其君」，以視於朝㊁。盾曰：「弒者趙穿，我無罪。」太史曰：「子為正卿，而亡不出境，反，不誅國亂，非子而誰㊂？」孔子聞之，曰：「董狐，古之良史也，書法不隱。宣子，良大夫也，為法受惡。惜也，出疆乃免㊃。」

【註】㊀桃園：園名。㊁視：同「示」，告示於朝堂。㊂你是正卿，是執政大臣，而逃亡並未離開本國之境地，既在本國境內，仍負有執政之責。你回來，又不誅殺亂國之人。這不算你弒君，是算誰個呢？㊃孔子聽說了這件事情，說道：「董狐，真是古時的良史啊！記載歷史，一點都不隱瞞。趙宣子（趙盾）真是良善的大夫啊！為了法紀而自己背負惡名。可惜啊！如果當時他逃亡而出了國境，就可以免於惡名了。」

趙盾使趙穿迎襄公弟黑臀于周而立之，是為成公。成公者，文公少子，其母周女也。壬申，朝于武宮。

成公元年，賜趙氏為公族㈠。伐鄭，鄭倍晉故也㈡。三年，鄭伯初立，附晉而弃楚。楚怒，伐鄭，晉往救之。

【註】㈠公族：《左傳》宣公二年謂：驪姬之亂，詛無畜羣公子，自是晉無公族。及成公即位，乃宦卿之嫡，而為之田，以為公族。趙盾請以括為公族，公許之。可見「公族」是有世襲之官與田。㈡倍：同「背」，叛也。

六年，伐秦，虜秦將赤㈠。

【註】㈠赤：秦將之人名。

七年，成公與楚莊王爭彊，會諸侯于扈㈠。陳畏楚，不會㈡。晉使中行桓子㈢伐陳，因救鄭，與楚戰。是年，成公卒，子景公據立。

【註】㈠扈：在河南滎陽縣。㈡陳畏楚，不敢參加會盟。㈢中行桓子：即荀林父。

景公元年春，陳大夫夏徵舒弒其君靈公。二年，楚莊王伐陳，誅徵舒。

三年，楚莊王圍鄭，鄭告急晉。晉使荀林父將中軍，隨會將上軍，趙朔將下軍，郤克、欒書、先縠、韓厥、鞏朔佐之。六月，至河。聞楚已服鄭，鄭伯肉袒與盟而去，荀林父欲還。先縠曰：「凡來救鄭，不至不可，將率離心。」卒度河㈠。楚已服鄭，欲飲馬于河為名而去。楚與晉軍大戰。鄭新附楚，畏之，反助楚攻晉。晉軍敗，走河，爭度，船中人指甚眾㈡。楚虜我將智罃。歸而林父曰：「臣為督將，軍敗當誅，請死。」景公欲許之。隨會曰：「昔文公之與楚戰城濮，成王歸殺子玉，而文公乃喜。今楚已敗我師，又誅其將，是助楚殺仇也。」乃止。

四年，先縠以首計而敗晉軍河上，恐誅，乃奔翟，與翟謀伐晉。晉覺，乃族縠。縠，先軫子也。

五年，伐鄭，為助楚故也。是時楚莊王彊，以挫晉兵河上也。

六年，楚伐宋，宋來告急晉，晉欲救之，伯宗謀曰：「楚，天方開之，不可當㈢。」乃使解揚紿為救宋㈣。鄭人執與楚，楚厚賜，使反其言，令宋急下。解揚紿許之，卒致晉君言。楚欲殺之，或諫，乃歸解揚㊄。

【註】㊀度：同「渡」。㊁船中人數甚眾。㊂上天正在使他發達，是不可以阻擋的。㊃紿：欺騙。㊄解揚：宋大夫。

七年，晉使隨會滅赤狄㊀。

八年，使郤克於齊。齊頃公母從樓上觀而笑之。所以然者，郤克僂㊁，而魯使蹇，衛使眇㊂，故齊亦令人如之以導客㊃。郤克怒，歸至河上，曰：「不報齊者，河伯視之㊄！」至國，請君，欲伐齊㊅。景公問知其故，曰：「子之怨，安足以煩國㊆！」弗聽。魏文子請老休，辟郤克，克執政。

九年，楚莊王卒。晉伐齊，齊使太子彊為質於晉，晉兵罷。

十一年春，齊伐魯，取隆㊇。魯告急衛，衛與魯皆因郤克告急於晉。晉乃使郤克、欒書、韓厥以兵車八百乘與魯、衛共伐齊。夏，與頃公戰於鞌㊈，傷困頃公。頃公乃與其右易位，下取飲，以得脫去。齊師敗走，晉追北至齊。頃公獻寶器以求平，不聽。郤克曰：「必得蕭桐姪子為質㊉。」齊使曰：「蕭桐姪子，頃公母；頃公母猶晉君母，奈何必得之？不義，請復戰。」晉乃許與平而去⑪。

【註】㊀赤狄：北方之異民族，當時，山西、陝西、河北、山東、河南各地區皆分佈的有，後被各國逐漸消滅或同化。㊁僂：音樓（ㄌㄡˊ），彎腰曲背。㊂蹇：音檢（ㄐㄧㄢˇ），跛足。眇：音秒（ㄇㄧㄠˇ），一隻眼瞎了，獨眼龍。㊃所以齊國派往招待客人的人，也像各國的使者一樣，使者駝背，則派駝背之人為嚮導；使者跛足，則派跛足之人為嚮導；使者獨眼，則派獨眼之人為嚮導。（這簡直是惡作劇，以此開玩笑的態度辦外交，如何不失敗？）㊄晉國代表郤克大怒，歸至河上，對河而發誓，說道：「我若是不報齊國之恥者，河伯罰我」（監視）。㊅回國之後，請示於晉景公要伐齊。㊆景公問他所為何事？他以在齊國受侮為答。景公說：「那是你個人的私恨，怎可以煩擾國家？」㊇隆：《左傳》作「龍」，在山東泰安縣西南。㊈鞌：在山東歷下，即在山東歷城縣西。㊉蕭桐姪子：《左傳》作「蕭桐叔子」，即齊頃公之母也。⑪平：講和。

楚申公巫臣盜夏姬以奔晉，晉以巫臣為邢大夫㊀。

【註】㊀邢：晉邑。在河北邢臺縣西南襄國故城。

十二年冬，齊頃公如晉，欲上尊晉景公為王，景公讓不敢。晉始作六軍㊀，韓厥、鞏朔、趙穿、荀騅、趙括、趙旃皆為卿。智罃自楚歸。

【註】㊀晉作六軍，擴充軍力。天子始有六軍，今晉作六軍，可知其僭越強大之狀。

十三年，魯成公朝晉，晉弗敬，魯怒去，倍晉㊀。晉伐鄭，取氾㊁。十四年，梁山崩㊂。問伯宗，伯宗以為不足怪也。

【註】㊀倍：同「背」，叛也。㊁氾：河南氾水縣。㊂梁山：在陝西韓城縣西北九十里，綿亙百里，穹隆之狀，如屋梁然，故曰梁山。一謂在山西離石縣東北之呂梁山，離石水經此入黃河，亦名骨脊山，或穀積山。

十六年，楚將子反怨巫臣，滅其族。巫臣怒，遺子反書曰：「必令子罷㊀於奔命！」乃請使吳，令其子為吳行人，教吳乘車用兵㊁。吳晉始通，約伐楚。

十七年，誅趙同、趙括，族滅之。韓厥曰：「趙衰、趙盾之功豈可忘乎？奈何絕祀！乃復令趙庶子武為趙後，復與之邑。十九年夏，景公病，立其太子壽曼為君，是為厲公。後月餘，景公卒。

厲西元年，初立，欲和諸侯，與秦桓公夾河而盟。歸而秦倍盟㊂，與翟謀伐晉㊃。三年，使呂相讓秦㊄，因與諸侯伐秦。至涇，敗秦於麻隧㊅，虜其將成差。

【註】㊀罷：同「疲」。㊁楚人巫臣奔於晉，奉晉命出使於吳，教吳以乘車用兵之法。由此亦可見中國文化融合之勢。㊂倍：同「背」。㊃翟：同「狄」，異民族。㊄讓：責備。㊅麻隧：在陝西涇陽縣北。

五年，三郤讒伯宗，殺之㊀。伯宗以好直諫得此禍，國人以是不附厲公㊁。

【註】㊀三郤：郤錡、郤犨、郤至。㊁晉厲公殺直諫之人，而國人不附。

六年春，鄭倍晉與楚盟㈠，晉怒。欒書曰：「不可以當吾世而失諸侯。」乃發兵。厲公自將，五月度河㈡。聞楚兵來救，范文子請公欲還。郤至曰：「發兵誅逆，見彊辟之㈢，無以令諸侯。」遂與戰。癸巳，射中楚共王目，楚兵敗於鄢陵㈣。子反收餘兵，拊循欲復戰，晉患之。共王召子反。其侍者豎陽穀進酒，子反醉，不能見。王怒，讓子反，子反死。王遂引兵歸。晉由此威諸侯，欲以令天下求霸。

【註】㈠倍：同「背」。㈡度河：即「渡河」。㈢辟：同「避」。㈣鄢陵：今河南鄢陵縣。

厲公多外嬖姬，歸，欲盡去羣大夫而立諸姬兄弟。寵姬兄曰胥童，嘗與郤至有怨，及欒書又怨郤至不用其計而遂敗楚，乃使人間謝楚㈠。楚來詐厲公曰：「鄢陵之戰，實至召楚，欲作亂，內子周立之。會與國不具，是以事不成㈡。」厲公告欒書㈢。欒書曰：「其殆有矣！願公試使人之周微考之㈣。」果使郤至於周㈤。欒書又使公子周見郤至㈥，郤至不知見賣也㈦。厲公驗之，信然，遂怨郤至，欲殺之(八)。八年，厲公獵，與姬飲，郤至殺豕奉進，宦者奪之。郤至射殺宦者(九)。公怒，曰：「季子欺予(一〇)！」將誅三郤，未發也(一一)。郤錡欲攻公，曰：「我雖死，公亦病矣(一二)。」郤至曰：「信不反君，智不害民，勇不作亂。失此三者，誰與我？我死耳(一三)！」十二月壬午，公令胥童以兵八百人襲攻殺三郤。胥童因以劫欒書、中行偃於朝曰：「不殺二子，患必及公(一四)。」公曰：「一旦殺三卿，寡人不忍益也(一五)。」對曰：「人將忍君(一六)。」公弗聽，謝欒書等以誅郤氏罪：「大夫復位(一七)。」二子頓首曰：「幸甚幸甚(一八)！」公使胥童為卿。閏月乙卯，厲公游匠驪氏，欒書、中行偃以其黨襲捕厲公，囚之，殺胥童，而使人迎公子周于周而立之，是為悼公(一九)。

【註】(一)欒書怨郤至之勝楚有功，遂派人暗地與楚國相勾結。(二)欒書利用楚人以欺騙晉厲公，使楚人對晉厲公說：「鄢陵之戰，實在是郤至事前與我們商量，想著叫楚國得勝，他就有機會在晉國作亂，把公子周叫回來而立以為君。因為我們與他沒有配合好，所以發動叛亂之事沒有成功。」(三)晉厲公就把楚人的話，告訴欒書（其實，都是欒書的導演）。(四)欒書就回答厲公說：大概（殆）是有

的，你可以派人到周京（公子周在周京）暗地裡偵察一下。」㊄於是晉厲公就派郤至到周京。㊅欒書又派人到周京對公子周說：「郤至來的時候，你一定要看看郤至。」㊆郤至根本不知道他被欒書出賣了。他到了周京，公子周去見他，他也接見，他們二人相見了，這就構成彼此有勾結的罪嫌了。事實上，兩個人都被蒙在欒書的鼓中。㊇這樣的情報一報告上去，晉厲公就信以為然，因而就怨恨郤至，要殺郤至。㊈八年，厲公出獵，與姬飲酒，郤至殺豬奉獻，宦者奪其豬肉，郤至射殺宦者。㊉厲公以為是郤至奪宦者之肉而殺宦者，大怒曰：「小子欺侮我！」⑪就準備殺三郤，而尚未發動。⑫郤錡知道了，就要首先攻擊厲公，說道：「我雖然死，你也不得舒服。」⑬郤至阻止，說：「人之所以能存在，就靠著信、智、勇三個字，真正有信義的人，決不反對君上；有智慧的人，決不傷害人民；有勇氣的人，決不犯上作亂。如果失掉了這三個條件，誰還與我共事？我只有一死罷了！」⑭十二月壬午，厲公命令胥童以兵八百人突襲而攻殺三郤，藉著這支兵力，胥童又在朝廷劫持欒書，中行偃，順便的要把這兩個人也殺了，對厲公說：「如果不殺這兩個人，大禍必然降於公身。」⑮厲公說：「頃刻之間，殺掉三個卿相，我實在不忍心這樣多殺了！」⑯胥童說：「你不忍心於他們，他們就要忍心於你了！」⑰厲公不聽，表示感謝欒書等誅郤氏之罪，叫他們各復本官。⑱二人頓首謝曰：「幸甚！幸甚！」⑲閏月乙卯，晉厲公出遊於匠驪氏（厲公之外嬖大夫，住翼城）。欒書，中行偃以其黨徒襲厲公而囚之，殺胥童，派人到周京迎接公子周而立之，是為悼公。

悼公元年正月庚申，欒書、中行偃弒厲公，葬之以一乘車㈠。厲公囚六日死，死十日庚午，智罃迎公子周來，至絳，刑鷄與大夫盟而立之㈡，是為悼公。辛巳，朝武宮。二月乙酉，即位。

【註】㈠葬君以一乘之車，言不以君禮葬也。㈡殺鷄取血而為盟。

悼公周者，其大父捷，晉襄公少子也，不得立，號為桓叔，桓叔最愛。桓叔生惠伯談，談生悼公周。周之立，年十四矣。悼公曰：「大父、父皆不得立而辟難於周㈠，客死焉㈡。寡人自以疏遠，毋幾為君㈢。今大夫不忘文、襄之意而惠立桓叔之後，賴宗廟大夫之靈，得奉晉祀，豈敢不戰戰乎㈣？大夫其亦佐寡人！」於是逐不臣者七人，修舊功，施德惠，收文公入時功臣後。秋，伐鄭。鄭師敗，遂至陳。

【註】㈠辟：同「避」。㈡死於異國，曰「客死」。㈢並沒有希望當君主（幾：冀也，希望之心）。㈣戰戰：謹慎小心而工作。

三年，晉會諸侯㊀。悼公問羣臣可用者，祁傒舉解狐。解狐、傒之仇。復問，舉其子祁午。君子曰：「祁傒可謂不黨矣！外舉不隱仇，內舉不隱子㊁。」方會諸侯，悼公弟楊干亂行㊂，魏絳戮其僕。悼公怒，或諫公，公卒賢絳，任之政，使和戎㊃，戎大親附。十一年，悼公曰：「自吾用魏絳，九合諸侯，和戎、翟，魏子之力也。」賜之樂㊄，三讓乃受之。冬，秦取我櫟㊅。

【註】㊀晉悼公會諸侯於鷄澤：在河北鷄澤縣。㊁祁傒可以算是一個公正而沒有黨派觀念的人了，對於外邊的人，只要是賢能的，雖是自己的仇人，也要推舉。對於自家的人，只要是賢能的，雖是自己的兒子，也要推舉，決不隱避。㊂行：陣勢，行列。㊃戎：西北的異民族，《左傳》謂：「太原近戎而寒，不與中國同。」㊄樂：樂隊。㊅櫟：晉邑，乃河上之邑，不知其確定地點。有謂在臨潼。

十四年，晉使六卿率諸侯伐秦㊀，度涇㊂，大敗秦軍，至棫林而去㊂。

十五年，悼公問治國於師曠㊃。師曠曰：「惟仁義為本。」冬，悼公卒，子平公彪立。

平公元年，伐齊，齊靈公與戰靡下㊄，齊師敗走。晏嬰曰：「君亦毋勇，何不止戰㊅？」遂去。晉追，遂圍臨菑，盡燒屠其郭中。東至膠，南至沂，齊皆城守，晉乃引兵歸。

【註】㊀六卿：韓、魏、趙、范、中行、知氏。㊁度涇：渡過涇水。㊂棫林：秦地，大概在涇水之西。㊃師曠：晉之樂師。㊄靡下：即歷下，在山東歷城縣南。㊅君既然沒有勇氣，何不停止作戰。

六年，魯襄公朝晉。晉欒逞有罪，奔齊。八年，齊莊王微㊀遣欒逞於曲沃，以兵隨之。齊兵上太行，欒逞從曲沃中反，襲入絳。絳不戒，平公欲自殺，范獻子止公，以其徒擊逞，逞敗走曲沃。曲沃攻逞，逞死，遂滅欒氏宗。逞者，欒書孫也。其入絳，與魏氏謀。齊莊公聞逞敗，乃還，取晉之朝歌去，以報臨菑之役也。

【註】㊀微：暗地裡，偷偷的。

十年，齊崔杼弒其君莊公。晉因齊亂，伐敗齊於高唐去㊀，報太行之役也。

十四年，吳延陵季子來使，與趙文子、韓宣子、魏獻子語，曰：「晉國之政，卒歸此三家矣。」

十九年，齊使晏嬰如晉，與叔嚮語。叔嚮曰：「晉，季世也。公厚賦為臺池而不恤政，政在私門，其可久乎㈡！」晏子然之。

二十二年，伐燕。二十六年，平公卒，子昭公夷立。

昭公六年卒。六卿彊㈢，公室卑。子頃公去疾立。

【註】㈠高唐：山東高唐縣。㈡晉國到了末世了。晉公重徵賦稅以修臺池，而不關心政治政權歸於私門，怎能夠長久呢？（其：豈也）㈢頃公初立，公室已卑微，而六卿勢力強大（六卿：韓、趙、魏、范、中行、智氏）。

頃公六年，周景王崩，王子爭立。晉六卿平王室亂，立敬王。

九年，魯季氏逐其君昭公，昭公居乾侯㈠。十一年，衞、宋使使請晉納魯君。季平子私賂范獻子，獻子受之，乃謂晉君曰：「季氏無罪。」不果入魯君。

十二年，晉之宗家祁傒孫，叔嚮子，相惡於君㈡。六卿欲弱公室，乃遂以法盡滅其族，而分其邑為十縣，各令其子為大夫㈢。晉益弱，六卿皆大㈣。

十四年，頃公卒，子定公午立。

【註】㈠乾侯：在河北成安縣東南三十里。㈡晉之宗家祁傒之孫與叔向之子，在晉君前互相破壞。㈢晉之六卿，欲削弱公室之力量，乃盡滅其族，分其邑為十縣，六卿各以其自己的兒子為大夫。㈣晉之公室益弱，而六卿皆強大。

定公十一年，魯陽虎奔晉，趙鞅簡子舍之。十二年，孔子相魯。十五年，趙鞅使邯鄲大夫午，不信，欲殺午㈠，午與中行寅、范吉射親攻趙鞅㈡，鞅走保晉陽㈢。定公圍晉陽。荀櫟、韓不信、魏侈與范、中行為仇，乃移兵伐范、中行。范、中行反，晉君擊之，敗范、中行。范、中行走朝歌，保之。韓、魏為趙鞅謝晉君，乃赦趙鞅㈣，復位。二十二年，晉敗范、中行氏，二子奔齊。

【註】㈠晉定公十一年，趙鞅伐衛，衛懼，貢五百家，鞅置之於邯鄲，今欲徙之於晉陽。邯鄲大夫午許諾。午歸告其父兄，父兄皆曰不可，趙鞅怒，欲殺午。㈡邯鄲午與中行寅（荀偃之孫）、范吉射有親戚關係，遂聯合起來以攻趙鞅。㈢趙鞅逃走，而以晉陽（山西太原）為根據地。㈣魏，韓替趙鞅講情，晉軍乃赦趙鞅。

三十年，定公與吳王夫差會黃池㈠，爭長，趙鞅時從，卒長吳㈡。

【註】㈠黃池：在河南封丘縣南。㈡最後，以吳為長。

三十一年，齊田常弒其君簡公，而立簡公弟驁為平公。三十三年，孔子卒。

三十七年，定公卒，子出公鑿立。

出公十七年，知伯與趙、韓、魏共分范、中行地以為邑。出公怒，告齊、魯，欲以伐四卿㈠。四卿恐，遂反攻出公。出公奔齊，道死。故知伯乃立昭公曾孫驕為晉君，是為哀公。

【註】㈠晉之六卿，消滅了兩個，現在變為四卿。

哀公大父雍，晉昭公少子也，號為戴子。戴子生忌。忌善知伯，蚤死，故知伯欲盡幷晉，未敢，乃立忌子驕為君。當是時，晉國政皆決知伯，晉哀公不得有所制。知伯遂有范、中行地，最彊㊀。

【註】㊀四卿之中，以知伯為最強。

哀公四年，趙襄子、韓康子、魏桓子共殺知伯，盡幷其地㊀。

【註】㊀知伯被滅之後，就變為三家分晉的局面。（此一轉變過程甚為重要，而《史記》在此敍之過於簡略。）

十八年，哀公卒，子幽公柳立。

幽公之時，晉衰，反朝韓、趙、魏之君㊀。獨有絳、曲沃，餘皆入三晉。

【註】㊀晉公勢衰而膽小，故畏懼三家，反而朝拜三家。

十五年，魏文侯初立。十八年，幽王淫婦人，夜竊出邑中，盜殺幽公。魏文侯以兵誅晉亂，立幽公子止，是為烈公。

烈公十九年，周威烈王賜趙、韓、魏皆命為諸侯。

二十七年，烈公卒，子孝公頎立。孝公九年，魏武侯初立，襲邯鄲，不勝而去。十七年，孝公卒，子靜公俱酒立。是歲，齊威王元年也。

靜公二年，魏武侯、韓哀侯、趙敬侯滅晉後而三分其地㊀。靜公遷為家人，晉絕不祀。

【註】㊀周安王二十六年，即西曆紀元前三七六年，三家分晉而晉亡，就成為韓、趙、魏的局面。

太史公曰：「晉文公，古所謂明君也，亡居外十九年，至困約，及即位而行賞，尚忘介子推，況驕主乎㊀？靈公既弒，其後成、景致嚴，至厲大刻，大夫懼誅，禍作。悼公以後日衰，六卿專權㊁。故君道之御其臣下，固不易哉㊂！

【註】㊀晉文公是古代所稱道的明君，流亡於外十九年之久，處境極為窮困艱苦，到了他即位行賞

的時侯，還把介子推忘記了，而況於驕傲自大的人主嗎？㈡晉靈公既經被弒之後，成公、景公政治嚴酷，到了厲公，更是殘刻，大夫們都害怕本身受誅，於是乎大禍發作；悼公以後，日趨衰微，就導致了六卿專權的局面。㈢所以人君的駕御臣下，實在是太不容易了。

卷四十　楚世家第十

楚㈠之先祖，出自帝顓頊高陽。高陽者，黃帝之孫，昌意之子也。高陽生稱，稱生卷章，卷章生重黎㈡。重黎為帝嚳高辛居火正，甚有功，能光融天下，帝嚳命曰祝融㈢。共工氏作亂，帝嚳使重黎誅之而不盡。帝乃以庚寅日誅重黎，而以其弟吳回為重黎後，復居火正，為祝融。

【註】㈠楚：楚在春秋時代，吞併諸國共四十有二，其西北至武關，在陝西舊商州東少習山下。《左傳》文公十年謂「子西為商公」，即商州之雒南縣也，與秦分界。其東南至昭關，在江南和州含山縣北二十里。左傳昭公十七年，吳楚戰於長岸，即和州南七十里之東梁山與太平府夾江相對是也，與吳分界。其北至河南之汝南、南陽、臨汝、郟縣、魯山、嵩縣、郾城、禹縣、尉氏各縣。其南不越洞庭湖，擁有湖北十府八州六十縣之地，河南新鄭以南大部分之地，四川夔州府之地，江西之南昌、九江、南康，安徽之蕪湖、盧州、鳳陽、潁州、壽州、和州，江蘇之六合及與吳交爭之徐州各地。總計楚國全盛之時，地跨五省，鋒刃四出，固一世之雄也。㈡重黎為司火之官，有謂重與黎係兩人。此皆傳說中之人物，難於考其是非。㈢祝融：祝，大也，始也。融：光明也。火代表光明。

吳回生陸終。陸終生子六人，坼剖而產焉㊀。其長一曰昆吾㊁；二曰參胡㊂；三曰彭祖㊃；四曰會人㊄；五曰曹姓㊅；六曰季連，芊姓，楚其後也㊆。昆吾氏，夏之時嘗為侯伯，桀之時湯滅之。彭祖氏，殷之時嘗為侯伯，殷之末世滅彭祖氏。季連生附沮，附沮生穴熊。其後中微，或在中國，或在蠻夷，弗能紀其世。

【註】㊀坼：音撤（ㄔㄜˋ），裂開。㊁昆吾：名樊，己姓，封於昆吾，今之河北濮陽縣。㊂參胡：國名，斟姓。㊃彭祖：彭城，古彭祖國。㊄會人：妘姓，鄶國，在河南新鄭縣東北。㊅曹姓：故邾國，在湖北黃岡縣東南。㊆季連：芊姓，楚之先也。芊：音米（ㄇㄧˇ）。

周文王之時，季連之苗裔曰鬻熊。鬻熊子事文王，蚤卒。其子曰熊麗。熊麗生熊狂，熊狂生熊繹。

熊繹當周成王之時，舉文、武勤勞之後嗣，而封熊繹於楚蠻㊀，封以子男之田，姓芊氏，居丹陽㊁。楚子熊繹與魯公伯禽、衛康叔子牟、晉侯燮、齊太公子呂伋俱事成王。

【註】㊀提拔在文王、武王時代著有功勞之後人，於是熊繹得封。㊁丹陽：在湖北秭歸縣北。

熊繹生熊艾，熊艾生熊䵣㊀，熊䵣生熊勝。熊勝以弟熊楊為後。熊楊生熊渠。

熊渠生子三人。當周夷王之時，王室微，諸侯或不朝，相伐。熊渠甚得江漢閒民和，乃興兵伐庸㊁、楊粵㊂，至于鄂㊃。熊渠曰：「我蠻夷也，不與中國之號謚。」乃立其長子康為句亶王㊄，中子紅為鄂王，少子執疵為越章王㊅，皆在江上楚蠻之地。及周厲王之時，暴虐，熊渠畏其伐楚，亦去其王。

【註】㊀䵣：音但（ㄉㄢˋ）㊁庸：在湖北竹山縣東南。㊂楊粵：顏師古曰：「本揚州之分，故曰楊粵。」㊃鄂：湖北武昌。㊄句亶：湖北江陵縣。㊅越章：不詳。

後為熊毋康，毋康蚤死。熊渠卒，子熊摯紅立。摯紅卒，其弟弒而代立，曰熊延。熊延生熊勇。

熊勇六年，而周人作亂，攻厲王，厲王出奔彘。熊勇十年，卒，弟熊嚴為後。

熊嚴十年，卒。有子四人，長子伯霜，中子仲雪，次子叔堪，少子季徇。熊嚴卒，長子伯霜代立，是為熊霜。熊霜元年，周宣王初立。熊霜六年，卒，三弟爭立。仲雪死；叔堪亡，避難於濮㈠；而少弟季徇立，是為熊徇。熊徇十六年，鄭桓公初封於鄭。二十二年，熊徇卒，子熊咢立。熊咢九年，卒，子熊儀立，是為若敖。

【註】㈠濮：在湖北石首縣南。

若敖二十年，周幽王為犬戎所弒，周東徙，而秦襄公始列為諸侯。

二十七年，若敖卒，子熊坎立，是為霄敖。霄敖六年，卒，子熊眴立，是為蚡冒㈠。蚡冒十三年，晉始亂，以曲沃之故。蚡冒十七年，卒。蚡冒弟熊通弒蚡冒子而代立，是為楚武王。

【註】㈠蚡冒：《左傳》魯宣公十二年云：「若敖、蚡冒、篳路藍縷，以啟山林。」蚡，音焚（ㄈㄣˊ）。

武王十七年，晉之曲沃莊伯弒主國晉孝侯。十九年，鄭伯弟段作亂。二十一年，鄭侵天子之田。二十三年，衞弒其君桓公。二十九年，魯弒其君隱公。三十一年，宋太宰華督弒其君殤公。三十五年，楚伐隨㈠。隨曰：「我無罪。」楚曰：「我蠻夷也。今諸侯皆為叛相侵，或相殺。我有敝甲，欲以觀中國之政，請王室尊吾號。」隨人為之周，請尊楚，王室不聽，還報楚。三十七年，楚熊通怒曰：「吾先鬻熊，文王之師也，蚤終。成王舉我先公，乃以子男田令居楚，蠻夷皆率服，而王不加位，我自尊耳㈡。」乃自立為武王，與隨人盟而去，於是始開濮地而有之。

【註】㈠隨：湖北隨縣。㈡周王不提高我的地位，我便自己尊稱我自己了。

五十一年，周召隨侯，數以立楚為王。楚怒，以隨背己，伐隨。武王卒師中而兵罷㈠。子文王熊貲立，始都郢㈡。

【註】㈠漢永平（東漢明帝）中，在河南新蔡縣葛陵城北祝里社下，發現楚武王冢。㈡郢：在湖北

江陵縣北五十里。

文王二年，伐申過鄧㊀，鄧人曰「楚王易取」，鄧侯不許也。六年，伐蔡㊁，虜蔡哀侯以歸，已而釋之。楚彊，陵江漢閒小國㊂，小國皆畏之。十一年，齊桓公始霸，楚亦始大。

【註】㊀申：在河南南陽縣北三十里。㊁蔡：河南上蔡縣。㊂陵：欺侮、壓迫。

十二年，伐鄧㊀，滅之。十三年，卒，子熊囏立㊁，是為莊敖。莊敖五年，欲殺其弟熊惲，惲奔隨，與隨襲弒莊敖代立，是為成王。

【註】㊀鄧：河南鄧縣。㊁囏：古艱字。

成王惲元年，初即位，布德施惠，結舊好於諸侯。使人獻天子，天子賜胙，曰：「鎮爾南方夷越之亂，無侵中國。」於是楚地千里。

十六年，齊桓公以兵侵楚，至陘山㊂。楚成王使將軍屈完以兵禦之，與桓公盟。桓公數以周之賦不入王室，楚許之，乃去。

【註】㈠陘山：在河南新鄭縣西南，接長葛縣西界，羣山緜亙，達於襄、鄧，為南北隘道。《山海經》所謂少陘之山是也。蘇秦說韓王曰：「韓南有陘山」。

十八年，成王以兵北伐許㈠，許君肉袒謝，乃釋之。二十二年，伐黃㈡。二十六年，滅英㈢。

【註】㈠許：河南許昌縣。㈡黃：在河南潢川縣西十二里。㈢英：安徽英山縣。

三十三年，宋襄公欲盟會，召楚㈠。楚王怒曰：「召我，我將好往襲辱之㈡。」遂行，至盂㈢，遂執辱宋公，已而歸之。三十四年，鄭文公南朝楚。楚成王北伐宋，敗之泓㈣，射傷宋襄公，襄公遂病創死㈤。

【註】㈠宋襄公不自量力，欲為盟主，而召喚楚國參加盟會。㈡楚王怒曰：「宋公什麼東西敢召喚我？我要去好好地把他修理一下。」㈢盂：河南睢縣。㈣泓：河南柘城縣。㈤圖霸未成，葬送一命。

三十五年，晉公子重耳過楚，成王以諸侯客禮饗，而厚送之於秦。

三十九年，魯僖公來請兵以伐齊，楚使申侯將兵伐齊，取穀㊀，置齊桓公子雍焉㊁。齊桓公七子皆奔楚，楚盡以為上大夫。滅夔㊂，夔不祀祝融、鬻熊故也。

【註】㊀穀：山東穀城縣。㊁雍：齊桓公之子名，楚立以為齊君。㊂夔：在湖北秭歸縣東。

夏，伐宋，宋告急於晉，晉救宋，成王罷歸。將軍子玉請戰，成王曰：「重耳亡居外久，卒得反國，天之所開，不可當㊀。」子玉固請，乃與之少師而去。晉果敗子玉於城濮㊁。成王怒，誅子玉。

四十六年，初，成王將以商臣為太子，語令尹子上。子上曰：「君之齒未也，而又多內寵，絀乃亂也㊂。楚國之舉常在少者㊃。且商臣蠭目而豺聲，忍人也，不可立也㊄。」王不聽，立之。後又欲立子職而絀太子商臣㊅。商臣聞而未審也㊆，告其傅潘崇曰：「何以得其實㈧？」崇曰：「饗王之寵姬江芉而勿敬也㈨。」商臣從之㈩。江芉怒曰：「宜乎王之欲殺若而立職也㈡。」商臣告潘崇曰：「信矣㈢。」崇曰：「能事之乎？」曰：「不能。」「能亡去乎？」曰：「不能。」「能行大事乎？」曰：「能㈢。」冬十月，商臣以宮衛兵圍成王。成王請食熊蹯而死，不聽。丁未，成王自絞殺㈣。商臣代立，是為穆王。

【註】㈠天之所開，與「天之所啟」，「天之所興」，同一意義，蓋言其為上天所安排而使之興盛，不是人力所能阻擋得住的。㈡城濮：在河南陳留縣。一謂在山東濮縣南。㈢君的年紀尚不老，而宮內的寵愛又多，究竟立誰為太子，是應當慎重考慮的，如果立了以後，再又廢除，那就要發生禍亂了。㈣楚國的建立太子，常常是選用年歲較小的。㈤並且商臣眼睛如毒蜂，聲音如豺狼，是一個生性殘忍的人，不可以立為太子。㈥楚成王不聽，而立商臣為太子。以後又想把商臣廢除掉而立公子職為太子。㈦商臣聽到這個消息，但是不敢十分肯定。㈧就告訴他的師傅說：如何才能得到真實的情報呢？㈨他的師傅就告訴他說：「你請王的最寵愛的姬子江芉來吃飯，飯菜馬馬虎虎的，對她的態度也不要恭敬。」㈩商臣就聽老師的吩咐去作。㈡王的愛姬江芉覺得招待如此冷慢，不由得大怒的說：「怪不得王要殺你而立公子職！」㈢這一句話把全部的情報都證實了，於是商臣就對其師傅

說：「事情是真的了！」㊂於是其師傅就問商臣道：「你能事奉公子職嗎？」商臣說：「不能！」又問：「你能逃亡於外國嗎？」商臣說：「不能！」又問：「你能發動大事嗎？」「（意暗示他殺成王）商臣答道：「能！」於是決定弒成王。㊃商臣率領其衞兵圍成王，成王臨死，要求再吃一頓熊掌而死。商臣不答應。成王遂自殺。

穆王立，以其太子宮予潘崇，使為太師，掌國事。穆王三年，滅江㊀。四年，滅六、蓼㊁。六、蓼，皋陶之後。八年，伐陳㊂。十二年，卒。子莊王侶立。

【註】㊀江：在河南息縣西南。㊁六：在安徽六安縣北。一云在安徽舒城縣東南六十里。蓼：在河南固始縣東有蓼城岡。㊂陳：河南淮陽縣。

莊王即位三年，不出號令，日夜為樂，令國中曰：「有敢諫者死無赦！」伍舉入諫。莊王左抱鄭姬，右抱越女，坐鍾鼓之閒。伍舉曰：「願有進隱㊀。」曰：「有鳥在於阜，三年不蜚不鳴，是何鳥也㊁？」莊王曰：「三年不蜚，蜚將沖天；三年不鳴，鳴將驚人。舉退矣，吾知之矣㊂。」居數月，淫益甚。大夫蘇從乃入諫。王曰：「若不聞令乎㊃？」對曰：「殺身以明君，臣之願也㊄。」於是乃罷淫樂，聽政，所誅者數百人，所進者數百人，任伍舉、蘇從以政，國人大說。是歲滅庸㊅。六年，伐宋，獲五百乘。

【註】㊀隱：藏於內心的話。㊁有鳥在於山崗之上，三年之久，既不飛，又不鳴，這是一種什麼樣的鳥啊！㊂三年不飛，一飛就要沖上青天；三年不鳴，一鳴就要驚動人間。伍舉啊！你走吧！我知道你的意思了！㊃你沒有聽到我的命令嗎？㊄犧牲自己的生命，能使君王清明，這就是我的希望。

㊅庸：在湖北竹山縣東南。

八年，伐陸渾戎㊀，遂至洛，觀兵於周郊㊁。周定王使王孫滿勞楚王㊂。楚王問鼎小大輕重㊃，對曰：「在德不在鼎㊄。」莊王曰：「子無阻九鼎！楚國折鉤之喙，足以為九鼎㊅。」王孫滿曰：「嗚呼！君王其忘之乎？昔虞夏之盛，遠方皆至，貢金九牧，鑄鼎象物，百物而為之備，使民知神姦。桀有亂德，鼎遷於殷，載祀六百。殷紂暴虐，鼎遷於周。德之休明，雖小必重；

其姦回昏亂，雖大必輕。昔成王定鼎於郟鄏，卜世三十，卜年七百，天所命也。周德雖衰，天命未改。鼎之輕重，未可問也㈦。」楚王乃歸。

【註】㈠陸渾：在河南伊川縣。㈡觀兵：閱兵，表示威力。㈢勞：慰勞。㈣楚莊王問周鼎之大小輕重。㈤王孫滿答道：「在乎有德，不在乎鼎之大小輕重。」㈥莊王說：「你不要以為九鼎是多麼樣的難能可貴（阻，難也，難能可貴）。把我們楚國武器上鉤尖折下來一些，就足以鑄個九鼎（鉤：兵器上的鉤。喙：鉤尖）。」㈦王孫滿說：「君王，你忘記了嗎？昔虞夏隆盛的時候，遠方都來朝貢，九州之長官，都貢獻金器，於是鑄為九鼎，把各種物類的形體都鑄在鼎上，使人民們都知道神靈與姦邪的分別。到了夏桀的時候，德行昏亂，於是鼎遷到殷家。殷家享國六百年，到了殷紂王暴虐無道，鼎便遷到周家。由此可見只要德行休美光明，鼎雖小，也是可貴重的。如果姦邪昏亂，鼎雖大，仍然是沒有價值的。昔日成王定鼎於郟鄏（郟鄏：在河南洛陽縣西），占卜的結果，知道可以傳國三十代，享年七百載，這是上天的命令。周家的德業雖然在走下坡，但是上天的命令，並沒有改變，所以關於鼎之輕重，是不可以問的。」

九年，相若敖氏㈠。人或讒之王，恐誅，反攻王，王擊滅若敖氏之族。十三年，滅舒㈡。

【註】㈠若敖氏：即楚令尹鬥越椒。㈡舒：安徽舒城縣。

十六年，伐陳，殺夏徵舒。徵舒弒其君，故誅之也。已破陳，即縣之。羣臣皆賀，申叔時使齊來，不賀。王問，對曰：「鄙語曰，牽牛徑人田，田主取其牛。徑者則不直矣，取之牛不亦甚乎㈠？且王以陳之亂而率諸侯伐之，以義伐之而貪其縣，亦何以復令於天下㈡！」莊王乃復國陳後㈢。

【註】㈠牽著牛在人家的農田裏走，踐踏人家的農作物，被田主把他的牛奪去了。牽牛以踐踏人家的農作物，誠然是不對的了，但是田主竟然把他的牛也奪走了，那也未免作得有點過火。㈡君王（楚莊王）因為陳國的內亂，率領天下諸侯以討伐作亂的人，這本來是為了正義，但是現在竟然滅了陳國而歸併為楚國的一個縣份，這是我們貪取人家的國土，以後何以再發號施令於天下？㈢楚王聽了申叔時的話，認為很對，又把陳國恢復獨立了。

十七年春，楚莊王圍鄭，三月克之。入自皇門㈠，鄭伯肉袒牽羊以逆㈡，曰：「孤不天㈢，不能事君，君用懷怒㈣，以及敝邑，孤之罪也。敢不惟命是聽！賓之南海，若以臣妾賜諸侯，亦惟命是聽㈤。若君不忘厲、宣、桓、武㈥，不絕其社稷，使改事君，孤之願也，非所敢望也㈦。敢布腹心。」楚羣臣曰：「王勿許。」莊王曰：「其君能下人，必能信用其民，庸可絕乎㈧！」莊王自手旗㈨，左右麾軍，引兵去三十里而舍㈩，遂許之平⑪。潘尪入盟⑫，子良出質⑬。夏六月，晉救鄭，與楚戰，大敗晉師河上，遂至衡雍而歸⑭。

【註】㈠皇門：城門。㈡肉袒：袒衣而露出肉體，表示降服之意。牽羊：表示願為臣僕。逆：應面而迎接。㈢不天：不為上天的保祐。㈣用：以也，因之。言君王因此而懷怒。㈤賓：同「擯」字，擲棄也。若：及也，與也。言即使把我棄擲於南海，以及把我的臣妾，分給於諸侯，我都絕對服從。㈥厲、宣、桓、武：杜預曰：「周厲王、宣王，鄭之所自出也。桓公、武公，鄭之始封之賢君也。」㈦這是我的心願，但是，我不敢奢望就能達到我的心願。㈧庸：豈也。言這樣的君王，豈可以斷絕其國命嗎？㈨自手旗：莊王自己手執著旗。㈩舍：三十里，曰舍。言向後退兵，離城三十里，所謂「退一舍而禮」。⑪平：講和。⑫尪：音汪（ㄨㄤ），潘尪，楚大夫名。⑬子良：鄭伯之弟。出

質：到楚國為人質。㈣衡雍：在河南原武縣西北。

二十年，圍宋，以殺楚使也㈠。圍宋五月，城中食盡，易子而食，析骨而炊。宋華元出告以情。莊王曰：「君子哉！」遂罷兵去㈡。

【註】㈠楚王使申舟聘於齊，申舟事前未通知宋國，而往齊必經宋國之境，宋人以其私自過境，執而殺之，故楚伐之。㈡楚兵圍宋五月，宋城中食盡，彼此交換殺其子女而食，炊飯無柴，以骨為柴。造成此種慘局，皆宋華元等一念不能忍之過也。

二十三年，莊王卒，子共王審立。

共王十六年，晉伐鄭。鄭告急，共王救鄭。與晉兵戰鄢陵，晉敗楚，射中共王目。共王召將軍子反。子反嗜酒，從者豎陽穀進酒醉。王怒，射殺子反，遂罷兵歸。

三十一年，共王卒，子康王招立。康王立十五年卒，子員立，是為郟敖。

康王寵弟公子圍、子比、子晳、弃疾。郟敖三年，以其季父康王弟公子圍為令尹，主兵事。四年，圍使鄭，道聞王疾而還。十二月己酉，圍入問王疾，絞而弒之㊀，遂殺其子莫及平夏。使使赴於鄭㊁。伍舉問曰：「誰為後㊂？」對曰：「寡大夫圍。」伍舉更曰：「共王之子圍為長㊃。」子比奔晉，而圍立，是為靈王。

【註】㊀以冠纓絞殺之。㊁赴：同「訃」，報喪也。㊂誰來繼承王位？㊃伍舉更換其訃聞於鄭國之辭，說：「共王之子圍為長」，使諸位以為圍之繼位，出於法統，而非篡弒。

靈王三年六月，楚使使告晉，欲會諸侯。諸侯皆會楚于申㊀。伍舉曰：「昔夏啟有鈞臺之饗㊁，商湯有景亳之命㊂，周武王有盟津之誓㊃，成王有岐陽之蒐㊄，康王有豐宮之朝㊅，穆王有塗山之會㊆，齊桓有召陵之師㊇，晉文有踐土之盟㊈，君其何用？」靈王曰：「用桓公。」時鄭子產在焉。於是晉、宋、魯、衞不往。靈王已盟，有驕色。伍舉曰：「桀為有仍之會⑩，有緡叛之⑪。紂為黎山之會，東夷叛之⑫。幽王為太室之盟⑬，戎、翟叛之⑭。

君其慎終！」

【註】㊀申：在河南南陽縣北二十里。㊁鈞臺：在河南禹縣南，即夏臺也。㊂景亳：自河南商丘北五十里大蒙城為景亳，湯所盟地。㊃盟津：河南孟津縣。㊄岐陽：陝西岐山之陽。㊅豐宮：成王廟所在也。豐，在陝西鄠縣東。有靈台，康王在此朝諸侯。㊆周穆王會諸侯於塗山，在安徽懷遠縣東南八里。㊇召陵：在河南郾城縣東三十五里。㊈踐土：在河南滎澤縣西北有踐土臺。㊉有仍：在山東濟寧縣。⑪有緡：國名，不詳其地。⑫黎山：東夷國名，子姓，不詳其地。⑬太室：中嶽也，即嵩山，在河南登封縣北。⑭戎翟：即戎狄。

七月，楚以諸侯兵伐吳，圍朱方㊀。八月，克之，囚慶封，滅其族。以封徇㊁，曰：「無效齊慶封弒其君而弱其孤，以盟諸大夫㊂！」封反曰：「莫如楚共王庶子圍弒其君兄之子員而代之立㊃！」於是靈王使疾殺之㊄。

【註】㊀朱方：在江蘇丹徒縣東南。㊁執慶封而遊行於軍中。㊂楚王宣示於諸侯們說道：「不要效法齊國慶封殺其君而弱其子，以強迫諸大夫為盟！」㊃慶封回口罵道：「不要效法楚共王之庶子圍（即楚靈王）殺了他哥哥的兒子而自己稱王，以強迫各國諸侯為盟。」㊄各國諸侯聽到慶封針鋒

相對的罵楚王，大家都哈哈大笑。楚靈王覺很難為情，於是下令趕快殺掉。

七年，就章華臺㈠，下令內亡人實之㈡。

【註】㈠章華臺：在湖北華容縣。㈡下令收容各色流亡人等住在這個地區，以充實人眾。

八年，使公子弃疾將兵滅陳。十年，召蔡侯，醉而殺之。使弃疾定蔡，因為陳蔡公。

十一年，伐徐以恐吳㈠。靈王次於乾谿以待之㈡。王曰：「齊、晉、魯、衞，其封皆受寶器，我獨不。今吾使使周求鼎以為分，其予我乎㈢？」析父對曰：「其予君王哉！昔我先王熊繹辟在荊山，華露藍蔞以處草莽，跋涉山林以事天子，唯是桃弧棘矢以共王事。齊，王舅也；晉及魯、衞，王母弟也，楚是以無分而彼皆有。周今與四國服事君王，將惟命是從，豈敢愛鼎㈣？」靈王曰：「昔我皇祖伯父昆吾舊許是宅，今鄭人貪其田，不我予，今我求之，其予我乎㈤？」對曰：「周不愛鼎，鄭安敢愛田㈥？」靈王曰：「昔諸侯遠我而畏晉，今吾大城陳、蔡、不羹，賦皆千乘，諸侯畏我乎㈦？」對曰：「畏哉㈧！」靈王喜曰：「析父善言古事焉㈨。」

【註】㈠徐：在安徽泗縣北。㈡乾谿：在安徽亳縣東南。㈢我獨沒有寶器。現在我派人到周王那裏要求把九鼎給我們以為應分得之物，周王肯不肯給我們呢？㈣楚大夫析父回答道：「他當然是要給君王的。昔日我們先王熊繹處於偏僻（辟：同「僻」）的荊山（在湖北南漳縣西八十里），乘著打柴的車子（華：同「篳」，柴也。露：同「路」，車也），穿著破爛的衣服（藍：同「襤」，破也。蔞：同「縷」，衣物也），住於草莽之中，跋涉山林，打破交通的困難，以事奉天子。我們偏僻的地方，沒有什麼名產，只出些桃弧棘矢，以進供於王家。齊國是周王的舅家，晉國、魯國、衛國，是周王的母弟，所以封賞寶器，人家都有，而我們無份。現在周家與齊、晉、魯、衛都服從君王，惟命是聽，怎敢還愛九鼎而不給？」㈤靈王又說：「昔日我們皇祖伯父昆吾就住在許地，許國是我們的老宅子。現在鄭國貪奪許國的田地，不給我們。我現在若是要求鄭國把許國的田地還給我們，他肯不肯給我們呢？」㈥析父答道：「周王就不敢愛惜其九鼎，難道鄭國還敢愛惜許國的田地嗎？」㈦靈王又說：「昔日各國諸侯都疏遠我們而敬畏晉國，現在我大大的建造陳、蔡、不羹（陳：河南淮陽縣。蔡：河南上蔡縣。不羹：在河南襄城縣東三十里）諸地的軍事防禦工程，這三個地方，都可以出兵車千乘，勢力這麼強大，諸侯們會不會敬畏我呢？」㈧析父答道：「他們對於君王當然是敬畏的

了！」㈨楚靈王大喜，說道：「析父真是善於講說古代的故事啊！」

十二年春，楚靈王樂乾谿，不能去也㈠。國人苦役㈡。初，靈王會兵於申，僇越大夫常壽過㈢，殺蔡大夫觀起。起子從亡在吳，乃勸吳王伐楚，為閒越大夫常壽過而作亂，為吳閒㈣。使矯公子弃疾命召公子比於晉，至蔡，與吳、越兵欲襲蔡。令公子比見弃疾，與盟於鄧。遂入殺靈王太子祿，立子比為王㈤，公子子晳為令尹，弃疾為司馬。先除王宮，觀從從師于乾谿，令楚眾曰：「國有王矣。先歸，復爵邑田室。後者遷之。」楚眾皆潰，去靈王而歸㈥。

【註】㈠楚靈王貪戀於乾谿（安徽亳縣南）之樂而不願離開。㈡同時，因為連年戰爭，人民苦於兵役。㈢僇：侮辱。㈣靈王在南陽會兵的時候，曾經侮辱越國的大夫常壽過，又殺了蔡國的大夫觀起。於是觀起之子逃亡於吳國，勸吳王伐楚，又離間越國與楚國的關係。㈤又假造公子弃疾的命令，把公子比從晉國召回來，在鄧地（河南郾城縣東三十五里）盟誓。於是殺了靈王太子祿，立子比為王。㈥觀從（觀起之子）又在乾谿對楚兵們宣傳，說道：「楚國已經立了新王，希望大家都趕快回國，先回國者，恢復其爵邑田里，如果不回，就要強制驅除出境。」於是楚兵爭著回國，如大河決口

似的不可收拾。靈王已經沒有羣眾的基礎了。

靈王聞太子祿之死也，自投車下，而曰：「人之愛子亦如是乎㊀？」侍者曰：「甚是㊁。」王曰：「余殺人之子多矣，能無及此乎㊂？」右尹曰：「請待於郊以聽國人㊃。」王曰：「眾怒不可犯㊄。」曰：「且入大縣而乞師於諸侯㊅。」王曰：「皆叛矣㊆。」又曰：「且奔諸侯以聽大國之慮㊇。」王曰：「大福不再，祇取辱耳㊈。」於是王乘舟將欲入鄢㊉。右尹度王不用其計，懼俱死，亦去王亡⑪。

【註】㊀靈王聽說太子祿之死，自己投身於車下，說道：「別人愛他們自己的兒子，也像我這樣的嗎？」㊁侍者說：「有甚於此！」㊂靈王說：「我殺別人的兒子太多了，怎能不有這樣的報應呢？」㊃右尹說：「請先回到國郊以待國人的反應。」㊄靈王說：「眾人都恨怒我，其勢不可抵抗。」㊅右尹說：「暫時先到大的縣份，然後請求各國諸侯派兵來援助。」㊆靈王說：「大家都反叛我了！」㊇右尹說：「暫且逃到諸侯之國，以聽大國的考慮。」㊈靈王說：「大的幸運不會再有了，逃於他國，徒徒是自找恥辱罷了。」㊉於是靈王乘船想從武昌沿漢水而至湖北宜城縣。⑪右尹測想靈王不會採用他的建議，所以也就脫離靈王而走了。

靈王於是獨傍偟山中，野人莫敢入王㈠。王行遇其故鋗人，謂曰：「為我求食，我已不食三日矣㈡。」鋗人曰：「新王下法，有敢饟王從王者，罪及三族，且又無所得食㈢。」王因枕其股而臥。鋗人又以土自代，逃去㈣。王覺而弗見，遂飢弗能起㈤。芋尹㈥申無宇之子申亥曰：「吾父再犯王命，王弗誅，恩孰大焉！」乃求王，遇王飢於釐澤㈦，奉之以歸。夏五月癸丑，王死申亥家㈧，申亥以二女從死，幷葬之。

【註】㈠靈王於是獨自一人徘徊於山野中，山野之人沒有人敢把靈王收容在自己家中的。㈡靈王無精打采的走，途中遇到了以前在宮中服務的內侍，告訴他說：「為我找點東西吃，我已經三天沒有吃東西了！」㈢內侍答道：「新王下令，誰若是敢於給王飯吃或跟從王的，就要殺滅三族。並且也沒有地方能夠找到東西吃。」㈣靈王餓得太疲困了，就枕著內侍的腿而臥。內侍弄了一塊土給他當枕頭而自己逃去。㈤靈王睡醒了，不見他了，遂而餓得站不起來。㈥芋尹：種芋園之官。㈦釐澤：即「棘圍」，棘：里名。圍：門也。㈧靈王自縊於申亥之家。

是時楚國雖已立比為王，畏靈王復來，又不聞靈王死，故觀從謂初王比曰：「不殺弃疾，雖得國猶受禍。」王曰：「余不忍。」從曰：「人將忍王㊀。」王不聽，乃去。弃疾歸。國人每夜驚，曰：「靈王入矣！」乙卯夜，弃疾使船人從江上㊁走呼曰：「靈王至矣！」國人愈驚。又使曼成然告初王比及令尹子晳曰：「王至矣！國人將殺君，司馬將至矣㊂！君蚤自圖㊃，無取辱焉。眾怒如水火，不可救也。」初王及子晳遂自殺。丙辰，弃疾即位為王，改名熊居，是為平王。

【註】㊀別人將會忍心害王。㊁江上：江邊。㊂司馬：弃疾，掌軍權。㊃蚤：同「早」。

平王以詐弒兩王而自立㊀，恐國人及諸侯叛之，乃施惠百姓。復陳蔡之地而立其後如故，歸鄭之侵地。存恤國中，修政教。吳以楚亂故，獲五帥以歸㊁。平王謂觀從：「恣爾所欲㊂。」欲為卜尹，王許之㊃。

【註】㊀平王以詐術弒兩王而自立。㊁五率：楚之蕩侯、潘子、司馬督、囂尹午、陵尹喜。㊂隨你的意，你願意作什麼官，就可以作什麼官。㊃卜尹：卜師，大夫階級之官。

初，共王有寵子五人，無適立，乃望祭羣神，請神決之，使主社稷㊀，而陰與巴姬埋璧於室內㊁，召五公子齋而入㊂。康王跨之㊃，靈王肘加之㊄，子比、子晳皆遠之㊅。平王幼，抱其上而拜，壓紐㊆。故康王以長立，至其子失之；圍為靈王，及身而弒；子比為王十餘日，子晳不得立，又俱誅。四子皆絕無後。唯獨弃疾後立，為平王，竟續楚祀，如其神符。

【註】㊀楚共王有寵子五人，沒有決定立誰為太子，於是祭祀羣神，請神決定之，使主持國家。㊁而暗地裏（陰）與其所愛之巴姬埋璧於室內。㊂召五公子齋戒沐浴而入。㊃康王跨過了玉紐。㊄靈王的肘壓上了玉紐。㊅子比、子晳都離得很遠。㊆平王幼，抱著他入拜，正好壓在玉紐之上（早有設計）。

初，子比自晉歸，韓宣子問叔向曰：「子比其濟乎㊀？」對曰：「不就㊁。」宣子曰：「同惡相求，如市賈焉，何為不就㊂？」對曰：「無與同好，誰與同惡㊃？取國有五難：有寵無人，一也㊄；有人無主，二也㊅；有主無謀，三也㊆；有謀而無民，四也[八]；有民而無德，五也[九]。子比在晉十三年矣，晉、楚之從不聞通者，可謂無人矣[一〇]；族盡親叛，可謂無主矣[一一]；無釁而動，可謂無謀矣[一二]；為羈終世，可謂無民矣[一三]；亡無愛徵，可謂無德矣[一四]。王虐而不忌[一五]，子比涉五難以弒君，誰能濟之！有楚國者，其弃疾乎[一六]？君陳、蔡，方城外屬焉[一七]。苛慝不作，盜賊伏隱，私欲不違，民無怨心[一八]。先神命之，國民信之[一九]。芊姓有亂，必季實立，楚之常也[二〇]。子比之官，則右尹也；數其貴寵，則庶子也；以神所命，則又遠之；民無懷焉，將何以立[二一]？」宣子曰：「齊桓、晉文不亦是乎[二二]？」對曰：「齊桓，衛姬之子也，有寵於釐公。有鮑叔牙、賓須無、隰朋以為輔，有莒、衛以為外主，有高、國以為內主。從善如流，施惠不倦。有國，不亦宜乎[二三]？昔我文公，狐季姬之子也，有寵於獻公。好學不倦。生十七年，有士五人，有先大夫子餘、子犯以為腹心，有魏犨、賈佗以為股肱，有齊、宋、秦、楚以為外主，有欒、郤、狐、先以為內主。亡十九年，守志彌篤。惠、懷弃民，民從而與之。故文公有國，不亦宜乎㉔？子比無施於民，無援於外，去晉，晉不送，歸楚，楚不迎。何以有國㉕！」子比果不終焉，卒立者弃疾，如叔向言也㉖。

【註】㊀起初，楚公子比從晉國回楚的時候，韓宣子問於叔向曰：「子比能不能成功呢？」（濟：濟事也。）㊁叔向說：「不能成功！」㊂宣子說：「為了共同的仇恨目標而互相追求，就好像做買賣的追求利益一樣，為什麼不能成功呢？㊃叔向回答道：「他們都是各為其私利，既沒有共同的愛好目標，怎能有共同的仇恨目標呢？㊄爭取國家有五個大的難題，有尊寵而沒有賢人為之輔，這是第一個難題；㊅有賢人而沒有內部的主力為應合，這是第二個難題；㊆有內應而沒有高明的計謀，這是第三個難題；㊇有計謀而沒有民眾的基礎，這是第四個難題；㊈有民眾而沒有良善的德行，這是第五個難題。㊉子比在晉國已經十三年矣，跟從他的人沒有一個知名之士可以說是沒有賢人了；⑪親族之人都離叛他，可以說是沒有內應了；⑫沒有釁隙而亂動，可以說是沒有智謀了；⑬漂流在外十幾年，可以說是沒有民眾基礎了；⑭出亡在外而國人沒有懷念他的，可以證明他沒有德行了。⑮靈王雖然暴虐，但是子比決不是他的對手，他並不畏忌子比。⑯子比要透過這五個大難題，以弒君，誰能夠使之成功？將來能夠擁有楚國者，大概是弃疾了。⑰弃疾統治陳、蔡、方城以外的地方都在他掌握之內。⑱在他統治之下，苛暴邪惡之事不曾發生，盜竊亂賊銷聲匿跡，心之所欲，不違

民意。人民對於他沒有怨心，⑲祖先對於他已顯靈命，大家都很信賴他。⑳再就楚國歷史的常規而論，楚國只要有內亂，最後得到建立者，總是屬於最小的兒子。㉑再就子比的條件而論，其官位不過是右尹，其貴寵不過是庶子；以神的啟示而論，他又距離玉紐甚遠；以民眾的基礎而論，人民對於他，一點懷念之意都沒有，他如何能夠站得住呢？」㉒宣子又說：「齊桓、晉文，不也都是庶子而出亡在外的嗎？」㉓叔向答道：「情形完全不一樣，齊桓公是衛姬之子，有寵於釐公，有鮑叔牙、賓須無、隰朋，這些賢人來輔佐他，而且有莒國、衛國以為外援，有高氏、國氏以為內應，而且桓公本人又是從善如流，施惠不倦，他之所以能有國家，不是理所當然的嗎？㉔至於我們先君文公，他是狐季姬的兒子，獻公很寵愛他，喜好學問，勤修不倦，十七歲的時候，就有賢士五人輔佐他，有先大夫子餘（趙衰）子犯（狐偃）作他的腹心；有魏犨、賈佗，作他的股肱；有齊國、宋國、秦國、楚國，作他的外援；有欒枝、郤縠、狐突、先軫，作他的內應，出亡在外十九年，環境愈困難，而志節愈堅篤。惠公懷公背棄了人民，而人民因而歸從於他，所以文公之能有國家，不也是理所當然的嗎？㉕至於子比，他內而無恩德於人民，外而無援助於諸侯，離開晉國的時候，晉國不護送他；回到楚國的時候，楚國不歡迎他，他如何能有國家呢？」㉖子比果然立國不久，最後立國者是弃疾，完全如叔向之所預言。

平王二年，使費無忌㊀如㊁秦為太子建取婦㊂。婦好㊃，來，

未至，無忌先歸㊄，說平王曰：「秦女好，可自娶，為太子更求㊅。」平王聽之，卒自娶秦女，生熊珍。更為太子娶。是時伍奢為太子太傅，無忌為少傅。無忌無寵於太子，常讒惡太子建。建時年十五矣，其母蔡女也，無寵於王，王稍益疏外建也㊆。

【註】㊀費無忌：楚大夫。㊁如：往。㊂取婦：即「娶婦」。㊃婦好：秦女很美好。㊄秦女尚未到，而無忌先回國。㊅更求：另外為太子物色女人。㊆平王逐漸疏遠太子建。

六年，使太子建居城父㊀，守邊。無忌又日夜讒太子建於王曰：「自無忌入秦女，太子怨，亦不能無望於王，王少自備焉。且太子居城父，擅兵，外交諸侯，且欲入矣㊁。」平王召其傅伍奢責之。伍奢知無忌讒，乃曰：「王柰何以小臣疏骨肉㊂？」無忌曰：「今不制，後悔也㊃。」於是王遂囚伍奢。（而召其二子而告以免父死）乃令司馬奮揚召太子建，欲誅之。太子聞之，亡奔宋。

【註】㊀城父：河南襄城縣。㊁費無忌日夜在平王的跟前陷害太子建，說：「自從無忌為王引入秦女，太子恨我，也不能不怨望於王，請王稍加防備。並且太子居於城父，獨握兵權，外交諸侯，將要

回國自立了。」㊂伍奢：即伍子胥之父。伍奢對平王說：「王為什麼聽小人之言，遠骨肉之親呢？」
㊃無忌對楚王說：「現今不加以制裁，將來會後悔的。」

無忌曰：「伍奢有二子，不殺者為楚國患。盍以免其父召之，必至㊀。」於是王使使謂奢：「能致二子則生，不能將死㊁。」奢曰：「尚至，胥不至㊂。」王曰：「何也㊃？」奢曰：「尚之為人，廉，死節，慈孝而仁，聞召而免父，必至，不顧其死。胥之為人，智而好謀，勇而矜功，知來必死，必不來。然為楚國憂者必此子㊄。」於是王使人召之，曰：「來，吾免爾父㊅。」伍尚謂伍胥曰：「聞父免而莫奔，不孝也；父戮莫報，無謀也；度能任事，知也。子其行矣，我其歸死㊆。」伍尚遂歸。伍胥彎弓屬矢，出見使者，曰：「父有罪，何以召其子為？」將射㊇，使者還走，遂出奔吳㊈。伍奢聞之，曰：「胥亡，楚國危哉㊉。」楚人遂殺伍奢及尚。

十年，楚太子建母在居巢㊀，開吳㊁。吳使公子光伐楚，遂敗陳、蔡，取太子建母而去。楚恐，城郢㊂。初，吳之邊邑卑梁㊃

與楚邊邑鍾離小童爭桑，兩家交怒相攻，滅卑梁人。卑梁大夫怒，發邑兵攻鍾離。楚王聞之怒，發國兵滅卑梁。吳王聞之大怒，亦發兵，使公子光因建母家攻楚，遂滅鍾離、居巢。楚乃恐而城郢。

【註】㊀無忌說：「伍奢有兩個兒子，如果不把他的兩個兒子殺了，將來必為楚國之患。何不以赦免其父為幌子，騙他的兩個兒子來呢？」㊁於是楚平王派人告訴伍奢說：「你能使你的兩個兒子來，就可以活命；不能的話，就要處死。」㊂伍奢說：「大兒子尚會來，二兒子胥不會來。」㊃平王說：「什麼道理呢？」㊄伍奢說：「尚之為人，很守本份（廉），死守名節，慈祥孝順而仁愛，聽說召喚而可以免父之罪，一定會來，不顧自己的生死。至於子胥之為人，聰明而有謀略，勇敢而爭功名，知道一來定然會死，所以他必然不來，但是將來為楚國之患者，必是此子。」㊅於是平王派人召喚二子，曰：「來吧！我赦免你們的父親。」㊆伍尚對伍胥說：「聽說去了可以免除父親的罪而不去，就是不孝；父親被殺了而沒人為之報仇，就是無謀。自己判斷著可以達成任務，就是聰明。你趕快逃走吧！我與父親同死。」㊇伍尚遂回國。伍胥彎弓附箭（屬：附著），出見使者說：「父有罪，為什麼召喚他的兒子？」言畢，就要射擊使者。㊈使者回頭而逃，伍胥出奔於吳國。㊉伍奢聽說子胥逃亡，說道：「子胥逃亡，楚國就危險了！」楚王就把伍奢和他的長子伍尚殺掉。⑪居巢：

安徽巢縣。㊂開吳：與吳國有來往。㊂郢：在湖北江陵縣東北六里。㊃卑梁與鍾離鄰邑。

十三年，平王卒。將軍子常曰：「太子珍少，且其母乃前太子建所當娶也。」欲立令尹子西。子西，平王之庶弟也，有義㊀。子西曰：「國有常法，更立則亂，言之則致誅㊁。」乃立太子珍，是為昭王。

【註】㊀有義：很有道義。㊁國家有經常的法紀，如果改變常法而立君，就會招致禍亂。誰若是建議立我而為君者，就要重辦不赦。

昭王元年，楚眾不說費無忌㊀，以其讒亡太子建，殺伍奢子父與郤宛。宛之宗姓伯氏子嚭㊁及子胥皆奔吳，吳兵數侵楚，楚人怨無忌甚。楚令尹子常誅無忌以說眾，眾乃喜。

【註】㊀說：同「悅」。㊁嚭：音痞（ㄆㄧˇ）。

四年，吳三公子㊀奔楚，楚封之以扞吳㊁。五年，吳伐取楚之六、潛㊂。七年，楚使子常伐吳，吳大敗楚於豫章㊃。

【註】㊀二公子：公子掩餘，公子燭庸。㊁扞：抵抗。㊂六：安徽六安縣北。潛：在安徽霍山縣東。㊃豫章：江西南昌。

十年冬，吳王闔閭、伍子胥、伯嚭與唐、蔡俱伐楚，楚大敗，吳兵遂入郢，辱平王之墓，以伍子胥故也。吳兵之來，楚使子常以兵迎之，夾漢水陣。吳伐敗子常，子常亡奔鄭。楚兵走，吳乘勝逐之，五戰及郢。己卯，昭王出奔。庚辰，吳人入郢。昭王亡也至雲夢㊀。雲夢不知其王也，射傷王。王走鄖㊁。鄖公之弟懷曰：「平王殺吾父㊂，今我殺其子，不亦可乎？」鄖公止之，然恐其弒昭王，乃與王出奔隨㊃。吳王聞昭王往，即進擊隨，謂隨人曰：「周之子孫封於江漢之閒者，楚盡滅之。」欲殺昭王。王從臣子綦乃深匿王，自以為王，謂隨人曰：「以我予吳。」隨人卜予吳，不吉，乃謝吳王曰：「昭王亡，不在隨。」吳請入自索之㊄，隨不聽，吳亦罷去。

【註】㊀雲夢：在湖北安陸縣東南五十里。㊁鄖：湖北安陸縣城。㊂鄖公之父曼成然。㊃隨：湖北隨縣。㊄索：搜索。

昭王之出郢也，使申鮑胥請救於秦。秦以車五百乘救楚，楚亦收餘散兵，與秦擊吳。十一年六月，敗吳於稷㊀。會吳王弟夫概見吳王兵傷敗，乃亡歸，自立為王。闔閭聞之，引兵去楚，歸擊夫概，夫概敗，奔楚，楚封之堂谿㊁，號為堂谿氏。

【註】㊀稷：在河南桐柏縣境。㊁堂谿：河南西平縣。

楚昭王滅唐㊀。九月，歸入郢。十二年，吳復伐楚，取番㊁。楚恐，去郢，北徙都鄀㊂。

【註】㊀唐：即湖北隨縣西北九十里之唐縣鎮。㊁番：楚之東境，江西鄱陽縣。㊂鄀：音若（ㄖㄨㄛˋ），在湖北宜城縣東北九十里。

十六年，孔子相魯。二十年，楚滅頓㊀，滅胡㊁。二十一年，吳王闔閭伐越。越王句踐射傷吳王，遂死。吳由此怨越而不西伐楚。

【註】㊀頓：即河南項城縣北五十里之南頓故城。㊁胡：在安徽阜陽縣西北二里。

二十七年春，吳伐陳，楚昭王救之，軍城父㊀。十月，昭王病於軍中，有赤雲如鳥，夾日而蜚㊁。昭王問周太史，太史曰：「是害於楚王，然可移於將相㊂。」將相聞是言，乃請自以身禱於神。昭王曰：「將相，孤之股肱也，今移禍，庸去是身乎！」弗聽。卜而河為崇㊃，大夫請禱河。昭王曰：「自吾先王受封，望不過江、漢，而河非所獲罪也㊄。」止不許。孔子在陳，聞是言，曰：「楚昭王通大道矣。其不失國，宜哉㊅！」

【註】㊀城父：在安徽亳縣東南。㊁蜚：同「飛」字。㊂太史說：「這種徵象，有害於楚王，但是可以轉移於將相之身。」㊂昭王說：「將相是我的股肱，現在移禍於將相，豈能脫離我本身的苦痛嗎？」㊃為祟：作祟，河神在搗鬼。㊄昭王說：「從我們先王受封以來，我們的生存空間，不曾希望超過江、漢地區以外，我們應該不至得罪於黃河之神吧！」㊅孔子在陳，聽說昭王有這種言論，就很贊美的說：「楚昭王真算是通達於天人的大道理了，他所以不致於失國，是應當的啊！」（由此可見孔子不迷信於星相之道，所謂「未能事人，焉能事鬼？」就是孔子的科學精神。）

昭王病甚，乃召諸公子大夫曰：「孤不佞㊀，再辱楚國之師，今乃得以天壽終，孤之幸也。」讓其弟公子申為王，不可。又讓次弟公子結，亦不可。乃又讓次弟公子閭，五讓，乃後許為王。將戰，庚寅，昭王卒於軍中。子閭曰：「王病甚，舍其子讓羣臣，臣所以許王，以廣王意也。今君王卒，臣豈敢忘君王之意乎㈡！」乃與子西、子綦謀，伏師閉塗，迎越女之子章立之㈢，是為惠王。然後罷兵歸，葬昭王。

【註】㈠不佞：不才，自謙之辭。㈡子閭說：「王的病很嚴重，他舍棄了自己的兒子，而讓位於羣臣。我當時所以答應王繼承王位者是因為要寬慰王的心理。現在王死了，我怎敢忘記君王的意思呢。」㈢乃與子西、子綦商量，埋伏軍隊（伏師），斷絕交通（閉：斷絕。塗：同「途」，道路。保守王死之秘密，防內部及外諜之變亂）。迎越女之子章而立之，以安定國本。

惠王二年，子西召故平王太子建之子勝於吳，以為巢大夫，號曰白公。白公好兵而下士，欲報仇。六年白公請兵令尹子西伐鄭。初，白公父建亡在鄭，鄭殺之，白公亡走吳，子西復召之，故以此怨鄭，欲伐之。子西許而未為發兵。八年，晉伐鄭，鄭告急楚，楚使子西救鄭，受賂而去。白公勝怒，乃遂與勇力死士石乞等襲殺令尹子西、子綦於朝，因劫惠王，置之高府㈠，欲殺之。惠王從者屈固負王亡走昭王夫人宮㈡。白公自立為王。月餘，會葉公救楚，楚惠王之徒與共攻白公，殺之。惠王乃復位，是歲也，滅陳而縣之㈢。

【註】㈠高府：府庫之名。㈡昭王夫人：即惠王之母也。㈢滅陳而作為楚國之一個縣份。

十三年，吳王夫差彊，陵齊、晉㈠，來伐楚。十六年，越滅吳。四十二年，楚滅蔡。四十四年，楚滅杞。與秦平㈡。是時越已滅吳而不能正江、淮北㈢；楚東侵，廣地至泗上㈣。

【註】㈠吳王夫差強盛，其勢力陵駕於齊、晉之上。㈡平：講和。㈢正：同「征」，征服。越雖滅吳，但不能征服江北與淮北之地。㈣泗上：安徽泗縣一帶之地。

五十七年，惠王卒，子簡王中立。

簡王元年，北伐滅莒㈠。八年，魏文侯、韓武子、趙桓子始列為諸侯。

【註】㊀莒：山東莒縣。

二十四年，簡王卒，子聲王當立。聲王六年，盜殺聲王，子悼王熊疑立。悼王二年，三晉來伐楚，至乘丘而還㊀。四年，楚伐周。鄭殺子陽。九年，伐韓，取負黍㊁。十一年，三晉伐楚，敗我大梁、榆關㊂。楚厚賂秦，與之平。二十一年，悼王卒，子肅王臧立。

【註】㊀乘丘：在山東滋陽縣西北。㊁負黍：在河南登封縣西南。㊂大梁：河南開封。榆關：原屬鄭國之地，大概在開封之西。

肅王四年，蜀伐楚，取茲方㊀。於是楚為扞關以距之㊁。十年，魏取我魯陽㊂。十一年，肅王卒，無子，立其弟熊良夫，是為宣王。

【註】㊀茲方：大概在湖北松滋縣。㊁扞關：在湖北長陽縣西。㊂魯陽：河南魯山縣。

宣王六年㈠，周天子賀秦獻公。秦始復彊，而三晉益大，魏惠王、齊威王尤彊。三十年，秦封衛鞅於商，南侵楚㈡。是年，宣王卒，子威王熊商立。

【註】㈠宣王六年：西曆紀元前三六四年。㈡宣王三十年，為西曆紀元前三四〇年，秦商鞅侵楚、伐魏。

威王六年，周顯王致文武胙於秦惠王。

七年，齊孟嘗君父田嬰欺楚，楚威王伐齊，敗之於徐州㈠，而令齊必逐田嬰。田嬰恐，張丑偽謂楚王曰：「王所以戰勝於徐州者，田盼子不用也㈡。盼子者，有功於國，而百姓為之用。嬰子弗善而用申紀。申紀者，大臣不附，百姓不為用，故王勝之也。今王逐嬰子，嬰子逐，盼子必用矣。復搏其士卒以與王遇㈢，必不便於王矣。」楚王因弗逐也。

【註】㈠齊國挑撥越國，使之攻楚，楚怒之，故伐齊。㈡田盼子：田嬰之同族。㈢搏：振奮、團結。

十一年，威王卒，子懷王熊槐立。魏聞楚喪，伐楚，取我陘山㊀。

【註】㊀陘山：在河南新鄭縣西南三十里。

懷王元年，張儀始相秦惠王。四年，秦惠王初稱王。

六年，楚使柱國昭陽將兵而攻魏㊀，破之於襄陵㊁，得八邑。又移兵而攻齊，齊王患之。陳軫適為秦使齊㊂，齊王曰：「為之奈何？」陳軫曰：「王勿憂，請令罷之。」即往見昭陽軍中，曰：「願聞楚國之法，破軍殺將者何以貴之？」昭陽曰：「其官為上柱國，封上爵執珪。」陳軫曰：「其有貴於此者乎㊃？」昭陽曰：「令尹㊄。」陳軫曰：「今君已為令尹矣，此國冠之上。臣請得譬之。人有遺其舍人一卮酒者，舍人相謂曰：『數人飲此，不足以徧，請遂畫地為蛇，蛇先成者獨飲之。』一人曰：『吾蛇先成。』舉酒而起，曰：『吾能為之足。』及其為之足，而後成人奪之酒而飲之，曰：『蛇固無足，今為之足，是非蛇也。』今君相楚而攻魏，破軍殺將，功莫大焉，冠之上不可以加矣。今又移兵而攻齊，攻齊勝之，官爵不加於此；攻之不勝，身死爵奪，有毀於楚：此為蛇為足之說也。不若引兵而去以德齊，此持滿之術也㈥。」昭陽曰：「善。」引兵而去㈦。

【註】㈠柱國：官名，與上柱國同，起於戰國，為顯要之官。㈡襄陵：在河南睢縣西一里。㈢陳軫：戰國時代有名之說客。陳軫到昭陽的軍中見昭陽，說道：「請問楚國的法律，對於破敵殺將有大功之人，如何去尊貴他呢？」昭陽答道：「封為上柱國之官，賞以上等之爵，執玉璧。」㈣陳軫說：「還有比這更尊貴的嗎？」㈤昭陽答道：「有的，就是令尹。」㈥陳軫說：「現在你已經是令尹了，這是國家官吏最高的冠冕（官銜、頭銜），沒有更高其上了。現在我有一比：有某人贈送他的舍人們一卮酒，舍人們彼此商量道：『幾個人喝這一卮酒，一個人還輪不到一杯，乾脆我們大家各自就地畫蛇，誰先畫成，這卮酒就歸他一個人單獨喝完。』有一個人把蛇先畫成了，就舉起酒來，說道：『我還能把牠的足畫出來呢。』到了他把蛇足畫出來了，而後來畫成的人就把酒奪過來而喝，一面說道：『蛇根本是沒有足的，現在你畫上了足，那就根本不成其為蛇了，所以你不能喝，只有我來喝。』現在你的情形就好像這個畫蛇添足的故事。你已經是楚國的首相了，破敵殺將，沒有比你的功勞再大了，冠冕之上，不能再加什麼東西了。現在你又轉移兵力而攻打齊國，如果打勝了，你的官爵也不能

再高的了；如果打不勝，性命犧牲了，官爵被奪了，楚國人都毀罵你，這不是畫蛇添足的傻事嗎？我現在替你建議，不如引兵而去以施德於齊國，這才是持盈保泰的方法。否則紅得發紫，物極必衰。」
㈦昭陽說：「對極了！」於是引兵而去，不再打齊國了。

燕、韓君初稱王。秦使張儀與楚、齊、魏相會，盟齧桑㈠。

【註】㈠齧桑：在江蘇沛縣西南。

十一年，蘇秦約從山東六國共攻秦，楚懷王為從長㈠。至函谷關㈡，秦出兵擊六國，六國兵皆引而歸，齊獨後。十二年，齊湣王伐敗趙、魏軍，秦亦伐敗韓，與齊爭長。

十六年，秦欲伐齊，而楚與齊從親㈢，秦惠王患之，乃宣言張儀免相，使張儀南見楚王，謂楚王曰：「敝邑之王所甚說者無先大王，雖儀之所甚願為門闌之廝者亦無先大王。敝邑之王所甚憎者無先齊王，雖儀之所甚憎者亦無先齊王。而大王和之，是以敝邑之王不得事王，而令儀亦不得為門闌之廝也。王為儀閉關而絕齊，今使使者從儀西取故秦所分楚商於之地方六百里，如是則齊弱矣。是北弱齊，西德於秦，私商於以為富，此一計而三利俱至也㈣。」懷王大悅，乃置相璽於張儀，日與置酒，宣言「吾復得吾商於之地㈤。」羣臣皆賀，而陳軫獨弔㈥。懷王曰：「何故㈦？」陳軫對曰：「秦之所為重王者，以王之有齊也。今地未可得而齊交先絕，是楚孤也。夫秦又何重孤國哉，必輕楚矣。且先出地而後絕齊，則秦計不為。先絕齊而後責地，則必見欺於張儀。見欺於張儀，則王必怨之。怨之，是西起秦患，北絕齊交。西起秦患，北絕齊交，則兩國之兵必至，臣故弔㈧。」楚王弗聽，因使一將軍西受封地㈨。

【註】㈠從：同「縱」，六國聯合共同抗秦，謂之「約縱」。楚懷王為約縱之長。㈡函谷關：在河南靈寶縣西南里許。㈢齊國與楚國是合縱的夥伴，關係親密。㈣說：同「悅」。張儀是六國時代很有名的遊說家，他遊說各國連橫以事秦，與蘇秦恰巧相反，蘇秦是遊說各國合縱以抗秦。張儀對楚王說：「敝國的王所最喜歡的人，沒有比對大王更再先的了；即使我張儀所最喜歡作為守門的奴僕者，也沒有比對大王更在先的了。相反的，敝國的王所最憎惡的人，沒有比對齊王更在先的了：即使我張儀所最憎惡的人，也沒有比對齊王更在先的了。但是，大王偏偏和他相好，所以敝國之王不得奉事大

王，而使得我張儀也不得為大王看門的奴僕了。大王如果為了我張儀而閉關與齊國斷絕關係，那麼，現在就可以派人和我一同到秦國收回楚國過去所給予秦國的商於（在河南淅川縣西）之地，方六百里。這麼一來，齊國就微弱了。北邊削弱了齊國，西邊施德於秦國，而又私有了商於之地六百里以為財富，這真是一計而三利都來了。」㊄楚懷王一聽張儀之言，大為喜悅，乃置相印於張儀，天天置酒歡宴，公開的對大家說：「我又收回了商於之地。」㊅羣臣皆賀，而陳軫獨獨的哀弔。㊆懷王問他：「為什麼哀弔呢？」㊇陳軫答道：「秦國之所以重視君王者，是因為有齊國的聯合。現在不一定就能得到土地，而齊國的邦交卻先斷絕了，這是我們楚國自陷於孤立。秦國有什麼必要再去重視一個孤立的國家呢，當然他一定要輕視楚國了。並且如果叫秦國先把土地還給我們，而後我們斷絕對齊國的關係，那麼，秦國絕對不會答應。如果我們先把齊國的關係斷絕，而後要求秦國還給我們的土地，那就一定會被張儀所欺騙。受了張儀的欺騙之後，君王一定會怨恨張儀。怨恨張儀，就是西邊挑起了秦國之患，而北邊又斷絕了齊國之交。這樣，兩國之兵必然不約而同的來攻擊我們。這就是我所以哀弔而不賀的原故。」㊈楚王不聽陳軫的話，就派了一位將軍到秦國去收回封地。

張儀至秦，詳醉墜車，稱病不出三月，地不可得㊀。楚王曰：「儀以吾絕齊為尚薄邪？」乃使勇士宋遺北辱齊王㊁。齊王大怒，折楚符而合於秦㊂。秦齊交合，張儀乃起朝，謂楚將軍曰：

「子何不受地？從某至某，廣袤六里㊃。」楚將軍曰：「臣之所以見命者六百里，不聞六里㊄。」即以歸報懷王。懷王大怒，興師將伐秦㊅。陳軫又曰：「伐秦非計也。不如因賂之一名都，與之伐齊，是我亡於秦，取償於齊也，吾國尚可全。今王已絕於齊而責欺於秦，是吾合秦齊之交而來天下之兵也，國必大傷矣㊆。」楚王不聽，遂絕和於秦，發兵西攻秦。秦亦發兵擊之㊇。

【註】㊀張儀回到秦國，假裝（詳：同「佯」）酒醉摔下車來，三個月之久，稱病不出門，因而楚國得不到土地。㊁楚懷王說：「難道張儀以為我對齊國斷交作的尚不夠澈底嗎？」於是派勇士宋遺到齊國去辱罵齊王。㊂齊王大怒，就把楚國的符節折毀了，而與秦國和好。㊃秦齊兩國結交合好，張儀才進朝辦公，對楚國派來的將軍說：「你為什麼不接受土地呢？從什麼地方到什麼地方，方圓（廣袤：寬度曰廣，長度曰袤）有六里之大。」㊄楚國派來的將軍聽了大為詫異，說道：「我受到的命令是六百里，根本不曾聽說是六里！」㊅楚國的將軍，回報懷王，懷王大怒，準備伐秦。㊆陳軫規勸楚王說：「伐秦不是好計策，不如以名都行賄賂於秦國，我們和秦國共同出兵伐齊，那就是我們雖然失地於秦國，而卻從齊國又得到了補償，我們國家尚可以保全。現今王已絕交於齊國，而又怪責於秦國，就等於是我們撮合了秦齊的交情，而招致了天下的兵擊，國家的元氣必然大大的傷損了！」

㈧楚王又是不聽，遂絕和於秦國，而發兵攻秦，秦亦發兵擊楚。

十七年春，與秦戰丹陽㈠，秦大敗我軍，斬甲士八萬，虜我大將軍屈丐、裨將㈡軍逢侯丑等七十餘人，遂取漢中之郡。楚懷王大怒，乃悉國兵復襲秦，戰於藍田㈢，大敗楚軍。韓、魏聞楚之困，乃南襲楚，至於鄧。楚聞，乃引兵歸。

【註】㈠丹陽：在河南內鄉縣境內。㈡裨將：副將。㈢藍田：陝西藍田縣。

十八年，秦使使約復與楚親，分漢中之半以和楚。楚王曰：「願得張儀，不願得地。」張儀聞之，請之楚。秦王曰：「楚且甘心於子，奈何㈠？」張儀曰：「臣善其左右靳尚，靳尚又能得事於楚王幸姬鄭袖，袖所言無不從者。且儀以前使負楚以商於之約，今秦楚大戰，有惡，臣非面自謝楚不解。且大王在，楚不宜敢取儀。誠殺儀以便國，臣之願也㈡。」儀遂使楚。

至，懷王不見，因而囚張儀，欲殺之㈢。儀私於靳尚，靳尚為請懷王曰：「拘張儀，秦王必怒。天下見楚無秦，必輕王矣㊃。」又謂夫人鄭袖曰：「秦王甚愛張儀，而王欲殺之，今將以上庸之地六縣賂楚，以美人聘楚王，以宮中善歌者為之媵。楚王重地，秦女必貴，而夫人必斥矣。夫人不若言而出之㊄。」鄭袖卒言張儀於王而出之㊅。儀出，懷王因善遇儀，儀因說楚王以叛從約而與秦合親，約婚姻。張儀已去，屈原使從齊來，諫王曰：「何不誅張儀？」懷王悔，使人追儀，弗及。是歲，秦惠王卒。

【註】㊀秦王說：「楚將殺你而後甘心，你如何可以到楚國去呢？」㊁張儀說：「我與楚王左右之人靳尚很友善，靳尚在楚王愛姬鄭袖跟前又很吃得香，而鄭袖之所言，楚王沒有不聽從的。並且儀因為以前出使於楚負商於之約，現在秦楚大戰，彼此仇恨，非儀親自到楚國去謝罪不可。並且有大王在，楚國不會敢殺我；即使殺我而有利於國家，我也是心甘情願的。」㊂張儀到了楚國，楚懷王不見把張儀囚起來，要殺張儀。㊃張儀暗地勾結了靳尚，靳尚在懷王面前為張儀求情，說道：「囚拘張儀，秦王必怒，天下看到楚國沒有秦國的關係，必然要輕視君王了。」㊄靳尚又對夫人鄭袖說：「秦王很愛張儀，而君王要殺他。為了救張儀，秦王現在準備以上庸之地六縣（上庸：在湖北竹山縣東南）賄賂於楚，選美人嫁給君王，再以秦宮中之善歌者來陪嫁。君王貪愛土地，秦女必然受尊貴，

那時候，夫人就要被排斥了。夫人不如在君王面前說句話叫張儀出來，就不會發生這些令人憂慮的情事了。」㈥楚王終於聽從鄭袖的話而把張儀放出來。

二十年，齊湣王欲為從長㈠，惡楚之與秦合，乃使使遺楚王書曰：「寡人患楚之不察於尊名也㈡。今秦惠王死，武王立，張儀走魏，樗里疾、公孫衍用，而楚事秦。夫樗里疾善乎韓，而公孫衍善乎魏；楚必事秦㈢，韓、魏恐，必因二人求合於秦，則燕、趙亦宜事秦。四國爭事秦，則楚為郡縣矣。王何不與寡人幷力㈣收韓、魏、燕、趙，與為從而尊周室，以案兵息民㈤，令於天下？莫敢不樂聽，則王名成矣。王率諸侯並伐，破秦必矣。王取武關、蜀、漢之地，私吳、越之富而擅江海之利，韓、魏割上黨，西薄函谷，則楚之彊百萬也。且王欺於張儀，亡地漢中，兵銼藍田㈥，天下莫不代王懷怒。今乃欲先事秦！願大王孰計之㈦。」

【註】㈠齊湣王欲為約縱之長。㈡寡人擔心楚國不瞭解於如何尊重自己的聲名。㈢楚如果事奉秦國（必，如果）。㈣幷力：合力。㈤案兵：停止用兵。㈥銼：同「挫」，挫折。㈦孰：同「熟」。

楚王業已欲和於秦，見齊王書，猶豫不決㈠，下其議羣臣㈡。羣臣或言和秦，或曰聽齊。昭睢曰：「王雖東取地於越，不足以刷恥㈢；必且取地於秦，而後足以刷恥於諸侯。王不如深善齊、韓以重樗里疾㈣，如是則王得韓、齊之重以求地矣。秦破韓宜陽㈤，而韓猶復事秦者，以先王墓在平陽㈥，而秦之武遂去之七十里㈦，以故尤畏秦。不然，秦攻三川㈧，趙攻上黨㈨，楚攻河外㈩，韓必亡。楚之救韓，不能使韓不亡，然存韓者楚也。韓已得武遂於秦，以河山為塞⑪，所報德莫如楚厚⑫，臣以為其事王必疾⑬。齊之所信於韓者，以韓公子眛為齊相也。韓已得武遂於秦，王甚善之，使之以齊、韓重樗里疾，疾得齊、韓之重，其主弗敢弃疾也。今又益之以楚之重，樗里子必言秦，復與楚之侵地矣。」於是懷王許之，竟不合秦，而合齊以善韓。

【註】㈠遲疑不能決定。㈡交付羣臣討論。㈢洗刷恥辱。㈣與齊、韓建立深切的友善關係。㈤宜陽：戰國時在宜陽韓城鎮，在洛陽之西百里。㈥平陽：在山西臨汾縣南。㈦武遂：在山西臨汾縣西南。距平陽七十里。㈧三川：指洛河、伊河、黃河而言，三川郡為洛陽。㈨上黨：山西長治縣一帶

之地。⑳河外，韓國土地之在黃河以南者。㉑以黃河、崤山為國防保壘。㉒所應當報答恩德的對象，再沒有比楚國更厚重了。㉓所以我以為它事奉君王必然更快。

二十四年，倍齊而合秦。秦昭王初立，乃厚賂於楚。楚往迎婦。二十五年，懷王入與秦昭王盟，約於黃棘㈠。秦復與楚上庸㈡。二十六年，齊、韓、魏為楚負其從親而合於秦，三國共伐楚㈢。楚使太子入質於秦而請救。秦乃遣客卿通將兵救楚，三國引兵去。

二十七年，秦大夫有私與楚太子鬬，楚太子殺之而亡歸。二十八年，秦乃與齊、韓、魏共攻楚，殺楚將唐眛，取我重丘而去㈣。二十九年，秦復攻楚，大破楚，楚軍死者二萬，殺我將軍景缺。懷王恐，乃使太子為質於齊以求平。三十年，秦復伐楚，取八城。秦昭王遺楚王書曰：「始寡人與王約為弟兄，盟於黃棘，太子為質，至驩也㈤。太子陵殺寡人之重臣，不謝而亡去，寡人誠不勝怒，使兵侵君王之邊。今聞君王乃令太子質於齊以求平。寡人與楚接境壤界，故為婚姻，所從相親久矣。而今秦楚不驩，則無以令諸侯。寡人願與君王會武關㈥，面相約，結盟而去，寡人之願也。敢以聞下執事。」楚懷王見秦王書，患之。欲往，恐見欺；無往，恐秦怒。昭睢曰：「王毋行，而發兵自守耳。秦虎狼，不可信，有幷諸侯之心。」懷王子子蘭勸王行，曰：「奈何絕秦之驩心！」於是往會秦昭王。昭王詐令一將軍伏兵武關，號為秦王。楚王至，則閉武關，遂與西至咸陽，朝章臺㈦，如蕃臣，不與亢禮㈧。楚懷王大怒，悔不用昭子言。秦因留楚王，要以割巫、黔中之郡㈨。楚王欲盟，秦欲先得地。楚王怒曰：「秦詐我而又彊要我以地！」不復許秦。秦因留之。

【註】㈠黃棘：在河南新野縣東北。㈡上庸：在湖北竹山縣東南。㈢齊國、韓國、魏國因為楚國背叛了合縱抗秦的親善立場而與秦國合作，乃共同出兵伐楚。㈣重丘：在河南泌陽縣與方城縣一帶之地。㈤驩：同「歡」字。㈥武關：在陝西商南縣之西，為自河南西南部入陝西之要道。㈦章臺：在渭南。㈧秦王待楚王如同附庸國的傀儡似的，不以平等國之禮相待。㈨要脅楚王把湖北西南部之地（巫山、巴東、恩施諸縣）都割讓於秦國。

楚大臣患之，乃相與謀曰：「吾王在秦不得還，要以割地，而太子為質於齊，齊、秦合謀，則楚無國矣。」乃欲立懷王子在國者。昭雎曰：「王與太子俱困於諸侯，而今又倍㊀王命而立其庶子，不宜。」乃詐赴於齊㊁，齊湣王謂其相曰：「不若留太子以求楚之淮北㊂。」相曰：「不可，郢中立王，是吾抱空質而行不義於天下也㊃。」或曰：「不然。郢中立王，因與其新王市曰『予我下東國，吾為王殺太子，不然，將與三國共立之』，然則東國必可得矣㊄。」齊王卒用其相計而歸楚太子。太子橫至，立為王，是為頃襄王㊅。乃告于秦曰：「賴社稷神靈，國有王矣。」

【註】 ㊀倍：同「背」。㊁赴：同「訃」，報喪，謂楚王死，而請齊國准楚太子回國。㊂齊湣王對他的首相說：「不如把楚太子留下不放，以要求楚國割讓淮北之地。」㊃首相說：「不可！如果楚都再立別子為王，那就是我們抱了一個空空的人質，而作出不義之事於天下了。」㊄又有人提議，說：「不然！如果楚都再立別子為王，我們可以和新王談判條件（市場賣買），就說：『如果楚國把東部的地方割讓於我們，我們可以替他把太子殺了。如果不聽，我們就要聯合三國共同立太子為王。』

這麼一來，楚國東部之地，就可以到我們手裏了。」㊅齊王最後還是採用首相之計而把楚太子送回，回國之後，立為王，稱為頃襄王。

頃襄王橫元年，秦要懷王不可得地，楚立王以應秦㊀，秦昭王怒，發兵出武關攻楚，大敗楚軍，斬首五萬，取析十五城而去㊁。二年，楚懷王亡逃歸，秦覺之，遮楚道，懷王恐，乃從閒道走趙以求歸㊂。趙主父在代，其子惠王初立，行王事，恐，不敢入楚王㊃。楚王欲走魏，秦追至，遂與秦使復之秦。懷王遂發病。頃襄王三年，懷王卒于秦㊄，秦歸其喪于楚。楚人皆憐之，如悲親戚。諸侯由是不直秦㊅。秦楚絕。

【註】㊀秦國威脅楚懷王，不能得到土地；楚國又立了新王以對付（應）秦國。㊁秦昭王怒，發兵出武關以攻打楚國，大敗楚軍，斬首五萬，奪取析地（在河南內鄉縣西北）十五城而去。㊂楚懷王在秦國逃亡，秦國發覺了，派兵把守交通路線。懷王害怕，乃從小道逃往趙國，想著輾轉回楚。㊃趙主父武靈王在代，他的兒子掌理國政，害怕秦國，不敢收容懷王。㊄懷王又想往魏國逃，被秦兵抓住，押解回秦，後因病而死。㊅各國諸侯都覺得秦國作得太絕，從此不以秦國為直（楚懷王本與魏、韓、齊聯合抗秦，而首先背叛立場，自找滅亡）。

六年，秦使白起伐韓於伊闕㈠，大勝，斬首二十四萬。秦乃遺楚王書曰：「楚倍秦，秦且㈡率諸侯伐楚，爭一旦之命㈢。願王之飭士卒，得一樂戰。」楚頃襄王患之，乃謀復與秦平。七年，楚迎婦於秦，秦楚復平㈣。

【註】㈠伊闕：伊水缺口之處，在河南洛陽城南十八里。伊水由此與洛水會而後入黃河。㈡且：將，準備。㈢一旦之間，決定命運的勝負。㈣平：講和。

十一年，齊秦各自稱為帝㈠；月餘，復歸帝為王。

十四年，楚頃襄王與秦昭王好會于宛㈡，結和親。十五年，楚王與秦、三晉、燕共伐齊，取淮北㈢。十六年，與秦昭王好會於鄢。其秋，復與秦王會穰㈣。

【註】㈠秦自稱為西帝，齊稱為東帝，時在西曆紀元前二八八年。㈡宛：河南南陽。㈢淮北：包括舊日江蘇之海州及山東之沂州各地。㈣穰：河南鄧縣。

十八年，楚人有好以弱弓微繳加歸鴈之上者㈠，頃襄王聞，召而問之㈡。對曰：「小臣之好射鶀鴈，羅鸗，小矢之發也，何足為大王道也㈢。且稱楚之大，因大王之賢，所弋非直此也㈣。昔者三王以弋道德，五霸以弋戰國㈤。故秦、魏、燕、趙者，鶀鴈也；齊、魯、韓、衞者，青首也；騶、費、郯、邳者，羅鸗也㈥。外其餘則不足射者㈦。見鳥六雙，以王何取㈧？王何不以聖人為弓，以勇士為繳，時張而射之？此六雙者，可得而囊載也㈨。其樂非特朝昔之樂也，其獲非特鳧鴈之實也㈩。王朝張弓而射魏之大梁之南，加其右臂而徑屬之於韓，則中國之路絕而上蔡之郡壞矣⑪。還射圉之東，解魏左肘而外擊定陶，則魏之東外弃而大宋、方與二郡者舉矣⑫。且魏斷二臂，顛越矣；膺擊郯國，大梁可得而有也⑬。王綪繳蘭臺，飲馬西河，定魏大梁，此一發之樂也⑭。若王之於弋誠好而不厭，則出寶弓，碆新繳，射噣鳥於東海，還蓋長城以為防⑮，朝射東莒⑯，夕發浿丘⑰，夜加即墨⑱，顧據午道⑲，則長城之東收而太山之北舉矣⑳。西結境於趙而北達於燕㉑，三國布狋，則從不待約而可成也㉒。北遊目於燕之遼東而南登望於越之會稽，此再發之樂也㉓。若夫泗上十二諸侯，左縈而右拂之，可一旦而盡也㉔。今秦破韓以為長憂，得列城而不敢守也㉕；伐魏而無功，擊趙而顧病，則秦魏之勇力屈矣㉖，楚之故地漢中、析、酈可得而復有也㉗。王出寶弓，碆新繳，涉鄳塞，而待秦之倦也㉘，山東、河內可得而一也㉙。勞民休眾，南面稱王矣㉚。故曰秦為大鳥，負海內而處㉛，東面而立㉜，左臂據趙之西南㉝，右臂傅楚鄢郢㉞，膺擊韓魏㉟，垂頭中國㊱，處既形便，勢有地利，奮翼鼓翄，方三千里㊲，則秦未可得獨招而夜射也㊳。」欲以激怒襄王，故對以此言㊴。襄王因召與語，遂言曰：「夫先王為秦所欺而客死於外，怨莫大焉。今以匹夫有怨，尚有報萬乘，白公、子胥是也㊵。今楚之地方五千里，帶甲百萬，猶足以踊躍中野也㊶，而坐受困，臣竊為大王弗取也㊷。」於是頃襄王遣使於諸侯，復為從，欲以伐秦。秦聞之，發兵來伐楚㊸。

【註】 ㈠楚國有一個善於以柔弱的弓，細微的線，繫著箭而能射中於向北迅飛的歸雁之背的人。

〔繳：音灼（ㄓㄨㄛˊ）以細繩繫箭而射。歸雁：向北飛回之雁，謂之「歸雁」，其速度甚迅。〕㈡楚國頃襄王召他談話。㈢那個射雁的人說道：小臣能夠射擊鶀雁羅鸗那些小小的鳥，只不過是發揮小小的箭力罷了，何足以在大王面前講呢？〔鶀：音其（ㄑㄧˊ），小鳥。鸗：音龍（ㄌㄨㄥˊ），小的野鳥。〕㈣況且舉起我們楚國的大力，憑藉大王的賢能，如果發揮射擊的力量，其所獲得，豈僅僅是這些小物而已哉。（稱：舉起。因：憑藉。弋：獲得。非直：非但，豈僅。）㈤昔者，三代之王，以道德為射取的目標；五霸之主，以強國為射取的目標。（戰國：戰敗他國而強大自國。）㈥所以秦、魏、燕、趙，好比是小雁；齊、魯、韓、衞，好比是青首；鄒、費、郯、邳，好比是羅鸗。（青首：比雁為小之鳥。鄒國：在山東鄒縣。費國：在山東費縣。郯國：山東郯城縣。邳國：江蘇邳縣。鄒、費、郯、邳，四個國家，好比是更小的鳥。）㈦除此以外，其餘別的，都值不得一射。㈧現在有這十二隻鳥，只看王以何種方法去射取牠們。（見：即「現」，現今，現在。六雙：即十二隻鳥，比喻這十二個國家，以王何取：即「王何以取」。）㈨大王何不以聖人之道德為弓，以勇士之武力為箭，把握時機，張弓而射之，那麼，這十二隻鳥就可以盛在囊中而載走了。㈩射獲了這十二隻鳥，其快樂豈僅是一朝一夕的快樂，其獲得豈僅是小雁野鳧一般的物品。（朝昔：即「朝夕」。實：貨物、成果。）㈡大王早晨拉開弓而射擊魏國的大梁以南，射傷其右臂，就直接牽動了韓國，則中原之交通斷絕，而上蔡之郡就孤立無援而成為楚國之囊中物了。（大梁：河南開封。加：射傷。徑：直接的。屬：連帶發生影響。中國：指中原一帶之地。上蔡：河南上蔡縣一帶之地。）㈢然後再射擊開封杞縣之東，割裂了魏國的左肘，向外發展，出擊定陶，則魏國東部地區必被迫放棄，於是乎河南之商邱與山東之魚臺諸地，都可以拿到手了。（還：然後。圉：在河南開封杞縣南。解：肢解，割裂。定陶：山東定陶縣。宋：河南商邱。方與：山東魚臺縣。舉：拿到手。）㈢況且魏國被割斷了兩臂，它就殘廢顛蹶了。再痛擊郯國之胸部，大梁就可以得而有之了。（顛越：站立不穩。膺：胸膛。）㈣然後大王收斂弋繩，回蘭臺去休息。飲馬於西河，平定魏都大梁。這是第一箭發出所獲致的快樂！〔綪：音倩（ㄑㄧㄢˋ），纏繞、收束。蘭臺：在湖北鍾祥縣至東，「楚王與宋玉遊蘭臺」即在此。西河：大概在魏境。〕㈤如果大王對於弋射，真是喜好而不厭煩，那麼，就可以再拿出寶弓，附上新繩，去射擊那東海有鈎喙的大鳥，圍繞長城而覆蓋之，以為網羅，防著大鳥飛逃。〔碆：音波（ㄅㄛ），以彈附於弋繩也。噣：音晝（ㄓㄡˋ）大鳥之有鈎喙者，比喻齊國。長城：齊國長城自西北起於山東之平陰縣，經泰山北岡，千餘里，至琅琊臺入海，以防備楚國。還：同「環」，環繞。蓋：覆蓋，使鳥不得飛逸也。防：如同一個大羅網似的，使鳥飛不出去。〕㈥早晨射向東莒（山東莒縣）。㈦日夕箭擊浿丘（浿丘：即貝兵，在山東臨淄縣西北二十五里）。㈧夜間壓迫即墨（加：壓於其上，射中其上）。㈨然後占據午道（顧：回頭，於是，乃。午道：齊之西部，趙之東部的交通要道。）㈩則齊國長城東部之地，泰山北部之地，都盡入於楚國掌握中了。⑪西境接連於趙國。北境直通於燕國。⑫楚國、趙國、燕國三個國家共同展翅奮進，則合縱抗秦之形勢，不必等待誓約而就可以成功了（三國：不是指齊、趙、燕，而是指楚、趙、燕，因為魏國、齊國都被楚擊滅了。楚國直接鄰結趙燕，而又居於優越的支配地位，所以聯合反秦之勢不待約而成。布⿰犭氐：展開翅膀。⿰犭氐：同「翅」字）。㉓登高四顧，向北可以觀看燕國的遼東，向南可以遙望越國的會稽。這是第二箭發出所獲致的快樂。㉔至於泗水之上的十二個諸侯，根本不須費力，只用左手那麼一繞，右手這麼一攬，就可以於剎那之間，整個的拿過來（一旦：剎那之頃）。㉕現今秦國打破了韓國，反而以為是長期的憂愁，為什麼呢？因為得到了許多城市，而不敢分散兵力，多方守備。㉖伐魏而不見成功，擊趙反而受害，那麼，秦國和魏國的兵力，由於長期膠著，都大為消耗了。㉗於是我們楚國舊有的土地，如漢中及淅川、內鄉（酈：在河南內鄉縣東北）各地，都可以乘機收復。㉘這個時候，大王再拿出寶弓，附上弋繩，裝上新彈，涉足於澠池之要塞，而等待秦國的疲困（鄳：同「澠」，河南澠池縣一帶有殽山的險塞，把守此地，可以封鎖秦國之東進）。㉙因而山東、河內各地，可得而統一了（所謂山東，乃指廣義的殽山以東之各國而言。河內：在黃河以北之河南西北部各地）。㉚然後可以勞倈人民，休養戰士，南面而稱王了（勞：慰勞，結集）。㉛秦國好比是一個最大之鳥，背靠海內而處（西北大沙漠，亦謂之「海」，秦國背後是西北沙漠之地，無後顧之憂）。㉜面對東方而立。㉝左臂控據趙國的西南。㉞右臂貼著楚國的鄢郢。㉟正面直衝韓、魏的胸部（膺：胸膛）。㊱伸長頭頸，有獨吞中國的野心（垂頭：伸長頭頸之意，不是垂頭喪氣）。㊲處境方便，地勢有利，振奮其羽翼，鼓動其翅膀，一飛可達三千里之遠。㊳所以對付秦國，不是我們楚國單獨的力量所能招架的，也不是一夜之間的突擊所能成功的（意謂制秦必須以聯合的力量與長期的戰鬥，纔能成功）。㊴楚國小臣之意，欲藉射雁事以激發襄王對國恥之怒氣。㊵射雁的小臣又說：「先王為秦國所欺騙，而客死於敵國，仇恨沒有比這更大的了。一個小小的匹夫，為了仇恨，就敢與萬乘之君主相拚命，如白公、子胥是也。㊶現今楚國地方有五千里之大，帶甲有百萬之眾，仍然大有可為，足以騰踴活躍於中原。㊷乃竟然坐而受困，我私心推斷大王決不會這樣的！」㊸於是頃襄王遣使於諸侯，決心聯合伐秦。秦國聽說了，也發兵來伐楚。

楚欲與齊韓連和伐秦，因欲圖周。周王赧使武公㈠謂楚相昭子曰：「三國以兵割周郊地以便輸，而南器以尊楚㈡，臣以為不然。夫弒共主，臣世君㈢，大國不親；以眾脅寡，小國不附。大國不親，小國不附，不可以致名實㈣。名實不得，不足以傷民㈤。夫有圖周之聲，非所以為號也㈥。」昭子曰：「乃圖周則無之。雖然，周何故不可圖也㈦？」對曰：「軍不五不攻，城不十不圍㈧。夫一周為二十晉，公之所知也㈨。韓嘗以二十萬之眾辱於晉之城下，銳士死，中士傷，而晉不拔。公之無百韓以圖周，此天下之所知也㈩。夫怨結於兩周以塞騶魯之心，交絕於齊，聲失天下，其為事危矣⑪。夫危兩周以厚三川，方城之外必為韓弱矣(一二)。何以知其然也？西周之地，絕長補短，不過百里。名為天下共主，裂其地不足以肥國，得其眾不足以勁兵(一三)。雖無攻之，名為弒君(一四)。然而好事之君，喜攻之臣，發號用兵，未嘗不以周為終始(一五)。是何也？見祭器在焉(一六)，欲器之至而忘弒君之亂(一七)。今韓以器之在楚，臣恐天下以器讎楚也(一八)。臣請譬之。夫虎肉臊，其兵利身，人猶攻之也(一九)。若使澤中之麋蒙虎之皮，人之攻之必萬於虎矣(二〇)。裂楚之地，足以肥國；詘楚之名，足以尊主(二一)。今子將以欲誅殘天下之共主，居三代之傳器，吞三翮六翼，以高世主，非貪而何(二二)？周書曰『欲起無先』，故器南則兵至矣(二三)。」於是楚計輟不行(二四)。

【註】㊀武公：定王之曾孫，西周惠公之子。㊁把周鼎移於南方以尊楚。㊂共主、世君，皆指周而言。㊃大國不親近，小國不附從，就不可獲致名聲與實利。㊄既不得名，又不得利，就不可以動兵而傷民。㊅有圖謀周朝之名聲，不能算是高明的號召。㊆昭子說：「我們楚國沒有圖謀周朝的意思。但是，我要問你：周朝為什麼不可以圖謀呢？」㊇武公對曰：「軍隊不比敵人多五倍，就不攻城，軍隊不比敵人多十倍，就不圍城。」㊈一個周朝的勢力是晉國的二十倍，這是你所知道的。㊉韓

國曾經以二十萬之眾攻打到晉國城下，衝鋒陷陣的勇銳之兵都死光了，第二流的兵也都傷亡了，結果，還是沒有打下晉國。貴國沒有一百個韓國的力量，這也是天下所共知的。㈡結仇怨於東西兩周（周考王以後的東周、西周，都在洛陽附近），就堵塞了鄒、魯之心（鄒、魯與周為最近的同姓，結怨於周，也就失掉了鄒、魯的好感），又與齊國斷絕了邦交（齊國不願圖周），失去了楚國在天下的聲名，這樣的作事就危險了。㈢危害兩周，以增加三川（韓國在三川有優勢，楚與韓合謀以圖周，得了兩周，不過與韓有利，與楚並無利）的勢力，那麼，方城（楚國所有之地）以外的地方，都將被韓國所削弱了（被韓國所奪）。㈢為什麼能夠知道這種必然的結果呢？西周的土地，截長補短的算起來，不過百里而已！名義上是天下的共主，事實上，得其地不足以富國，得其民不足以強兵。㈣周朝雖然這樣的窮小，但是，誰如果去攻擊他，誰就冒犯了弒君之罪名。㈤所以歷來好事之主，喜攻之臣，始終都是假藉尊敬周王之名，以發號用兵。㈥為什麼？就是因為歷代相傳的天子之祭器（九鼎），在於周朝。㈦現在楚王想把祭器搬到楚國，而忘記了弒君的罪名。㈧韓國表面上是幫助楚國取祭器，事實上是誘惑楚國取了祭器之後，使楚國成為天下共同的敵人。㈨我現在作個比方，虎的肉是臊的，牠的爪牙是可以保衛牠的身體的，但是，人們還敢去攻擊牠。㈩如果是澤中的麋鹿，蒙上了虎的皮，那麼，人們之攻擊牠，必萬倍於攻虎了。⑪割裂了楚國的土地，可以富國，降低了楚國的名聲，可以尊主，人們當然希望進攻楚國了。⑫現今楚國竟然想要摧殘天下的共主，搶奪三代相傳的寶器，吞沒了九鼎之三翮六翼（空足曰翮，六翼，即六耳）以高居於世主地位之上，這不算是貪，算是什麼？㈢《周書》上說：「想要舉事，不可首先發難。」所以只要楚國搬走了九鼎，楚國的戰禍就要到了。㈣楚國聽了周武公這一段很有見地的話，就停止了侵周的計劃。

十九年，秦伐楚，楚軍敗，割上庸㈠、漢北地予秦㈡。二十年，秦將白起拔我西陵㈢。二十一年，秦將白起遂拔我郢，燒先王墓夷陵㈣。楚襄王兵散，遂不復戰，東北保於陳城㈤。二十二年，秦復拔我巫、黔中郡㈥。

【註】㈠上庸：在湖北竹山縣。㈡漢北地：漢水以北之地。㈢西陵：在湖北宜昌縣。㈣夷陵：在湖北宜昌縣。㈤河南淮陽縣。㈥巫、黔中：湖北西北部之地為巫山、巴東、恩施、宜昌等地。

二十三年，襄王乃收東地兵，得十餘萬，復西取秦所拔我江旁十五邑以為郡，距秦㈠。二十七年，使三萬人助三晉伐燕。復與秦平，而入太子為質於秦。楚使左徒侍太子於秦。

三十六年，頃襄王病，太子亡歸。秋，頃襄王卒，太子熊元代立，是為考烈王。考烈王以左徒為令尹，封以吳，號春申君。

【註】㈠距：同「拒」，抵抗。

考烈王元年，納州于秦以平。是時楚益弱㊀。六年，秦圍邯鄲，趙告急楚，楚遣將軍景陽救趙。七年，至新中㊁。秦兵去。十二年，秦昭王卒，楚王使春申君弔祠于秦。十六年，秦莊襄王卒，秦王趙政立。二十二年，與諸侯共伐秦，不利而去。楚東徙都壽春㊂，命曰郢。

【註】㊀楚考烈王元年，即西曆紀元前二六二年，楚國更弱了。㊁新中：河南安陽縣。㊂壽春：安徽壽春縣。

二十五年，考烈王卒，子幽王悍立。李園殺春申君。幽王三年，秦、魏伐楚。秦相呂不韋卒。九年，秦滅韓㊀。十年，幽王卒，同母弟猶代立，是為哀王。哀王立二月餘，哀王庶兄負芻之徒襲殺哀王而立負芻為王。是歲，秦虜趙王遷㊁。

王負芻元年，燕太子丹使荊軻刺秦王。二年，秦使將軍伐楚，大破楚軍，亡十餘城。三年，秦滅魏㊂。四年，秦將王翦破我軍於蘄㊃，而殺將軍項燕㊄。

五年，秦將王翦、蒙武遂破楚國，虜楚王負芻，滅楚名為（楚）郡云㈥。

【註】㈠楚幽王九年，即西曆紀元前二二九年，秦滅韓。㈡楚幽王十年，即西曆紀元前二二八年，秦虜趙王。㈢王負芻三年，即西曆紀元前二二五年，秦滅魏。㈣蘄：在安徽宿縣。㈤項燕：即項梁之父，項羽之祖父。㈥王負芻五年，即西曆紀元前二二三年，秦滅楚。總計七年之間，秦國滅韓、滅趙、滅魏、滅楚，六國的命運，已瀕於蕩然無存矣。

太史公曰：楚靈王方會諸侯於申，誅齊慶封，作章華臺，求周九鼎之時，志小天下㈠；及餓死於申亥之家，為天下笑。操行之不得，悲夫㈡！勢之於人也，可不慎與㈢？弃疾以亂立，嬖淫秦女，甚乎哉，幾再亡國㈣！

【註】㈠太史公曰：楚靈王當其會合諸侯於南陽，討誅齊之慶封，建築章華之臺，問周鼎之大小輕重，志氣之豪，以天下為小。㈡但不十年而兵疲民怨，內外共叛，餓死於申亥之家，為天下所恥笑，這都是由於行為之淫暴所造成之悲劇。㈢當其得勢之時，窮奢極欲，及其失勢之後，餓肚三日，人不敢收，家不敢留，由此觀之，勢力之於人，真不可不慎重啊！㈣公子弃疾以變亂的手段而得立為

王，娶自己兒子的未婚妻而與之淫蕩，真是缺德之甚，幾乎再度亡國。

卷四十一　越王句踐世家第十一

越王句踐，其先禹之苗裔，而夏后帝少康之庶子也。封於會稽，以奉守禹之祀㊀。文身斷髮㊁，披草萊而邑焉㊂。後二十餘世，至於允常㊃。允常之時，與吳王闔廬戰而相怨伐。允常卒，子句踐立，是為越王。

【註】㊀《吳越春秋》曰：「禹周行天下，還歸大越，登茅山以朝四方羣臣，封有功，爵有德，崩而葬焉。至少康，恐禹迹宗廟祭祀之絕，乃封其庶子於越，號曰無餘。」㊁文身：身上畫著各種文采。斷髮：剃去其頭髮。㊂披：斬除草萊而居之，以成邑聚。㊃允常：《輿地志》曰：「越侯傳國三十餘葉，歷殷至周敬王時，有越侯夫譚，子曰允常，拓土始大，稱王。春秋貶為子，號為於越。」

元年，吳王闔廬聞允常死，乃興師伐越。越王句踐使死士挑戰，三行，至吳陳，呼而自剄。吳師觀之，越因襲擊吳師㊀，吳師敗於檇李㊁，射傷吳王闔廬。闔廬且死，告其子夫差曰：「必毋忘越㊂。」

【註】㊀三行：三列，越王使敢死隊向吳軍挑戰，排成三行，到吳軍陣前，大呼之後而自殺，以吸引吳軍之注意力，乘吳軍不防而以大軍襲吳。㊁檇李：浙江，嘉興縣南有檇李城。㊂《左傳》魯定公十四年謂：「夫差使人立於庭，苟出入，必謂己曰：『夫差！爾忘越王之殺爾父乎？』則對曰：『唯！不敢忘！』三年，乃報越。」且死：將死之時。

三年，句踐聞吳王夫差日夜勒兵㊀，且以報越㊁，越欲先吳未發，往伐之。范蠡㊂諫曰：「不可。臣聞兵者兇器也，戰者逆德也㊃，爭者事之末也。陰謀逆德，好用兇器，試身於所末，上帝禁之，行者不利㊄。」越王曰：「吾已決之矣㊅。」遂興師。吳王聞之，悉發精兵擊越，敗之夫椒㊆。越王乃以餘兵五千人保棲於會稽㊇。吳王追而圍之。

【註】㊀勒兵：整練軍隊。㊁且：將，準備。㊂范蠡：楚人，佐句踐治政理軍，卒滅吳，報會稽之恥，稱上將軍。蠡以為句踐之為人，可與共患難，不可與共安樂，故變姓名，浮海適齊，治產至數千萬，盡散其財以濟人。後居於定陶，自號陶朱公，耕蓄販運，逐什一之利，又累產至萬萬，卒於定陶。㊃戰爭是反常的行為。㊄以陰險的計謀，反常的行為，嗜好兇器，試生命於不急之務，這是上天所禁止的。凡是行此事者必然不利。㊅越王句踐說：「我已經決定這樣幹了，不管利不利。」㊆夫

椒：在江蘇吳縣西南太湖中，即包山。㈧依會稽山為最後據點而保守之。

越王謂范蠡曰：「以不聽子故至於此，為之柰何？㈠」蠡對曰：「持滿者與天，定傾者與人，節事者以地㈡，卑辭厚禮以遺之，不許，而身與之市㈢。」句踐曰：「諾。」乃令大夫種行成於吳㈣，膝行頓首曰：「君王亡臣句踐使陪臣㈤種敢告下執事：句踐請為臣，妻為妾。」吳王將許之。子胥言於吳王曰：「天以越賜吳，勿許也。」種還，以報句踐。句踐欲殺妻子，燔寶器㈥，觸戰以死㈦。種止句踐曰：「夫吳太宰嚭貪，可誘以利，請閒行㈧言之。」於是句踐乃以美女寶器令種閒獻吳太宰嚭㈨。嚭受，乃見大夫種於吳王㈩。種頓首言曰：「願大王赦句踐之罪，盡入其寶器。不幸不赦，句踐將盡殺其妻子，燔其寶器，悉五千人觸戰，必有當也⑪。」嚭因說吳王曰：「越以⑫服為臣，若將赦之，此國之利也。」吳王將許之。子胥進諫曰：「今不滅越，後必悔之。句踐賢君，種、蠡良臣，若反國，將為亂。」吳王弗聽，卒赦越，罷兵而歸。

【註】㊀越王對范蠡說：「因為不聽你的話，所以失敗到這種地步，如何是好呢？」㊁范蠡對曰：「能夠經常盈滿而不溢者，要有天命的支援；能夠轉危為安而不傾者，要靠人事的努力！能夠節物生財以成事者，要藉大地的出產。㊂言辭很謙卑，禮物很豐富，以奉獻於吳王。如果這樣還不能得到吳王的允許，就以本身為條件，作吳王的奴僕。」（市：交易條件）。㊃句踐說：「好的」。行成：求和。㊄陪臣：臣下之臣。㊅燔：音凡（ㄈㄢˊ），燒。㊆觸戰：決死的戰鬥，孤注一擲的戰鬥。㊇閒行：微行，秘密進行。㊈閒獻：秘密奉獻，暗中奉獻。㊉介紹大夫種進見吳王。⑪一定要找回來犧牲的代價。⑫以：同「已」，已經。

句踐之困會稽也，喟然嘆曰：「吾終於此乎㊀？」種曰：「湯繫夏臺，文王囚羑里，晉重耳犇翟，齊小白犇莒，其卒王霸。由是觀之，何遽不為福乎㊁？」

吳既赦越，越王句踐反國㊂，乃苦身焦思，置膽於坐，坐臥即仰膽，飲食亦嘗膽也。曰：「女忘會稽之恥邪㊃？」身自耗作，夫人自織，食不加肉，衣不重采㊄，折節下賢人㊅，厚遇賓客，振貧弔死㊆，與百姓同其勞。欲使范蠡治國政，蠡對曰：「兵甲之事，種不如蠡；填撫國家㊇，親附百姓，蠡不如種。」於是舉國政屬大夫種㈨，而使范蠡與大夫柘稽行成，為質於吳。二歲而吳歸蠡。

【註】㈠句踐被困於會稽的時候，喟然長嘆的說：「我這一輩子就這樣的完了嗎？」㈡大夫種說：「湯王曾經被拘繫於夏臺，文王曾經被囚押於羑里，晉重耳曾經流亡於狄國，齊小白曾經出奔於莒縣，但是，到了最後，終於成王稱霸。這樣看起來，今日的困頓，安知不是將來的福氣呢？」㈢反國：同「返國」，回國。㈣放置苦膽於座位，一坐一臥，都要用舌嘗膽，飲食也要嘗膽，自言自語的說：「你忘記了會稽的恥辱了嗎？」㈤本身親自耕作，夫人親自織布，吃飯不多加肉，穿衣不穿華麗。㈥折節：屈身卑躬以敬尊賢人。㈦振貧：救濟貧窮。弔死：慰問死者。㈧填撫：即「鎮撫」，控制而安定之。㈨屬：交，託付，歸於。

句踐自會稽歸七年，拊循其士民㈠，欲用以報吳。大夫逢同諫曰：「國新流亡，今乃復殷給，繕飾備利，吳必懼，懼則難必至㈡。且鷙鳥之擊也，必匿其形㈢。今夫吳兵加齊、晉，怨深於楚、越㈣，名高天下，實害周室㈤，德少而功多，必淫自矜㈥。為越計，莫若結齊，親楚，附晉，以厚吳㈦，吳之志廣，必輕戰㈧。

是我連其權㈨，三國伐之，越承其弊，可克也㈩。」句踐曰：「善㈡。」

【註】㈠拊循：親愛關照。㈡國家新近流亡，現在才算稍微殷實一點，整頓甲兵，準備武器。吳國聽到這種情形，必然憂懼，它一憂懼，我們的禍患便來了。㈢猛鳥的出擊，必先隱匿其形跡。（意指越國不可露出整軍經武的形跡，如果露出了形跡，吳國一提高驚覺，事情便難以成功了。）㈣現在吳國加兵於齊、晉，結怨於楚、越。㈤雖然名聲高於天下，實際則危害周室。㈥恩德少而成功多，一定會貪心自驕。㈦為我們越國打算，最好是結歡於齊，親善於楚，附和於晉，以厚事吳國。㈧使吳國稱心滿意，目空一切，必然要輕於發動戰爭。㈨這樣，我們就掌握了主動的權柄。㈩齊、楚、晉三國不斷的與他作戰，等到他精疲力竭的時候，我們最後給他以致命之一擊，就可以把他克服了。㈡句踐聽了大夫逢同的建議說道：「好極了！」

居二年㈠，吳王將伐齊。子胥諫曰：「未可，臣聞句踐食不重味，與百姓同苦樂，此人不死，必為國患，吳有越腹心之疾，齊與吳，疥瘲也。願王釋齊先越㈡。」吳王弗聽，遂伐齊，敗之艾陵，虜齊高、國以歸㈢。讓子胥。子胥曰：「王毋喜㈣！」王怒，子胥欲自殺，王聞而止之㊄。越大夫種曰：「臣觀吳王政驕矣，請試嘗之貸粟，以卜其事㊅。」請貸，吳王欲與，子胥諫勿與，王遂與之，越乃私喜㊆。子胥言曰：「王不聽諫，後三年吳其墟乎㊇！」太宰嚭聞之，乃數與子胥爭越議，因讒子胥曰：「伍員貌忠而實忍人，其父兄不顧，安能顧主？王前欲伐齊，員彊諫，已而有功，用是反怨王。王不備伍員，員必為亂㊈。」與逢同共謀，讒之王。王始不從㊉，乃使子胥於齊，聞其託子於鮑氏，王乃大怒，曰：「伍員果欺寡人㊁！」役反，使人賜子胥屬鏤劍以自殺㊂，子胥大笑曰：「我令而父霸，我又立若，若初欲分吳國半予我，我不受，已，今若反以讒誅我。嗟乎，嗟乎，一人固不能獨立㊂！」報使者曰：「必取吾眼置吳東門，以觀越兵入也！」於是吳任嚭政㊃。

【註】㊀居二年：停了二年。㊁吳王準備征伐齊國，伍子胥諫曰：「不可！我聽說句踐吃飯沒有兩樣以上的菜，與百姓同苦樂，此人不死，必為吳國之禍患。越國是吳國心腹之病，齊國不過是吳國的疥癬（同癬）之疾而已。希望大王撇開了齊國而先消滅越國。㊂吳王不聽，遂伐齊國，把齊國打敗

在艾陵（在山東泰安縣），俘擄了齊國的大夫高氏、國氏以歸。㈣吳王以伐齊有功，責備伍子胥以前阻攔他伐齊的不是。伍子胥說：「你不必歡喜，大禍就在後邊呢？」㈤吳王怒，子胥欲自殺，吳王聽說了，阻止他不要自殺。㈥越國大夫種說：「以我看來，吳王的行事（政）已經表現出驕傲的樣子，我們可以試探一下，向他借貸糧食，看他的態度如何？就可以預測其內幕。」㈦於是就向吳國借糧，吳王想著給，子胥勸王不要給，吳王不聽，就給了。越國暗自心喜。㈧伍子胥說：「王不聽從我的勸諫，三年之後，吳國就要變成丘墟了！」㈨奸臣太宰嚭聽說了，就不斷的為了越國問題而與伍子胥爭辯，因在吳王面前陷害子胥，他對吳王說：「伍子胥外貌忠實，而心底是極端的殘忍，對於他的父兄，他還不顧，怎麼肯顧大王呢？王前時伐齊，他諫阻你不要伐，結果，伐齊大大有功，因此，他反而怨恨王。如果王不防備子胥，子胥一定會作亂的。」㈩太宰嚭與越國大夫逢同共同勾結，在吳王前陷害子胥。吳王起初不聽從。㈡後來派伍子胥出使於齊國，有人說他寄託其兒子於齊國的鮑氏，吳王聽說了，大怒，說道：「伍子胥果然欺騙寡人！」㈢伍子胥從齊國回吳之後，吳王賜之以屬鏤劍（屬鏤：良劍名，純鋼所製）使自殺。㈢伍子胥大笑曰：「我曾經幫助你的父親使他稱霸，我又立你為王，你當初想把吳國分給我一半，我不受。唉！（已：同「噫」）現今你反而聽信讒言以殺我！可歎啊！可歎啊！一個孤孤獨獨的人，原來是不能獨立存在啊！」（意謂孤掌難鳴）。

㈣於是伍子胥對使者說：「一定要把我的眼睛割下，放置在吳國東門之上，以看越國軍隊的進來。」從此，吳國專任太宰嚭執政。

居三年，句踐召范蠡曰：「吳已殺子胥，導諛者眾。可乎？㈠」對曰：「未可。」

至明年春，吳王北會諸侯於黃池㈡，吳國精兵從王，惟獨老弱與太子留守。句踐復問范蠡，蠡曰：「可矣。」乃發習流二千人㈢，教士四萬人㈣，君子六千人㈤，諸御千人㈥，伐吳。吳師敗，遂殺吳太子。吳告急於王，王方會諸侯於黃池，懼天下聞之，乃秘之，吳王已盟黃池，乃使人厚禮以請成越，越自度亦未能滅吳，乃與吳平㈦。

【註】㈠奉迎諂媚的人多，可不可以伐吳呢？㈡黃池：在河南封丘縣。㈢習慣於水戰之人。㈣訓練有素之士卒。㈤君子：有祿位或在地方上有號召能力的人。㈥諸御：與作戰有關之各機構的辦事人員。㈦吳國敗，吳王以厚禮請和。越國自料未必能馬上滅吳，因而許和。

其後四年，越復伐吳。吳士民罷弊，輕銳盡死於齊、晉。而越大破吳，因而留圍之三年，吳師敗，越遂復棲吳王於姑蘇之山㈠。吳王使公孫雄肉袒膝行而前，請成越王曰：「孤臣夫差敢布腹心，異日嘗得罪於會稽㈡，夫差不敢逆命，得與君王成以歸。今君王舉玉趾而誅孤臣，孤臣惟命是聽，意者亦欲如會稽之赦孤臣之罪乎㈢？」句踐不忍，欲許之。范蠡曰：「會稽之事，天以越賜吳，吳不取。今天以吳賜越，越其可逆天乎㈣？且夫君王蚤朝晏罷，非為吳邪？謀之二十二年，一旦而弃之，可乎㈤？且夫天與弗取，反受其咎㈥。『伐柯者其則不遠』，君忘會稽之戹乎㈦？」句踐曰：「吾欲聽子言，吾不忍其使者㈧。」范蠡乃鼓進兵，曰：「王已屬政於執事，使者去，不者且得罪㈨。」吳使者泣而去。句踐憐之，乃使人謂吳王曰：「吾置王甬東，君百家㈩。」吳王謝曰：「吾老矣，不能事君王⑪！」遂自殺。乃蔽其面，曰：「吾無面以見子胥也！⑫」越王乃葬吳王而誅太宰嚭⑬。

【註】㈠姑蘇：在江蘇吳縣西北三十里。㈡異日：前時。㈢昔日越王困於會稽，向吳王求和，吳王允許，故此處言「不敢逆命」。現在吳王向越王求和，越王是不是可以如同吳王前時之待越王而答應其請求呢？㈣越王句踐不忍心，想答應吳王的請求。范蠡說：「會稽之事，是上天以越國賜於吳

國，吳國不取。現今上天以吳國賜於越國，越國怎可以反抗上天的命令呢？㊄多年以來，君王早朝晚罷，不是為的滅吳嗎？努力了二十二年，一旦而扔掉，可以不可以呢？㊅上天給我們，而我們不要，倒轉頭，我們就要受禍了。㊆拿著刀子以斫柯的人，榜樣就在不遠（《中庸》：「執柯以伐柯，其則不遠」。意即「殷鑒不遠，在夏后之世」）。君王你忘記了會稽的艱險了嗎？（戹，音餓（ㄜˋ），同「厄」，艱苦。）㊇句踐說：「我想聽你的話，但是，我不忍心對他的使者說話。」㊈范蠡於是擊鼓進兵，對吳國使者說：「君王已經把全權交給我了，使者趕快走，否則就要得罪！」㊉吳國使者哭泣而去。句踐很可憐他，就派人對吳王說：「我立你為甬東（浙江定海縣，在海中）之君，百家之主。」㊁吳王謝曰：「我已經老了，不能事君王！」㊂乃掩蔽其面，說道：「我無面目以見伍子胥。」遂自殺。㊃越王乃葬吳王，而殺吳國的奸臣太宰嚭。

句踐已平吳，乃以兵北渡淮，與齊、晉諸侯會於徐州㊀，致貢於周。周元王使人賜句踐胙㊁，命為伯，句踐已去，渡淮南，以淮上地與楚，歸吳所侵宋地於宋，與魯泗東方百里。當是時，越兵橫行於江、淮東，諸侯畢賀，號稱霸王。

【註】㊀徐州：本薛地，今山東滕縣。㊁胙：音做（ㄗㄨㄛˋ）祭肉。

范蠡遂去，自齊遺大夫種書曰：「蜚鳥盡，良弓藏；狡兔死，走狗烹㊀。越王為人長頸鳥喙，可與共患難，不可與共樂，子何不去？」種見書，稱病不朝。人或讒種且作亂，越王乃賜種劍曰：「子教寡人伐吳七術，寡人用其三而敗吳，其四在子，子為我從先王試之。」種遂自殺㊁。

【註】㊀蜚：同「飛」。良弓所以射飛鳥，飛鳥盡，則良弓失其使用價值而被藏起。走狗所以追狡兔，狡兔死，則走狗失其使用價值而被烹殺。㊁越王賜劍於大夫種，說道：「你教授寡人以七種伐吳之術，寡人只用了你的三術，就把吳國打敗了。另外，你還有四種，你可以帶著你的四種寶跟從我的先王們在地下試驗了。」大夫種遂自殺。

句踐卒，子王鼫㊀與立。王鼫與卒，子王不壽立。王不壽卒，子王翁立。王翁卒，子王翳立。王翳卒，子王之侯立，王之侯卒，子王無彊立。

【註】㊀鼫：音石（ㄕˊ）。

王無彊時，越興師北伐齊，西伐楚，與中國爭彊㊀。當楚威王之時，越北伐齊，齊威王使人說越王曰：「越不伐楚，大不王，小不伯㊁。圖越之所為不伐楚者，為不得晉也。韓、魏固不攻楚㊂。韓之攻楚，覆其軍，殺其將，則葉、陽翟危㊃；魏亦覆其軍，殺其將，則陳、上蔡不安㊄。故二晉之事越也，不至於覆軍殺將，馬汗之力不效。所重於得晉者何也㊅？」越王曰：「所求於晉者，不至頓刃接兵，而況于攻城圍邑乎㊆？願魏以聚大梁之下，願齊之試兵南陽莒地，以聚常、郯之境㊇，則方城之外不南，淮、泗之閒不東，商於、析、酈、宗胡之地，夏路以左，不足以備秦，江南、泗上不足以待越矣㊈。則齊、秦、韓、魏得志於楚也⑩，是二晉不戰而分地，不耕而穫之⑪。不此之為，而頓刃於河山之閒以為齊秦用，所待者如此其失計，柰何其以此王也⑫！」齊使者曰：「幸也越之不亡也！吾不貴其用智之如目見豪毛而不見其睫也⑬。今王知晉之失計，而不自知越之過，是目論也⑭。王所待於晉者，非有馬汗之力也，又非可與合軍連和也，將待之以分楚眾也。今楚眾已分，何待於晉㉕？」越王曰：「柰何㉖？」曰：「楚三大夫張九軍，北圍曲沃、於中，以至無假之關者三千七百里㉗，景翠之軍北聚魯、齊、南陽㉘，分有大此者乎㉙？且王之所求者，鬭晉楚也；晉楚不鬭，越兵不起，是知二五而不知十也㉚。此時不攻楚，臣以是知越大不王，小不伯㉛。復讎、龐、長沙，楚之粟也；竟澤陵，楚之材也㉜。越窺兵通無假之關，此四邑者不上貢事於郢矣㉝。臣聞之，圖王不王，其敝可以伯㉞。然而不伯者，王道失也㉟。故願大王之轉攻楚也。」

【註】㈠越王無彊代楚事，在周顯王三十五年，即西曆紀元前三三四年也。㈡當楚威王之時，越國北伐齊國。齊威王使人說越王曰：「越國如果不伐楚國，那麼，大而言之，不能稱王，小而言之，不能稱霸。㈢研究越國所以不討伐楚國的理由，莫非是因為得不到晉國的幫助嗎？要知道韓、魏本來就不攻打楚國的。㈣韓國如果攻楚，軍隊失敗了，大將被殺了，那麼，韓國的葉（河南葉縣），陽翟（河南禹縣），便危亡了。㈤魏國如果攻楚，軍隊失敗了，大將被殺了。那麼，魏國的陳（河南淮陽），上蔡（河南上蔡縣）便不安了。㈥所以二晉（韓、魏）之幫助越國，決不肯冒著覆軍殺將的犧牲，決不肯奉獻出一點汗馬力量（效：奉獻），那麼，越國所以很重視於得晉者，是什麼道理

呢？㊀越王說：「我們所以很重視於得晉者，並不是要叫它大動干戈，更不是要叫它攻城圍邑。㊇只是希望魏國結集軍隊於大梁地區，齊國試兵於南陽（在山東南境，莒縣之西，即山東鄒縣之地），莒地，結集軍隊於常（常：邑名，大概是田文所封邑），郯（郯，故郯國，今山東郯城縣）地區，那麼，就可以多方面的牽掣楚軍。㊈使得方城之外的楚軍，不得南下；淮泗之間的楚軍，不得東向；商於、析、酈、宗胡，及夏路以左的楚軍，不夠防備秦軍（商於在河南淅川縣西。析：河南內鄉縣西北。酈：在河南內鄉縣東北。宗胡：在安徽阜陽縣。夏路以左：江夏以西的地區）。江南泗上的楚軍，不夠對付越國了。㊉那麼，齊、秦、韓、魏，就可以得志於楚國。㊁這樣一來，兩晉等於是不打仗而分地，不耕耘而收穫，多麼好呢？㊂可惜兩晉不這樣的去作，偏偏勞師動眾於黃河崤山之間，以為齊、秦所利用。他們所以自處者是這樣的失策，如何能夠稱王呢？㊂齊國的使者說道：「越國之不亡，真是僥倖啊！像你們的聰明，簡直像眼睛一樣，能夠看見最細微的毫毛，而不能看見自己的眉毛，真是太沒價值了！㊃現今越王只知道兩晉的失計，而不知道自己的錯誤，那不是和眼睛一樣的嗎？能看見最細微的毫毛，而不能看見自己的眉毛。㊄越王之所以期待於晉國者，既然不是希望它給你效汗馬之勞，又不是希望它和你聯合作戰，而是期待它牽掣楚國的兵力，分散楚國的駐軍。可是楚國的兵力，現今早已分散了，何須乎期待晉國？㊅越王說：「此話怎講？」㊆齊國使者答道：「楚國的三位大夫，展開了九軍的兵力，北邊佈防於曲沃、於中（曲沃：故城在河南陝縣西三十二里，當時曲沃屬魏。於中：在河南內鄉縣，當時屬秦），以至於無假之關者（無假之關：大概在湖南長沙地區），有三千七百里之廣。㊅景翠之軍：北邊佈防於魯、齊及南陽。㊈這樣看起來，楚國兵力的分散還有比現在的情形更大的嗎？㊉並且王之所期求者，是晉楚兩國之相鬥，如果晉楚兩國不相鬥，越國的軍隊就不發動，這簡直是知二五而不知一十。㊁現在這麼好的時機，還不攻打楚國，這就是我所以判斷越國大不能稱王，小不能稱霸的理由。㊂又有進者（復），讎、龐、長沙，是楚國產米的地方（讎、龐、楚邑名，不知其詳），竟陵澤是楚國出木材的地方（竟陵、湖北天門縣）。㊂越國如果派兵通過無假之關，那麼，這四個地區就不能進貢於楚京了。㊃我曾聽說過：「企圖成就王業，王業雖不成，而最壞的結果，還可以成霸」。㊄然而竟然不能成霸者，那是因為根本失掉了王道之故。㊅所以希望大王轉移對象而攻楚。（戰國時，永、郴、衡、潭、岳、鄂、江、洪、饒，並是東南境，屬於楚。袁、吉、虔、撫、歙、宣並是越之西境，屬於越）。

於是越遂釋齊而伐楚㊀。楚威王興兵而伐之，大敗越，殺王無彊，盡取故吳地至浙江㊁，北破齊於徐州。而越以此散，諸族子爭立，或為王，或為君，濱於江南海上，服朝於楚。

【註】㊀釋：放棄。㊁今浙江臨海縣一帶之地。

後七世，至閩君搖，佐諸侯平秦。漢高帝復以搖為越王，以奉越後。東越，閩君，皆其後也。

【註】㈠閩越傳謂：「無諸及搖，皆句踐後」。

范蠡事越王句踐㈠，既苦身勠力㈡，與句踐深謀二十餘年，竟滅吳，報會稽之恥，北渡兵於淮以臨齊、晉，號令中國，以尊周室，句踐以覇，而范蠡稱上將軍。還反國，范蠡以為大名之下，難以久居，且句踐為人可與同患，難與處安，為書辭句踐曰：「臣聞主憂臣勞，主辱臣死。昔者君王辱於會稽，所以不死，為此事也。今既以雪恥，臣請從會稽之誅。」句踐曰：「孤將與子分國而有之，不然，將加誅于子。」范蠡曰：「君行令，臣行意。」乃裝其輕寶珠玉，自與其私徒屬㈢乘舟浮海以行，終不反。於是句踐表會稽山以為范蠡奉邑㈣。

【註】㈠范蠡：字少伯，乃楚之宛人也。㈡勠力：努力。㈢私徒屬：私人之部曲。隨從。㈣句踐乃表會稽周圍三百里之地以為蠡封邑。

范蠡浮海出齊，變姓名，自謂鴟夷子皮㈠，耕于海畔，苦身戮力，父子治產。居無幾何㈡，致產數十萬。齊人聞其賢，以為相。范蠡喟然嘆曰：「居家則致千金，居官則至卿相，此布衣之極也㈢。久受尊名，不詳。」乃歸相印，盡散其財，以分與知友鄉黨，而懷其重寶，閒行以去㈣，止于陶㈤，以為此天下之中，交易有無之路通，為生可以致富矣。於是自謂陶朱公。復約要，父子耕畜，廢居㈥，候時轉物㈦，逐什一之利㈧。居無何㈨，則致貲累巨萬㈩。天下稱陶朱公⑪。

【註】㈠鴟夷：革囊也，或曰生牛皮。伍子胥有功於吳，而吳王殺之，盛以鴟夷，可見功高震主之禍。范蠡對越之功，有如子胥對吳之功。子胥不知功成身退而死，故范蠡自號鴟夷子皮以自警，免蹈子胥之覆轍。㈡停了沒有多久的時間。㈢布衣：平民。㈣閒行：化裝秘密而去。㈤陶：山東定陶縣。㈥廢居：囤積貨物，賤買進而囤積，曰居。貴則賣出，曰廢。㈦觀察時機，販賣貨物。㈧追逐十一之利：十分之一的利潤。㈨停了沒有多久的時間。㈩巨萬：億也，萬萬。⑪陶朱公能賺錢，亦能散錢，可謂最善於利用錢者矣。

朱公居陶，生少子。少子及壯，而朱公中男殺人，囚於楚。朱公曰：「殺人而死，職也㊀。然吾聞千金之子不死於市。」告其少子往視之。乃裝黃金千溢，置褐器中，載以一牛車㊁。且遣其少子，朱公長男固請欲行㊂，朱公不聽。長男曰：「家有長子曰家督，今弟有罪，大人不遣，乃遣少弟，是吾不肖。」欲自殺。其母為言曰：「今遣少子，未必能生中子也，而先空亡長男，柰何？」朱公不得已而遣長子，為一封書遺故所善莊生㊃。曰：「至則進千金于莊生所，聽其所為，慎無與爭事。」長男既行，亦自私齎數百金。

【註】㊀職：分也，殺人而治罪處死，分所當然。亦即常理之所當然。㊁黃金千鎰，為數很大，恐途中被人注意而奪取，故放置於黑褐色的器中，而載於牛車，皆欲使人不注意也。㊂固請：堅決請求。㊃莊生：姓莊的人，非莊周也。陶朱公寫了一封信給他平素相好的老朋友莊生。

至楚，莊生家負郭㊀，披藜藋到門㊁，居甚貧㊂。然長男發書進千金，如其父言。莊生曰：「可疾去矣㊃，慎毋留！即弟出㊄，勿問所以然㈥。」長男既去，不過莊生而私留，以其私齎獻遺楚國貴人用事者㈦。

【註】㈠負郭：城郊之地。㈡披開滿地的野草而到其家門。㈢住的地方很窮氣。㈣疾去：速速離開。㈤即弟出：只管出去。弟：同「第」，但也。㈥不要問什麼道理。㈦長男離了莊家之後，不再去拜求莊生，而私自住下，以其自己所帶的數百金進獻於楚國貴人之當權者。

莊生雖居窮閻㈠，然以廉直聞於國，自楚王以下皆師尊之。及朱公進金，非有意受也，欲以成事後復歸之以為信耳。故金至，謂其婦曰：「此朱公之金。有如病不宿誡，後復歸，勿動㈡。」而朱公長男不知其意，以為殊無短長也㈢。

莊生閒時入見楚王，言「某星宿某，此則害於楚」。楚王素信莊生，曰：「今為柰何？」莊生曰：「獨以德為可以除之㈣。」楚王曰：「生休矣，寡人將行之。」王乃使使者封三錢之府㈤。楚貴人驚告朱公長男曰：「王且赦㈥。」曰：「何以也？」曰：「每王且赦，常封三錢之府。昨暮王使使封之。」朱公長男以為赦，弟固當出也，重千金虛弃莊生，無所為也㊆，乃復見莊生。莊生驚曰：「若不去邪㊇？」長男曰：「固未也。初為事弟，弟今議自赦，故辭生去㊈。」莊生知其意欲復得其金，曰：「若自入室取金㊉。」長男即自入室取金持去，獨自歡幸⑪。

【註】㊀閭：閭里。㊁莊生告其妻曰：「這是朱公送來的金子，好像是『急來抱佛腳』的樣子。這個錢，以後還要歸給他，你不要動。」（病不宿誡：宿誡，即「宿戒」，前期齋戒也。人有病，則前期齋戒，誠心以求神佑。比喻朱公平時與他少來往，今有急事而送金子。即所謂「平時不燒香，急來抱佛腳」者也）。㊂朱公長男不知其意，以為莊生對於他的弟弟之生死，沒有或長或短的影響力量。㊃只有行善可以除災。㊄三錢之府，是寶貴的倉庫，為的怕有人預先聽說有赦令，而作不法盜庫之事，故先緊緊封管。㊅且：將要。㊆朱公長男以為既然有赦令，弟弟當然可以出獄，很心疼千金之重，不願意平白無故給予莊生。㊇乃往見莊生，莊生大驚，說道：「你沒有走嗎？」㊈朱公長男說：「我原來是沒有走啊！以前為了弟弟的事情，現在聽說要赦了，所以特來告辭。」㊉莊生知道他的意思想要把金子拿回，就對他說：「你自己到房內去取金子。」⑪長男就親自把金子取走，獨自歡喜慶幸。

莊生羞為兒子所賣㈠，乃入見楚王曰：「臣前言某星事，王言欲以修德報之。今臣出，道路皆言陶之富人朱公子殺人囚楚，其家多持金錢賂王左右，故王非能恤楚國而赦，乃以朱公子故也。」楚王大怒曰：「寡人雖不德耳，柰何以朱公子故而施惠乎！」令論殺朱公子，明日遂下赦令㈡。朱公長男竟持其弟喪歸㈢。

【註】㈠賣：出賣。㈡當天先把朱公子論刑而殺之，第二天就下赦令。㈢朱公長男帶著他弟弟的屍棺而回。

至，其母及邑人盡哀之，唯朱公獨笑，曰：「吾固知必殺其弟也㈠！彼非不愛其弟，顧有所不能忍者也㈡。是少與我俱，見苦，為生難，故重弃財㈢。至如少弟者，生而見我富，乘堅驅良逐狡兔，豈知財所從來，故輕弃之，非所惜吝㈣。前日吾所為欲遣少子，固為其能弃財故也㈤。而長者不能，故卒以殺其弟㈥，事之理也，無足悲者。吾日夜固以望其喪之來也㈦。

【註】㈠回到鄉里，他的母親及里人皆痛哭之，只有朱公獨笑著說：「我原來就知道他一去必然會

害了他弟弟的性命。㈡他並不是不愛他的弟弟，只是因為他太心疼金錢了。㈢這個孩子，小的時候，與我共同生活，看見家庭的窮苦，受生活的壓迫，所以把金錢看得很重。㈣至於他的最小的弟弟，生下來就看見家庭很富有，他整天的騎大馬，射狡兔，他那裡知道錢從何處而來？所以把錢看得一文不值，揮金如土，毫無吝色。㈤前時，我所以要派他去，就是因為他捨得花錢，㈥最後等於殺了他自己的弟弟。㈦這是情理之常，必然之事，用不著再悲傷了，我本來就是日夜在望著屍體回來的。

故范蠡三徙，成名於天下，非苟去而已㈠，所止必成名㈡。卒老死于陶，故世傳曰陶朱公。

【註】㈠不是苟且的離去。㈡他所到的地方，必然有所成就而知名於世。

太史公曰：禹之功大矣，漸九川㈠，定九州，至于今諸夏艾安。及苗裔句踐，苦身焦思，終滅彊吳，北觀兵中國，以尊周室，號稱覇王。句踐可不謂賢哉㈡！蓋有禹之遺烈焉㈢。范蠡三遷皆有榮名，名垂後世。臣主若此，欲毋顯得乎㈣！

【註】㈠漸：因勢而利導之。㈡句踐豈可以不算是賢能的人啊！㈢遺流下來的功業。㈣想著不顯名於世，能辦得到嗎？

卷四十二　鄭世家第十二

鄭桓公友者㈠，周厲王少子而宣王庶弟也。宣王立二十二年，友初封于鄭。封三十三歲，百姓皆便愛之。幽王以為司徒。和集周民，周民皆說，河雒之間，人便思之。為司徒一歲，幽王以褒后故，王室治多邪，諸侯或畔之。於是桓公問太史伯曰：「王室多故，予安逃死乎？」太史伯對曰：「獨雒之東土，河濟之南可居。」公曰：「何以？」對曰：「地近虢、鄶㈡，虢、鄶之君貪而好利，百姓不附。今公為司徒，民皆愛公，公誠請居之，虢，鄶之君見公方用事，輕分公地。公誠居之，虢、鄶之民皆公之民也。」公曰：「吾欲南之江上，何如？」對曰：「昔祝融為高辛氏火正，其功大矣，而其於周未有興者，楚其後也。周衰，楚必興。興，非鄭之利也。」公曰：「吾欲居西方，何如？」對曰：「其民貪而好利，難久居。」公曰：「周衰，何國興者？」對曰：「齊、秦、晉、楚乎？夫齊，姜姓，伯夷之後也，伯夷佐堯典禮。秦，嬴姓，伯翳之後也，伯翳佐舜懷柔百物。及楚之先，皆嘗有功於天下。而周武王克紂後，成王封叔虞于唐，其地阻險，以此有德與周衰並，亦必興矣。」桓公曰：「善。」於是卒言王，東徙其民雒東，而虢、鄶果獻十邑，竟國之。

【註】㈠鄭：西周畿內邑，今陝西華縣西北（棫林）。顧棟高曰：「鄭桓公當幽平之世，以詐取虢、鄶之地，其地當中國要害，四面皆強，故雖鄭莊之奸，無能狡焉啟疆之計。終春秋二百四十年，僅再滅許，肆其吞噬而已。而虎牢入晉，犨、櫟、郟入楚，鄭之封疆，亦蝕於晉楚焉。其地有開封府之祥符、蘭陽（河南蘭封縣）、中牟、陽武、鄢陵、洧川、尉氏、鄭州、河陰（河南廣武縣）、汜水、滎陽、滎澤，凡一州，十一縣。亦兼涉杞縣，與楚接界。陳留與陳接界，封丘與衞接界。許州府為所奪許國之地。禹州為櫟都。汝州之魯山、郟縣本楚以餌鄭，旋復為楚奪。又闌入衞輝府之延津縣，河南府之登封縣、鞏縣、偃師縣，陳州府之扶溝縣，懷慶府之武陟縣，歸德府之睢州，其地俱在今河南一省。其闌入直隸大名府之長垣縣者，為蔡仲邑，東明縣有武父地，僅彈丸黑子而已。」讀此，可以知鄭國疆域之大概輪廓。㈡虢：在河南汜水縣，古為東虢國。鄶：在河南密縣。

二歲，犬戎殺幽王於驪山下㊀，并殺桓公。鄭人共立其子掘突，是為武公。

【註】㊀犬戎：西戎種族名，亦名畎夷，又名昆夷。驪山：在陝西臨潼縣東南。

武公十年，娶申侯女為夫人㊀，曰武姜。生太子寤生㊁，生之難，及生，夫人弗愛。後生少子叔段，段生易，夫人愛之。二十七年，武公疾。夫人請公，欲立段為太子，公弗聽。是歲，武公卒，寤生立，是為莊公。

【註】㊀申：在河南南陽縣北三十里。㊁寤生：同「牾生」，婦人生子，頭先出者為順生，足先出者為逆生，即牾生是也。

莊公元年，封弟段於京㊀，號太叔。祭仲曰㊁：「京大於國，非所以封庶也。」莊公曰：「武姜欲之，我弗敢奪也。」段至京，繕治甲兵，與其母武姜謀襲鄭。二十二年，段果襲鄭，武姜為內應。莊公發兵伐段，段走。伐京，京人畔段，段出走鄢㊂。

鄢潰，段出奔共㊃。於是莊公遷其母武姜於城潁㊄，誓言曰：「不至黃泉，毋相見也㊅。」居歲餘，已悔思母。潁谷㊆之考叔有獻於公，公賜食。考叔曰：「臣有母，請君食賜臣母。」莊公曰：「我甚思母，惡負盟，柰何㊇？」考叔曰：「穿地至黃泉，則相見矣㊈。」於是遂從之，見母。

【註】㊀京：在河南滎陽縣。㊁祭仲：鄭大夫。㊂鄢：河南鄢陵縣。㊃共：在河南汲縣。㊄城潁：在河南臨潁縣。㊅黃泉：死而葬於地下，曰「黃泉」。不到地下不相見，言其生之年，決不與其母再見也。㊆潁谷：鄭地，在河南登封縣西。㊇莊公對潁考叔說：「我很想念母親，但是，又不願意違背誓言，如何是好？」㊈潁考叔答道：「挖地道，挖到黃泉，在黃泉相見，不就得了嗎？」

二十四年，宋繆公卒，公子馮奔鄭。鄭侵周地，取禾。二十五年，衞州吁弒其君桓公自立，與宋伐鄭，以馮故也。二十七年，始朝周桓王。桓王怒其取禾，弗禮也。二十九年，莊公怒周弗禮，與魯易祊、許田㊀。三十三年，宋殺孔父。三十七年，莊公不朝周，周桓公率陳、蔡、虢、衞伐鄭。莊公與祭仲、高渠彌發兵自救，王師大敗。祝聸射中王臂。祝聸請從之㈡，鄭伯止之，曰：「犯長且難之，況敢陵天子乎㈢？」乃止。夜令祭仲問王疾。

【註】㈠許田：魯國朝宿之邑，其田近於許。祊者，鄭國所受祭泰山之湯沐邑，地在魯。兩國各以其近，故交換之。㈡繼續追射。㈢冒犯長輩，猶不應該，而況敢陵侮天子嗎？

三十八年，北戎伐齊，齊使求救㈠，鄭遣太子忽將兵救齊。齊釐公欲妻之，忽謝曰：「我小國，非齊敵也。」時祭仲與俱，勸使取之㈡，曰：「君多內寵㈢，太子無大援將不立㈣，三公子皆君也。」所謂三公子者，太子忽，其弟突，次弟子亹也。

【註】㈠北戎伐齊，齊求救，可見當時異民族在中國之勢力。㈡取：同「娶」。㈢內寵：寵愛之妃妾。㈣太子如無大的外國力量之援助，就不能立以為君。

四十三年，鄭莊公卒。初，祭仲甚有寵於莊公，莊公使為卿；公使娶鄧女，生太子忽，故祭仲立之，是為昭公。

莊公又娶宋雍氏女，生厲公突。雍氏有寵於宋。宋莊公聞祭仲之立忽，乃使人誘召祭仲而執之，曰：「不立突，將死。」亦執突以求賂焉。祭仲許宋，與宋盟。以突歸，立之。昭公忽聞祭仲以宋要立其弟突，九月（辛）〔丁〕亥，忽出奔衞。己亥，突至鄭，立，是為厲公。

厲公四年，祭仲專國政㈠。厲公患之，陰使其壻雍糾㈡欲殺祭仲。糾妻，祭仲女也，知之，謂其母曰：「父與夫孰親？」母曰：「父一而已，人盡夫也㈢。」女乃告祭仲，祭仲反殺雍糾，戮之於市。厲公無柰祭仲何，怒糾曰：「謀及婦人，死固宜哉！」夏，厲公出居邊邑櫟㈣。祭仲迎昭公忽，六月乙亥，復入鄭，即位。

【註】㈠專：獨攬大權。㈡雍糾：鄭大夫。㈢父親與丈夫那一個親？其母答曰：「父親只有一個，至於丈夫，這個死了，還可以嫁那個，人人都可以作丈夫。」㈣櫟：河南禹縣。

秋，鄭厲公突因櫟人殺其大夫單伯㈠，遂居之。諸侯聞厲公出奔，伐鄭，弗克而去。宋頗予厲公兵，自守於櫟，鄭以故亦不伐櫟。

【註】㈠單伯：鄭國守櫟之大夫。

昭公二年，自昭公為太子時，父莊公欲以高渠彌為卿，太子忽惡之，莊公弗聽，卒用渠彌為卿。及昭公即位，懼其殺己，冬十月辛卯，渠彌與昭公出獵，射殺昭公於野。祭仲與渠彌不敢入厲公，乃更立昭公弟子亹為君，是為子亹也，無謚號。

子亹元年七月，齊襄公會諸侯於首止㈠，鄭子亹往會㈡，高渠彌相，從，祭仲稱疾不行。所以然者，子亹自齊襄公為公子之時，嘗會鬭，相仇，及會諸侯，祭仲請子亹無行。子亹曰：「齊彊，而厲公居櫟，即不往㈢，是率諸侯伐我，內厲公。我不如往，往何遽必辱，且又何至是！」卒行。於是祭仲恐齊幷殺之，故稱疾。子亹至，不謝齊侯，齊侯怒，遂伏甲㈣而殺子亹。高渠彌亡歸，歸與祭仲謀，召子亹弟公子嬰於陳而立之，是為鄭子。

是歲，齊襄公使彭生醉拉殺魯桓公㊄。

【註】㊀首止：在河南睢縣東南。㊁亹：音尾（ㄨㄟˇ）。㊂即：如果。㊃伏甲：埋伏甲士。㊄拉殺：摧折而殺之。

鄭子八年，齊人管至父等作亂，弒其君襄公。十二年，宋人長萬弒其君湣公。鄭祭仲死。

十四年，故鄭亡厲公突在櫟者使人誘劫鄭大夫甫假，要以求入。假曰：「舍我，我為君殺鄭子而入君。」厲公與盟，乃舍之。六月甲子，假殺鄭子及其二子而迎厲公突，突自櫟復入即位。初，內蛇與外蛇鬬於鄭南門中，內蛇死。居六年，厲公果復入。入而讓其伯父原曰：「我亡國外居，伯父無意入我，亦甚矣。」原曰：「事君無二心，人臣之職也。原知罪矣。」遂自殺。厲公於是謂甫假曰：「子之事君有二心矣。」遂誅之。假曰：「重德不報，誠然哉！」

厲公突後元年，齊桓公始霸。

五年，燕、衞與周惠王弟穨伐王，王出奔溫，立弟穨為王。六年，惠王告急鄭，厲公發兵擊周王子穨，弗勝，於是與周惠王歸，王居於櫟。七年春，鄭厲公與虢叔襲殺王子穨而入惠王于周。

秋，厲公卒，子文公踕立。厲公初立四歲，亡居櫟，居櫟十七歲，復入，立七歲，與亡凡二十八年。

文公十七年，齊桓公以兵破蔡，遂伐楚，至召陵㈠。

二十四年，文公之賤妾曰燕姞，夢天與之蘭，曰：「余為伯鯈㈡。余，爾祖也，以是為而子㈢，蘭有國香。」以夢告文公，文公幸之，而予之草蘭為符。遂生子，名曰蘭。

【註】㈠召陵：河南郾城縣東三十五里。㈡鯈：音愁（ㄔㄡˊ）。㈢而：同「爾」字。

三十六年，晉公子重耳過，文公弗禮。文公弟叔詹曰：「重耳賢，且又同姓，窮而過君，不可無禮。」文公曰：「諸侯亡公子過者多矣，安能盡禮之！」詹曰：「君如弗禮，遂殺之；

弗殺，使即反國，為鄭憂矣。」文公弗聽。

三十七年春，晉公子重耳反國，立，是為文公。秋，鄭入滑㈠，滑聽命，已而反與衞，於是鄭伐滑。周襄王使伯犕㈡請滑。鄭文公怨惠王之亡在櫟，而文公父厲公入之，而惠王不賜厲公爵祿，又怨襄王之與衞滑，故不聽襄王請而囚伯犕。王怒，與翟人伐鄭，弗克，冬，翟攻伐襄王㈢，襄王出奔鄭，鄭文公居王於氾。三十八年，晉文公入襄王成周。

【註】㈠滑：今河南偃師縣南二十里有緱氏城，即滑國。㈡犕：古「服」字。㈢翟即「狄」。翟即洛陽附近之異民族，而能伐周襄王，可想見其勢力之大。

四十一年，助楚擊晉，自晉文公之過無禮，故背晉助楚。四十三年，晉文公與秦繆公共圍鄭，討其助楚攻晉者，及文公過時之無禮也。初，鄭文公有三夫人，寵子五人，皆以罪蚤死。公怒，溉逐羣公子㈠。子蘭奔晉，從晉文公圍鄭。時蘭事晉文公甚謹，愛幸之，乃私於晉，以求入鄭為太子。晉於是欲得叔詹為僇。鄭文公恐，不敢謂叔詹言。詹聞，言於鄭君曰：「臣謂君，君不聽臣，晉卒為患。然晉所以圍鄭，以詹，詹死而赦鄭國，詹之願也㈡。」乃自殺。鄭人以詹尸與晉。晉文公曰：「必欲一見鄭君，辱之而去。」鄭人患之，乃使人私於秦曰：「破鄭益晉，非秦之利也。」秦兵罷。晉文公欲入蘭為太子，以告鄭。鄭大夫石癸曰：「吾聞姞姓乃后稷之元妃，其後當有興者。子蘭母，其後也。且夫人子盡已死，餘庶子無如蘭賢。今圍急，晉以為請，利孰大焉！」遂許晉，與盟，而卒立子蘭為太子，晉兵乃罷去。

【註】㈠溉：同「既」，盡也。溉逐羣公子，即盡逐羣公子也。㈡叔詹對鄭君說：「我曾經對你說，把晉文公殺了，你不聽，現在晉國終於為禍了。晉國所以圍鄭，是為了我，如果我死而鄭國得免於禍，我也願意。」乃自殺。

四十五年，文公卒，子蘭立，是為繆公。

繆公元年春，秦繆公使三將將兵欲襲鄭，至滑，逢鄭賈人弦高許以十二牛勞軍，故秦兵不至而還，晉敗之於崤。初，往年鄭文公之卒也，鄭司城繒賀以鄭情賣之，秦兵故來，三年，鄭發兵從晉伐秦，敗秦兵於汪㊀。

往年，楚太子商臣弒其父成王代立，二十一年，與宋華元伐鄭。華元殺羊食士，不與其御羊斟，怒以馳鄭，鄭囚華元。宋贖華元，元亦亡去。晉使趙穿以兵伐鄭。

【註】㊀汪：在陝西大荔縣北。

二十二年，鄭繆公卒，子夷立，是為靈公。

靈公元年春，楚獻黿於靈公。子家、子公將朝靈公，子公之食指動㊀，謂子家曰：「佗日指動，必食異物。」及入，見靈公進黿羹，子公笑曰：「果然！」靈公問其笑故，具告靈公。靈公召之，獨弗予羹。子公怒，染其指㊁嘗之而出。公怒，欲殺子公。子公與子家謀先。夏，弒靈公。鄭人欲立靈公弟去疾，去疾讓曰：「必以賢，則去疾不肖；必以順，則公子堅長。」堅者，靈公庶弟，去疾之兄也。於是乃立子堅，是為襄公。

【註】㊀食指：第二指。㊁染指的典故，由此。

襄公立，將盡去繆氏。繆氏者，殺靈公子公之族家也。去疾曰：「必去繆氏，我將去之㊀。」乃止，皆以為大夫。

襄公元年，楚怒鄭受宋賂縱華元，伐鄭。鄭背楚，與晉親㊁。五年，楚復伐鄭，晉來救之。六年，子家卒，國人復逐其族，以其弒靈公也。

七年，鄭與晉盟鄢陵㊂。八年，楚莊王以鄭與晉盟，來伐，圍鄭三月，鄭以城降楚。楚王入自皇門，鄭襄公肉袒掔㊃羊以迎，曰：「孤不能事邊邑，使君王懷怒以及獘邑，孤之罪也。敢不惟命是聽。君王遷之江南，及以賜諸侯，亦惟命是聽。若君王不忘厲、宣王、桓、武公，哀不忍絕其社稷，錫不毛之地㊄，使復得改事君王，孤之願也，然非所敢望也。敢布腹心，惟命是聽。」莊王為卻三十里而後舍。楚羣臣曰：「自郢至此，士大夫亦久勞矣。今得國舍之，何如？」莊王曰：「所為伐，伐不服也。今已服，尚何求乎？」卒去。晉聞楚之伐鄭，發兵救鄭。其來持兩端，故遲，比至河㈥，楚兵已去。晉將率或欲還，卒渡河。莊王聞，還擊晉。鄭反助楚，大破晉軍於河上。十年，晉來伐鄭，以其反晉而親楚也。

【註】㈠「必去繆氏，我將去之」：如果要除去繆氏，我就要離開了。（兩個「去」字，用法不同）。㈡鄭國居於兩大國之間，鄭親楚，則晉伐；鄭親晉，則楚伐，故鄭國兵禍連年，難以獨立。㈢鄢陵：河南鄢陵縣。㈣擘：古「牽」字。㈤不毛之地：墝瘠之地。㈥比：及也。

十一年，楚莊王伐宋，宋告急于晉。晉景公欲發兵救宋，伯宗諫晉君曰：「天方開楚㈠，未可伐也。」乃求壯士得霍人解揚，字子虎，誆楚㈡，令宋毋降。過鄭，鄭與楚親，乃執解揚而獻楚。楚王厚賜與約，使反其言，令宋趣降㈢，三要乃許。於是楚登解揚樓車㈣，令呼宋。遂負楚約而致其晉君命曰：「晉方悉國兵以救宋，宋雖急，慎毋降楚，晉兵今至矣！」楚莊王大怒，將殺之。解揚曰：「君能制命為義，臣能承命為信。受吾君命以出，有死無隕㊄。」莊王曰：「若之許我，已而背之㊅，其信安在？」解揚曰：「所以許王，欲以成吾君命也。」將死，顧謂楚軍曰：「為人臣無忘盡忠得死者！」楚王諸弟皆諫王赦之，於是赦解揚使歸。晉爵之為上卿。

【註】㊀開：發達，興起。「天方開楚」，即言上天正在使楚國發達，使楚國興起之意。㊁誆：音匡（ㄎㄨㄤ），欺騙。㊂趣：同「促」，速也。㊃樓車：雲梯也。或謂車上設望樓，用以窺察敵人，故又名雲車。㊄承受君命以出，只有一死，決不破壞（隕）君命。㊅若：你，汝。已而：即「既而」，之後。

十八年，襄公卒，子悼公濆立㊀。

悼公元年，鄦公惡鄭於楚㊁，悼公使弟睔㊂於楚自訟㊃。訟不直㊄，楚囚睔。於是鄭悼公來與晉平，遂親。睔私於楚子反，子反言歸睔於鄭。

【註】㊀濆：音費（ㄈㄟˋ）。㊁鄦：音許。許公：靈公。㊂睔：音倫、上聲（ㄌㄨㄣˇ）。㊃自

訟：自我辯護。㈤不直：理由不充分。

二年，楚伐鄭，晉兵來救。是歲，悼公卒，立其弟睔，是為成公。

成公三年，楚共王曰「鄭成公孤有德焉」，使人來與盟。成公私與盟。秋，成公朝晉，晉曰「鄭私平於楚」，執之。使欒書伐鄭。四年春，鄭患晉圍，公子如乃立成公庶兄繻為君。其四月，晉聞鄭立君，乃歸成公。鄭人聞成公歸，亦殺君繻，迎成公，晉兵去。

【註】㈠繻：音需（ㄒㄩ）。

十年，背晉盟，盟於楚。晉厲公怒，發兵伐鄭。楚共王救鄭。晉楚戰鄢陵，楚兵敗，晉射傷楚共王目，俱罷而去。十三年，晉悼公伐鄭，兵於洧上㈠。鄭城守，晉亦去。

【註】㈠洧水：在河南新鄭縣北三里。鄭俗，二月桃花水出時，會於溱、洧水上，以自祓除。

十四年，成公卒，子惲立，是為釐公。

釐公五年，鄭相子駟朝釐公，釐公不禮。子駟怒，使厨人藥殺釐公，赴諸侯曰「釐公暴病卒」㊀。立釐公子嘉，嘉時年五歲，是為簡公。

【註】㊀赴：同「訃」，報喪也。

簡公元年，諸公子謀欲誅相子駟，子駟覺之，反盡誅諸公子。二年，晉伐鄭，鄭與盟，晉去。冬，又與楚盟。子駟畏誅，故兩親晉、楚。三年，相子駟欲自立為君，公子子孔使尉止殺相子駟而代之。子孔又欲自立。子產曰：「子駟為不可，誅之，今又效之，是亂無時息也㊀。」於是子孔從之而相鄭簡公。

四年，晉怒鄭與楚盟，伐鄭，鄭與盟。楚共王救鄭，敗晉兵。簡公欲與晉平，楚又囚鄭使者。

【註】㊀子產說：「子駟欲自立為君，是不對的，所以把他殺了；現在你又想效法他，那就是我們鄭國的內亂，永遠沒有個停止的時候了。」

十二年，簡公怒相子孔專國權㊀，誅之，而以子產為卿。十九年，簡公如晉請衞君還㊁；而封子產以六邑，子產讓，受其三邑。二十二年，吳使延陵季子於鄭，見子產如舊交，謂子產曰：「鄭之執政者侈，難將至，政將及子。子為政，必以禮；不然，鄭將敗。」子產厚遇季子。二十三年，諸公子爭寵相殺，又欲殺子產。公子或諫曰：「子產仁人，鄭所以存者子產也，勿殺！」乃止。

【註】㊀專國權：獨攬國家的大權。㊁如：往。

二十五年，鄭使子產於晉，問平公疾。平公曰：「卜而曰實沈、臺駘為祟㊀，史官莫知，敢問？」對曰：「高辛氏有二子，長曰閼伯，季曰實沈，居曠林㊁，不相能也㊂，日操干戈以相征伐。后帝弗臧㊃，遷閼伯于商丘，主辰㊄，商人是因㊅，故辰為商星㊆。遷實沈于大夏，主參㊇，唐人是因㊈，服事夏、商㊉，其季世曰唐叔虞㊁。當武王邑姜方娠大叔，夢帝謂己：『余命而子曰虞，乃與之唐，屬之參而蕃育其子孫⑫。』及生有文在其掌曰『虞』，遂以命之。及成王滅唐而國大叔焉。故參為晉星。由是觀之，則實沈，參神也。昔金天氏⑬有裔子曰昧，為玄冥師⑭，生允格、臺駘。臺駘能業其官⑮，宣汾、洮⑯，障大澤⑰，以處太原，帝用嘉之，國之汾川⑱。沈、姒、蓐、黃實守其祀⑲。今晉主汾川而滅之⑳。由是觀之，則臺駘、汾、洮神也㉑。然是二者不害君身。山川之神，則水旱之菑禜之㉒；日月星辰之神，則雪霜風雨不時禜之㉓；若君疾，飲食哀樂女色所生也㉔。』」平公及叔嚮曰：「善，博物君子也㉕！」厚為之禮於子產。

【註】㈠為崇：作怪，搗鬼，為禍。㈡居於大森林之中。㈢不相友善。㈣后帝不以他們兩個為善。㈤商丘：河南商丘縣。主辰：主祀辰星。辰星：火星也。㈥商地的人民們都依靠於他。㈦所以辰是商地的宿星。㈧大夏：山西晉陽縣。主參：主祀參星，參星，水星也。㈨唐地的人民們都依靠於他。㈩服務於夏朝、商朝。⑪唐人的末世，有君，名曰叔虞。⑫當武王之夫人邑姜在懷孕大叔的時候，夢見上天告訴她說：「我把你的兒子，取名為虞，就以唐地封給他，屬於參星，以繁殖他的後代子孫。」⑬金天氏：少皞也。⑭玄冥師：水官之長也。玄冥：水官。師：長也。⑮在他的

工作崗位上能表現其業績。㉖宣汾洮：疏通汾洮之水，使之暢流。㉗圍堵大澤之水，使之不濫溢。㉘以定居於太原（山西太原）。后帝因而嘉獎他，使他立國於汾川。㉙沈、姒、蓐、黃（皆臺駘之後裔的幾個氏族團體，即部落），世世守其祭祀。㉚現在晉國為汾川之主，而把臺駘的後人滅掉了。㉛由此看來，臺駘就是汾、洮之神。㉜得罪於山川之神，則有水旱之災以為禍於人。禜：音詠（ㄩㄥˇ），為禍。㉝得罪於日夜星辰之神，則有不合時的雪霜風雨之災以為禍於人。㉞至於你的疾病，那是由於飲食、哀樂、女色之所產生，沒有關係的。㉟平公及叔向說道：「講解得真好，先生真是博通萬物的君子啊！」

二十七年夏，鄭簡公朝晉。冬，畏楚靈王之彊，又朝楚，子產從。二十八年，鄭君病，使子產會諸侯，與楚靈王盟於申，誅齊慶封。

三十六年，簡公卒，子定公寧立。秋，定公朝晉昭公。

定公元年，楚公子弃疾弒其君靈王而自立，為平王。欲行德諸侯，歸靈王所侵鄭地于鄭。

四年，晉昭公卒，其六卿彊，公室卑。子產謂韓宣子曰：「為政必以德，毋忘所以立㊀。」

六年，鄭火，公欲禳之，子產曰：「不如修德㈠。」八年，楚太子建來奔。十年，太子建與晉謀襲鄭。鄭殺建，建子勝奔吳。十一年，定公如晉㈢。晉與鄭謀，誅周亂臣，入敬王于周㈣。

【註】㈠為政治必須以良善的德行，不要忘記立國的原則。㈡鄭國有火災，鄭定公想著舉行祈禱以除災，子產說：「不如修德」。㈢如：往。㈣入：護送回國。

十三年，定公卒，子獻公蠆立㈠。獻公十三年卒，子聲公勝立。當是時，晉六卿彊，侵奪鄭，鄭遂弱。

聲公五年，鄭相子產卒，鄭人皆哭泣，悲之如亡親戚㈡。子產者，鄭成公少子也。為人仁愛人，事君忠厚。孔子嘗過鄭，與子產如兄弟云。及聞子產死，孔子為泣曰：「古之遺愛也㈢！」

【註】㈠蠆：音瘥（ㄔㄞˋ）。㈡親戚：父母兄弟妻子。㈢子產愛民以仁，有古人之遺風。孔子常稱道子產之為政，《論語》上說：「子謂子產有君子之道四焉，其行己也恭，其事上也敬，其養民也惠，其使民也義。」

八年，晉范、中行氏反晉，告急於鄭，鄭救之。晉伐鄭。敗鄭軍於鐵㈠。

【註】㈠鐵：鐵丘，在河北濮陽縣北。

十四年，宋景公滅曹。二十年，齊田常弒其君簡公，而常相於齊。二十二年，楚惠王滅陳，孔子卒。

三十六年，晉知伯伐鄭，取九邑。

三十七年，聲公卒，子哀公易立。哀公八年，鄭人弒哀公而立聲公弟丑，是為共公。共公三年，三晉滅知伯。三十一年，共公卒，子幽公已立。幽公元年，韓武子伐鄭，殺幽公。鄭人立幽公弟駘，是為繻公。

繻公十五年，韓景侯伐鄭，取雍丘㈠。鄭城京㈡。

十六年，鄭伐韓，敗韓兵於負黍㈢。二十年，韓、趙、魏列為諸侯。二十三年，鄭圍韓之陽翟㈣。

二十五年，鄭君殺其相子陽。二十七年，子陽之黨共弒繻公駘而立幽公弟乙為君，是為鄭君。鄭君乙立二年，鄭負黍反，復歸韓。十一年，韓伐鄭，取陽城㈤。二十一年，韓哀侯滅鄭，并其國㈥。

【註】㈠雍丘：河南杞縣。㈡京：在河南滎陽縣東南二十一里。㈢負黍：在河南登封縣西南。㈣陽翟：河南禹縣。㈤陽城：河南登封縣。㈥鄭康公二十一年即西曆紀元前三七五年，鄭為韓國所滅。

太史公曰：語有之：「以權利合者，權利盡而交疏㈠。」甫瑕是也。甫瑕雖以劫殺鄭子內厲公，厲公終背而殺之，此與晉之里克何異㈡？守節如荀息，身死而不能存奚齊㈢。變所從來，亦多故矣㈣！

【註】㈠太史公說：俗話常說：「以權利相結合者，權利盡而交情疏遠。」㈡甫假：即甫瑕。內：同「納」。甫瑕殺其君鄭子而納厲公，厲公為君之後，以甫瑕事君二心，故殺之。晉之里克亦然，里克殺奚齊，又殺奚齊之弟悼子，而納惠公，惠公為君之後，賜里克死，說道：「如果沒有你，我不能為君，但是，你也殺了二君，一大夫，當你的君上，豈不是太危險了嗎？」里克遂自殺。㈢守忠節

如晉之荀息，但是，他身雖死，也沒有保存了奚齊。㊃這樣看起來，每一種事變的發生，原因都是很多的啊！

卷四十三　趙世家第十三

趙氏之先，與秦共祖。至中衍，為帝大戊御㊀。其後世蜚廉有子二人，而命其一子曰惡來，事紂㊁，為周所殺，其後為秦。惡來弟曰季勝，其後為趙。

【註】㊀帝太戊：商朝之帝名，約在西曆紀元前一六三七年。㊁紂王：約在西曆紀元前一一五四年，此二帝相距，約四百餘年。

季勝生孟增。孟增幸於周成王，是為宅皋狼㊀。皋狼生衡父，衡父生造父。造父幸於周繆王。造父取驥之乘匹㊁，與桃林㊂盜驪、驊騮㊃、綠耳，獻之繆王。繆王使造父御，西巡狩，見西王母㊄，樂之忘歸。而徐偃王反㊅，繆王日馳千里馬，攻徐偃王，大破之。乃賜造父以趙城㊆，由此為趙氏。

【註】㊀宅皋狼：皋狼是地名，孟增宅於皋狼，故宅皋狼即成為孟增之別名。皋狼：在西河郡。山西西北部之地。㊁四馬相並，曰乘，兩馬相並曰匹。㊂桃林：自河南靈寶縣以西至陝西之潼關，廣

闊三百里，皆為桃林塞地。其中多馬，造父於此得驊騮，綠耳之良馬，獻之於周穆王。㈣盜驪、驊騮、綠耳，皆良馬之名。㈤西王母：穆王與西王母飲酒於瑤池之上，作歌。即所謂「樂而忘歸」也。㈥徐：大徐城在江蘇宿遷縣附近。㈦趙城：山西趙城縣。

自造父已下六世至奄父，曰公仲，周宣王時伐戎，為御。及千畝戰㈠，奄父脫宣王㈡。奄父生叔帶。叔帶之時，周幽王無道，去周如晉㈢，事晉文侯，始建趙氏于晉國。

【註】㈠千畝：山西介休縣。㈡脫宣王：解脫宣王於危險之中。㈢如：往。

自叔帶以下，趙宗益興，五世而（生）〔至〕趙夙。趙夙，晉獻公之十六年伐霍、魏、耿㈠，而趙夙為將伐霍。霍公求犇齊。晉大旱，卜之，曰「霍太山為祟。」使趙夙召霍君於齊，復之，以奉霍太山之祀，晉復穰㈡。晉獻公賜趙夙耿。

【註】㈠霍：在山西霍縣西南。魏：在山西芮城縣東北。耿：在山西河津縣東南。㈡穰：豐收。

夙生共孟，當魯閔公之元年也。共孟生趙衰，字子餘。

趙衰卜事晉獻公及諸公子，莫吉；卜事公子重耳，吉，即事重耳。重耳以驪姬之亂亡奔翟，趙衰從。翟伐廧咎如，得二女，翟以其少女妻重耳，長女妻趙衰而生盾。初，重耳在晉時，趙衰妻亦生趙同、趙括、趙嬰齊。趙衰從重耳出亡，凡十九年，得反國。重耳為晉文公，趙衰為原大夫㈠，居原，任國政。文公所以反國及霸，多趙衰計策，語在晉事中。

【註】㈠原：在河南濟源縣西北。

趙衰既反晉，晉之妻固要迎翟妻㈠，而以其子盾為適嗣，晉妻三子皆下事之。晉襄公之六年，而趙衰卒，謚為成季。

趙盾代成季任國政二年而晉襄公卒，太子夷皋年少。盾為國多難，欲立襄公弟雍。雍時在秦，使使迎之。太子母日夜啼泣，頓首謂趙盾曰：「先君何罪，釋其適子而更求君㈡？」趙盾患之，恐其宗與大夫襲誅之，迺遂立太子，是為靈公，發兵距㈢所迎襄公弟於秦者。靈公既立，趙盾益專國政。

【註】㊀固要：堅決要求。㊁釋：舍也。適子：即「嫡子」。㊂距：同「拒」。

靈公立十四年，益驕。趙盾驟諫，靈公弗聽。及食熊蹯㊀，胹不熟㊁，殺宰人，持其尸出，趙盾見之。靈公由此懼，欲殺盾。盾素仁愛人，嘗所食桑下餓人反扞救盾㊂，盾以得亡。未出境，而趙穿弒靈公而立襄公弟黑臀，是為成公。趙盾復反，任國政。君子譏盾「為正卿，亡不出境，反不討賊」，故太史書曰「趙盾弒其君」。晉景公時而趙盾卒，謚為宣孟，子朔嗣。

【註】㊀熊蹯：即熊掌。㊁胹：音而（ㄦˊ），燒炙。㊂扞：衞護。

趙朔，晉景公之三年，朔為晉將下軍救鄭，與楚莊王戰河上。朔娶晉成公姊為夫人。

晉景公之三年，大夫屠岸賈欲誅趙氏。初，趙盾在時，夢見叔帶持要而哭㊀，甚悲；已而笑，拊手且歌。盾卜之，兆絕而後好。趙史援占之，曰：「此夢甚惡，非君之身，乃君之子，然亦君之咎。至孫，趙將世益衰。」屠岸賈者，始有寵於靈公，及至於景公而賈為司寇，將作難，乃治靈公之賊以致趙盾㈡，徧告諸將曰：「盾雖不知，猶為賊首。以臣弒君，子孫在朝，何以懲辠？請誅之。」韓厥曰：「靈公遇賊，趙盾在外，吾先君以為無罪，故不誅。今諸君將誅其後，是非先君之意而今妄誅。妄誅謂之亂。臣有大事而君不聞，是無君也。」屠岸賈不聽。韓厥告趙朔趣亡㈢。朔不肯，曰：「子必不絕趙祀，朔死不恨。」韓厥許諾，稱疾不出。賈不請而擅與諸將攻趙氏於下宮，殺趙朔、趙同、趙括、趙嬰齊，皆滅其族。

【註】㈠要：同「腰」。㈡致：牽連趙盾入罪。㈢趣亡：速逃。

趙朔妻成公姊，有遺腹㈠，走公宮匿。趙朔客曰公孫杵臼，杵臼謂朔友人程嬰曰：「胡不死？」程嬰曰：「朔之婦有遺腹，若幸而男，吾奉之；即女也㈡，吾徐死耳。」居無何，而朔婦免身㈢，生男。屠岸賈聞之，索於宮中。夫人置兒絝中，祝曰：「趙宗滅乎，若號；即不滅，若無聲㈣。」及索，兒竟無聲㈤。

已脫㈥，程嬰謂公孫杵臼曰：「今一索不得，後必且復索之，柰何㈦？」公孫杵臼曰：「立孤與死孰難㈧？」程嬰曰：「死易，立孤難耳㈨。」公孫杵臼曰：「趙氏先君遇子厚，子彊為其難者，吾為其易者，請先死㈩。」乃二人謀取他人嬰兒負之，衣以文葆㈡，匿山中。程嬰出，謬謂諸將軍曰：「嬰不肖，不能立趙孤。誰能與我千金，吾告趙氏孤處㈢。」諸將皆喜，許之，發師隨程嬰攻公孫杵臼。杵臼謬曰：「小人哉程嬰！昔下宮之難不能死，與我謀匿趙氏孤兒，今又賣我。縱不能立，而忍賣之乎！」抱兒呼曰：「天乎天乎！趙氏孤兒何罪？請活之，獨殺杵臼可也㈢。」諸將不許，遂殺杵臼與孤兒。諸將以為趙氏孤兒良已死，皆喜㈣。然趙氏真孤乃反在，程嬰卒與俱匿山中㈤。

【註】㈠遺腹：父已死而子猶在其母腹中未生出。㈡即：如果。㈢孕婦生子，曰「免身」。㈣趙宗若是要滅亡，你就哭；如果（即）是不滅的話，你就不作聲。㈤及至搜索的時候，小兒竟然默不作聲。㈥已經脫離危險。㈦現今第一次沒有搜索到，以後一定會再來搜索，如何是好？㈧保全孤兒與一死，那一件事情難？㈨一死是很容易的，保全孤兒則很難的。㈩趙氏先君待你很厚，你勉強

去作那件很困難的事情，我作這件容易的事情，我先死。㈡於是他們二人設法取得別人的小孩背著，裹以很漂亮的衣褓。（文：有文彩的，即漂亮的。葆：同「褓」，小兒之被服也）。㈢程嬰從山中跑出來，故意胡說八道的對那搜索他們的將軍說：「誰能給我一千斤金子，我可以告訴趙氏孤兒所在的秘密」。㈢將軍大喜，派兵隨程嬰去攻擊公孫杵臼，杵臼也故意胡說八道的罵道：「程嬰啊，你這個小人！昔日下宮之難，你偷生怕死，現在你又出賣我，即使不能保全趙氏孤兒，難道就忍心出賣我嗎？」又抱著孤兒大叫著說：「蒼天啊！蒼天啊！趙家的孤兒有何罪？你們赦了他吧，把我殺了好了！」㈣諸將那裡肯答應，於是就把杵臼與孤兒都殺了。諸將以為趙氏孤兒真正是死了，皆大歡喜（良：真正的）。㈤但是，真正的趙氏孤兒仍然健在，程嬰就與他躲在山中。

居十五年，晉景公疾，卜之，大業之後不遂者為祟。景公問韓厥，厥知趙孤在，乃曰：「大業之後在晉絕祀者，其趙氏乎？夫自中衍者皆嬴姓也。中衍人面鳥噣㈠，降佐殷帝大戊，及周天子，皆有明德。下及幽厲無道，而叔帶去周適晉，事先君文侯，至于成公，世有立功，未嘗絕祀。今吾君獨滅趙宗，國人哀之，故見龜策。唯君圖之。」景公問：「趙尚有後子孫乎？」韓厥具以實告。於是景公乃與韓厥謀立趙孤兒，召而匿之宮中。諸將入問疾，景公因韓厥之眾以脅諸將而見趙孤。趙孤名曰武。諸將不得已，乃曰：「昔下宮之難，屠岸賈為之，矯以君命，并命羣臣。非然，孰敢作難！微君之疾，羣臣固且請立趙後。今君有命，羣臣之願也㊁。」於是召趙武、程嬰徧拜諸將，遂反與程嬰、趙武攻屠岸賈，滅其族。復與趙武田邑如故。

【註】㊀噣：音濁（ㄓㄨㄛˊ），鳥口也。㊁即使沒有（微）君的病，羣臣原本要請求立趙之後，現在君有明令，正是羣臣之所心願。

及趙武冠，為成人，程嬰乃辭諸大夫，謂趙武曰：「昔下宮之難，皆能死。我非不能死，我思立趙氏之後。今趙武既立，為成人，復故位，我將下報趙宣孟與公孫杵臼。」趙武啼泣頓首固請，曰：「武願苦筋骨以報子至死，而子忍去我死乎！」程嬰曰：「不可。彼以我為能成事，故先我死；今我不報，是以我事為不成。」遂自殺。趙武服齊衰三年㊀，為之祭邑，春秋祠之，世世勿絕。

【註】㊀齊衰：喪服。

趙氏復位十一年，而晉厲公殺其大夫三郤㊀。欒書畏及，乃遂弒其君厲公，更立襄公曾孫周，是為悼公。晉由此大夫稍彊。

【註】㊀三郤：郤至、郤錡、郤犨。

趙武續趙宗二十七年，晉平公立。平公十二年，而趙武為正卿。十三年，吳延陵季子使於晉，曰：「晉國之政卒歸於趙武子、韓宣子、魏獻子之後矣。」趙武死，謚為文子。

文子生景叔。景叔之時，齊景公使晏嬰於晉，晏嬰與晉叔向語。嬰曰：「齊之政後卒歸田氏。」叔向亦曰：「晉國之政將歸六卿。六卿侈矣，而吾君不能恤也㊀。」

【註】㊀晉國的政權，將要歸於六卿了，六卿的勢力，一天膨脹（侈，擴大）一天，而我們的國君，只知享樂，不能憂心（恤）國事，愛護人民。

趙景叔卒，生趙鞅，是為簡子。

趙簡子在位，晉頃公之九年，簡子將合諸侯戍于周。其明年，入周敬王于周，辟弟子朝之故也㊀。

晉頃公之十二年，六卿以法誅公族祁氏、羊舌氏㊁，分其邑為十縣，六卿各令其族為之大夫。晉公室由此益弱。

【註】㊀辟：同「避」，周敬王前為避子朝之亂而出亡，今以亂平而回國。㊁公族：國君之同姓支系。據《左傳》魯昭公三年，晉叔向曰：「晉之公族盡矣，肸聞之：公室將卑，其宗族枝葉先落，則公從之。肸之宗十一族，惟羊舌氏在而已。」現在六卿又誅滅了祁氏、羊舌氏，則公族之勢力已被剷盡，而六卿瓜分政權。

後十三年，魯賊臣陽虎來奔，趙簡子受賂，厚遇之。

趙簡子疾，五日不知人㊀，大夫皆懼。醫扁鵲視之㊁，出，董安于問。扁鵲曰：「血脈治也，而何怪㊂！在昔秦繆公嘗如此，七日而寤㊃。寤之日，告公孫支與子輿曰：『我之帝所甚樂。吾所以久者，適有學也。帝告我：「晉國將大亂，五世不安；其後將霸，未老而死；霸者之子且令而國男女無別㊄。」』公孫支書而藏之，秦讖於是出矣㊅。獻公之亂，文公之霸，而襄公敗秦師於殽而歸縱淫，此子之所聞㊆。今主君之疾與之同，不出三日疾必閒，閒必有言也㊇。」

【註】 ㊀趙簡子有病，五日之久，不省人事。㊁扁鵲：戰國時，渤海郡人，受醫術於長桑君，盡知五臟癥結，名聞天下。㊂治：同「滯」，阻塞，血液流通不靈活。而：同「爾」。言簡子之病是血脈流動不靈活，你何必大驚小怪。㊃以前秦繆公曾經害過這種病，七天而醒悟過來。㊄他醒來之後，告訴公孫枝與子輿說：「我到了天神那裡去了，那裡痛快極了。我所以在那裡停留很久者，是因為天神要教導我一些事情。天神告訴我說：『晉國將要出大亂子了，五世不能平安，以後，將會稱霸，不到老而死，霸者的兒子將使你們秦國男女無別。』㊅公孫支就把秦繆公這一些話寫下來，保存著。於是乎秦國的神仙預言的謠傳，就出來了。㊆晉獻公之亂，晉文公之霸，晉襄公之打敗秦兵於殽函，而返國放肆淫蕩，這都是你所知道的。㊇現在你的君主之病與秦繆公之病相同，不出三天，病情必然可以好轉，好轉之後，他一定會對你們交代什麼話的。

居二日半，簡子寤。語大夫曰：「我之帝所甚樂，與百神游於鈞天，廣樂九奏萬舞，不類三代之樂，其聲動人心㊀。有一熊欲來援我，帝命我射之，中熊，熊死㊁。又有一羆來，我又射之，中羆，羆死㊂。帝甚喜，賜我二笥，皆有副㊃。吾見兒在帝側，帝屬我一翟犬，曰：『及而子之壯也，以賜之㊄。』帝告我：『晉國且世衰，七世而亡㊅，嬴姓將大敗周人於范魁之西，而亦不能有也。今余思虞舜之勳，適余將以其冑女孟姚配而七世之孫㊆。』」董安于受言而書藏之㊇。以扁鵲言告簡子，簡子賜扁鵲田四萬畝。

【註】㊀趙簡子醒了之後，對大夫說：「我到了天神所在的地方，極為快樂，和百神們遊覽於天堂（天之中央，曰鈞天），廣樂九奏之後，萬神和舞，不像是三代之樂，聲音非常之感動人心。㊁有一個熊想來抓我，天神命令我射擊牠，一箭射中，熊便死了。㊂又有一個羆來（羆，大於熊），我又射牠，射中，羆也死了。㊃天神極為喜歡，賞給我兩個笥子，都有套子。㊄我看見一個小孩子在天神之旁，天神交給我一條狄犬，告訴我說：「等到這個孩子長大了，你就把這條犬交給他。」㊅天神又告訴我說：「晉國將要一代一代的衰敗了，再有七代就要亡國了。㊆姓嬴的將會大敗周人於范魁之西，但是它也保不住。現在我想到虞舜的功勞，我要以他的後代之孫女孟姚配婚於你的七代之孫。」㊇董安于聽了趙簡子的話，就寫下來，保存起來。

他日，簡子出，有人當道㈠，辟之不去，從者怒，將刃之㈡。當道者曰：「吾欲有謁於主君㈢。」從者以聞。簡子召之，曰：「譆，吾有所見子晰也㈣。」當道者曰：「屏左右，願有謁㈤。」簡子屏人。當道者曰：「主君之疾，臣在帝側㈥。」簡子曰：「然，有之。子之見我，我何為㈦？」當道者曰：「帝令主君射熊與羆，皆死㈧。」簡子曰：「是，且何也㈨？」當道者曰：「晉國且有大難，主君首之。帝令主君滅二卿，夫熊與羆皆其祖也。㈩」簡子曰：「帝賜我二笥皆有副，何也(一一)？」當道者曰：「主君之子將克二國於翟，皆子姓也(一二)。」簡子曰：「吾見兒在帝側，帝屬我一翟犬，曰『及而子之長以賜之』。夫兒何謂以賜翟犬(一三)？」當道者曰：「兒，主君之子也。翟犬者，代之先也。主君之子且必有代。及主君之後嗣，且有革政而胡服，并二國於翟(一四)。」簡子問其姓而延之以官(一五)。當道者曰：「臣野人，致帝命耳(一六)。」遂不見(一七)。簡子書藏之府。

【註】㈠有一天，趙簡子出門：有個人擋住去路。㈡叫他避開，他卻不避，隨從惱火了，要殺他。

㊂擋路的人說：「我要見你們的主君。」㊃趙簡子見了他，大驚，說道：「啊！我好像見過你，怎麼這樣的熟悉呢！」㊄擋路的人說：「叫左右們退下，我有話轉達你。」㊅擋路的人說：「你害病的時候，我在天神的旁邊。」㊆簡子說：「是的，有這回事，你看見我，我當時幹些什麼？」㊇擋路的人說：「天神命令你射熊與羆，你把牠們都射死了。」㊈簡子說：「是的！為什麼天神命我射熊與羆呢？」㊉擋路的人說：「晉國將有大難，你是首當其衝，天神命令你要消滅兩個卿大夫，熊與羆就是二卿的祖先。」⑪簡子說：「天神賞給我兩個筒子，都有套子，那是什麼意思？」⑫擋路的人說：「你的兒子將來要征服二國於狄地，二國都是子姓」。⑬簡子說：「我看見一個小孩子在天神的旁邊，天神交給我一條狄犬，說道：『等到這個孩子長大的時候，賜給他。』為什麼給孩子以狄犬呢？」⑭擋路的人說：「那個小孩子就是你的兒子，狄犬者，就是代國的祖先。你的孩子將來必有代國，你的後世的子孫將來會因為改革政治而穿胡人的衣物，並且會吞滅了狄地的兩個國家。」⑮簡子問他的姓名並且想要請他作官。⑯擋路的人說：「我是個野人，不過是來送達天神的命令罷了。」⑰說完之後，就不見其影跡了。

異日，姑布子卿㊀見簡子，簡子徧召諸子相之㊁。子卿曰：「無為將軍者。」簡子曰：「趙氏其滅乎？」子卿曰：「吾嘗見一子於路，殆君之子也㊂。」簡子召子毋卹。毋卹至，則子卿起曰：「此真將軍矣！」簡子曰：「此其母賤，翟婢也，奚道貴哉㈣？」子卿曰：「天所授，雖賤必貴㈤。」自是之後，簡子盡召諸子與語，毋卹最賢。簡子乃告諸子曰：「吾藏寶符於常山上，先得者賞。」諸子馳之常山上，求，無所得。毋卹還，曰：「已得符矣。」簡子曰：「奏之」。毋卹曰：「從常山上臨代，代可取也㈥。」簡子於是知毋卹果賢，乃廢太子伯魯，而以毋卹為太子。

【註】㈠姑布子卿：古之善於相術之人。姓姑布，名子卿。㈡相：看相。㈢我曾經在路上看見一個孩子，大概是你的孩子（殆：大概）。㈣這個孩子的母親出身很微賤，是翟國（翟：同「狄」）的奴婢，怎麼說他主貴呢？㈤子卿說：「只要是天神提拔，出身雖賤，後來必貴。」㈥毋恤說：「從常山上居高臨下而取代國，代國就可以拿到手了。」

後二年，晉定公之十四年，范、中行作亂。明年春，簡子謂邯鄲大夫午曰：「歸我衛士五百家，吾將置之晉陽㈠。」午許諾，歸而其父兄不聽，倍言㈡。趙鞅捕午，囚之晉陽。乃告邯鄲人曰：「我私有誅午也，諸君欲誰立㊂？」遂殺午。趙稷、涉賓以邯鄲反㊃。晉君使籍秦圍邯鄲。荀寅、范吉射與午善㊄，不肯助秦而謀作亂，董安于知之。十月，范、中行氏伐趙鞅，鞅奔晉陽，晉人圍之。范吉射、荀寅仇人魏襄等謀逐荀寅，以梁嬰父代之㊅；逐吉射，以范皐繹代之㊆。荀櫟言於晉侯曰：「君命大臣，始亂者死㊇。今三臣始亂㊈而獨逐鞅，用刑不均，請皆逐之。」十一月，荀櫟、韓不佞㊉、魏哆(一一)奉公命以伐范、中行氏，不克。范、中行氏反伐公，公擊之，范、中行敗走。丁未，二子奔朝歌(一二)。韓、魏以趙氏為請(一三)。十二月辛未，趙鞅入絳(一四)，盟于公宮。其明年，知伯文子(一五)謂趙鞅曰：「范、中行雖信為亂，安于發之，是安于與謀也(一六)。晉國有法，始亂者死。夫二子已伏罪而安于獨在(一七)。」趙鞅患之。安于曰：「臣死，趙氏定，晉國寧，吾死晚矣。」遂自殺。趙氏以告知伯，然後趙氏寧。

【註】 ㊀歸：交還。前時，趙簡子圍衞，衞人恐懼，故貢五百家，當時，簡子置之於邯鄲。今欲由邯鄲徙置於晉陽，故使大夫午歸之。㊁倍言：同「背言」，違背其諾言。㊂我的意思決定要殺午，

諸君想要立誰為邯鄲大夫？㊃趙稷：趙午之子。㊄午：荀寅之甥，荀寅、范吉射之姻。㊅梁嬰父：晉大夫。㊆范皐繹：范氏之側室子。㊇始亂：開始發動叛亂。㊈三臣：范氏、中行氏、趙氏。中行氏本氏荀，自荀偃將中軍，改中軍曰中行，因以為氏焉。㊉韓不佞：韓簡子。⑪魏哆：即魏曼多也。⑫朝歌：河南淇縣東北。⑬韓、魏為趙鞅講情，言其罪輕，請君諒之。⑭絳：晉都。今山西絳縣。⑮知伯文子：即荀櫟也。⑯雖然真正是作亂，但安于亦曾與謀。⑰伏罪：因犯罪而伏法。

孔子聞趙簡子不請晉君而執邯鄲午，保晉陽㊀，故書春秋曰「趙鞅以晉陽畔㊁。」

【註】㊀不請示於晉君，而擅執邯鄲大夫午，據晉陽以自衞。㊁畔：同「叛」字。

趙簡子有臣曰周舍，好直諫。周舍死，簡子每聽朝，常不悅，大夫請辠㊀。簡子曰：「大夫無罪。吾聞千羊之皮不如一狐之腋㊁。諸大夫朝，徒聞唯唯，不聞周舍之鄂鄂，是以憂也㊂。」簡子由此能附趙邑而懷晉人㊃。

【註】㊀大夫見簡子不悅，以為是他自己有罪，故請罪。㊁一千條的羊皮，不如一條狐腋部的一片。腋：音夜（ㄧㄝˋ），肩臂內面交接之處，即胳肢窩）。㊂各位大夫來朝見我，只聽到「是！

是！」的應聲，再聽不到像周舍那樣的正義直言，所以我憂愁的很。㊃因為趙簡子喜聽直言，所以能愛民而人民亦歸附他。

晉定公十八年，趙簡子圍范、中行于朝歌，中行文子㊀奔邯鄲。明年，衞靈公卒。簡子與陽虎送衞太子蒯聵于衞，衞不內㊁，居戚㊂。

【註】㊀中行文子：即荀寅。㊁內：同「納」，接受。不納，即不接受。㊂戚：在河北濮陽縣北。

晉定公二十一年，簡子拔邯鄲，中行文子奔柏人。簡子又圍柏人，中行文子、范昭子遂奔齊。趙竟有邯鄲、柏人。范、中行餘邑入于晉。趙名晉卿，實專晉權，奉邑侔於諸侯㊀。

【註】㊀趙簡子消滅了范氏、中行氏，而併兼其土地，故實力大增，雖名義上是晉國之卿，而實際上等於獨立的諸侯之國。這就是日後三家瓜分晉國的起點。

晉定公三十年，定公與吳王夫差爭長於黃池㊀，趙簡子從晉定公，卒長吳㊁。定公三十七年卒，而簡子除三年之喪，期而已㊂。

是歲，越王句踐滅吳。

晉出公十一年，知伯伐鄭。趙簡子疾，使太子毋卹將而圍鄭。知伯醉，以酒灌擊毋卹。毋卹羣臣請死之㈣。毋卹曰：「君所以置毋卹，為能忍詢㈤。」然亦慍知伯㈥。知伯歸，因謂簡子，使廢毋卹，簡子不聽。毋卹由此怨知伯。

晉出公十七年，簡子卒，太子毋卹代立，是為襄子。

【註】㈠黃池：在河南封丘縣南。㈡晉吳二國爭為盟長，晉國記事，言此盟以晉為長，但吳國記事，則言此盟以吳為長。兩國各自抬高其地位。㈢除三年之喪，即縮短三年之喪，而為一年（期）之喪。㈣毋卹羣臣請求殺死知伯。㈤君所以立我，因為我能忍受恥辱。詢：同「詬」（ㄍㄡˋ），罵也，恥辱也。㈥慍：惱恨。

趙襄子元年，越圍吳。襄子降喪食，使楚隆問吳王㈠。

【註】㈠當時晉吳修好，今因越圍吳，襄子表示對吳關切，故減少祭饌而派人慰問吳王。

襄子姊前為代王夫人。簡子既葬，未除服㈠，北登夏屋㈡，請代王。使厨人操銅枓㊂以食代王及從者，行斟㊃，陰令宰人各以枓擊殺代王及從官，遂興兵平代地。其姊聞之，泣而呼天，摩笄自殺㊄。代人憐之，所死地名之為摩笄之山㊅。遂以代封伯魯子周為代成君。伯魯者，襄子兄，故太子。太子蚤死，故封其子。

【註】㊀尚未除去喪服。㊁夏屋：山名，在山西代縣東北六十里。㊂枓：音斗（ㄉㄡˇ），勺也。銅枓，銅勺也。㊃斟：音真（ㄓㄣ），斟酒。以銅勺而斟酒。㊄把頭上的笄簪，磨得很銳利而自殺。摩：同「磨」。㊅摩笄山：在山西蔚縣東北百五十里。

襄子立四年，知伯與趙、韓、魏盡分其范、中行故地。晉出公怒，告齊、魯，欲以伐四卿。四卿恐，遂共攻出公。出公奔齊，道死。知伯乃立昭公曾孫驕，是為晉懿公。知伯益驕。請地韓、魏，韓、魏與之。請地趙，趙不與，以其圍鄭之辱。知伯怒，遂率韓、魏攻趙。趙襄子懼，乃奔保晉陽。

原過從，後，至於王澤㊀，見三人，自帶以上可見，自帶以下不可見。與原過竹二節，莫通㊁。曰：「為我以是遺趙毋卹。」

原過既至，以告襄子。襄子齊三日㊂，親自剖竹，有朱書曰：「趙毋卹，余霍泰山山陽侯天使也㊃。三月丙戌，余將使女反滅知氏。女亦立我百邑，余將賜女林胡之地。至于後世，且有伉王㊄，赤黑，龍面而鳥噣㊅，鬢麋髭頾㊆，大膺大胸㊇，脩下而馮㊈，左衽界乘㊉，奄有河宗⑪，至于休溷諸貉⑫，南伐晉別⑬，北滅黑姑⑭。」襄子再拜，受三神之令⑮。

【註】㊀王澤：在山西新絳縣西南七里。㊁兩節竹子都是封閉著的。㊂齊：齋戒也。㊃霍泰山：即霍山，在山西霍縣東南三十里。高七千二百尺，盤踞二百里。南接趙城、洪洞二縣界，即古太岳也。㊄伉王：強大的王（意即武靈王）。㊅龍的面而鳥的口。㊆麋：同「眉」。髭：音資（ㄗ），在嘴上的鬍鬚。頾：同「髯」（ㄖㄢˊ），在頰上的毛。言其臉部毛髮甚發達。㊇膺：胸也。大膺大胸，言其胸部甚寬大。㊈脩下而馮：此句缺一上字，應為「脩下而馮上」。馮：豐滿也。言其下體脩長而上體豐滿。㊉左衽：謂胡服也，穿胡人的服裝。界：同「介」。被甲也。乘：騎馬也。介乘：被甲乘馬也。⑪奄有：盡行佔有。河宗：黃河上流之地。言其後世子孫能盡有黃河上流之地（指山西北部及綏遠南部之地）。⑫休溷：北方狄戎之地名。溷：音混（ㄏㄨㄣˋ）。貉：音合（ㄏㄜˊ）。又同「貊」，北方戎狄也。⑬南伐晉國的不統一的部落。⑭北方消滅黑姑（北方戎狄部落之名）。

㊄三神：原過所遇之三位神人。

三國攻晉陽㈠，歲餘，引汾水灌其城，城不浸者三版㈡。城中懸釜而炊㈢，易子而食㈣。羣臣皆有外心，禮益慢㈤，唯高共不敢失禮。襄子懼，乃夜使相張孟同私於韓、魏㈥。韓、魏與合謀，以三月丙戌，三國反滅知氏，共分其地㈦。於是襄子行賞，高共為上。張孟同曰：「晉陽之難，唯共無功。」襄子曰：「方晉陽急，羣臣皆懈，惟共不敢失人臣禮，是以先之。」於是趙北有代，南幷知氏，彊於韓、魏。遂祠三神於百邑㈧，使原過主霍泰山祠祀㈨。

【註】㈠三國：知伯與韓國、魏國。㈡城不被淹沒者僅有三版之高（築城時用木板夾土，每板高二尺，三板合計為六尺）。㈢城中積水：地面無法放鍋，故把鍋子懸起而炊飯。㈣易子而食：言城中糧盡。㈤羣臣都有離心，對於君上之敬禮，越發懈慢。㈥暗地與韓、魏進行協商。㈦韓、魏與趙相聯合，回過頭來，共同消滅知伯，而瓜分其土地。㈧在趙國各地區都敬祠三神。㈨使原過主持霍山祭祀之事。

其後娶空同氏㈠，生五子。襄子為伯魯之不立也，不肯立子，且必欲傳位與伯魯子代成君。成君先死，乃取代成君子浣立為太子。襄子立三十三年卒，浣立，是為獻侯。

【註】㈠空同：即「崆峒」，山名，在甘肅平涼縣西。

獻侯少即位，治中牟㈠。

【註】㈠中牟：此中牟，非河內開封附近之中牟，乃在黃河以北之河南湯陰縣西。或謂在河北邯鄲縣附近。

襄子弟桓子逐獻侯，自立於代，一年卒。國人曰桓子立非襄子意，乃共殺其子而復迎立獻侯。

十年，中山武公初立㈠。十三年，城平邑㈡。十五年，獻侯卒，子烈侯籍立。

【註】㈠中山：國名，春秋鮮虞國地，戰國時為中山國，在今河北定縣。㈡平邑：在河北南樂縣東北七里。

烈侯元年，魏文侯伐中山，使太子擊守之。六年㈠，魏、韓、趙皆相立為諸侯，追尊獻子為獻侯。

烈侯好音，謂相國公仲連曰：「寡人有愛，可以貴之乎？」公仲曰：「富之可，貴之則否。」烈侯曰：「然。夫鄭歌者槍、石二人，吾賜之田，人萬畝。」公仲曰：「諾」不與㈡。居一月，烈侯從代來，問歌者田。公仲曰：「求，未有可者。」有頃，烈侯復問。公仲終不與，乃稱疾不朝。番吾君㈢自代來，謂公仲曰：「君實好善，而未知所持。今公仲相趙，於今四年，亦有進士乎㈣？」公仲曰：「未也。」番吾君曰：「牛畜、荀欣、徐越皆可。」公仲乃進三人㈤。及朝，烈侯復問：「歌者田何如？」公仲曰：「方使擇其善者。」牛畜侍烈侯以仁義，約以王道㈥，烈侯逌然㈦。明日，荀欣侍，以選練舉賢，任官使能。明日，徐越侍，以節財儉用，察度功德。所與無不充㈧，君說㈨。烈侯使使謂相國曰：「歌者之田且止㈩。」官牛畜為師，荀欣為中尉，徐越為內史，賜相國衣二襲⑪。

【註】㈠趙烈侯六年，即西曆紀元前四〇三年，韓、趙、魏，皆相立而為諸侯，此為世局變化之大事。㈡相國口頭上答應烈侯，但是，實際上不給。㈢番吾：在河北平山縣南。㈣番吾君對相國公仲說：「君王是真心想作善事，但是不知道怎樣作法。現今公仲為趙相，已有四年，你可曾給君王舉薦過賢士？」㈤相國給趙君推薦了三個賢士，就是牛畜、荀欣、徐越。㈥牛畜事奉趙君以仁義與王道。㈦逌然：逌，音由（ㄧㄡˊ），很喜悅的樣子。㈧荀欣輔烈侯以選賢任能，徐越輔烈侯以節省財用，考察功德，所賞賜的都很得當（充）。㈨說：同「悅」。㈩趙君自動的對相國說：「以前所說給與兩個唱歌者之田，暫時停止。」⑾二襲：兩套。

九年，烈侯卒，弟武公立。武公十三年卒，趙復立烈侯太子章，是為敬侯。是歲，魏文侯卒。

敬侯元年，武公子朝作亂，不克，出奔魏。趙始都邯鄲㈠。二年，敗齊于靈丘㈡。三年，救魏于廩丘㈢，大敗齊人。四年，魏敗我兔臺。築剛平㈣以侵衛。五年，齊、魏為衛攻趙，取我剛平。六年，借兵於楚伐魏，取棘蒲㈤。八年，拔魏黃城㈥。九年，伐齊。齊伐燕，趙救燕。十年，與中山戰于房子㈦。

【註】㈠趙敬侯元年，即西曆紀元前三八六年，趙遷都於河北邯鄲縣。㈡靈丘：在山東滕縣東四十

里。㊂廩丘：在山東范縣東南七十里。㊃剛平：在山東寧陽縣東北三十五里。㊄棘蒲：今河北趙縣。㊅黃城：在山東冠縣南。㊆房子：在河北高邑縣西南。

十一年，魏、韓、趙共滅晉，分其地㊀。伐中山，又戰於中人㊁。十二年，敬侯卒，子成侯種立。

【註】㊀趙敬侯十一年，即西曆紀元前三七六年，韓、趙、魏共同滅晉，瓜分其土地。是為戰國時代之事變。㊁中人：在河北唐縣東北四十一里。

成侯元年，公子勝與成侯爭立，為亂。二年六月，雨雪。三年，太戊午為相。伐衛，取鄉邑七十三。魏敗我藺㊀。四年，與秦戰高安㊁，敗之。五年，伐齊于鄄㊂。魏敗我懷㊃。攻鄭，敗之，以與韓，韓與我長子㊄。六年，中山築長城。伐魏敗湪澤㊅，圍魏惠王。七年，侵齊，至長城㊆。與韓攻周。八年，與韓分周以為兩㊇。九年，與齊戰阿下㊈。十年，攻衛，取甄。十一年，秦攻魏，趙救之石阿㊉。十二年，秦攻魏少梁㊁，趙救之。十三年，秦獻公使庶長國伐魏少梁，虜其太子、痤㊂。魏敗我澮，取皮牢㊂。成侯與韓昭侯遇上黨㊃。十四年，與韓攻秦。十五年，助魏攻齊。

【註】㊀藺：在山西離石縣西。㊁高安：大概在河東。㊂鄄：在山東濮縣東二十里。㊃懷：在河南武陟縣。㊄長子：山西長子縣。㊅涿澤：在山西解縣東北。㊆長城：此長城乃山東境內之長城，山東泰山西北有長城，緣河經泰山千餘里，至瑯琊入海。㊇兩周：周武王命周公經營洛陽以為都，謂之「王城」。復營洛陽之下都以居殷民，是謂「成周」。王城在西，成周在東。平王東遷，子朝之亂，敬王徙居成周，歷世因之。至考王乃以王城故地封其地桓公以續周公之職。東之成周，王都之；西之王城，桓公分治之，其權統之於王。桓公死，其子威公代立，東西二都有隙，威公猶和解之。顯王二年，威公死，韓趙乘之，帥師入寇，分周東西都為兩。㊈阿下：在山東阿縣。㊉石阿：當依秦本紀年表作「石門」，在山西解縣。㊁少梁：在陝西韓城縣南二十二里。㊂痤：音挫（ㄘㄨㄛˋ）人名。㊂澮：澮水縣在山西翼城縣東南二十五里。皮牢：在山西翼城縣東三十里。㊃上黨：在山西長子縣西。

十六年，與韓、魏分晉，封晉君以端氏㊀。

【註】㊀端氏：在山西沁水縣東北。

十七年，成侯與魏惠王遇葛孽㊀。十九年，與齊、宋會平陸㊁，與燕會阿㊂。二十年，魏獻榮椽，因以為檀臺㊃。二十一年，魏圍我邯鄲㊄。二十二年，魏惠王拔我邯鄲，齊亦敗魏於桂陵㊅。二十四年，魏歸我邯鄲，與魏盟漳水上㊆。秦攻我藺㊇。二十五年，成侯卒。公子緤㊈與太子肅侯爭立，緤敗亡奔韓。

【註】㊀葛孽：在河北肥鄉縣西南二十里。㊁平陸：在山東汶上縣北。㊂阿：河北高陽縣。㊃榮椽：榮，桐木也。榮椽：桐木的椽子。以桐木的椽子，建築了一所氣味很香的臺榭，故曰檀臺，非地名也。㊄邯鄲：河北邯鄲縣。㊅桂陵：在山東菏澤縣東北。㊆漳水：在河南臨漳縣境。㊇藺：在山西離石縣西。㊈緤：音洩（ㄒㄧㄝˋ）。

肅侯元年，奪晉君端氏㊀，徙處屯留㊁。二年，與魏惠王遇於陰晉㊂。三年，公子范襲邯鄲，不勝而死。四年，朝天子。六年，攻齊，拔高唐㊃。七年，公子刻攻魏首垣㊄。十一年，秦孝公使商君伐魏，虜其將公子卬。趙伐魏。十二年，秦孝公卒，商君死。十五年，起壽陵㊅。魏惠王卒。

【註】㊀端氏：在山西沁水縣西北。端氏本晉君之所有地，現在被趙侯奪去。㊁把晉君安置於屯留（山西長子縣東北三十里）。㊂陰晉：在陝西華陰縣東南。㊃高唐：山東高唐縣。㊄首垣：河北長垣縣。㊅起壽陵：營建墳陵之地。起：營造也。其地大概在河北元氏縣附近。古者帝王生時營造，以備死時之用。

十六年，肅侯遊大陵㊀，出於鹿門㊁，大戊午扣馬㊂曰：「耕事方急，一日不作，百日不食。」肅侯下車謝。

【註】㊀大陵：在山西文水縣北十三里。㊁鹿門：在山西盂縣西北三十五里。㊂扣馬：阻上其馬之前進而進諫。肅侯能用直諫之言，可見其賢。

十七年，圍魏黃㊀，不克。築長城㊁。

【註】㊀黃：大概在河南之杞縣附近。㊁趙築長城，從雲中以北至代，以防北狄。

十八年，齊、魏伐我，我決河水灌之，兵去。二十二年，張儀相秦。趙疵與秦戰，敗，秦殺疵河西，取我藺㊀、離石。二十三年，韓舉㊁與齊、魏戰，死于桑丘㊂。

【註】㊀藺：在山西離石縣西。㊁韓舉：韓國之將名。㊂桑丘：在山東平原縣西。

二十四年，肅侯卒。秦、楚、燕、齊、魏出銳師各萬人來會葬。子武靈王立。

武靈王元年，陽文君趙豹相。梁襄王與太子嗣，韓宣王與太子倉來朝信宮㊀。武靈王少，未能聽政，博聞師三人，左右司過三人㊁。及聽政，先問先王貴臣肥義，加其秩；國三老年八十，月致其禮。

【註】㊀信宮：在河北永年縣。㊁趙武靈王雖然年少，但能延請博聞之老師，司過之直臣，尊敬年高德卲之人，可預知其有發展。

三年，城鄗㊀。四年，與韓會於區鼠㊁。五年，娶韓女為夫人。

【註】㊀鄗：在河北柏鄉縣。㊁區鼠：大概在河北。

八年，韓擊秦，不勝而去。五國相王，趙獨否，曰：「無其實，敢處其名乎！」令國人謂己曰「君」㊀。

九年，與韓、魏共擊秦，秦敗我，斬首八萬級。齊敗我觀澤㈡。十年，秦取我中都及西陽㈢。齊破燕。燕相子之為君，君反為臣。十一年，王召公子職於韓，立以為燕王㈣，使樂池送之。十三年，秦拔我藺，虜將軍趙莊。楚、魏王來，過邯鄲。十四年，趙何攻魏。

【註】㈠五國各自稱王，趙國獨不稱王，趙王說：「沒有實力，怎敢自居其名號呢？」命令國人稱己為「君」。㈡觀澤：在河北清豐縣東。㈢中都：在山西平遙縣西北。中陽：山西中陽縣。㈣趙武靈王召燕國的公子職於韓，立以為燕王。

十六年，秦惠王卒。王遊大陵㈠。他日，王夢見處女鼓琴而歌詩曰：「美人熒熒兮，顏若苕之榮。命乎命乎，曾無我嬴㈡！」異日，王飲酒樂，數言所夢，想見其狀㈢。吳廣聞之，因夫人而內其女娃嬴。孟姚也㈣。孟姚甚有寵於王，是為惠后。

【註】㈠大陵：在山西文水縣東北二十五里。㈡王夢見有一處女鼓琴而歌，其詩曰：「光豔絕倫的美人啊，容顏如同水苕那樣的濃鬱；薄命的我，薄命的我呀！竟然沒有人認識我娃嬴的華麗！」熒

熒：光豔奪目的樣子。苕：音條（ㄊㄧㄠˊ），陵苕，生於水中，七八月開花，甚為豔麗。㊂有一天，王飲酒很是快樂，因而歷言其所夢見之美女，描繪其狀貌。㊃吳廣聽說了，覺其所夢想之美女，有似於他自己的女兒，所以憑藉夫人的關係而進獻其女娃嬴，就是孟姚。

十七年，王出九門㊀，為野臺㊁，以望齊、中山之境。

【註】㊀九門：在河北藁城縣西北。㊁野臺：在河北新樂縣西南六十三里。亦可解釋為野外築高臺，以瞭望齊國與中山國之境域。

十八年，秦武王與孟說舉龍文赤鼎，絕臏而死。趙王使代相趙固迎公子稷於燕，送歸，立為秦王，是為昭王。

十九年春正月，大朝信宮。召肥義與議天下，五日而畢。王北略中山之地，至於房子㊀，遂之代，北至無窮㊁，西至河，登黃華之上㊂。召樓緩謀曰：「我先王因世之變，以長南藩之地㊃，屬阻漳、滏之險，立長城㊄，又取藺、郭狼㊅，敗林人於荏㊆，而功未遂。今中山在我腹心㊇，北有燕㊈，東有胡㊉，西有林胡、樓煩、秦、韓之邊⑪，而無彊兵之救，是亡社稷，奈何⑫？夫有高世之名，必有遺俗之累。吾欲胡服㈢。」樓緩曰：「善」。羣臣皆不欲。

【註】㈠房子：在河北高邑縣西南。㈡無窮：趙策謂：「武靈王曰：『先君襄王與代交地，境域封之，名曰「無窮之門」。」㈢黃華之上：西河側之山名。㈣為南藩之地的首長。㈤利用漳水滏水的險阻之地勢，連接而建築長城。（滏水古為入漳支流，漳水南徙，始匯三十餘縣之水，成一巨流。源出河北磁縣西彭城鎮滏山南，東流繞磁縣城。北經邯鄲，永年，曲周、雞澤、平鄉諸縣，入大陸澤。東北過隆平縣境，入寧晉泊。合兩泊所受諸水，東折入新河縣境。復東北經冀縣、衡水、武邑、武強諸縣境，循滹沱舊行南道，至獻縣與今滹沱河合。北流為子牙河。據其利用漳水滏水的地勢而作長城，可知這一部分的長城，是趙國南部的長城。另外一條長城是北部的長城，用以防夷狄。）㈥藺：在山西離石縣西。郭狼：即臯狼，在山西離石縣西。㈦林人：林胡之人。林胡大概在山西保德縣一帶之地。荏，大概在保德附近。以上所述之藺、郭狼、林胡、荏，皆山西西北部之地。㈧中山國：在河北定縣，在趙之腹心，即言中山是腹心之患。㈨北邊有燕國，因趙國分晉之後，北有信都（在河北冀縣東北），中山；又得涿郡之高陽、鄚州鄉（在河北任邱縣北三十五里）。東有清河、河間，又得渤海郡東平（在山東東平縣）、舒等七縣，在河以北，故曰北有燕。㈩東邊有胡，趙國東北部有遷安縣等地，與烏丸相近。㈡西邊有林胡、樓煩及秦國、韓國。㈢處於這種嚴重情勢之下，而沒

有強大的兵力以自救，那簡直是要亡國。如何是好？㊂有高出於世俗的聲名，必然有打破世俗之見的牽掛。我想著穿胡人的服裝。

於是肥義侍，王曰：「簡、襄主之烈，計胡、翟之利㊀。為人臣者，寵有孝弟長幼順明之節，通有補民益主之業，此兩者臣之分也㊁。今吾欲繼襄主之跡，開於胡、翟之鄉，而卒世不見也㊂。為敵弱㊃，用力少而功多，可以毋盡百姓之勞，而序往古之勳㊄。夫有高世之功者，負遺俗之累；有獨智之慮者，任驁民之怨㊅。今吾將胡服騎射以教百姓，而世必議寡人，奈何㊆？」肥義曰：「臣聞疑事無功，疑行無名。王既定負遺俗之慮，殆無顧天下之議矣㊇。夫論至德者不和於俗，成大功者不謀於眾㊈。昔者舜舞有苗，禹袒裸國㊉，非以養欲而樂志也，務以論德而約功也⑪。愚者闇成事，智者覩未形，則王何疑焉⑫。」王曰：「吾不疑胡服也，吾恐天下笑我也⑬。狂夫之樂，智者哀焉；愚者所笑，賢者察焉⑭。世有順我者，胡服之功未可知也⑮。雖驅世以笑我，胡地中山吾必有之。」於是遂胡服矣⑯。

【註】㈠趙武靈王說：「簡王、襄王的功業，規劃了向胡、翟（狄）發展的利益。㈡服務於政府機構的幹部們，就私情（寵）而論，對於君上應有孝弟長幼順情明理的志節；就公義而論，對於人民應當作些有益之服務，對於君主應當作些有補之事業。這兩種事情是公務人員應盡的本分。㈢現今我想繼續發揚襄王的績業，開拓到胡狄的地區，但是我終生還沒有見到這樣的幹部。㈣為了削弱胡狄的勢力，所以我主張穿用胡人的衣服，使他們減少對於我們有陌生之感。㈤這樣一來，用力少而成功多，可以不要消耗我們人民的精力，就能繼續前人的勳業。㈥有高出於世的功勞者，往往被世俗之人所反對；有獨特於眾的智慮者，往往受驁慢之民所怨恨。驁：音傲（ㄠˋ），暴戾不馴，頭腦簡單）。㈦現今我想教導人民穿用胡式的衣服，練習胡騎的射擊，而世俗之人必然對寡人紛紛議論，如何是好？」㈧肥義答道：「我曾聽說過：作某種事情，如果心有懷疑，那麼，就不會成功；作某種行為，如果心有懷疑，那麼，就不會立名。現在君王既然決定寧願被世俗所反對而立意改革，那麼，就不必顧慮天下的非議了。㈨講論真理（至德）者，不附和於世俗之見；成就大功者，不商量於眾多之口。㈩昔日，舜牽以干戚之舞而使苗夷歸化，禹王以袒臂之便而使裸國悅服。㈡這些明君聖王所以採取這些通權達變的舉動，並不是為的自己的嗜好與快樂，乃是為的建立好感而易於成功（論德：建立好感，以德服人。約功：簡約易行，便於成功）。㈢愚蠢的人，在事情既成之後，他還是莫名其妙；聰明的人，在事情未形之前，他就能看得清楚。那麼，王就不必有任何懷疑了。」

㈢武靈王又說：「我不是懷疑應該不應該採用胡式的服裝，而是擔心天下無知的人會笑話我。㈣狂夫們的歡樂，聰明的人要予以哀憐；愚人們的譏笑，賢明的人要加以察考。㊄世人若是贊成我的意見，那麼，採用胡式服裝的功效之大，簡直是不可限量啊！㊅我的決心已經拿定，即使發動全世的人來非笑我，胡地與中山，我必定要取而有之。」於是決定採取胡式服裝。

使王緤告公子成㊀曰：「寡人胡服，將以朝也，亦欲叔服之㊁。家聽於親而國聽於君，古今之公行也㊂。子不反親，臣不逆君，兄弟之通義也㊃。今寡人作教易服而叔不服，吾恐天下議之也㊄。制國有常，利民為本；從政有經，令行為上㊅。明德先論於賤，而行政先信於貴㊆。今胡服之意，非以養欲而樂志也；事有所止而功有所出㊇，事成功立，然后善也㊈。今寡人恐叔之逆從政之經，以輔叔之議㊉。且寡人聞之，事利國者行無邪，因貴戚者名不累㊁，故願慕公叔之義，以成胡服之功㊂。使緤謁之叔，請服焉㊂。」公子成再拜稽首曰：「臣固聞王之胡服也。臣不佞，寢疾，未能趨走以滋進也㊃。王命之，臣敢對，因竭其愚忠㊄。曰：臣聞中國者，蓋聰明徇智之所居也㊅，萬物財用之所聚也，賢聖之所教也，仁義之所施也㊆，詩書禮樂之所用也，異敏技能之所試也⑱，遠方之所觀赴也，蠻夷之所義行也⑲。今王舍此而襲遠方之服，變古之教，易古之道，逆人之心，而佛學者，離中國，故臣願王圖之也⑳。」使者以報。王曰：「吾固聞叔之疾也，我將自往請之㉑。」

【註】①公子成：武靈王之弟。武靈王為的變服，先要從貴戚朝臣作起，故派人先勸其弟弟亦變服。②武靈王派人勸告公子成說：「寡人要穿著胡式服裝，上朝辦公，也希望弟弟也穿著胡式服裝上朝。③家事要聽從於父母，而國事要聽從於君上，這是古今一致通行的道理。④為子者不可以反對父母，為臣者不可以違背君上，這是兄弟共同遵守的大義。⑤現今我要以身作則，教導人民們改穿胡式服裝，而弟弟不穿，我恐怕天下會非議我。⑥規劃（制）國事有不變的原則，以利民為基本；從事政治有經常的方法，以行令為上策。⑦修明德行，先曉諭於平民；而推行政令，先實踐於貴人。⑧現今我所以要大家改服胡裝的用意，不是為的嗜好，不是為的快樂，乃是基於最高的目標（止）而收到預期的功效。⑨事業達成而功效建立，纔算是最好的結果。⑩現今我恐怕弟弟違反了從事政治的經常之道，所以幫助你來談論這個問題。⑪並且寡人聽說過：事情只要有利於國家，行動就不至於偏邪；命令只要推行於貴戚，名聲就不至於虧累。⑫所以我希望能夠藉著弟弟的義舉，以完成我改用胡服的功效。⑬現在派人到你那裡，說明我的懇求，請弟弟穿用胡服為幸。」⑭公子成見了使人再

拜叩頭說：「我本來就聽說王要穿用胡裝，我是個不才之人，又有疾病，所以不能趨走於王前以表達我的意見。⑮現在既然有王的命令，所以我纔敢竭盡愚誠以答覆。⑯我聽說：我們中國是聰明睿（徇）智的人羣所居住的地方，⑰是萬物財用所匯聚的地方，是聖賢所教化的地方，是仁義所推行的地方，⑱是詩書禮樂所實用的地方，是異敏奇技所試驗的地方；⑲是遠邦所觀摩趨赴的地方，是蠻夷所師法模範的地方（義行：即「儀型」，詩經有「儀型文王」之語）。⑳現今君王如果舍棄我們中國的傳統而襲用遠方的服裝，變換古來的風教，更易往昔的道理，違反人民的心理，那就是違反學者的傳授，離開中國的本位。所以我希望君王加以仔細考慮。」㉑使者回去報告之後，武靈王說：「我本來就聽說弟弟有病，我要親自去看他。」

王遂往之公子成家，因自請之，曰：「夫服者，所以便用也；禮者，所以便事也①。聖人觀鄉而順宜，因事而制禮，所以利其民而厚其國也②。夫翦髮文身，錯臂左衽，甌越之民也③。黑齒雕題，卻冠秫絀，大吳之國也④。故禮服莫同，其便一也⑤。鄉異而用變，事異而禮易⑥。是以聖人果可以利其國，不一其用；果可以便其事，不同其禮⑦。儒者一師而俗異，中國同禮而教離，況於山谷之便乎⑧？故去就之變，智者不能一；遠近之服，賢聖不能同(九)。窮鄉多異，曲學多辯(一〇)。不知而不疑，異於己而不非者，公焉而眾求盡善也(一一)。今叔之所言者俗也，吾所言者所以制俗也(一二)。吾國東有河、薄洛之水，與齊、中山同之，無舟楫之用(一三)。自常山以至代、上黨，東有燕、東胡之境，而西有樓煩、秦、韓之邊，今無騎射之備(一四)。故寡人無舟楫之用，夾水居之民，將何以守河、薄洛之水(一五)；變服騎射，以備燕、三胡、秦、韓之邊(一六)。且昔者簡主不塞晉陽以及上黨，而襄主幷戎取代以攘諸胡，此愚智所明也(一七)。先時中山負齊之彊兵，侵暴吾地，係累吾民，引水圍鄗，微社稷之神靈，則鄗幾於不守也(一八)。先王醜之，而怨未能報也(一九)。今騎射之備，近可以便上黨之形，而遠可以報中山之怨(二〇)。而叔順中國之俗以逆簡、襄之意，惡變服之名以忘鄗事之醜，非寡人之所望也(二一)。」

公子成再拜稽首曰：「臣愚，不達於王之義，敢道世俗之聞，臣之辠也(二二)。今王將繼簡、襄之意以順先王之志，臣敢不聽命乎(二三)！」再拜稽首。乃賜胡服。明日，服而朝。於是始出胡服令也㉔。

【註】㊀於是武靈王就親自到了公子成的家，勸告他說：「服裝是為的使用的方便，禮節是為的處事的方便。㊁聖人觀於鄉里而順其本地之所宜，根據事實而制其禮節之所當，就為的是便利其人民而厚植其國家。㊂剪光了頭髮，身上畫著各種花紋，兩隻臂膀交錯著，把文襟開在左邊，這是甌越地方人民的風俗。甌越：今稱浙江以東為甌越。甌：音歐（ㄡ）。㊃把牙齒弄成黑的，把頭額刻染為各種形色，用鯷魚的皮作為帽子，用秫莖作為針來縫衣服（題：頭額。卻冠：即「鯷冠」，鯷：鯷魚也。秫絀：秫者，綦鍼也，絀者，縫也）。這是吳國地方人民的風習。㊄所以禮節與服裝，各地方都不相同，但是，其便利是同樣的。㊅由於鄉土不同，而用物就有變化；由於事態差異，而禮節就有更換。㊆所以聖人處事，認為如果真的可以有利於國家，就不必用同樣的東西；認為如果真的有便於實際，就不必行同樣的禮節。㊇儒者是一個師承，而風俗卻千差萬別；中國是一個禮節，而教化卻繽紛陸離，何況山谷地區能沒有他們自己所方便的風俗習慣嗎？㊈所以何去何從的變化，雖是最聰明的人也不能強迫其同樣；或遠或近的服裝，雖是最賢聖的人也不能硬逼其一致。㊉越是窮鄉僻壤，便越是風俗奇特；越是曲學小道，便越是嘵（ㄒㄧㄠ）舌多辯。㊁對於不知道的事務，不加以懷疑；對於與己不同的風習，不加以非議，公公開開的廣求於眾人的意見，那是最好的辦法。㊂現今弟弟您所說的是風俗，而我所說的乃是創制風俗。㊂我們的國家東邊有河與薄洛之水，與齊

國和中山國共同所有，但是，我們沒有舟楫航行的功用（河與薄洛之水，大概是指滏陽河與子牙河而言）。(一四)從常山以至於代郡、上黨，東有燕國與東胡的境地，西有樓煩、秦、韓的邊境，而我們沒有騎射的準備。(一五)所以我以為如果我們沒有舟楫的力量，保護水居之民，我們就無法保持河與薄洛之水。(一六)我所以主張變服騎射，是為的要防備燕國、三胡、秦、韓與我們相鄰的邊境（三胡：林胡、樓煩、東胡）。(一七)昔日簡主不堵塞晉陽以及上黨之路，而襄主乃得以併戎取代以驅逐諸胡，這都含有積極進取的意味，此為愚智所共同瞭解的。(一八)以先，中山仗恃齊國的強兵，侵略我們的土地，拘捕我們的人民，引水以灌鄗城，假定不是祖宗神靈的保祐，則鄗城幾乎就無法保持了（鄗城：在河北高邑縣）。(一九)先王以此事為恥辱，而仇恨至今尚未能報復。(二〇)現今如果能加強騎射的訓練與準備，那麼，我們就可以近而便利上黨的形勢，遠而報復中山的仇恨。(二一)而弟您偏要守中國之俗以違背簡襄之意，惡變服之名以忘記鄗事之恥，這實在不是我所希望的。」(二二)公子成再拜叩頭的說：「我實在愚蠢，不瞭解君王的企圖，而冒昧的講些俗人淺見寡聞的議論，我實在是罪過，罪過！(二三)現在君王將繼續簡襄的意思以順應先王的遺志，我怎敢不絕對服從呢？」(二四)明日，公子成服胡裝而朝見，於是始下胡服之令。

趙文、趙造、周袑、趙俊皆諫止王毋胡服，如故法便(一)。王曰：「先王不同俗，何古之法？帝王不相襲，何禮之循(二)？慮立戲、神農教而不誅，黃帝、堯、舜誅而不怒。及至三王，隨時制法，因事制禮㈢。法度制令各順其宜，衣服器械各便其用㈣。故禮也不必一道，而便國不必古㈤。聖人之興也不相襲而王，夏、殷之衰也不易禮而滅㈥。然則反古未可非，而循禮未足多也㈦。且服奇者志淫，則是鄒、魯無奇行也；俗辟者民易，則是吳、越無秀士也㈧。且聖人利身謂之服，便事謂之禮㈨。夫進退之節，衣服之制者，所以齊常民也，非所以論賢者也㈩。故齊民與俗流，賢者與變俱⑪。故諺曰『以書御者不盡馬之情，以古制今者不達事之變』⑫。循法之功，不足以高世；法古之學，不足以制今⑬。子不及也。⑭」遂胡服招騎射⑮。

【註】㈠趙文、趙造、周紹（音紹）、趙俊，這幾位高級幹部都諫勸武靈王不要採用胡服，而以舊日的方式為便。㈡武靈王就說：「先王們都有不同的風俗，何嘗完全墨守古代的舊法？帝王們都是彼此不相因襲，何嘗完全遵循傳統的舊禮？㈢伏羲、神農注重教化而不誅殺，黃帝、堯、舜雖有誅殺而不暴怒，到了三代之王，隨時代的需要而制法，按事實的情節而制禮。㈣其目的都是在於使法度制令各順其宜，衣服器械各便其用。㈤所以禮節不必一定只走一條路，而便國不必一定要完全法

古。㈥聖人們的興起，並沒有完全相襲，但是都成就了王業；夏代殷代衰落的時候，並沒有變換了先人的禮節，但是都沒落而滅亡。㈦這樣說起來，變更古法並不一定完全可以非議，而遵循舊禮並不一定完全可以稱贊。㈧如果說服裝奇特就是心情淫蕩，那豈不是鄒、魯沒有一個卓行的人嗎？如果說風俗偏僻就是民智簡單，那豈不是吳、越沒有一個傑出之士嗎？㈨並且聖人以有利於身體活動而制衣服，以有便於事情進行而定禮節。㈩進退的禮節，衣服的製作，所以整齊一般的常民，並不是限制特殊的賢能。㈠所以一般的常民是跟著風俗而同流，特殊的賢能是觀察時代而變化。㈡所以俗諺有這樣的說法：「以書面的駕御知識而御馬者，不能夠完全發揮馬的性能；以古人之法而制今日之事者，不能夠完全適應事實的變化。㈢遵循古代的舊法，不足以建立高世的功業；因襲古代的舊學，不足以創制今日的變局。㈣你們的見解，真是太落伍了（不及）。」㈤於是決定採用胡裝而招騎射。

二十年，王略中山地，至寧葭㈠；西略胡地，至榆中㈡。林胡王獻馬。歸，使樓緩之㈢秦，仇液之韓，王賁之楚，富丁之魏，趙爵之齊。代相趙固主胡，致其兵㈣。

【註】㈠寧葭：屬於中山國之地。㈡榆中：在陝西榆林縣東北。㈢之：往也。㈣主持新征服之胡地之事。致：徵集其兵丁。

二十一年，攻中山。趙紹為右軍，許鈞為左軍，公子章為中軍，王幷將之㊀。牛翦將車騎，趙希幷將胡、代㊁。趙與之陘，合軍曲陽㊂，攻取丹丘、華陽、鴟之塞㊃。王軍取鄗、石邑、封龍、東垣㊄。中山獻四邑和，王許之，罷兵。二十三年，攻中山。二十五年，惠后卒。使周紹胡服傅王子何。二十六年，復攻中山，攘地北至燕、代，西至雲中、九原㊅。

【註】㊀王為總司令，全面節制。㊁趙希率領東胡與代國之兵。㊂趙國給胡代之兵以指定的路線，通過趙境，向河北之曲陽集中，與各軍會合於曲陽（陘：同「徑」，路徑）。㊃大軍會合之後，向中山進攻，攻取丹丘、華陽、鴟之塞（丹丘：在河北曲陽縣西北。華陽：大概亦在丹丘附近。鴟：一作鴻，鴻上故關，在河北唐縣西北）。㊄王軍取鄗、石邑、封龍、東垣（鄗：在河北柏鄉縣北。石邑：在河北獲鹿縣東南。封龍：在河北獲鹿縣南。東垣：在河北正定縣南）。㊅雲中：山西之懷仁、左雲、右玉及綏遠南部之地。九原：在綏遠五原縣。

二十七年五月戊申，大朝於東宮，傳國，立王子何以為王。王廟見禮畢，出臨朝。大夫悉為臣，肥義為相國，幷傅王。是為惠文王。惠文王，惠后吳娃子也。武靈王自號為主父㈠。主父欲令子主治國，而身胡服將士大夫西北略胡地，而欲從雲中、九原直南襲秦，於是詐自為使者入秦㈡。秦昭王不知，已而怪其狀甚偉，非人臣之度，使人逐之，而主父馳已脫關矣。審問之，乃主父也。秦人大驚。主父所以入秦者，欲自略地形，因觀秦王之為人也㈢。

惠文王二年，主父行新地，遂出代，西遇樓煩王於西河而致其兵。

【註】㈠武靈王讓位於其子何，何時年十二歲，武靈王自稱為主父。㈡武靈王想著從綏遠向南，直襲秦國，即詐稱是使者入秦。㈢武靈王所以化裝入秦之原因，是要親自查看地形，並且觀察秦王之為人。

三年，滅中山，遷其王於膚施㈠。起靈壽㈡，北地方從，代道大通㈢。還歸，行賞，大赦，置酒酺五日㈣，封長子章為代安陽君。章素侈㈤，心不服其弟所立。主父又使田不禮相章也。

【註】㊀膚施：在陝西綏德縣東南五十里。㊁靈壽：未死之前，先造墳墓。地點在山西靈丘縣。㊂北方的夷狄之地，都來歸從，於是到代地的道路，大為開通。代：在察哈爾蔚縣。㊃酺：音蒲（ㄆㄨˊ），大規模的會飲。㊄侈：野心很大。

李兌謂肥義曰：「公子章彊壯而志驕，黨眾而欲大，殆有私乎㊀？田不禮之為人也，忍殺而驕。二人相得，必有謀陰賊起，一出身徼幸㊁。夫小人有欲，輕慮淺謀，徒見其利而不顧其害㊂，同類相推，俱入禍門㊃。以吾觀之，必不久矣㊄。子任重而勢大，亂之所始，禍之所集也，子必先患㊅。仁者愛萬物而智者備禍於未形，不仁不智，何以為國㊆？子奚不稱疾毋出，傳政於公子成㊇？毋為怨府，毋為禍梯㊈。」肥義曰：「不可。昔者主父以王屬義也，曰：『毋變而度，毋異而慮，堅守一心，以歿而世㊉。』義再拜受命而籍之㈠。今畏不禮之難而忘吾籍，變孰大焉㈢。進受嚴命，退而不全，負孰甚焉㈢。變負之臣，不容於形㈣。諺曰『死者復生，生者不愧』㈤。吾言已在前矣，吾欲全吾言，安得全吾身㈥！且夫貞臣也難至而節見，忠臣也累至而行明㈦。子則有賜而忠我矣，雖然，吾有語在前者也，終不敢失㈧。」李兌曰：「諾，子勉之矣！吾見子已今年耳。」涕泣而出㈨。李兌數見公子成，以備田不禮之事㈩。

【註】㈠李兌告訴相國肥義說：「公子章身體強壯而志氣驕傲，黨徒眾多而野心甚大，大概會有什麼陰謀吧？㈡田不禮之為人，殘忍好殺而驕狂，現在又叫他去輔佐太子章，這兩個人結合起來，一定會有陰險賊亂的事件發生，不惜冒險，以求萬一之徼幸。㈢小人們有什麼企圖，總是少加考慮，輕舉妄動，只看見冒險的利益，而不顧及冒險的禍害。㈣同惡相濟，推波助浪，最後就共同走入於禍亂之門。㈤依我的看法，他們發難的日子，一定不會太久了。㈥你的責任重而權勢大，大亂就要開始於你，大禍就要集中於你，你一定首先遭受大患的衝擊。㈦仁者博愛萬物，而智者防備禍患於未形之前。如果是不仁不智，那麼，如何主持國事？㈧你為什麼不藉口有病而居家不出？把政治傳交於公子成。㈨你不要當作怨恨的府庫，也不要當作禍難的階梯。」㈩相國肥義說：「我不可以這樣的做。昔日主父（武靈王）以王託付於我，說道：『不要改變你的態度，不要更換你的思慮，堅定的保持你的貞一的心，以至於死！』㈡我再拜而受命，並且有記錄在案。㈢如果現在我害怕不禮之禍患，而忘掉了我記錄在案的話，那是多麼大的反叛啊！㈢進身於朝，接受了嚴重的命令；退朝之後，而不能達成任務，那是多麼大的負心啊！㈣反叛與負心之臣，在國法上是絕對不可以饒恕的。

㊄俗話說：『死者如果復生，生者面對著他也不會感覺任何慚愧！』㊅我的話已經說在前頭了，我要保全我的諾言，如何還能保全我的性命！㊆一個純貞的幹部，到了危難的時候，才能表現他的氣節；一個忠心的幹部，到了禍患的時候，才能證明他的行為。㊇謝謝你對於我的忠告，但是，我已經有言在前，至死不敢失信！」㊈李兌說：「好吧！你努力吧！只有今年可以看見你，明年是再也看不到你了！」說完，哭著走了！㊉李兌幾次晉見公子成，和他商量防備田不禮將要作亂的事。

異日，肥義謂信期曰：「公子與田不禮甚可憂也。其於義也聲善而實惡㊀，此為人也不子不臣㊁。吾聞之也，姦臣在朝，國之殘也；讒臣在中，主之蠹也㊂。此人貪而欲大，內得主而外為暴㊃。矯令為慢，以擅一旦之命，不難為也，禍且逮國㊄。今吾憂之，夜而忘寐，飢而忘食㊅。盜賊出入不可不備。自今以來，若有召王者必見吾面，我將先以身當之，無故而王乃入㊆。」信期曰：「善哉，吾得聞此也㊇！」

【註】㊀有一天，肥義告訴信期說：「公子與田不禮很可擔心，他們對於我，口頭上表示得很親善，而實際上是很討厭我。㊁這兩個人，為子不盡子道。為臣不盡臣道。㊂我曾聽古人說：姦臣在朝，就是國家的敗類，讒臣在中，就是君主的蠹蟲。㊃這兩個人，貪得而野心大，在內能夠騙取君主的

歡心，那麼，到了外面就無惡不作。㊄假造命令，犯上作亂，冒險一舉以圖奪取政權，他們都會幹得出來的，大禍就要波及國家了。㊅現今我為此事很擔心，夜不能眠，飢而忘食。㊆一出一入不可不防備刺客暴徒之類，從今以後，若是有呼喚君王的，一定要先見我，我將以生命首當其衝，認為不至於發生什麼事故，然後再叫君王進去。」㊇信期曰：「好啊！我很願意聽到你這樣的指示！」

四年，朝羣臣，安陽君亦來朝㊀。主父令王聽朝，而自從旁觀窺羣臣宗室之禮㊁。見其長子章傫然也，反北面為臣，詘於其弟，心憐之㊂，於是乃欲分趙而王章於代，計未決而輟㊃。

主父及王游沙丘，異宮㊄，公子章即以其徒與田不禮作亂，詐以主父令召王。肥義先入，殺之。高信即與王戰㊅。公子成與李兌自國至，乃起四邑之兵入距難㊆，殺公子章及田不禮，滅其黨賊而定王室。公子成為相，號安平君，李兌為司寇。公子章之敗，往走主父，主父開之，成、兌因圍主父宮㊇。公子章死，公子成、李兌謀曰：「以章故圍主父，即解兵，吾屬夷矣㊈。」乃遂圍主父。令宮中人「後出者夷」，宮中人悉出㊉。主父欲出不得，又不得食，探爵鷇而食之⑪，三月餘而餓死沙丘宮⑫。主父定死，乃發喪赴諸侯㊂。

【註】㊀朝見羣臣，安陽君（公子章）亦來朝見。㊁武靈王命令小王聽朝，而自己在一旁觀看羣臣宗室舉行禮儀，窺察大家對於小王是不是服氣。㊂看見他的大兒子章垂頭喪氣的北面為臣，屈身於他的弟弟之前，心中很是可憐他。㊃於是武靈王就有心把趙國分開，而以大兒子章為代國之王。這個計劃沒有決定，就擱下來了。儽然：垂頭喪氣的樣子，如「儽然若喪家之狗」。儽，音磊（ㄌㄟˇ）。㊄沙丘：在河北平鄉縣東北，商朝紂王所作，大聚樂戲於沙丘之臺。以後，秦始皇亦死於此。異宮：分宮而居，即言武靈王、小王、太子章，各別住室，不在同室。㊅肥義先進太子章之宮而被殺，於是肥義所帶之人高信即為保衛小王而對太子章作戰。㊆公子成與李兌從京城趕到，即發動四方之兵，打進宮中以平定患難（距：同「拒」，抵抗患難）。㊇公子章打敗了，就往武靈王所住的宮室逃，王開門讓他進來。於是公子成、李兌就派兵包圍武靈王之宮。㊈公子章死了，但是公子成、李兌在外面卻害怕起來，兩個人商議道：「因為公子章作亂，所以我們才把武靈王之宮圍起來，現在如果解除包圍，我們就有抄家滅門之禍了。」㊉於是繼續包圍武靈王，下令於宮中之人，趕快出來，晚出者就要滅門。於是宮中之人，全都跑出來了。㊀只有武靈王一人想出來，不准他出來，又沒有東西吃，捉捕剛生出之鳥兒而食之（爵：同「雀」字，鳥也。鷇：音叩（ㄎㄡˋ），受母鳥哺食的雛鳥）。㊂挨了三個多月的時間，武靈王就餓死沙丘宮。㊂等到武靈王死定了，才發訃聞向各國諸侯報喪

（赴，同「訃」字）。

是時王少，成、兌專政，畏誅，故圍主父。主父初以長子章為太子，後得吳娃，愛之，為不出者數歲，生子何，乃廢太子章而立何為王。吳娃死，愛弛，憐故太子，欲兩王之，猶豫未決，故亂起，以至父子俱死，為天下笑，豈不痛乎！

（主父死，惠文王立立）五年，與燕鄚、易㊀。八年，城南行唐㊁。九年，趙梁將，與齊合軍攻韓，至魯關下㊂。及十年，秦自置為西帝㊃。十一年，董叔與魏氏伐宋，得河陽於魏㊄。秦取梗陽㊅。十二年，趙梁將攻齊。十三年，韓徐為將，攻齊。公主死。十四年，相國樂毅將趙、秦、韓、魏、燕攻齊，取靈丘㊆。與秦會中陽㊇。十五年，燕昭王來見。趙與韓、魏、秦共擊齊，齊王敗走，燕獨深入，取臨菑㊈。

【註】㊀鄚：音莫（ㄇㄛˋ），在河北任丘縣北三十五里。易：在河北雄縣西北十五里。此言趙國把鄚、易兩地交還於燕。㊁南行唐：在河北唐縣北。㊂魯關：在河南魯山縣。㊃秦自稱為西帝，在西曆紀元前二八八年。㊄河陽：在河南舊懷慶府孟縣西。㊅梗陽：在山西清源縣。㊆靈丘：在山

東高唐縣。㈧中陽：山西寧鄉縣。㈨臨菑：山東臨淄縣。

十六年，秦復與趙數擊齊，齊人患之。蘇厲為齊遺趙王書曰：「臣聞古之賢君，其德行非布於海內也，教順非洽於民人也㈠，祭祀時享非數常於鬼神也㈡。甘露降，時雨至，年穀豐孰㈢，民不疾疫，眾人善之，然而賢主圖之㈣。今足下之賢行功力，非數加於秦也㈤；怨毒積怒，非素深於齊也㈥。秦趙與國，以彊徵兵於韓，秦誠愛趙乎？其實憎齊乎㈦？物之甚者，賢主察之㈧。秦非愛趙而憎齊也，欲亡韓而吞二周，故以齊餤天下㈨。恐事之不合，故出兵以劫魏、趙㈩。恐天下畏己也，故出質以為信⑪。恐天下亟反也，故徵兵於韓以威之⑫。聲以德與國，實而伐空韓⑬，臣以秦計為必出於此⑭。夫物固有勢異而患同者，楚久伐而中山亡，今齊久伐而韓必亡⑮。破齊，王與六國分其利也。亡韓，秦獨擅之⑯。收二周，西取祭器，秦獨私之⑰。賦田計功，王之獲利孰與秦多⑱？

【註】㈠教順：即「教訓」。順，同「訓」。㈡常：同「嘗」，食也。㈢孰：同「熟」。㈣一般

的人認為已經是很好的了，然而賢主認為尚未盡善，所以還要圖謀著如何使其更善。㊄現今足下的賢行功力，並不是比秦國有多麼的高大。㊅怨毒積怒，並不是對齊國素來有多麼的深刻。㊆秦趙聯合起來（與國），以強迫徵兵於韓國，難道秦國真正是愛趙國嗎？難道秦國真正是恨齊國嗎？㊇什麼事情，發展到極點的時候，聰明的君主就小心了（恐其物極必反）。㊈真正的分析起來，秦國並不是愛趙而恨齊，它不過是企圖著消滅韓國，併吞二周，所以它拿著齊國當餌物來引誘天下，分散天下之注意力，而它可以專力滅韓吞周。⑩它恐怕事情不能合意，所以出兵來威脅魏、趙⑪它恐怕天下對於它起了戒心，所以遣派了人質以作信誓；⑫它恐怕天下猛然起來反對它，所以徵兵於韓國以示威。⑬口號上說是親善趙國，實際上是要消滅韓國。⑭我以為秦國的計劃必然是走這一著。⑮天下之事常常有情勢雖異而惡果相同的，楚國被長期的討伐，注意力全集於楚，因而中山被消滅。現今齊國被長期的討伐，注意力全集於齊，因而韓國也難免於滅亡。⑯打敗了齊國，君王與六國共同分利；滅亡了韓國，秦王獨吞其利。⑰收得了二周，西取了九鼎，秦王又是獨私其利。⑱就財賦與土地而總計其收穫，君王之所得與秦國比較起來是誰個得利最多呢？

說士之計曰：『韓亡三川，魏亡晉國，市朝未變而禍已及矣㊀。』燕盡齊之北地，去沙丘、鉅鹿斂三百里㊁，韓之上黨去邯鄲百里㊂，燕、秦謀王之河山，閒三百里而通矣㊃。秦之上郡近挺關，至於榆中者千五百里，秦以三郡攻王之上黨，羊腸之西，句注之南，非王有已㊄。踰句注，斬常山而守之，三百里而通於燕，代馬胡犬不東下，昆山之玉不出，此三寶者亦非王有已㊅。王久伐齊，從彊秦攻韓，其禍必至於此。願王孰慮之㊆。

【註】㊀根據一般說士們（研究國際情勢的政論家）的判斷，認為如果韓國沒有了三川之地（亡：同「無」。三川：洛陽一帶之地），魏國沒有了舊日晉國之地（指安邑，河內及大河以北之地），那麼，恐怕像早晨趕集一樣（早晨的市場買賣，很短的時間就收攤了），攤子還沒有收，而大禍已經波及於趙國了（趙與韓魏是一體不可分的，韓、魏亡，則趙亦隨之俱亡）。㊁燕國如果完全佔有齊國北部之地，那麼，燕國距離沙丘、鉅鹿就不足三百里了（沙丘、鉅鹿，皆趙地。沙丘：在河北平鄉縣東北。鉅鹿：河北鉅鹿縣。斂：同「儉」，不足）。㊂如果秦國佔有了韓國，那麼，韓國的上黨距離趙國的邯鄲，也不過是百里而已。㊃到那時節，燕國和秦國合力而圖謀君王的河山，其間只有三百里的距離就可以彼此串通了。㊄秦國的上郡（指陝西膚施一帶之地而言），逼近挺關（大概在陝西、山西延水關邊區之地），以至於山西之榆中（大概指榆次附近之地而言，非指綏遠地區之榆中也），有一千五百里。如果秦國以三郡的兵力攻打君王的上黨（山西長子潞城一帶之地），那麼，羊腸以西（指山西壺關以西之地），句注以南（句注山在代州西北）的地方，就不是君王之所有了。

㈥翻越了句注，佔領常山（在河北正定縣）深溝高壘（塹：同「塹」）而守之，只有三百里之距離，就可以與燕國相串通，這樣長的一道橫斷線，隔絕了代馬胡犬不能東下，昆山之玉（昆山在沙州）不能運出，那麼，這三種寶物，也不是君王之所有了。㈦君王長期的侵伐齊國，跟隨強暴之秦攻打韓國，其禍患必然如此，請君王仔細考慮一下（孰：同「熟」）。

且齊之所以伐者，以事王也㈠；天下屬行，以謀王也㈡。燕秦之約成而兵出有日矣㈢。五國三分王之地，齊倍五國之約而殉王之患，西兵以禁彊秦㈣，秦廢帝請服，反高平、根柔於魏，反巠分、先俞於趙㈤。齊之事王，宜為上佼，而今乃抵辠，臣恐天下後事王者之不敢自必也。願王孰計之也㈥。

【註】㈠再進一步來講，齊國之所以被秦國所侵伐者，是因為它事奉君王的原故。㈡秦國發動天下之兵（包括齊、韓等五國），採取聯合行動（屬：聯合也），是為的要打君王的算盤。㈢眼看著燕國和秦國的勾結已經成功，而出兵已經決定日期了，五國就要瓜分君王的土地了。㈣這個時候，齊國反對五國的勾結，而犧牲自己以救君王的危難，派兵西向以抵抗強秦。㈤於是秦國被逼，不得不廢除帝號而屈服，退還高平、根柔於魏國（高平，在河南孟縣西。根柔：大概亦在河南舊懷慶府地區內），退還巠分、先俞於趙國（巠分：大概是西陘山，在山西雁門縣西北四十里。先俞：即雁門）。

㈥齊國的事奉君王，應該算是頂好頂好的了（上佼：最上等的），而現在竟然抵之以罪，我恐怕從此以後天下之事奉君王者都沒有絕對的信心了！希望君王仔細的考慮一下。

今王毋與天下攻齊，天下必以王為義㈠。齊抱社稷而厚事王，天下必盡重王義㈡。王以天下善秦，秦暴㈢，王以天下禁之，是一世之名寵制於王也㈣。」

【註】㈠現在君王如果不與天下攻打齊國，天下必然以為君王是主張正義。㈡齊國感激君王，於是抱著宗廟社稷而忠心事王，那麼，天下必然都尊敬王的正義。㈢君王如果以天下與秦國相友善，但是，秦國橫暴，聲名很壞，㈣君王如果以天下之力量與之抵抗，那麼，全世的美名和尊敬，都要掌握在王的手中了。

於是趙乃輟，謝秦不擊齊㈠。王與燕王遇。廉頗將，攻齊昔陽㈡，取之。

【註】㈠於是趙乃停兵，拒絕秦國，不攻擊齊國。㈡昔陽：在山東堂邑縣。

十七年，樂毅將趙師攻魏伯陽㈠。而秦怨趙不與己擊齊，伐趙，拔我兩城。十八年，秦拔我石城㊁。王再之衞東陽㊂，決河水，伐魏氏。大潦，漳水出。魏冄來相趙。十九年，秦（敗）〔取〕我二城。趙與魏伯陽。趙奢將，攻齊麥丘㊃，取之。

【註】㊀伯陽：在河南臨漳縣西。㊁石城：在山西離石縣。㊂東陽：在山東恩縣西北六十里。㊃麥丘：在山東商河縣西北。

二十年，廉頗將，攻齊。王與秦昭王遇西河外。

二十一年，趙徙漳水武平西㊀。二十二年，大疫。置公子丹為太子。

【註】㊀武平：在河北文安縣東。

二十三年，樓昌將，攻魏幾㊀，不能取。十二月，廉頗將，攻幾，取之。二十四年，廉頗將，攻魏房子㊁，拔之，因城而還。又攻安陽㊂，取之。二十五年，燕周將，攻昌城㊃、高唐，取之。與魏共擊秦。秦將白起破我華陽㊄，得一將軍。二十六年，取東胡歐代地㊅。

【註】㊀幾：在河北大名縣。㊁房子：在河北高邑縣西南。㊂安陽：河南安陽縣。㊃昌城：在山東淄川縣東北四十里。高唐：山東高唐縣。㊄華陽：在河南新鄭縣東南。㊅東胡叛趙，驅略代地人眾以叛，故取之。

二十七年，徙漳水武平南。封趙豹為平陽君㊀。河水出，大潦。

【註】㊀趙豹：惠文王之母弟。平陽在河南臨漳縣西。

二十八年，藺相如伐齊，至平邑㊀。罷城北九門大城㊁。燕將成安君公孫操弒其王。二十九年，秦、韓相攻，而圍閼與㊂。趙使趙奢將，擊秦，大破秦軍閼與下，賜號為馬服君㊃。

【註】㊀平邑：在河北南樂縣東北。㊁九門：在河北藁城縣西北。㊂閼與：在山西和順縣西北。㊃馬服山：在河北邯鄲縣西北十里。

三十三年，惠文王卒，太子丹立，是為孝成王。

孝成王元年，秦伐我，拔三城。趙王新立，太后用事，秦急攻之。趙氏求救於齊，齊曰：「必以長安君㈠為質，兵乃出。」太后不肯，大臣彊諫㈡。太后明謂左右曰：「復言長安君為質者，老婦必唾其面㈢。」左師觸龍言願見太后㈣，太后盛氣而胥之㈤。入，徐趨而坐，自謝曰：「老臣病足，曾不能疾走，不得見久矣。竊自恕，而恐太后體之有所苦也，故願望見太后㈥。」太后曰：「老婦恃輦而行耳㈦。」曰：「食得毋衰乎㈧？」曰：「恃粥耳㈨。」曰：「老臣閒者殊不欲食，乃彊步，日三四里，少益嗜食，和於身也㈩。」太后曰：「老婦不能⑪。」太后不和之色少解。左師公曰：「老臣賤息舒祺最少，不肖，而臣衰，竊憐愛之，願得補黑衣之缺以衞王宮，昧死以聞⑫。」太后曰：「敬諾。年幾何矣⑬？」對曰：「十五歲矣。雖少，願及未填溝壑而託之⑭。」太后曰：「丈夫亦愛憐少子乎⑮？」對曰：「甚於婦人⑯。」太后笑曰：「婦人異甚⑰。」對曰：「老臣竊以為媼之愛燕后賢於長安君⑱。」太后曰：「君過矣，不若長安君之甚(一九)。」左師公曰：「父母愛子則為之計深遠。媼之送燕后也，持其踵，為之泣，念其遠矣，亦哀之矣。已行，非不思也，祭祀則祝之曰『必勿使反』，豈非計長久，為子孫相繼為王也哉(二〇)？」太后曰：「然」(二一)。左師公曰：「今三世以前，至於趙主之子孫為侯者，其繼有在者乎(二二)？」曰：「無有(二三)。」曰：「微獨趙，諸侯有在者乎(二四)？」曰：「老婦不聞也(二五)。」曰：「此其近者禍及其身，遠者及其子孫。豈人主之子侯則不善哉？位尊而無功，奉厚而無勞，而挾重器多也。今媼尊長安君之位，而封之以膏腴之地，多與之重器，而不及今令有功於國，一旦山陵崩，長安君何以自託於趙？老臣以媼為長安君之計短也，故以為愛之不若燕后(二六)。」太后曰：「諾，恣君之所使之(二七)。」於是為長安君約車百乘，質於齊，齊兵乃出(二八)。

【註】(一)長安君：惠文王之少子。(二)強諫：極力的勸諫。(三)誰若是敢再說以長安君為人質者，我一定要吐他的臉。(四)左師觸龍說要見太后。(五)太后怒氣衝衝的在等候他。(六)觸龍進去以後，慢慢的走近太后之前而坐，自己表示歉意的說：「老臣因為有腳病，行走不方便，所以很久不見太后了。

我雖然自己原諒自己，但是又擔心太后的身體近來有沒有病痛呢？所以我要來看看太后！」⑦太后說：「老婦是靠著輦車而行啊！」⑧觸龍又問道：「太后的食量近來是不是有減少呢？」⑨太后說：「只靠著吃一點稀飯。」⑩觸龍說：「老臣近來也不想吃飯，於是勉強走動走動，每天要走上三四里的路，因而稍稍的喜歡吃東西了，這是由於身體活動的原故。」⑪太后說：「我是辦不到的！」太后不愉快的顏色稍微鬆弛了一些。⑫觸龍說：「老臣有個兒子，名叫舒祺，年紀最小，不成材料，但是，臣已經老了，很疼愛他，希望能夠補上一個衞士的位置，以保衞王宮（黑衣：衞士穿著黑衣，故黑衣代表衞士）。老臣冒死向太后求情。」⑬太后說：「我答應你！他現在幾歲了」。⑭觸龍說：「十五歲了，雖然他年紀還小，但是，我很想在我未死之前拜託太后。」⑮太后說：「男人們也心疼小的兒子嗎？」⑯觸龍說：「比婦人們更厲害！」⑰太后笑道：「婦人們特別的厲害！」⑱觸龍答道：「老臣以為太后之疼愛燕后遠甚於疼愛長安君。」⑲太后說：「你錯了，我疼愛燕后沒有我疼愛長安君的厲害。」⑳觸龍說：「父母疼愛子女就要為他們作長遠的打算，太后送燕后出嫁的時候，拉著他的腿，漣漣垂淚，想著她要遠離了，無限哀傷！她走了以後，何嘗不想念她，但是每當祭祀的時候，太后就會祝禱著說：『千萬不要叫她回來啊！』為什麼你一面想她，一面又祝禱著不要叫她回來呢？豈不是為的長久打算，希望她能夠有子有孫相繼不絕而為王嗎？」㉑太后說：「是的！」㉒觸龍說：「現今三輩以前，趙主的子孫封侯的，還有繼續存在的嗎？」㉓太后說：「沒有！」㉔觸龍說：「不僅是趙國如此，即是各國的諸侯三輩以前封侯的，今天還有存在的嗎？」㉕太后說：「老婦沒有聽到過！」㉖觸龍說：「他們都是近者本身受其禍，遠者子孫受其禍，難道說人主的子孫封侯者，都是不好的嗎？不是的！原因在於他們都是地位高而沒有功業，俸祿厚而沒有勳勞，並且都是擁有多量的珠玉寶器。現在太后高抬長安君的地位，而封之以肥沃的土地，給之以大量的寶器，而不趁著現在使他立功勞於國家，一旦太后仙逝，請問長安君何以存身於趙國？因此之故，所以老臣以為太后替長安君打算的太不夠長遠了，太后之疼愛長安君遠不及疼愛燕后之甚」。㉗太后說：「是的，你講的真有道理，一切就聽你的安排吧！」㉘於是替長安君備車百輛，出質於齊，齊國就派兵救趙。

子義聞之，曰：「人主之子，骨肉之親也，猶不能持無功之尊，無勞之奉，而守金玉之重也，而況於予乎㈠？」

【註】㈠趙國的一位賢人名子義的聽到這件事情，就說：「人主的兒子，骨肉的至親，還不能夠保持沒有功業的高位，沒有勳勞的俸祿，擁有金玉珠寶的重器，而況於我們普通一般的人嗎？」

齊安平君㈠田單將趙師而攻燕中陽㈡，拔之。又攻韓注人㈢，拔之。二年，惠文后卒。田單為相。

【註】㈠安平：在山東臨淄縣東十九里。㈡中陽：在河北唐縣東北四十里。㈢注人：在河南臨汝

縣西北。

四年，王夢衣偏裻之衣㊀，乘飛龍上天，不至而墜，見金玉之積如山。明日，王召筮史敢占之，曰：「夢衣偏裻之衣者，殘也㊁。乘飛龍上天不至而墜者，有氣而無實也㊂。見金玉之積如山者，憂也㊃。」

【註】㊀裻：音篤（ㄉㄨˇ），衣之背縫。㊁殘：殘破不全。㊂有氣而無實力。㊃憂：禍難。

後三日，韓氏上黨守馮亭使者至，曰：「韓不能守上黨，入之於秦。其吏民皆安為趙，不欲為秦㊀。有城市邑十七，願再拜入之趙，財王所以賜吏民㊁。」王大喜，召平陽君豹告之曰：「馮亭入城市邑十七，受之何如？」對曰：「聖人甚禍無故之利㊂。」王曰：「人懷吾德，何謂無故乎㊃？」對曰：「夫秦蠶食韓氏地，中絕不令相通，固自以為坐而受上黨之地也。韓氏所以不入於秦者，欲嫁其禍於趙也㊄。秦服其勞而趙受其利，雖彊大不能得之於小弱，小弱顧能得之於彊大乎？豈可謂非無故之利哉㈥！且夫秦以牛田之水通糧蠶食，上乘倍戰者，裂上國之地，其政行，不可與為難，必勿受也㈦。」王曰：「今發百萬之軍而攻，踰年歷歲未得一城也。今以城市邑十七幣吾國，此大利也㈧。」

【註】㈠上黨之官吏皆以歸屬趙國為安心，而不願意歸屬秦（上黨：在山西長子縣）。㈡財：同「裁」，聽求王的裁置。㈢聖人深以憑白無故而來之利益為禍害。㈣人們懷念我們的恩德，怎能說是憑白無故而來的呢？㈤秦國蠶食韓國的土地，從中間斷絕，使上黨不能與韓國相聯繫，原意就是想著安坐而收上黨之地。韓國所以不把上黨獻入於秦國而要歸屬於趙國者，其目的是要把禍害轉嫁於我們趙國的身上。㈥秦國出了勞力，趙國坐享其利，這種情形，即使強大的國家也不能從弱小的國家取得，難道說弱小的國家反而能從強大的國家取得了嗎？這豈不是所謂憑白無故而來的利益嗎？㈦秦國視上黨為囊中物，要以牛耕上黨之田，以水路通糧食於上黨，這都是蠶食的計劃。秦國提倡軍國主義，凡是強兵銳卒（上乘）奮力作戰（倍戰，加倍的努力戰鬥）者，則賞之以所得的土地（裂上國之地：分上國之地而封之，裂土封爵），它的政令，嚴格推行。我們不可以與它挑戰（為難：找它的麻煩）。所以絕對不可接受韓國上黨之地。㈧趙王說：「我們發動百萬的軍隊，去攻城掠地，經年歷歲，未必能得到一個城邑；現在有十七個城邑無條件的贈送我們，這真是大大的利益！」

趙豹出，王召平原君與趙禹而告之。對曰：「發百萬之軍而攻，踰歲未得一城，今坐受城市邑十七，此大利，不可失也。」王曰：「善。」乃令趙勝受地，告馮亭曰：「敝國使者臣勝，敝國君使勝致命㈠，以萬戶都三封太守，千戶都三封縣令，皆世世為侯㈡，吏民皆益爵三級㈢，吏民能相安，皆賜之六金㈣。」馮亭垂涕不見使者，曰：「吾不處三不義也：為主守地，不能死固，不義一矣；入之秦，不聽主令，不義二矣；賣主地而食之，不義三矣㈤。」趙遂發兵取上黨。廉頗將軍軍長平㈥。

【註】㈠致命：傳達命令。㈡以三個萬戶之都，封太守；以三個千戶之都，封縣令。皆世世代代襲封為侯。㈢吏民皆增爵三級。㈣吏民們只要相安無事，都賞賜六斤金子（可能是誇大的話，趙國能有幾多金子？即使是銅，趙國亦未必有此數）。㈤韓國上黨太守馮亭哭著不見使者，說道：「我不幹這三不義的事情：為主人守土地，不能出死力以守土地，這是第一條不義。土地已經決定獻入於秦國，我不聽君主的命令，這是第二條不義。出賣主人的土地，而自己食其利，這是第三條不義。」因而不納上黨於趙。㈥趙國於是發兵攻取上黨，以廉頗為將軍，進軍於長平（在山西高平縣西北二十里）。

七〔年〕〔月〕，廉頗免而趙括代將。秦人圍趙括，趙括以軍降，卒四十餘萬皆阬之㊀。王悔不聽趙豹之計，故有長平之禍焉。王還，不聽秦，秦圍邯鄲。武垣令㊁傅豹、王容、蘇射率燕眾反燕地。趙以靈丘㊂封楚相春申君。

【註】㊀趙國免廉頗而使趙括為將，正中秦人之計，故作戰失敗。假使仍以廉頗為將，則四十萬之眾，大可以勝秦。用將之得當與否，關係極大。㊁武垣：在河北河間縣西南。㊂靈丘：山西靈丘縣。

八年，平原君如楚請救㊀。還，楚來救，及魏公子無忌亦來救㊁，秦圍邯鄲乃解。

【註】㊀如：往。㊁趙封魏公子無忌以鄗為其湯沐邑。（鄗：在河北柏鄉縣北。）

十年，燕攻昌壯㊀，五月拔之。趙將樂乘、慶舍攻秦信梁軍㊁，破之。太子死㊂。而秦攻西周，拔之。徒父祺出㊃。十一年，城元氏㊄，縣上原㊅。武陽君鄭安平死㊆，收其地。十二年，邯鄲廥燒㊇。十四年，平原君趙勝死。

【註】㈠昌壯：即昌城縣，在河北冀縣西北五十里。㈡信梁：秦將之名。㈢太子死：應為「天子死」，言周天子死也。㈣徒父祺：趙將之名，率兵出境。㈤建築元氏城：河北元氏縣。㈥縣上原：以上原為縣。㈦鄭安平：故秦將，降趙，今因其人死而收回其地。㈧儈：音怪（ㄍㄨㄞˋ），儲積薪藁之倉房。

十五年，以尉文㈠封相國廉頗為信平君㈡。燕王令丞相栗腹約驩，以五百金為趙王酒，還歸，報燕王曰：「趙氏壯者皆死長平，其孤未壯，可伐也。」王召昌國君樂閒而問之。對曰：「趙，四戰之國也，其民習兵，伐之不可。」王曰：「吾以眾伐寡，二而伐一，可乎？」對曰：「不可。」王曰：「吾即㈢以五而伐一，可乎？」對曰：「不可。」燕王大怒。羣臣皆以為可。燕卒起二軍，車二千乘，栗腹將而攻鄗㈣，卿秦將而攻代㈤。廉頗為趙將，破殺栗腹，虜卿秦、樂閒。

【註】㈠尉文：趙國地名。㈡信平君：廉頗之封號。㈢即：如果。㈣鄗：在河北柏鄉縣北。㈤卿秦：燕將之名。

十六年，廉頗圍燕。以樂乘為武襄君㈠。十七年，假相大將武襄君攻燕，圍其國。十八年，延陵鈞㈡率師從相國信平君助魏攻燕。秦拔我榆次三十七城㈢。十九年，趙與燕易土：以龍兌、汾門、臨樂與燕㈣；燕以葛、武陽、平舒與趙㈤。

【註】㈠武襄君：樂乘之封號。㈡延陵鈞：延陵，地名。鈞：趙將之名。㈢榆次：山西榆次縣，在太原附近。㈣龍兌：在河北徐水縣。汾門：河北徐水縣。臨樂：河北固安縣南十七里。㈤葛：在河北高陽縣。武陽：在河北高陽縣西北五十里。平舒：在山西靈丘縣北九十三里。

二十年，秦王政初立。秦拔我晉陽。

二十一年孝成王卒。廉頗將，攻繁陽㈠，取之。使樂乘代之，廉頗攻樂乘，樂乘走，廉頗亡入魏，子偃立，是為悼襄王。

【註】㈠繁陽：在河南內黃縣。

悼襄王元年，大備魏。欲通平邑、中牟之道，不成㈠。

【註】㈠大大的防備魏國，想著打通平邑（河北南樂縣）到中牟（河南開封附近之中牟）之交通路

線，沒有成功。

二年，李牧將，攻燕，拔武遂、方城㊀。秦召春平君，因而留之。泄鈞㊁為之謂文信侯曰：「春平君者，趙王甚愛之而郎中妬之，故相與謀曰『春平君入秦，秦必留之』，故相與謀而內之秦也㊂。今君留之，是絕趙而郎中之計中也。君不如遣春平君而留平都㊃。春平君者言行信於王，王必厚割趙而贖平都。」文信侯曰：「善。」因遣之。城韓皋㊄。

【註】㊀武遂：在河北武強縣。方城：在河北固安縣南十七里。㊁泄鈞：人姓名。文信侯：秦相呂不韋。㊂內：同「納」。㊃平都：在山西和順縣西。此句應為「君不如遣春平君而留平都侯」。㊄韓皋：不詳。

三年，龐煖將，攻燕，禽其將劇辛。四年，龐煖將趙、楚、魏、燕之銳師，攻秦蕞㊀，不拔；移攻齊，取饒安㊁。五年，傅抵㊂將，居平邑㊃；慶舍將東陽河外師，守河梁㊄。六年，封長安君以饒㊅。魏與趙鄴㊆。

【註】㈠蕞：陝西新豐縣。㈡饒安：在河北南皮縣東南。㈢傅抵：趙將姓名。㈣平邑：在河北南樂縣東北七里。㈤東陽：大概在太行山以東之地。河外：河南省之地在黃河以南者，謂之河外，其相對之方向在黃河以北者，謂之河內。守河梁：把守黃河橋。㈥饒：河北饒陽縣。㈦魏國以鄴地給予趙國。

九年，趙攻燕，取貍、陽城㈠。兵未罷，秦攻鄴，拔之㈡。悼襄王卒，子幽繆王遷立。

【註】㈠貍、陽城：兩地名，燕國昔從齊國取得此兩地，蘇代為齊將，與燕戰敗，此兩地被奪去，今又為趙所奪。其地大概在燕、齊、趙三國之接境處。㈡秦攻鄴，拔之，可見秦之侵略箭頭，已深入於黃河以北之大平原，而刺向趙、齊、燕矣。

幽繆王遷元年，城柏人㈠。二年，秦攻武城㈡，扈輒率師救之，軍敗，死焉。

【註】㈠柏人：在河北唐山縣西。㈡武城：在河北清河縣。

三年，秦攻赤麗、宜安㈠，李牧率師與戰肥下㈡，卻之。封牧為武安君。四年，秦攻番吾㊂，李牧與之戰，卻之。

【註】㊀赤麗：不詳。宜安：在河北槁城縣。㊁肥：在河北藁城縣西七里。㊂番吾：在河北房山縣東二十里。

五年，代地大動㊀，自樂徐以西㊁，北至平陰㊂，臺屋牆垣太半壞，地坼東西百三十步。六年、大饑，民譌言曰㊃：「趙為號，秦為笑。以為不信，視地之生毛㊄。」

【註】㊀代地大地震。㊁樂徐：在山西臨汾。㊂平陰：在山西大同。㊃譌言：謠言，偽言。音鵝（ㄜˊ）。㊄趙人號哭，秦人大笑，你如不信，請看地生長植物。

七年，秦人攻趙，趙大將李牧、將軍司馬尚將，擊之。李牧誅，司馬尚免，趙怱及齊將顏聚代之。趙怱軍破，顏聚亡去。以王遷降㊀。八年十月，邯鄲為秦㊁。

【註】㊀趙王遷被流於房陵（湖北房縣）。㊁邯鄲：趙都，被秦所佔而趙亡。

太史公曰：吾聞馮王孫曰：「趙王遷，其母倡也㊀，嬖於悼襄王。悼襄王廢適㊁子嘉而立遷。遷素無行，信讒，故誅其良將李牧，用郭開。」豈不繆哉㊂！秦既虜遷，趙之亡大夫共立嘉為王，王代六歲，秦進兵破嘉，遂滅趙以為郡。

【註】㊀倡：妓女。㊁適：同「嫡」。㊂李牧：趙之良將，當趙國危急之時，而信用讒言，殺害良將，其失敗宜也。

卷四十四　魏世家第十四

魏之先，畢公高之後也。畢公高與周同姓㊀。武王之伐紂，而高封於畢，於是為畢姓。其後絕封，為庶人，或在中國，或在夷狄。其苗裔曰畢萬，事晉獻公。

【註】㊀畢：《左傳》謂：文王之子十六國，有畢、原、豐、郇，言畢公是文王之子。馬融亦云：畢、毛，文王庶子。但此云與周為同姓，似另有所據，未採左氏之說。畢：在陝西長安縣西北。或謂在陝西臨潼縣。

獻公之十六年，趙夙為御，畢萬為右，以伐霍、耿、魏㊀，滅之。以耿封趙夙，以魏封畢萬，為大夫。卜偃曰㊁：「畢萬之後必大矣。萬，滿數也；魏，大名也。以是始賞，天開之矣㊂。天子曰兆民，諸侯曰萬民。今命之大，以從滿數，其必有眾㊃。」初，畢萬卜事晉，遇屯之比㊄。辛廖占之㊅，曰：「吉。屯固比入，吉孰大焉，其必蕃昌㊆。」

【註】㈠霍：在山西霍縣西南。耿：在山西河津縣東南。魏：在山西芮城縣東北。㈡卜偃：晉掌卜之大夫名郭偃。㈢畢萬之後，一定會強大起來，因為「萬」是一個盈滿的數目，「魏」是一個巍巍乎大哉的名稱，以這兩個字來開始行賞，就是上天要叫它發展的啊！㈣天子才可以說是兆民之眾，諸侯才可以說是有萬民之眾，現在給他封了這麼大的名字，又是一個盈滿的數目，他一定會有很多的民眾的。㈤屯之比：賈逵曰：「震下坎上屯，坤下坎上比，屯初九變之比。」㈥辛廖：大概是周人。㈦屯：則能堅固。比，則能滲入。再沒有比這個卦更吉利的了，他的後代必然能夠蕃滋而昌盛。

畢萬封十一年，晉獻公卒，四子爭更立，晉亂。而畢萬之世彌大，從其國名為魏氏。生武子㈠。魏武子以魏諸子事晉公子重耳。晉獻公之二十一年，武子從重耳出亡。十九年反，重耳立為晉文公，而令魏武子襲魏氏之後封，列為大夫，治於魏。生悼子。

【註】㈠魏武子：即「魏犨」。音抽（ㄔㄡ）。

魏悼子徙治霍。生魏絳。

魏絳事晉悼公。悼公三年，會諸侯。悼公弟楊干亂行㈠，魏絳僇辱楊干。悼公怒曰：「合諸侯以為榮，今辱吾弟！」將誅魏絳。或說悼公㊁，悼公止。卒任魏絳政，使和戎、翟㊂，戎、翟親附。悼公之十一年，曰：「自吾用魏絳，八年之中，九合諸侯，戎、翟和，子之力也。」賜之樂，三讓，然後受之。徙治安邑㊃。魏絳卒，謚為昭子。生魏嬴。嬴生魏獻子。

【註】㊀亂行：破壞了軍隊的行列。㊁說：讀「稅」（ㄕㄨㄟˋ），勸說。㊂翟：同「狄」，中國內部之異民族。㊃安邑：山西安邑縣。

獻子事晉昭公。昭公卒而六卿彊，公室卑㊀。

【註】㊀昭公卒之後，六卿強而公室卑，此為晉政轉變之大勢。

晉頃公之十二年，韓宣子老，魏獻子為國政。晉宗室祁氏、羊舌氏相惡，六卿誅之㊀，盡取其邑為十縣，六卿各令其子為之大夫㊁。獻子與趙簡子、中行文子、范獻子並為晉卿。

【註】㊀晉之宗室被六卿誅殺殆盡，而六卿勢力強大，轉移晉祚。晉頃公之十二年，即西曆紀元前

五一四年。㈡《左傳》魯昭公二十八年，謂：「晉、韓宣子卒，魏獻子為政，分祁氏之田以為七縣，分羊舌氏之田，以為三縣。司馬彌牟為鄔大夫（鄔：在山西太原縣），賈辛為祁大夫（祁：在山西太原縣）司馬烏為平陵大夫（亦曰大陵）。魏戊為梗陽大夫（在山西晉陽縣南），知徐吾為塗水大夫（塗水：在山西榆次縣）。韓固為馬首大夫（馬首：在山西壽陽縣東南十五里）。孟丙為盂大夫（山西盂縣）。樂霄為銅鞮大夫（銅鞮：在山西沁縣西南）。趙朝為平陽大夫（平陽：在山西臨汾縣南）。僚安為楊氏大夫（楊氏：在山西臨汾附近）。仲尼聞魏子之舉也，以為義，曰：「近不失親，遠不失舉，可謂義矣。」又聞其命賈辛也，以為忠，詩曰：「永言配命，自求多福」，忠也。魏子之舉也義，其命也忠，其長有後於晉國乎！」

其後十四歲而孔子相魯。後四歲，趙簡子以晉陽之亂也，而與韓、魏共攻范、中行氏。魏獻子生魏侈。魏侈與趙鞅共攻范、中行氏。

魏侈之孫曰魏桓子，與韓康子、趙襄子㈠共伐滅知伯，分其地㈡。

【註】㈠魏桓子：名駒。韓康子：名虔。趙襄子：名無恤。㈡魏、韓、趙共滅知伯而分其地，於是六卿分晉之局變而為三家分晉。事在周、貞定王十六年即西曆紀元前四五三年。此一變局，其間經過為六十年。知伯：姓荀，名瑤。其城在山西虞鄉縣。

桓子之孫曰文侯都。魏文侯元年，秦靈公之元年也。與韓武子、趙桓子、周威王同時。

六年，城少梁㈠。十三年，使子繫圍繁龐㈡，出其民。十六年，伐秦，築臨晉元里㈢。

十七年，伐中山，使子擊守之，趙倉唐傅之。子擊逢文侯之師田子方於朝歌，引車避，下謁。田子方不為禮。子擊因問曰：「富貴者驕人乎？且貧賤者驕人乎㈣？」子方曰：「亦貧賤者驕人耳。夫諸侯而驕人則失其國，大夫而驕人則失其家。貧賤者，行不合，言不用，則去之楚、越，若脫躧然，柰何其同之哉㈤！」子擊不懌而去㈥。西攻秦，至鄭而還㈦，築雒陰、合陽㈧。

【註】㈠少梁：在陝西韓城縣。㈡繁龐：在陝西韓城縣東南。㈢臨晉：陝西大荔縣。元里：在陝西澄城縣南。㈣子擊問於田子方說：「是富貴者值得驕傲人呢？或者貧賤者值得驕傲人呢？」㈤子方說：「當然是貧賤者值得驕傲人啊！如果是諸侯而驕傲人，那麼便失其國；大夫而驕傲人，那麼便失其家；至於貧賤者就不然了，行為不合心意，言論不受採用，便離開此地而走往楚國、越國，好像是脫掉一雙破鞋一樣，一點用不著留戀，由此看來，富貴者怎麼能同貧賤者相比呢？」㈥懌：音亦

（一），喜悅、快樂。㈦鄭：在陝西華縣西北。㈧雒陰：在陝西大荔縣西。合陽：即郃陽：古有莘國。在郃水之陽。今陝西郃陽縣。

二十二年，魏、趙、韓列為諸侯㈠。

【註】㈠魏、趙、韓列為諸侯，而其母體晉國由此名義消逝，事在周威烈王二十三年，即西曆紀元前四〇三年。從三家分晉到三家滅晉，其間經過五十年。三家分晉，晉無其實，而有其名。三家滅晉，名實俱亡。

二十四年，秦伐我，至陽狐㈠。

【註】㈠陽狐：在山西垣曲縣。

二十五年，子擊生子罃㈠。文侯受子夏經藝㈡，客段干木，過其閭，未嘗不軾也㈢。秦嘗欲伐魏，或曰：「魏君賢人是禮，國人稱仁，上下和合，未可圖也。」文侯由此得譽於諸侯。

【註】㈠子擊：即魏武侯。罃：即魏惠王。㈡文侯受業於子夏，學習經典與六藝。㈢過賢人段干

木之里門，沒一次不是憑軾致敬的。皇甫謐《高士傳》云：「木，晉人也，守道不仕。魏文侯欲見，造其門，干木踰牆避之。文侯以客禮待之，出過其閭而軾。其僕曰：『君何軾？』曰：『段干木賢者也，不趨勢利，懷君子之道，隱處窮巷，聲馳千里，吾安得勿軾？干木先乎德，寡人先乎勢；干木富乎義，寡人富乎財。勢不若德貴，財不若義高。』又請為相，不肯。後卑己，固請見，與語，文侯立倦不敢息。」《呂氏春秋》云：「魏文侯見段干木，立倦而不敢息，及見翟璜，踞於堂而與之言，翟璜不悅。文侯曰：『段干木，官之則不肯，祿之則不受。今汝欲官則相至，欲祿則上卿至，既受吾賞，又責吾禮，無乃難乎！』」

任西門豹守鄴㈠，而河內稱治㈡。

【註】㈠西門豹：文侯時為鄴令，發民鑿十二渠，引河水灌田，而民賴其利。鄴俗素信巫，歲選良民處女投河中，謂為河伯娶婦。豹投巫於河，其俗乃革。㈡河內：河南省土地之在黃河以北者，謂之河內。其在黃河以南者，謂之河外。故此「河內」，包括鄴縣以南及黃河以北之河南省的土地。鄴：在河南臨漳縣。

魏文侯謂李克曰：「先生嘗教寡人曰『家貧則思良妻，國亂則思良相。』今所置非成則璜，二子何如㈠？」李克對曰：「臣

聞之，卑不謀尊，疏不謀戚。臣在闕門之外，不敢當命㈡。」文侯曰：「先生臨事勿讓㈢。」李克曰：「君不察故也。居視其所親，富視其所與，達視其所舉，窮視其所不為，貧視其所不取，五者足以定之矣，何待克哉㈣！」文侯曰：「先生就舍，寡人之相定矣㈤。」李克趨而出，過翟璜之家。翟璜曰：「今者聞君召先生而卜相，果誰為之㈥？」李克曰：「魏成子為相矣㈦。」翟璜忿然作色曰：「以耳目之所覩記，臣何負於魏成子？西河之守，臣之所進也。君內以鄴為憂，臣進西門豹。君謀欲伐中山，臣進樂羊。中山以拔，無使守之，臣進先生。君之子無傅，臣進屈侯鮒。臣何以負於魏成子㈧！」李克曰：「且子之言克於子之君者，豈將比周以求大官哉？君問而置相『非成則璜，二子何如？』克對曰：『君不察故也。居視其所親，富視其所與，達視其所舉，窮視其所不為，貧視其所不取，五者足以定之矣，何待克哉！』是以知魏成子之為相也㈨。且子安得與魏成子比乎？魏成子以食祿千鍾，什九在外，什一在內，是以東得卜子夏、田子方、段干木。此三人者，君皆師之。子之所進五人者，君皆臣之。子惡得與魏成子比也⑩？」翟璜逡巡再拜曰：「璜，鄙人也，失對，願卒為弟子⑪。」

【註】㈠現今要任命相國，不是魏成子，便是翟璜，這兩個人，以誰為合適？㈡位置低的人不參與位置高的人之事，關係遠的人不討論關係親的人之事，我在朝廷大門之外，不敢參加意見。㈢先生遇著事情，請不要客氣。㈣你是不注意罷了，如果注意的話，這個問題很容易就解決了，對於一個人，要注意他平居的時候所親近的都是什麼人？他富有的時候所來往的都是什麼人？他顯達的時候所舉薦的都是什麼人？他窮困的時候所不屑為的都是些什麼？他貧賤的時候所不苟取的都是些什麼？你如果能注意到這五種情形，就足以決定誰可以當相國了，何必等著我說話呢？㈤文侯說：「先生！請回去休息吧！我的相國選拔問題，已經決定了！」㈥李克出去之後，到翟璜之家，翟璜問道：「今天聽說君上請你到他那裡決定究竟以誰為相國的問題，到底決定以誰為相國呢？」㈦李克說：「決定以魏成子為相國了。」㈧翟璜聽到這個消息，立刻臉色大變，很忿怒的說道：「憑耳目所看到所記憶的，我那一條不及魏成子？西河太守是我所推薦的，君王的內心以鄴地為憂慮，我舉薦西門豹；君王計謀要討伐中山，我舉薦樂羊，因而征服了中山；中山已經打下之後，沒有合適的人去鎮守，我舉薦先生；君王的兒子沒有師傅，我舉薦了屈侯鮒。我那一條不及魏武子？」㈨李克說：「你之所

以推薦我於你的君王者，難道說是要我和你狼狽一起以求大官嗎？……」⑩你如何能與魏成子相比呢？魏成子以他的千鍾之多的俸祿，什分之九，用之於博施濟眾，什分之一，用之於家內生活，所以從東方請到了卜子夏、田子方、段干木，這三位先生，君上皆以師禮待之。你所推薦的五個人，君上皆以臣下看待。你怎麼能和魏成子相比？㈡翟璜聽了之後，慚愧畏縮的說：「我真是個粗俗的人啊！我的話錯了，我願意終生當你的弟子！」（比周：朋比作惡，狼狽為姦。鍾：古量單位，盛穀物六斛四斗，為一鍾。逡巡：慚愧退縮的樣子）。

二十六年，虢山崩，壅河㈠。

【註】㈠虢山：在河南陝縣西二里，臨黃河，此處河道窄狹，故山崩而阻擋了黃河的流行。

三十二年，伐鄭㈠。城酸棗㈡。敗秦于注㈢。三十五年，齊伐取我襄陵㈣。三十六年，秦侵我陰晉㈤。

【註】㈠鄭：河南新鄭縣。㈡酸棗：河南延津縣。㈢注：不詳，但決不在河南的臨汝縣。㈣襄陵：在河南睢縣。㈤陰晉：在陝西華陰縣。

三十八年，伐秦，敗我武下㈠，得其將識。是歲，文侯卒，子擊立，是為武侯。

【註】㊀武下：在陝西鄭縣東十三里。

魏武侯元年，趙敬侯初立，公子朔為亂㊀，不勝，奔魏，與魏襲邯鄲㊁，魏敗而去。

【註】㊀公子朔是趙國的公子朔，或謂即公子朝。㊁邯鄲：河北邯鄲縣。

二年，城安邑、王垣㊀。

【註】㊀安邑：山西安邑縣。王垣：在山西絳縣，絳縣有王屋山。

七年，伐齊，至桑丘㊀。九年，翟敗我于澮㊁。使吳起伐齊，至靈丘㊂齊威王初立。

【註】㊀桑丘：在山東平原縣西。㊁翟：同「狄」，中國境內之異民族。澮：在山西翼城縣。㊂靈丘：在山東滕縣東四十里。

十一年，與韓、趙三分晉地，滅其後。

十三年，秦獻公縣櫟陽。十五年，敗趙北藺㊀。

【註】㊀櫟陽：在陝西臨潼縣東北。北藺：在山西離石縣附近。

十六年，伐楚，取魯陽㊀。武侯卒，子罃立，是為惠王。

【註】㊀魯陽：河南魯山縣。

惠王元年，初，武侯卒也，子罃與公中緩爭為太子。公孫頎㊀自宋入趙，自趙入韓，謂韓懿侯㊁曰：「魏罃與公中緩爭為太子，君亦聞之乎？今魏罃得王錯㊂，挾上黨㊃，固半國也。因而除之㊄，破魏必矣，不可失也。」懿侯說㊅，乃與趙成侯合軍并兵以伐魏，戰于濁澤㊆，魏氏大敗，魏君圍。趙謂韓曰：「除魏君，立公中緩，割地而退，我且利。」韓曰：「不可。殺魏君，人必曰暴；割地而退，人必曰貪。不如兩分之。魏分為兩，不彊於宋、衛，則我終無魏之患矣。」趙不聽。韓不說，以其少卒夜去。惠王之所以身不死，國不分者，二家謀不和也。若從一家之謀，則魏必分矣㈧。故曰「君終無適子，其國可破也㈨。」

【註】㈠頎：音祈（ㄑㄧˊ）。㈡韓懿侯：哀侯之子。㈢王錯：魏大夫。㈣上黨：在山西長子縣西。㈤因魏國有喪事，消滅魏國。㈥說：同「悅」。㈦濁澤：在山西解縣。或云在河南臨潁縣。㈧魏惠王之所以身不死，國不滅者，是因為韓趙兩國的不合作，如果韓國聽趙國或者趙國聽韓國的話，則魏國必被消滅了。㈨君主死了，而沒有嫡子，那麼，這個國家就很有可能被毀滅了。

二年，魏敗韓于馬陵㈠，敗趙于懷㈡。三年，齊敗我觀㈢。五年，與韓會宅陽㈣。城武堵㈤。為秦所敗㈥。六年，伐取宋儀臺㈦。九年，伐敗韓于澮㈧。與秦戰少梁㈨，虜我將公孫痤，取龐㈩。秦獻公卒，子孝公立。

【註】㈠馬陵：在河南長葛縣北三十里。㈡懷：舊河南懷慶府之武陟縣。㈢觀：在山東觀城縣西。㈣宅陽：在河南滎澤縣東。㈤武都：在山東武城縣西。㈥被秦所敗於雒陰：在陝西大荔縣西。㈦儀臺：在河南虞城縣西南。㈧澮：山西翼城縣。㈨少梁：在陝西韓城縣南。㈩龐：在少梁附近。

十年，伐取趙皮牢㊀。彗星見。十二年，星晝墜，有聲。十四年，與趙會鄗㊁。十五年，魯、衞、宋、鄭君來朝。十六年，與秦孝公會（社）〔杜〕平㊂。侵宋黃池，宋復取之㊃。

【註】㊀皮牢：在山西翼城縣東三十里。㊁鄗：在河北柏鄉縣。㊂杜平：陝西澄城縣。㊃黃池：在河南封邱縣西南。

十七年，與秦戰元里㊀，秦取我少梁㊁。圍趙邯鄲。十八年，拔邯鄲。趙請救于齊，齊使田忌、孫臏救趙，敗魏桂陵㊂。十九年，諸侯圍我襄陵㊃。築長城，塞固陽㊄。

【註】㊀元里：在陝西澄城縣南。㊁少梁：在陝西韓城縣南。㊂桂陵：在山東荷澤縣東北二十里。㊃襄陵：河南睢縣。㊄固陽：在綏遠九原城東北。魏築長城，自鄭濱洛，，北達銀州，至勝州固陽縣為塞。（銀州：在陝西米脂縣西北八十里。勝州：在綏遠鄂爾多斯左翼後旗黃河西岸。）

二十年，歸趙邯鄲，與盟漳水上㊀。二十一年，與秦會彤㊁。趙成侯卒。二十八年，齊威王卒。中山君相魏㊂。

【註】㈠漳水：源出河南武安縣三門山。㈡彤：在陝西華縣境。㈢中山君：魏文侯滅中山，其弟守之，後尋復國，至是始令相魏。其後，中山又為趙所滅。

三十年，魏伐趙，趙告急齊。齊宣王用孫子計㈠，救趙擊魏。魏遂大興師，使龐涓將，而令太子申為上將軍。過外黃㈡，外黃徐子謂太子曰：「臣有百戰百勝之術。」太子曰：「可得聞乎？」客曰：「固願效之㈢。」曰：「太子自將攻齊，大勝幷莒㈣，則富不過有魏，貴不益為王。若戰不勝齊，則萬世無魏矣。此臣之百戰百勝之術也。」太子曰：「諾，請必從公之言而還矣。」客曰：「太子雖欲還，不得矣。彼勸太子戰攻，欲啜汁者眾。太子雖欲還，恐不得矣㈤。」太子因欲還，其御曰：「將出而還，與北同㈥。」太子果與齊人戰，敗於馬陵㈦。齊虜魏太子申，殺將軍涓，軍遂大破。

【註】㈠孫子：孫臏。㈡外黃：在河南杞縣東六十里。㈢效：提供意見。固願效之：即很願意提供意見。㈣得了大勝而併吞了莒地。㈤太子雖想還，也還不得了。那些勸太子戰勝攻取的人，多數都是想著吸食一點勝利的甜汁，到時候，就是想回來，也得不到了。㈥帶著大軍而出，不戰而還，

與打敗戰是同樣的。㈦馬陵：在山東鄄城縣東北六十里。

三十一年，秦、趙、齊共伐我㈠，秦將商君詐我將軍公子卬而襲奪其軍，破之。秦用商君，東地至河，而齊、趙數破我，安邑近秦，於是徙治大梁㈡。以公子赫為太子。

【註】㈠秦國由西方攻擊魏國，齊國由東方攻擊魏國，趙國由北方攻擊魏國，魏國三面受敵。㈡於是由山西之安邑，遷都於河南之大梁（開封）。

三十三年，秦孝公卒，商君亡秦歸魏，魏怒，不入。三十五年，與齊宣王會平阿南㈠。

【註】㈠平阿：在安徽懷遠縣。

惠王數被於軍旅㈠，卑禮厚幣以招賢者。鄒衍、淳于髡、孟軻皆至梁。梁惠王曰：「寡人不佞㈡，兵三折於外，太子虜，上將死，國以空虛，以羞先君宗廟社稷，寡人甚醜之㈢。叟不遠千里，辱幸至獘邑之廷，將何以利吾國？」孟軻曰：「君不可以言利若是。夫君欲利則大夫欲利，大夫欲利則庶人欲利，上下爭利，國則危矣。為人君，仁義而已矣，何以利為㊃！」

【註】㊀被：遭受。㊁不佞：不才。㊂醜：辱恥，愧辱。㊃孟子見梁惠王，即在此時。孟子之言是基本原則，但梁惠王為求解決當前之現實問題，似不能為其所瞭解。

三十六年，復與齊王會甄㊀。是歲，惠王卒，子襄王立。

襄王元年，與諸侯會徐州㊁，相王也㊂。追尊父惠王為王。

【註】㊀甄：在山東濮縣。㊁徐州：在山東滕縣。㊂相王：彼此互相稱王。但未必合於史實。

五年，秦敗我龍賈軍四萬五千于雕陰㊀，圍我焦㊁、曲沃㊂。予秦河西之地㊃。

【註】㊀雕陰：在陝西鄜縣北。㊁焦：在河南陝縣南。㊂曲沃：在河南陝縣西南三十二里。㊃河西：即西河之外，今陝西大荔、宜川等縣之地。

六年，與秦會應㊀。秦取我汾陰、皮氏㊁、焦。魏伐楚，敗之陘山㈢。七年，魏盡入上郡于秦㈣。秦降我蒲陽㈤。八年，秦歸我焦、曲沃。

【註】㈠應：河南寶豐縣。㈡汾陰：山西榮河縣。皮氏：在山西河津縣。㈢陘山：在河南新鄭縣南。㈣上郡：今陝西省之宜川、延安、綏德，以至綏遠之固陽縣，皆為魏上郡之地。魏築長城以界秦，自陝西之華縣以北以至上述之地，皆其範圍。至此時，盡歸於秦。孟子所謂「西喪地於秦七百里」者，指此而言。㈤蒲：山西隰縣。

十二年，楚敗我襄陵㈠。諸侯執政與秦相張儀會齧桑㈡。十三年，張儀相魏。魏有女子化為丈夫。秦取我曲沃、平周㈢。

【註】㈠襄陵：河南睢縣。㈡齧桑：在江蘇沛縣西南。㈢平周：山西介休縣。曲沃：山西曲沃縣。

十六年，襄王卒，子哀王立。張儀復歸秦。

哀王元年，五國共攻秦㈠，不勝而去。

【註】㈠韓、趙、魏、楚、燕五國共攻秦。

二年，齊敗我觀津㊀。五年，秦使樗里子伐取我曲沃，走犀首岸門㊁。六年，秦（求）〔來〕立公子政為太子。與秦會臨晉㊂。七年，攻齊。與秦伐燕。

【註】㊀觀津：當作「觀澤」，在河北清豐縣。㊁犀首：官名，即公孫衍。岸門：在山西河津縣南。㊂臨晉：陝西大荔縣。

八年，伐衛，拔列城二。衛君患之。如耳㊀見衛君曰：「請罷魏兵，免成陵君可乎？」衛君曰：「先生果能，孤請世世以衛事先生。」如耳見成陵君曰：「昔者魏伐趙，斷羊腸㊁，拔閼與㊂，約斬趙，趙分而為二，所以不亡者，魏為從主也㊃。今衛已迫亡，將西請事於秦。與其以秦醳衛，不如以魏醳衛㊄，衛之德魏必終無窮㊅。」成陵君曰：「諾。」如耳見魏王曰：「臣有謁於衛。衛故周室之別也，其稱小國，多寶器。今國破於難而寶器不出者，其心以為攻衛醳衛不以王為主，故寶器雖出必不入於王也。臣竊料之，先言醳衛者必受衛者也㊆。」如耳出，成陵君入，以其言見魏王。魏王聽其說，罷其兵，免成陵君，終身不見㈧。

【註】㈠如耳：魏大夫名。㈡羊腸：趙險塞名，羊腸坂，長三里，盤曲如羊腸，故名，在今山西壺關縣東南。㈢朤與：在河南武安縣西南。㈣從主：同「縱主」，合縱以抗秦之盟主。㈤與其以秦國解救衞國，不如以魏國解救衞國，以免衞迫於無奈而事秦。㈥則衞國感激魏國之恩德，必然永遠無忘。㈦如耳判斷成陵君既信其言，必以其言與魏王相議，於是又往見魏王而離間成陵君，因而對魏王曰：「我曾經到過衞國，願意把衞國的情形報告於王。衞國原本是周家的支系，名義上是小國，實際上，它的寶器很多。現在衞國，迫於危難，而仍然不肯把寶器拿出來者，其心以為不論是攻打衞國或解脫衞國，其決定之權，都不在於王，所以即使拿出寶器，也不會獻入於王。依我判斷，誰若是建議解脫衞國者，他必然是暗地裡接受了衞國的寶器的原故。」㈧魏王果然聽信了如耳的話，成陵君來見魏王，即以如耳所提供的意見與魏王相談，魏王聽其言，疑其已受衞國之寶器，故免其職，終身不再見他。

九年，與秦王會臨晉㈠。張儀、魏章㈡皆歸于魏。魏相田需死，楚害張儀、犀首、薛公。楚相照魚謂蘇代曰：「田需死，吾恐張儀、犀首、薛公有一人相魏者也。」代曰：「然！相者欲誰而君便之㊂？」昭魚曰：「吾欲太子之自相也㊃。」代曰：「請為君北，必相之㊄。」昭魚曰：「柰何㊅？」對曰：「君其為梁王，代請說君㊆。」昭魚曰：「柰何㊇？」對曰：「代也從楚來，昭魚甚憂，曰：『田需死，吾恐張儀、犀首、薛公有一人相魏者也。』代曰：『梁王，長主也，必不相張儀。張儀相，必右秦而左魏。犀首相，必右韓而左魏。薛公相，必右齊而左魏。梁王長者也，必不便也』㊈。王曰：『然則寡人孰相㊉？』代曰：『莫若太子之自相。太子之自相，是三人者皆以太子為非常相也，皆將務以其國事魏，欲得丞相璽也。以魏之彊，而三萬乘之國輔之，魏必安矣。故曰莫若太子之自相也⑪。』」遂北見梁王，以此告之。太子果相魏⑫。

【註】㊀臨晉：陝西大荔縣。㊁魏章：先為魏將，後又相秦。犀首：官名，即公孫衍。薛公：乃魏文子，非齊之孟嘗君也。而史記此論，則以為係孟嘗君，故有薛公「必右齊而左魏」之言。㊂你以為以誰為相而對於你有便利呢？㊃我想最好是太子自己為相。㊄蘇代說：「我到北方魏國走一趟，

一定要請魏王以太子為相」。㈥昭魚說：「那如何能辨得到呢？」㈦蘇代說：「我們現在現身說法，你就好比是魏王，我就是說客。」㈧昭魚說：「你怎樣說法呢？」㈨蘇代說：我就這樣的對魏王講：「我蘇代從楚國來，楚國的丞相昭魚很是憂愁，他說：『魏相田需一死，我恐怕張儀、犀首、薛公，其中必有一人會為魏國的丞相』。我蘇代就對他說：『梁王（就是魏王，因為遷於大梁）是一位有長遠識見的人，必定不會以他們三個人為丞相，因為如果用張儀為相，張儀必定尊秦國而屈魏國；如果用犀首為相，犀首必定尊韓國而屈魏國；如果用薛公為相，薛公必定尊齊國而屈魏國。梁王是一位有深長識見的人，必定不會以他們三人之中任何一人為相而覺得有利於魏國』。㈩魏王（昭魚裝扮魏王而發問之辭）就問道：『那麼，寡人應該以誰為相呢？』㈡蘇代說：『最好是太子自己為相。假定太子自己為相，那麼，這三個人都會以為太子絕對不會長期的為相，於是都要拉攏他們的本國來事奉魏國，為的是在魏國立了功之後，將來太子不為相的時候。他們便可以繼起為相，拿到丞相的印把子了。憑著魏國的強大，再有三個萬乘之國來幫助，魏國必定可以安全無事了，所以最好以太子為丞相。』」（以上的問答，都是楚相昭魚與蘇代演雙簧的語辭）。㈢於是蘇代就北往魏國見了魏王（梁王），以這種理由告訴魏王，魏王果真決定以太子為魏國的丞相（太子：即襄王）。

十年，張儀死。十一年，與秦武王會應㈠。十二年，太子朝于秦。秦來伐我皮氏㈡，未拔而解。十四年，秦來歸武王后。十六年，秦拔我蒲反、陽晉、封陵㊂。十七年，與秦會臨晉㊃。秦予我蒲反。十八年，與秦伐楚。二十一年，與齊、韓共敗秦軍函谷㊄。

【註】㊀應：河南寶豐縣。㊁皮氏：在山西河津縣。㊂蒲反：即「蒲阪」：在山西永濟縣北三十里。陽晉：當作「晉陽」，在山西虞鄉縣三十五里。封陵：在山西永濟縣附近。㊃臨晉：山西臨晉縣。㊄函谷關：在河南靈寶縣南里許。

二十三年，秦復予我河外及封陵為和。哀王卒，子昭王立㊀。

【註】㊀此時，韓、趙、魏、齊、宋尚能聯合以伐秦，事在西曆紀元前二九六年。

昭王元年，秦拔我襄城㊀。二年，與秦戰，我不利。三年，佐韓攻秦，秦將白起敗我軍伊闕二十四萬㊁。六年，予秦河東地方四百里㊂。芒卯以詐重㊃。七年，秦拔我城大小六十一。八年，秦昭王為西帝，齊湣王為東帝，月餘，皆復稱王歸帝。九年，秦拔我新垣、曲陽之城㊄。

【註】㈠襄城：河南襄城縣。㈡伊闕：伊水缺口之處，在河南洛陽縣南十九里。㈢河東：山西安邑、夏縣等地。㈣芒卯：齊人，為魏將，以詐術見重於魏。㈤曲陽：在河南濟源縣西十里。新垣：在山西垣曲縣。

十年，齊滅宋，宋王死我溫㈠。十二年，與秦、趙、韓、燕共伐齊，敗之濟西，湣王出亡。燕獨入臨菑。與秦王會西周㈡。

【註】㈠溫：河南溫縣。㈡西周：即洛陽王城。

十三年，秦拔我安城㈠。兵到大梁㈡，去。十八年，秦拔郢，楚王徙陳。

【註】㈠安城：在河南原武縣東南。㈡大梁：河南開封。此路秦兵係由山西之垣曲等地進入河南之濟源、修武等地，循河而東，攻打開封。時為西曆紀元前二八三年。

十九年，昭王卒，子安釐王立。

安釐王元年，秦拔我兩城。二年，又拔我二城，軍大梁下，韓來救，予秦溫以和㈠。三年，秦拔我四城，斬首四萬。四年，秦破我及韓、趙，殺十五萬人，走我將芒卯。魏將段干子請予秦南陽㊁以和。蘇代謂魏王曰：「欲璽者段干子也，欲地者秦也。今王使欲地者制璽，使欲璽者制地，魏氏地不盡則不知已㊂。且夫以地事秦，譬猶抱薪救火，薪不盡，火不滅㊃。」王曰：「是則然也。雖然，事始已行，不可更矣。」對曰：「王獨不見夫博之所以貴梟者，便則食，不便則止矣。今王曰『事始已行，不可更』，是何王之用智不如用梟也㊄？」

【註】㊀溫：河南溫縣。㊁南陽：在黃河以北之修武縣，非黃河以南之南陽也。㊂蘇代對魏王說：想得丞相之印者是段干子，想得土地者是秦國，現在王使想得土地者控制丞相之印；使想得丞相之印者控制土地，有朝一日，非把魏國的土地弄到山窮水盡不止。㊃以土地來侍候秦國，猶如抱著薪柴去救火，薪不盡，火就不滅。㊄梟：博局戲，以五木為骰，有梟、盧、雉、犢、塞，五者之采，梟為最勝，得梟者合食其子，食、行棋也，欲食則食，不宜食則止。此段之意，即言：王難道沒有見過博局戲之所以以得梟為最貴者，就在於它是有便則食，有不便則止，現在王說：「事已行，不可更」，那豈不是王之用智不如用梟了嗎？

九年，秦拔我懷㊀。十年，秦太子外質於魏死。十一年，秦拔我郪丘㊁。

【註】㊀懷：河南武陟縣西南。㊁郪丘：應為「邢丘」：在河南溫縣。

秦昭王謂左右曰：「今時韓、魏與始孰彊？」對曰：「不如始彊。」王曰：「今時如耳、魏齊與孟嘗、芒卯孰賢？」對曰：「不如。」王曰：「以孟嘗、芒卯之賢，率彊韓、魏以攻秦，猶無柰寡人何也。今以無能之如耳、魏齊而率弱韓、魏以伐秦，其無柰寡人何亦明矣。」左右皆曰：「甚然。」中旗馮琴而對曰：「王之料天下過矣。當晉六卿之時，知氏最彊，滅范、中行，又率韓、魏之兵以圍趙襄子于晉陽，決晉水以灌晉陽之城㊀，不湛者三版㊁。知伯行水，魏桓子御，韓康子為參乘。知伯曰：『吾始不知水之可以亡人之國也，乃今知之㊂。』汾水可以灌安邑，絳水可以灌平陽。魏桓子肘韓康子，韓康子履魏桓子，肘足接於車上，而知氏地分，身死國亡，為天下笑。今秦兵雖彊，不能過知氏；韓、魏雖弱，尚賢其在晉陽之下也㈣。此方其用肘足之時也，願王之勿易也㈤！」於是秦王恐。

【註】㈠晉水：源出山西太原縣西懸甕山。晉陽：山西太原縣。㈡湛：同「沈」，沈沒，堙沒。版：築城牆之版，其高二尺，曰一版。㈢知伯說：「我以前不知道水之可以滅亡人之國家，現在我才知道了。」用汾水可以堙沒安邑（魏都），用絳水可以堙沒平陽（韓都）。魏桓子和韓康子聽到這話，覺得知伯的野心，於滅趙之後，還要繼續滅魏滅韓，魏桓子用肘碰碰韓康子，韓康子用腳踢踢魏桓子，有同病相憐之感。於是反而與趙簡子聯合起來，一致行動，共同以滅知伯。㈣韓魏雖弱，比他們在晉陽之時的力量還為強大。㈤希望王不要輕心大意。

齊、楚相約而攻魏，魏使人求救于秦，冠蓋相望也㈠，而秦救不至。魏人有唐睢者，年九十餘矣，謂魏王曰：「老臣請西說秦王，令兵先臣出㈡。」魏王再拜，遂約車而遣之。唐睢到，入見秦王。秦王曰：「丈人芒然乃遠至此，甚苦矣㈢！夫魏之來求救數矣㈣，寡人知魏之急已㈤。」唐睢對曰：「大王已知魏之急而救不發者，臣竊以為用策之臣無任矣㈥。夫魏，一萬乘之國也，然所以西面而事秦，稱東藩，受冠帶，祠春秋者，以秦之彊足以為與也㈦。今齊、楚之兵已合於魏郊矣，而秦救不發，亦將賴其未急也㈧。使之大急，彼且割地而約從，王尚何救焉㈨？必待其急而救之，是失一東藩之魏而彊二敵之齊、楚，則王何利焉㈩？」於是秦昭王遽為發兵救魏。魏氏復定㈩㈠。

【註】㈠冠蓋：代表求救之官員。言魏國派官員到秦國去求救，一個接著一個，即謂之「相望」。㈡言我未回到魏國而使秦兵即先出。㈢丈人：長輩之稱。芒然：形容丈人之狀，言其年老如此，耳目昏花，走動不便。㈣數：屢次。㈤已：同「矣」。㈥大王既然知道魏國的危急而救兵不出發者，我認為是替大王運策出計的人，太不負責任了。㈦魏國是一個萬乘的大國，然而所以西面而事秦，稱為秦國東方的藩屬，受秦國的冠帶，參加秦國的春秋祭祀者，因為秦國的強大，足以為可靠的與國。㈧現在齊楚的軍隊已經結集於魏國的近郊，而秦國的救兵不出動，似以為魏國尚不到十分危急的時候。㈨但是，一旦到了十分危急，魏國被逼無奈，必然割地求和而與齊楚約縱聯合，那時節，王還有什麼可救的呢？㈩如果一定要等著魏國十萬火急而再去救，那就是你失掉了一個東方屏藩的魏國，而加強了齊楚二國敵對的力量，那時節，對於王還有什麼利益之可言呢？㈩㈠於是秦昭王急遽發兵救魏，而魏國的局勢轉為安定。

趙使人謂魏王曰：「為我殺范痤㊀，吾請獻七十里之地。」魏王曰：「諾」。使吏捕之，圍而未殺。痤因上屋騎危㊁，謂使者曰：「與其以死痤市，不如以生痤市㊂。有如痤死，趙不予王地，則王將柰何？故不若與先定割地，然後殺痤㊃。」魏王曰：「善。」痤因上書信陵君曰：「痤，故魏之免相也，趙以地殺痤而魏王聽之，有如彊秦亦將襲趙之欲，則君且柰何㊄？」信陵君言於王而出之㊅。

【註】㊀痤：音嵯（ㄘㄨㄛˊ）。㊁上屋：登上房屋。騎危：危，高而險的棟上。騎在高而險的地方。㊂與其以死的范痤來作交換，不如以活的范痤來作交換。市，交換，作賣買。㊃假定把我范痤殺死，趙國不給土地，那麼，王將如何是好？所以不如叫趙國先割土地，然後再把我殺死交給趙國。㊄范痤於是上書於魏相信陵君，說道：「我范痤是魏國已經罷免的丞相，現在趙國以土地作交換條件要殺我，而魏王答應其要求；假定強大的秦國也抄襲趙國的辦法，以土地作交換條件而要求殺掉丞相，那麼，你將如何是好？」㊅於是魏相信陵君言之於魏王，魏王釋放了范痤。

魏王以秦救之故，欲親秦而伐韓，以求故地。无忌謂魏王曰：

秦與戎翟同俗㊀，有虎狼之心，貪戾好利無信，不識禮義德行。苟有利焉，不顧親戚兄弟，若禽獸耳，此天下之所識也，非有所施厚積德也。故太后母也，而以憂死；穰侯舅也，功莫大焉，而竟逐之；兩弟無罪，而再奪之國。此於親戚若此，而況於仇讎之國乎？今王與秦共伐韓而益近秦患㊁，臣甚惑之。而王不識則不明，羣臣莫以聞則不忠㊂。

今韓氏以一女子奉一弱主，內有大亂，外交彊秦魏之兵，王以為不亡乎㊃？韓亡，秦有鄭地，與大梁鄰，王以為安乎㊄？王欲得故地，今負彊秦之親，王以為利乎㊅？

秦非無事之國也，韓亡之後必將更事，更事必就易與利，就易與利必不伐楚與趙矣㊆。是何也？夫越山踰河，絕韓上黨而攻彊趙，是復閼與之事，秦必不為也㊇。若道河內，倍鄴、朝歌，絕漳滏水，與趙兵決於邯鄲之郊，是知伯之禍也，秦又不敢㊈。伐楚，道涉谷，行三千里，而攻冥阸之塞，所行甚遠，所攻甚難，秦又不為也㊉。若道河外，倍大梁，右（蔡左）〔上蔡〕、召陵，與楚兵決于陳郊，秦又不敢㈡。故曰秦必不伐楚與趙矣，又不攻衛與齊矣㈢。

【註】㈠戎翟：即「戎狄」。㈡現在王與秦國共同伐韓，韓國亡了，就挨著魏國，那就是秦國的禍患，越來越逼近魏國。㈢這種情形，如果王不能認識，那就是王的不明；如果羣臣不報告，那就是羣臣的不忠。㈣現今韓國以一個女人而奉持一個小王，內部有大亂，而外部又與強大的秦魏相交戰，你以為韓國可以不亡嗎？㈤韓國亡了，秦國佔領新鄭之地，而與開封相鄰接，你以為魏國可以安全嗎？㈥你現在想得原有之土地而與秦國共同伐韓，而背後卻又招來了強秦的鄰接，你以為有利嗎？㈦秦國並不是一個安守本分不惹事的國家，它滅了韓國之後，必定要更找麻煩，找麻煩的對象，必然是瞄準那最容易與最有利的方向，那它就不會進攻楚國與趙國。㈧為什麼？因為秦國如果攻趙國，那它就要翻山涉河，橫過韓國的上黨而進攻強大的趙國，那它就是重蹈當年在閼與（在山西和順縣西北）作戰失敗的覆轍，秦國一定是不幹的。㈨秦國如果沿黃河北岸出兵，由河南之懷慶府，而衛輝府，而彰德府（鄴），橫渡漳水滏水，與趙國的軍隊決戰於邯鄲城下，那它就是重蹈了知伯之禍，秦國又不敢這樣的幹。㈩秦國如果進攻楚國，必定跋涉山谷，行走三千里之遠，然後進攻湖北，河南邊區的平靖關（冥阸之塞），行軍極遠，進攻極難，秦國又不會這樣的幹。⑪秦國如果取道於黃河南岸以進攻楚國，那麼，背後有大梁，右邊有上蔡，左邊有鄖城（召陵），與楚國的軍隊決戰於陳州

（河南淮陽）城下，它又不敢這樣的幹。㊂所以秦國勝韓之後，必定不進攻趙國與楚國，同時，它又不會進攻衞國與齊國。

夫韓亡之後，兵出之日，非魏無攻已㊀。秦固有懷、茅、邢丘，城垝津以臨河內，河內共，汲必危㊁；有鄭地，得垣雍，決熒澤水灌大梁，大梁必亡㊂。王之使者出，過而惡安陵氏于秦，秦之欲誅之久矣㊃。秦葉陽、昆陽與舞陽鄰，聽使者之惡之，隨安陵氏而亡之，繞舞陽之北，以東臨許，南國必危，國無害乎㊄？

【註】㊀韓國亡了以後，秦國出兵之日，其攻擊目標，除了魏國以外，就沒有第二個了。㊁秦國已經有了黃河北岸之武陟（懷）、修武（茅）、溫縣（邢丘）各地，再擴築延津（垝津）城，以威臨河內各地，那麼，輝縣（共）、汲縣（汲），必然危險；㊂秦國有了新鄭，得了原武，決開滎澤之水，以灌大梁（開封），大梁必然毀滅。㊃王的使臣出國，發言失當（過），對秦國說安陵氏（在河南鄢陵縣）的壞話，秦國想要誅伐安陵氏，已經蓄心很久了。㊄秦國所佔領之葉縣（葉陽）、昆陽（在許昌北），與舞陽為鄰；秦國再聽王的使臣所說安陵氏的壞話，一怒之下，隨手把安陵氏也消滅了；再繞道舞陽的北面，以威脅許昌，那麼，南國（在許昌縣南）必然危險。南國危險，對於魏國能沒有禍害嗎？

夫憎韓不愛安陵氏可也，夫不患秦之不愛南國非也㈠。異日者，秦在河西晉，國去梁千里，有河山以闌之，有周韓以閒之㈡。從林鄉軍以至于今，秦七攻魏，五入囿中，邊城盡拔，文臺墮，垂都焚，林木伐，麋鹿盡，而國繼以圍㈢。又長驅梁北，東至陶衞之郊，北至平監㈣。所亡于秦者，山南山北，河外河內，大縣數十，名都數百㈤。秦乃在河西晉，去梁千里，而禍若是矣㈥。又況於使秦無韓，有鄭地，無河山而闌之，無周韓而閒之，去大梁百里，禍必由此矣㈦。

【註】㈠因為憎惡韓國而不愛安陵氏，是可以的；但是，不以秦國之消滅南國為憂，那就大大的不是了。㈡以前的時候，秦國佔領晉國河西之地，距離大梁有千里之遠，有高山大河的阻攔，有周國韓國的隔離。㈢從林鄉（在河南新鄭東北）戰爭以至於今，秦國一共攻打魏國七次，有五次都已攻進於中牟縣（囿中：周王田獵之地，在中牟），四邊的城市，都被攻破，文臺被其墮壞（在山東菏澤縣西北），垂都（在山東曹縣北句陽店）被其焚燒，林木為之伐絕，麋鹿為之死盡，而國都繼之以被圍。㈣並且秦軍又長驅於大梁之北，東至於定陶衞輝的城郊，北邊到了山東之汶上（監：即闞，山東汶上）。㈤魏國所亡於秦國的土地，華山以南，華山以北，黃河以外（河之南岸），黃河以內（河

之北岸），大縣有數十，名都有數百。㈥這還是秦國佔領晉國河西之地的時候，它距離大梁有千里之遠，而禍害就鬧到這般程度。㈦而況使秦國滅了韓國，佔有新鄭，沒有高山大河的阻攔，沒有周國、韓國的隔離，距大梁只有百里之近，大禍必定由此而起，不堪設想了。

異日者，從之不成也，楚、魏疑而韓不可得也㈠。今韓受兵三年，秦橈之以講㈡，識亡不聽，投質於趙，請為天下雁行頓刃㈢，楚、趙必集兵，皆識秦之欲無窮也，非盡亡天下之國而臣海內，必不休矣㈣。是故臣願以從事王㈤，王速受楚趙之約，（趙）〔而〕挾韓之質以存韓㈥，而求故地，韓必效之㈦。此士民不勞而故地得，其功多於與秦共伐韓，而又與彊秦鄰之禍也㈧。

【註】㈠以前的時候，各國聯合抗秦（縱）之所以不能成功，是由於楚國魏國互相猜疑，而韓國又拉攏不來。㈡現今韓國受了秦國攻打三年之久，秦國又不斷以講和的詐術，想著瓦解（橈）韓國的戰鬥意識。㈢韓國深知秦國滅亡韓國的陰謀，不聽其擺佈，所以投進了人質於趙國，請天下反秦之國結成兄弟之誼（雁行），共同一致，操幹頓刃（戰至刀刃折斷而後已）而與秦國苦戰。㈣楚國和趙國必然結集兵力以與秦戰，為什麼？因為大家都深切認識秦國的野心是沒有窮盡的，它非把天下的國家都滅亡了，使天下的人都作它的奴僕，它決不罷休。㈤所以我願意以聯合抗秦（合縱）的基本

國策來事奉君王。㈥請求君王速速接受楚趙的盟約，而憑著韓國的質子，出兵救韓，使韓國得以存在。㈦只要先使韓國存在，然後再請韓國歸還我們過去的土地。它必然肯樂意歸還的。㈧這種政略戰略，士民不勞而舊日的土地可以收復，比那與秦國共同伐韓而結果又受與秦國為鄰之禍，為高明得多了。

夫存韓安魏而利天下，此亦王之天時已㈠。通韓上黨于共、甯，使道安成，出入賦之，是魏重質韓以其上黨也㈡。今有其賦，足以富國㈢。韓必德魏愛魏重魏畏魏，韓必不敢反魏，是韓則魏之縣也㈣。魏得韓以為縣，衛、大梁、河外必安矣㈤。今不存韓，二周、安陵必危，楚、趙大破，衛、齊甚畏，天下西鄉而馳秦入朝而為臣不久矣㈥。

【註】㈠保全韓國，安定魏國，有利於天下，這是上天給予君王之最好的機會。㈡打通上黨（在山西長子縣）與共（河南淇縣）甯（河南修武縣）的路線，使取道於安成（河南原武縣），凡來往出入之商賈，都徵收其賦稅，這等於是魏國納上黨以為質地也。㈢我們現今能有這種賦稅的收入，就可以使國庫富足。㈣這樣一來，韓國必然感激魏國、親愛魏國、尊重魏國、敬畏魏國，它一定不敢反對魏國，韓國就等於變成魏國的屬縣了。㈤魏國能夠得到韓國以為屬縣，那麼，衛國、大梁，以及

黃河北岸之地，必然都可以得到安全了。㈥反一方面來講，現今如果不保全韓國，那麼，二周（東周、西周）安陵（河南鄢陵縣）必然危險，楚國、趙國必然被大敗，衞國齊國必然更恐懼，不遠的將來，天下各國都要西向而跑到秦國，朝拜秦國而為秦國的臣僕了！（公子無忌這一大段的政論，可以說是一篇極有見地的戰國末年之國際局勢的分析，把六國的命運判斷得極為正確，六國的前途是聯合力量以對付暴秦，把暴秦打倒，六國才可以有共同生存的命運，否則個個被其吞食，無一能倖免，這是公子無忌所明白指出的。可惜六國之君，互相猜忌，互相攻伐，把真正的敵人置之腦後，有時並且與暴秦聯合以攻擊其脣齒相依之鄰國，如此焉得不亡！六國之君，都沒有基本的立國遠見，所以其立場常常動搖，其國格蕩然無存，凡無國格之國家，未有不亡者也。）

二十年，秦圍邯鄲，信陵君無忌矯奪將軍晉鄙兵以救趙㈠，趙得全。無忌因留趙。二十六年，秦昭王卒。

【註】㈠魏德故城，一名晉鄙城，在河南汲縣西北五十里，即公子無忌矯奪晉鄙兵，故名魏德城。

三十年，無忌歸魏，率五國兵攻秦，敗之河外㈠，走蒙驁㈡。魏太子增質于秦，秦怒，欲囚魏太子增。或為增謂秦王曰：「公孫喜固謂魏相曰『請以魏疾擊秦，秦王怒，必囚增。魏王又怒，擊秦，秦必傷。』今王囚增，是喜之計中也。故不若貴增而合魏，以疑之於齊、韓。」秦乃止增㊂。

【註】㊀河外：河南地區黃河南岸之地。㊁蒙驁：秦將名。㊂秦國外交政策常處於主動，如故意重視太子增以表示與魏合作，而挑撥齊、韓對魏國的疑心，使六國聯合之勢，為之瓦解。

三十一年，秦王政初立。

三十四年，安釐王卒，太子增立，是為景湣王。信陵君無忌卒。

景湣王元年，秦拔我二十城，以為秦東郡。二年，秦拔我朝歌。衞徙野王㊀。三年，秦拔我汲㊁。五年，秦拔我垣、蒲陽、衍㊂。十五年，景湣王卒，子王假立。

【註】㊀衞從濮陽徙野王。㊁汲：河南汲縣。㊂垣：在山西垣曲縣西二十里。蒲陽：在山西永濟縣北三十里。衍：在河南鄭州。

王假元年，燕太子丹使荊軻刺秦王，秦王覺之。

三年，秦灌大梁，虜王假，遂滅魏以為郡縣㊀。

【註】㊀公子無忌曾預言秦國決滎澤之水可以灌大梁而滅魏，果然於三十年之後實現，可謂有眼光之政論家。

太史公曰：吾適故大梁之墟，墟中人曰：「秦之破梁，引河溝而灌大梁，三月城壞，王請降，遂滅魏。」說者皆曰魏以不用信陵君故，國削弱至於亡，余以為不然。天方令秦平海內，其業未成，魏雖得阿衡之佐，曷益乎㊀。

【註】㊀信陵君公子無忌乃真正之賢能，有識見有魄力，魏以不用信陵君之故，而國勢馴至於亡，可見用賢與不賢關係差別之大。譙周曰：「以予所聞，所謂天之亡者，有賢而不用也，如用之，何有亡哉？使紂用三仁，周不能王，況秦虎狼乎？」譙周此言，即反對司馬遷之論。

卷四十五　韓世家第十五

韓之先與周同姓㊀，姓姬氏。其後苗裔事晉，得封于韓原㊁，曰韓武子。武子後三世有韓厥㊂，從封姓為韓氏。

【註】㊀韓：據《左傳》謂：「邘、晉、應、韓、武之穆」，是武王之子，故謂「與周同姓，姓姬氏」。㊁韓原：陝西韓城縣。㊂韓厥：即韓獻子。

韓厥，晉景公之三年，晉司寇屠岸賈將作亂，誅靈公之賊趙盾。趙盾已死矣，欲誅其子趙朔。韓厥止賈，賈不聽。厥告趙朔令亡。朔曰：「子必能不絕趙祀，死不恨矣。」韓厥許之。及賈誅趙氏，厥稱疾不出。程嬰、公孫杵臼之藏趙孤趙武也，厥知之。

景公十一年，厥與郤克將兵八百乘伐齊，敗齊頃公于鞍㊀，獲逢丑父。於是晉作六卿，而韓厥在一卿之位，號為獻子。

【註】㊀鞍：在山東歷城縣。

晉景公十七年，病，卜大業之不遂者為祟㊀。韓厥稱趙成季之功㊁，今後無祀，以感景公㊂。景公問曰：「尚有世乎？」厥於是言趙武，而復與故趙氏田邑，續趙氏祀。

晉悼公之〔十〕〔七〕年，韓獻子老。獻子卒，子宣子代。宣子徙居州㊃。

【註】㊀大業：晉文公稱霸，在晉國歷史上是偉大的事業，而文公之所以能成就霸業，在於其出亡在外時之長期患難中與之共艱苦的諸輔臣，趙衰即是其中之要員，但其後人趙朔被屠岸賈所殺，故謂之「大業之不遂者」。㊁趙成季：即趙衰。㊂感：啟示使之覺悟。㊃州：在河南沁陽縣東南四十里。

晉平公十四年，吳季札使晉，曰：「晉國之政卒歸于韓、魏、趙矣。」晉頃公十二年，韓宣子與趙、魏共分祁氏、羊舌氏十縣。晉定公十五年，宣子與趙簡子侵伐範、中行氏。宣子卒，子貞子代立。貞子徙居平陽㊀。

【註】㊀平陽：山西臨汾縣。

貞子卒，子簡子代。簡子卒，子莊子代。莊子卒，子康子代。康子與趙襄子、魏桓子共敗知伯㊀，分其地，地益大，大於諸侯。

【註】㊀韓、趙、魏合力滅知伯，此為晉國歷史變化之大事，在周貞定王十六年，即西曆紀元前四五三年。五十年之後而變為戰國時代。

康子卒，子武子㊀代。武子二年，伐鄭，殺其君幽公。十六年，武子卒，子景侯立。景侯虔元年，伐鄭，取雍丘㊁。二年，鄭敗我負黍㊂。

【註】㊀武子都宜陽韓城，在洛陽之西百里。景侯又徙都陽翟（河南禹縣）。㊁雍丘：河南杞縣。㊂負黍：河南登封縣西三十七里。

六年，與趙、魏俱得列為諸侯㊀。

九年，鄭圍我陽翟。景侯卒，子列侯取立。

【註】㊀周威烈王二十三年，即西曆紀元前四〇三年，周王命韓、趙、魏皆為諸侯，戰國時代自此開始。

列侯三年，聶政殺韓相俠累。九年，秦伐我宜陽，取六邑。十三年，列侯卒，子文侯立。是歲魏文侯卒。

文侯二年，伐鄭，取陽城㈠。伐宋，到彭城㈡，執宋君。七年，伐齊，至桑丘㈢。鄭反晉。九年，伐齊，至靈丘。十年，文侯卒，子哀侯立。

【註】㈠陽城：在河南登封縣東南三十五里。㈡彭城：江蘇銅山縣。㈢桑丘：在山東滋陽縣西北。㈣靈丘：在山東滕縣東四十里。

哀侯元年，與趙、魏分晉國。二年，滅鄭，因徙都鄭㈠。

【註】㈠韓遷都於河南新鄭，鄭國亡。

六年，韓嚴弒其君哀侯，而子懿侯立。

懿侯二年，魏敗我馬陵㈠。五年，與魏惠王會宅陽㈡。九年，魏敗我澮㈢。十二年，懿侯卒，子昭侯立。

【註】㈠馬陵：在河南長葛縣。㈡宅陽：在河南滎澤縣。㈢澮：在山西翼城縣。

昭侯元年，秦敗我西山㈠。二年，宋取我黃池㈡。魏取朱㈢。六年，伐東周㈣，取陵觀、邢丘㈤。

【註】㈠西山：在河南宜陽縣至魯山縣一帶之山地。㈡黃池：在河南封丘縣東南。㈢朱：大概在河南開封新鄭之間。㈣東周：在河南鞏縣。㈤陵觀、邢丘：大概皆在鞏縣附近。

八年，申不害相韓㈠，脩術行道，國內以治，諸侯不來侵伐。十年，韓姬弒其君悼公㈡。十一年，昭侯如秦。二十二年，申不害死。二十四年，秦來拔我宜陽。

【註】㈠申不害：鄭國人，出身微賤，學黃老刑名之術（本於黃老，而主刑名），以求進於韓昭侯，昭侯用以為相，內修政教，外應諸侯，十五年，終申子之身，國治兵強。㈡韓姬弒其君悼公：歷史無此事，係錯誤之句。

二十五年，旱，作高門。屈宜臼㈠曰：「昭侯不出此門。何也？不時。吾所謂時者，非時日也，人固有利不利時。昭侯嘗利矣，不作高門。往年秦拔宜陽，今年旱，昭侯不以此時卹民之急，而顧益奢，此謂『時絀舉贏』㊁。」二十六年，高門成，昭侯卒，果不出此門。子宣惠王立。

【註】㊀屈宜臼：楚國大夫，當時在韓國。㊁年成荒旱的時候，昭侯不體恤人民之急困，反而（顧：反而）更加奢侈，這就叫做「年成窮困（絀）而舉動豪華（贏）」。

宣惠王五年，張儀相秦。八年，魏敗我將韓舉。十一年，君號為王。與趙會區鼠。十四年，秦伐敗我鄢㊀。

【註】㊀鄢：河南鄢陵縣。

十六年，秦敗我脩魚㊀，虜得韓將鯁、申差于濁澤㊁。韓氏急，公仲㊂謂韓王曰：「與國非可恃也。今秦之欲伐楚久矣，王不如因張儀為和于秦，賂以一名都，具甲㊃，與之南伐楚，此以一易二之計也㊄。」韓王曰：「善。」乃警公仲之行㊅，將西購于秦㊆。楚王聞之大恐，召陳軫告之。陳軫曰：「秦之欲伐楚久矣，今又得韓之名都一而具甲，秦韓并兵而伐楚，此秦所禱祀而求也㈧。今已得之矣，楚國必伐矣。王聽臣為之警四境之內㈨，起師言救韓，命戰車滿道路，發信臣，多其車，重其幣，使信王之救己也，縱韓不能聽我，韓必德王也，必不為鴈行以來，是秦韓不和也，兵雖至，楚不大病也㈩。為能聽我絕和於秦，秦必大怒，以厚怨韓⑪。韓之南交楚，必輕秦；輕秦，其應秦必不敬：是因秦、韓之兵而免楚國之患也⑫。」楚王曰：「善。」乃警四境之內，興師言救韓。命戰車滿道路，發信言，多其車，重其幣。謂韓王曰：「不穀國雖小，已悉發之矣。願大國遂肆志於秦，不穀將以楚殉韓⑬。」韓王聞之大說，乃止公仲之行。公仲曰：「不可。夫以實伐我者秦也，以虛名救我者楚也。王恃楚之虛名，而輕絕彊秦之敵，王必為天下大笑⑭。且楚韓非兄弟之國也，又非素約而謀伐秦也⑮。已有伐形，因發兵言救韓，此必陳軫之謀也⑯。且王已使人報於秦矣，今不行，是欺秦也。夫輕欺彊秦而信楚之謀臣，恐王必悔之⑰。」韓王不聽，遂絕於秦。秦因大怒，益甲伐韓，大戰，楚救不至韓㊇。十九年，大破我岸門㊈。太子倉質于秦以和。

【註】㊀脩魚：大概在河南許昌縣附近。㊁濁澤：在河南臨潁縣西北。㊂公仲：韓丞相之名。㊃具甲：裝備軍隊。㊄以一個換兩個，謂韓國既不被秦伐而又可以與秦伐楚。㊅警：囑咐仲公提高警覺，小心進行。㊆購：同「搆」，求和，講和。㊇陳軫：楚人，善遊說之術。㊈警：緊急動員。㊉請王聽臣之計，緊急動員四境之內，聲言發兵救韓，命令戰車佈滿於道路，派使臣到韓國，叫韓國相信君王必定會救它，這樣一來，縱使韓國不能聽從我們，也要感激我們楚國的恩德，決不會與秦國協同一致來打我們，這就造成了秦韓兩國的不和睦，秦兵雖然到了韓國，但是對於我們楚國並無大害。㊁如果韓國能夠聽從我們而對秦國絕交，秦國必然大怒而深深的恨惡韓國。㊂韓國向我們楚國靠攏，必然輕視秦國，輕視秦國必然對於秦國的應付倨傲不敬，結果必然雙方衝突起來，而我們楚國就可以藉此免除戰禍了。㊂於是楚王派使臣告訴韓王說：「不穀（不善，自謙之詞）國家雖小，但是軍隊已經全部出動了，請求貴國專心一意對付秦國，不穀準備以楚國的生命為韓國而死戰。」㊃韓王聽了楚國使臣之言，大為喜悅，命令公仲停止赴秦。公仲說：「這是不可以的，因為以實力來伐我者是秦國，以虛聲來救我者是楚國，王如果仗恃楚國的虛聲，而輕輕易易對強大的秦國絕交，王必定被天下人所大大的恥笑。㊄並且楚國和韓國既不是兄弟之國，又沒有平素的結合而計劃伐秦。㊅秦

國已經露出了伐韓的形勢，而楚國纔聲言發兵救韓，這一定是陳軫的譎計。㈦並且王已經派人報告於秦國了，現今忽而停止，這等於是欺騙秦國，欺騙強大的秦國而聽信楚國謀臣的譎計，恐怕王將來一定會後悔的！」㈧韓王不聽公仲之言，遂對秦絕交。秦王大怒，於是加派軍隊以伐韓，而楚國的救兵不至。㈨岸門：在河南長葛縣西北十八里。

二十一年，與秦共攻楚，敗楚將屈丐，斬首八萬於丹陽㈠。是歲，宣惠王卒，太子倉立，是為襄王。

【註】㈠丹陽：在河南內鄉縣。

襄王四年，與秦武王會臨晉㈠。其秋，秦使甘茂攻我宜陽㈡。五年，秦拔我宜陽，斬首六萬。秦武王卒。六年，秦復與我武遂㈢。九年，秦復取我武遂。十年，太子嬰朝秦而歸，十一年，秦伐我，取穰㈣。與秦伐楚，敗楚將唐眛。

【註】㈠臨晉：陝西大荔縣。㈡宜陽：在今河南宜陽縣之西五十里，即韓城。㈢武遂：在山西臨汾縣西。㈣穰：在河南鄧縣。

十二年，太子嬰死。公子咎、公子蟣蝨爭為太子。時蟣蝨質于楚。蘇代謂韓咎曰：「蟣蝨亡在楚，楚王欲內之甚㈠。今楚兵十餘萬在方城之外㈡，公何不令楚王築萬室之都雍氏之旁㈢，韓必起兵以救之，公必將矣。公因以韓楚之兵奉蟣蝨而內之，其聽公必矣，必以楚韓封公也㈣。」韓咎從其計。

【註】㈠楚王很想把蟣蝨送回韓國。㈡方城：河南方城縣。㈢雍氏：在河南禹縣東北。㈣公為何不使楚王建設萬家之都於雍氏之旁，韓國必然起兵以救雍氏，那個時候，公必然為將，於是公即可以率韓楚之兵奉公子蟣蝨而納之於韓，立之為王，那麼，他一定很感激公的恩德。（聽字，係德字之誤），而韓楚兩國今後就聽從於你了（封字係奉字之假借）。

楚圍雍氏，韓求救於秦。秦未為發，使公孫昧入韓㈠。公仲曰：「子以秦為且救韓乎㈡？」對曰：「秦王之言曰『請道南鄭、藍田，出兵於楚以待公』，殆不合矣㈢。」公仲曰：「子以為果乎㈣？」對曰：「秦王必祖張儀之故智。楚威王攻梁也，張儀謂秦王曰：『與楚攻魏，魏折而入於楚，韓固其與國也，是秦孤也㊄。不如出兵以到之，魏楚大戰，秦取西河之外以歸㊅。』今其狀陽言與韓，其實陰善楚㊆。公待秦而到，必輕與楚戰㊇。楚陰得秦之不用也，必易與公相支也㊈。公戰而勝楚，遂與公乘楚，施三川而歸㊉。公戰不勝楚，楚塞三川守之，公不能救也。竊為公患之⑪。司馬庚三反於郢，甘茂與昭魚遇於商於，其言收璽，實類有約也⑫。」公仲恐，曰：「然則柰何⑬？」曰：「公必先韓而後秦，先身而後張儀⑭。公不如亟以國合於齊楚，齊楚必委國於公。公之所惡者張儀也，其實猶不無秦也⑮。」於是楚解雍氏圍。

【註】㊀楚國圍攻雍氏（在河南禹縣東北），韓國求救於秦國。秦國沒有發兵，而使公孫昧入韓。㊁韓國的丞相公仲問於公孫昧道：「你以為秦國將會救韓國嗎？」㊂公孫昧答道：「秦王這樣的說：『秦國準備取道於南鄭（漢中）或者是藍田（陝西藍田縣），向楚國進兵，以配合韓軍的行動』，像這樣的迂廻緩慢，大概與韓國的積極要求是不符合的。」㊃公仲又問道：「你以為果然會這樣的作嗎？」㊄公孫昧回答道：「秦王必定效法張儀過去的老辦法，以前楚威王攻打大梁（開封，魏都）的時候，魏國求救於秦，張儀對秦王建議道：『我們如果允許楚國攻打魏國，魏國失敗了，必然歸於

楚國；韓國本來就是它的同盟之國，於是秦國就孤立了。㈥為秦國計，不如聲言出兵救魏以加強（到：當為「勁」字，加強也）其對楚作戰的勇氣，等到魏國與楚國打得死去活來的時候，秦國就可以輕而易舉的把魏國西河以南的土地都拿到手了。』㈦看秦國現今的情況，表面上說是對韓國幫忙，暗地裡卻是與楚國親善。㈧韓國如果仗恃（待：當係「恃」字）秦國而勇氣十足（到：當係「勁」字），必定輕率的對楚國作戰；㈨楚國暗地裡知道秦國決不出兵，必然很容易的對付韓國。㈩韓國如果戰而勝楚，那麼，秦國就與韓國趁著楚國之敗，到周天子所在的三川（洛陽）之地，誇耀（施）其破楚救韓之豐功偉蹟，大唱凱旋而歸。㈡韓國如果戰而失敗，那麼，秦國（原文楚字想係秦字之誤）便退守三川之地，你還是救不了雍氏。我實在替你發愁。㈢並且秦國的司馬庚三次到了楚都，秦國的甘茂又與楚國的丞相昭魚會見於商於（陝豫邊區之地），只聽說昭魚收到了秦國的封印，這樣看來，秦楚之間似乎實在有密約。」㈢於是公仲很恐懼的說：「那麼，怎麼辦？」㈣公孫昧答道：「你一定要先考慮韓國本身的力量，而後再談秦國的支援；你一定要先堅定韓國本身的立場，而後嚴防張儀的譎計。㈤你不如趕快與齊楚相結合，那麼，齊楚必然樂於支持你主持韓國的政務，你所痛恨者無非是張儀，實際上並不至於失掉了（無）秦國的和氣。」

蘇代又謂秦太后弟芈戎曰：「公叔伯嬰恐秦楚之內蟣蝨也，公何不為韓求質子於楚㈠？楚王聽入質子於韓，則公叔伯嬰知秦

楚之不以蟣蝨為事，必以韓合於秦楚㈡。秦楚挾韓以窘魏，魏氏不敢合於齊，是齊孤也㈢。公又為秦求質子於楚，楚不聽，怨結於韓。韓挾齊魏以圍楚，楚必重公㈣。公挾秦楚之重以積德於韓，公叔伯嬰必以國待公㈤。」於是蟣蝨竟不得歸韓。韓立咎為太子。齊、魏王來。

【註】㈠蘇代對秦太后之弟芊戎（姓芊，名戎）說：「公叔伯嬰（韓襄王之子）害怕秦楚兩國把蟣蝨（亦韓襄王之子，時出質於楚）送回韓國立以為君，你為什麼不替韓國向楚國請求把質子送回韓國？㈡如果楚王不聽你的話把質子送回韓國，那麼，公叔伯嬰知道了秦楚不主張立蟣蝨為王，他必然以韓國與秦楚相結合。（原文「聽」字下缺一「不」字）㈢秦楚拿著韓國以困擾（窘）魏國，魏國必然不敢與齊國相結合，那麼，齊國就陷於孤立了。㈣你再替秦國向楚國請求把質子送到秦國，楚國如果不聽，那它就要結怨於韓國。韓國仗著齊魏的力量以圍楚，楚國必然借重於你。㈤你拿著秦楚的大力以積恩德於韓國，等到公叔伯嬰立為韓王之後，必以韓國聽你的使用。」

十四年，與齊、魏王共擊秦，至函谷而軍焉㈠。十六年，秦與我河外及武遂㈡。襄王卒，太子咎立，是為釐王。

釐王三年，使公孫喜率周、魏攻秦。秦敗我二十四萬，虜喜伊闕㊂。五年，秦拔我宛㊃。六年，與秦武遂地二百里。十年，秦敗我師于夏山㊄。十二年，與秦昭王會西周而佐秦攻齊。齊敗，湣王出亡。十四年，與秦會兩周閒。二十一年，使暴鳶㊅救魏，為秦所敗，鳶走開封。

【註】㊀函谷關：在河南靈寶縣西南里許。㊁武遂：在山西臨汾縣西南。㊂伊闕：伊水缺口之處在洛陽城南十九里。㊃宛：河南南陽。㊄夏山：大概在山西臨汾附近。㊅鳶：音員（ㄩㄢˊ）。

二十三年，趙、魏攻我華陽㊀。韓告急於秦，秦不救。韓相國謂陳筮曰：「事急，願公雖病，為一宿之行㊁。」陳筮見穰侯㊂。穰侯曰：「事急乎？故使公來。」陳筮曰：「未急也。」穰侯怒曰：「是可以為公之主使乎？夫冠蓋相望，告敝邑甚急，公來言未急，何也㊃？」陳筮曰：「彼韓急則將變而佗從，以未急，故復來耳㊄。」穰侯曰：「公無見王，請今發兵救韓㊅。」八日而至，敗趙、魏於華陽之下。是歲，釐王卒，子桓惠王立。

【註】㈠華陽：山名，在河南密縣。㈡一宿之行：言其所費時間甚短，只要一夜的功夫就可以了。㈢穰侯：名魏冉，秦昭王母宣太后之弟，為秦昭王相，封於穰，故號穰侯。㈣這樣可以當你的君主的使臣嗎？韓國所派來的代表，一個跟一個的，都說情況非常之危急，而你來卻說是不怎麼危急，這是什麼道理呢？㈤韓國的代表陳筮說道：「如果是危急，那麼，韓國一定改變立場而靠向他國；正是因為不危急，所以才再來了！」㈥穰侯說：「你不必見王了，我現在就發兵救韓。」

桓惠王元年，伐燕。九年，秦拔我陘，城汾旁㈠。十年，秦擊我於太行㈡，我上黨郡守以上黨郡降趙㈢。十四年，秦拔趙上黨，殺馬服子卒四十餘萬於長平㈣。十七年，秦拔我陽城、負黍㈤。二十二年，秦昭王卒。二十四年，秦拔我城皋、滎陽㈥。二十六年，秦悉拔我上黨。二十九年，秦拔我十三城。

【註】㈠陘城：在山西曲沃縣東。㈡太行山：起河南濟源縣，北入山西晉城縣，迤向東北，跨陵川、壺關、平順、潞城、黎城、武鄉、遼縣、和順、平定、昔陽，以及河南之輝縣、武安，河北之井陘、獲鹿，綿亙數千里，為天下之脊。㈢上黨：山西長治縣。㈣長平：在山西高平縣西。㈤陽城：在河南登封縣東南三十五里。負黍：在河南登封縣西三十七里。㈥成皋：在河南汜水縣西北。

三十四年，桓惠王卒，子王安立。

王安五年，秦攻韓，韓急，使韓非使秦㈠，秦留非，因殺之。九年，秦虜王安，盡入其地，為潁川郡。韓遂亡㈡。

【註】㈠韓非：韓之諸公子，喜刑名法術之學，見韓削弱，數以書求進於韓王，王不能用。至是，王使納地效璽，請為秦之藩臣。非因說秦王曰：「大王誠聽臣說，一舉而天下之縱（合縱抗秦）不破，趙不舉，韓不亡，荊、魏不臣，齊、燕不親，則斬臣徇國，以戒為王謀不忠者。」王悅之，未用，李斯害其能，讒之，下獄自殺。司馬溫公論韓非曰：「君子親其親以及人之親，愛其國以及人之國，非為秦謀，而首欲覆其宗國，罪固不容於死矣，烏足愍哉。」㈡韓亡國在秦始皇十七年，即西曆紀元前二三〇年。

太史公曰：韓厥之感晉景公㈠，紹趙孤之子武，以成程嬰、公孫杵臼之義，此天下之陰德也。韓氏之功，於晉未覩其大者也。然與趙、魏終為諸侯十餘世，宜乎哉㈡！

【註】㈠感：感悟，啟示。㈡韓雖然無大功，而有陰德，故享國十餘世。

卷四十六　田敬仲完世家第十六

陳完者㈠，陳厲公他之子也。完生，周太史過陳，陳厲公使卜完，卦得觀之否：「是為觀國之光，利用賓于王。此其代陳有國乎？不在此而在異國乎？非此其身也，在其子孫㈡。若在異國，必姜姓。姜姓，四嶽之後㈢。物莫能兩大，陳衰，此其昌乎㈣？」

【註】㈠陳：武王克商，求舜後，得媯滿，封之於陳（都宛丘，今河南淮陽縣，春秋之末，為楚所滅）。其地有今之河南開封縣以東及安徽亳縣以北。㈡「觀覽王國的文物豐采，這是很吉利的，將來為王庭的賓客，會代替陳國而有國家的。如果不在陳國，就會在別的國家；如果不在他本身，就會在他的子孫；㈢如果在別的國家，必然是在姜姓的國家（齊國，姜姓）。姜姓是四嶽之後（姜姓之先，為堯之四嶽）。㈣一件東西，不能同時有兩個大的，陳國一旦衰落，這一支，就要昌盛了。」（按：陳滑公於周敬王四十一年為楚惠王所滅。齊簡公於周敬王三十九年為田常所殺。）

厲公者，陳文公少子也，其母蔡女。文公卒，厲公兄鮑立，是為桓公。桓公與他異母。及桓公病，蔡人為他殺桓公鮑及太子免而立他，為厲公。厲公既立，娶蔡女。蔡女淫於蔡人，數歸，厲公亦數如蔡。桓公之少子林怨厲公殺其父與兄，乃令蔡人誘厲公而殺之。林自立，是為莊公。故陳完不得立，為陳大夫。厲公之殺，以淫出國，故春秋曰「蔡人殺陳他」，罪之也。莊公卒，立弟杵臼，是為宣公。宣公〔二〕十一年，殺其太子禦寇。禦寇與完相愛，恐禍及己，完故奔齊。齊桓公欲使為卿，辭曰：「羈旅之臣，幸得免負檐㊀，君之惠也，不敢當高位。」桓公使為工正㊁。齊懿仲欲妻完，卜之，占曰：「是謂鳳皇于蜚，和鳴鏘鏘。有媯之後，將育于姜。五世其昌，並于正卿。八世之後，莫之與京㊂。」卒妻完。完之奔齊，齊桓公立十四年矣。

【註】㊀負檐：以背載物，曰負，以肩載物，曰擔。比喻勞苦之役也。㊁工正：各種工藝之長。㊂鳳凰比翼而齊飛，鳴聲諧和而優美。媯姓之後（陳氏），將來要發育於姜家，到了五世的時候，就要旺盛起來，與四卿相並立，到了八世之後，其勢力之大，就沒有一個能與他相比的。

完卒，謚為敬仲。仲生穉孟夷。敬仲之如齊，以陳字為田氏㈠。

【註】㈠陳完入齊，改姓田氏。顧炎武曰：「以陳氏為田氏，蓋太史公之誤。春秋傳未有稱田者，至戰國時始為田耳。」考世家，平公即位，田常相之，割齊安平以東為田氏封邑，是乃田氏有齊之始，變陳為田，當在此時。

田穉孟夷生湣孟莊，田湣孟莊生文子須無。田文子事齊莊公。晉之大夫欒逞作亂於晉，來奔齊，齊莊公厚客之。晏嬰與田文子諫，莊公弗聽。

文子卒，生桓子無宇㈠。田桓子無宇有力，事齊莊公，甚有寵。無宇卒，生武子開與釐子乞。田釐子乞事齊景公為大夫，其收賦稅於民以小斗受之，其（粟）〔稟〕予民以大斗，行陰德於民，而景公弗禁。由此田氏得齊眾心，宗族益彊，民思田氏。晏子數諫景公，景公弗聽。已而使於晉，與叔向私語曰：「齊國之政其卒歸於田氏矣。㈡」

【註】㈠田桓子：據《左傳》周景王十三年，即西曆紀元前五三二年，謂：「齊惠、欒、高氏，皆

嗜酒，信內多怨，強於陳、鮑氏而惡之。夏，有告陳桓子：「子旗、子良，將攻陳、鮑。」亦告鮑氏。桓子授甲而如（往）鮑氏，遭子良醉而騁，遂見文子，則亦授甲矣。使視二子，則皆將飲酒。桓子曰：「彼雖不信，聞我授甲，則必逐我，及其飲酒也，先伐諸。」陳、鮑、方睦，遂伐欒高氏。……欒高敗，陳、鮑分其室。晏子謂桓子必致諸公：「讓，德之主也，讓之謂懿德，凡有血氣，皆有爭心，故利不可強，思義為愈。義，利之本也，蘊利生孽，姑使無蘊，可以滋長乎？」桓子盡致諸公，而請老於莒。……凡公子公孫之無祿者，私與之邑；國之貧約孤寡者，私與之粟。……陳氏始大。」㈡據《左傳》周景王六年（西曆紀元前五三九年）謂：齊晏嬰往晉，晉大夫叔向從之宴，相與語，叔向曰：「齊其何如？」晏子曰：「此季世也，吾弗知，齊其為陳氏矣！公棄其民而歸於陳氏，齊舊四量，豆、區、釜、鍾，四升為豆，各自其四，以登於釜，釜十則鍾，陳氏三量，皆登一焉，鍾乃大矣，以家量貸，而以公量收之，山木如市，弗加於山，魚鹽蜃蛤，弗加於海，民盡其力，二入於公，而衣食其一，公聚朽蠹而三老凍餒；國之諸市，履賤踊貴，民人痛疾，而或燠休之，其愛之如父母，而歸之如流水，欲無獲民，將焉避之……。」

晏嬰卒後，范、中行氏反晉。晉攻之急，范、中行請粟於齊。田乞欲為亂，樹黨於諸侯，乃說景公曰：「范、中行數有德於齊，齊不可不救。」齊使田乞救之而輸之粟。

景公太子死，後有寵姬曰芮子，生子荼。景公病，命其相國惠子與高昭子以子荼為太子。景公卒，兩相高、國立荼，是為晏孺子。而田乞不說㊀，欲立景公他子陽生。陽生素與乞歡。晏孺子之立也，陽生奔魯。田乞偽事高昭子、國惠子者，每朝代參乘，言曰：「始諸大夫不欲立孺子。孺子既立，君相之，大夫皆自危，謀作亂。」又紿㊁大夫曰：「高昭子可畏也，及未發先之㊂。」諸大夫從之。田乞、鮑牧與大夫以兵入公室，攻高昭子。昭子聞之，與國惠子救公。公師敗。田乞之眾追國惠子，惠子奔莒，遂返殺高昭子。晏（孺子）〔圉〕奔魯。

【註】㊀說：同「悅」。㊁紿：音代（ㄉㄞˋ），欺騙。㊂及其未發而先下手。

田乞使人之魯，迎陽生。陽生至齊，匿田乞家。請諸大夫曰：「常之母有魚菽之祭㊀，幸而來會飲。」會飲田氏。田乞盛陽生橐中㊁，置坐中央。發橐，出陽生，曰：「此乃齊君矣。」大夫皆伏謁㊂。將盟立之，田乞誣㊃曰：「吾與鮑牧謀共立陽生也。」

鮑牧怒曰：「大夫忘景公之命乎？」諸大夫欲悔，陽生乃頓首曰：「可則立之，不可則已。」鮑牧恐禍及己，乃復曰：「皆景公之子，何為不可！」遂立陽生於田乞之家，是為悼公。乃使人遷晏孺子於駘㊄，而殺孺子荼。悼公既立，田乞為相，專齊政。

【註】㊀常：田常也，田乞之子，常之母，即田乞之妻。不自言其妻，而言其子之母，蓋難於開口也。㊁槖：音陀（ㄊㄨㄛˊ），無底之囊袋。㊂伏謁：伏首致敬。㊃誣：揑造言語，偽造事實。㊄駘：音台（ㄊㄞˊ），齊地名。

四年，田乞卒，子常代立，是為田成子。

鮑牧與齊悼公有郄，弒悼公。齊人共立其子壬，是為簡公。田常成子與監止㊀俱為左右相，相簡公。田常心害監止，監止幸於簡公，權弗能去㊁。於是田常復脩釐子之政，以大斗出貸，以小斗收。齊人歌之曰：「嫗乎采芑，歸乎田成子㊂！」齊大夫朝，御鞅諫簡公曰：「田、監不可並也，君其擇焉㊃。」君弗聽。

【註】㈠監止：姓監，名止。㈡權：權衡，估計，即言估計其力量，不能夠剷除監止。㈢芑：音杞（ㄑㄧˇ），野菜。言老太婆之採取芑菜，皆歸入於田成子，言一切成果皆將歸於田成子。㈣田常與監止，二人不能同時並立於朝，請齊君任選其一。

子我者，監止之宗人也，常與田氏有郤㈠。田氏疏族田豹事子我有寵。子我曰：「吾欲盡滅田氏適㈡，以豹代田氏宗。」豹曰：「臣於田氏疏矣㈢。」不聽。已而豹謂田氏曰：「子我將誅田氏，田氏弗先，禍及矣㈣。」子我舍公宮，田常兄弟四人乘如公宮㈤，欲殺子我。子我閉門。簡公與婦人飲檀臺㈥，將欲擊田常。太史子餘曰：「田常非敢為亂，將除害。」簡公乃止。田常出，聞簡公怒，恐誅，將出亡。田子行曰：「需，事之賊也㈦。」田常於是擊子我。子我率其徒攻田氏，不勝，出亡。田氏之徒追殺子我及監止。

【註】㈠郤：仇怨。㈡適：同「嫡」。㈢疏：遠門，不是近系。㈣子我準備要殺田氏，田氏如果不先下手，恐怕禍就要臨身了。㈤如：往也。㈥檀臺：在山東臨淄縣東北一里。㈦需：遲疑。遲疑是敗事的根源。

簡公出奔，田氏之徒追執簡公于徐州㊀。簡公曰：「蚤從御鞅之言㊁，不及此難㊂。」田氏之徒，恐簡公復立而誅己，遂殺簡公。簡公立四年而殺。於是田常立簡公弟驁，是為平公。平公即位，田常為相。

【註】㊀徐州：山東薛縣。㊁蚤：即「早」字。㊂不至於受這種禍。

田常既殺簡公，懼諸侯共誅己，乃盡歸魯、衞侵地，西約晉、韓、魏、趙氏，南通吳、越之使，脩功行賞，親於百姓，以故齊復定。

田常言於齊平公曰：「德施，人之所欲，君其行之；刑罰，人之所惡，臣請行之。」行之五年，齊國之政皆歸田常。田常於是盡誅鮑、晏、監止及公族之彊者㊀，而割齊自安平以東㊁至琅邪，自為封邑。封邑大於平公之所食。

【註】㊀公族：國君之血族系統。㊁安平：在山東臨淄縣東十九里。安平以東包括舊日之萊州、登州、沂州、密州等地。

田常乃選齊國中女子長七尺以上為後宮，後宮以百數，而使賓客舍人出入後宮者不禁。及田常卒，有七十餘男。

田常卒，子襄子盤代立，相齊。常謚為成子。

田襄子既相齊宣公，三晉殺知伯，分其地。襄子使其兄弟宗人盡為齊都邑大夫，與三晉通使，且以有齊國。

襄子卒，子莊子白立。田莊子相齊宣公。宣公四十三年，伐晉，毀黃城㈠，圍陽狐㈡。明年，伐魯、葛及安陵㈢明年，取魯之一城。

【註】㈠黃城：在山東冠縣南。㈡陽狐：在山西垣曲縣。㈢魯：在河南許昌縣南四十里。葛：在河南長葛縣。安陵：河南鄢陵縣。

莊子卒，子太公和立。田太公相齊宣公。宣公四十八年，取魯之郕㈠。明年，宣公與鄭人會西城。伐衞，取毋丘㈡。宣公五十一年卒，田會自廩丘反㈢。

【註】㈠郕：在山東寧陽縣北。㈡毋丘：在山東曹縣南。㈢廩丘：在山東范縣。

宣公卒，子康公貸立。貸立十四年，淫於酒、婦人，不聽政。太公乃遷康公於海上，食一城，以奉其先祀。明年，魯敗齊平陸㈠。

三年，太公與魏文侯會濁澤㈡，求為諸侯。魏文侯乃使使言周天子及諸侯，請立齊相田和為諸侯。周天子許之㈢。康公之十九年，田和立為齊侯，列於周室，紀元年。

齊侯太公和立二年，和卒，子桓公午立。桓公午五年，秦、魏攻韓，韓求救於齊。齊桓公召大臣而謀曰：「蚤救之孰與晚救之？」騶忌曰：「不若勿救。」段干朋曰：「不救，則韓且折而入於魏，不若救之。」田臣思曰：「過矣君之謀也！秦、魏攻韓、楚，趙必救之，是天以燕予齊也㈣。」桓公曰：「善。」乃陰告韓使者而遣之。韓自以為得齊之救，因與秦、魏戰。楚、趙聞之，果起兵而救之。齊因起兵襲燕國，取桑丘㈤。

【註】㈠平陸：山東汶上縣。㈡濁澤：在河南臨潁縣西北。㈢周王許立田和為諸侯。㈣秦魏攻韓，韓求齊救，齊不救，反而乘機以襲燕，六國諸侯各自為小利而互攻，故秦得以個個擊破。㈤桑

丘：在河北徐水縣西南。

六年，救衛。桓公卒，子威王因齊立。是歲，故齊康公卒，絕無後，奉邑皆入田氏。

齊威王元年，三晉因齊喪來伐我靈丘㈠。三年，三晉滅晉後而分其地。六年，魯伐我，入陽關㈡。晉伐我，至博陵㈢。七年，衛伐我，取薛陵㈣。九年，趙伐我，取甄㈤。

【註】㈠靈丘：在山東滕縣東四十里。㈡陽關：在山東寧陽縣東北。㈢博陵：在山東博平縣。㈣薛陵：在山東陽穀縣。㈤甄：山東濮縣。

威王初即位以來，不治，委政卿大夫，九年之閒，諸侯並伐，國人不治。於是威王召即墨㈠大夫而語之曰：「自子之居即墨也，毀言日至。然吾使人視即墨，田野闢，民人給，官無留事，東方以寧。是子不事吾左右以求譽也。」封之萬家。召阿大夫語曰：「自子之守阿，譽言日聞。然使使視阿，田野不闢，民貧苦。昔日趙攻甄，子弗能救。衛取薛陵，子弗知。是子以幣厚吾左右以求譽也。」是日，烹阿大夫，及左右嘗譽者皆幷烹之。遂起兵西擊趙、衞，敗魏於濁澤而圍惠王。惠王請獻觀㊁以和解，趙人歸我長城。於是齊國震懼，人人不敢飾非，務盡其誠㊂。齊國大治。諸侯聞之，莫敢致兵㊃於齊二十餘年。

【註】㊀即墨：山東即墨縣。㊁觀：山東觀城縣。㊂人人不敢假冒為善而誠實作事，於是齊國大治。㊃致兵：加兵，以武力壓迫。

騶忌子以鼓琴見威王，威王說㊀而舍之右室㊁。須臾，王鼓琴，騶忌子推戶入曰：「善哉鼓琴！」王勃然不說，去琴按劍曰：「夫子見容未察，何以知其善也㊂？」騶忌子曰：「夫大弦濁以春溫者，君也；小弦廉折以清者，相也；攫之深，醳之愉者，政令也；鈞諧以鳴，大小相益，回邪而不相害者，四時也：吾是以知其善也㊃。」王曰：「善語音㊄。」騶忌子曰：「何獨語音，夫治國家而弭人民皆在其中㊅。」王又勃然不說曰：「若夫語五音之紀，信未有如夫子者也。若夫治國家而弭人民，又何為乎絲桐之間㈦？」騶忌子曰：「夫大弦濁以春溫者，君也；小弦廉折以清者，相也；攫之深而舍之愉者，政令也；鈞諧以鳴，大小相益，回邪而不相害者，四時也。夫復而不亂者，所以治昌也；連而徑者，所以存亡也：故曰琴音調而天下治。夫治國家而弭人民者，無若乎五音者㈧。」王曰：「善。」

【註】㈠說：同「悅」。㈡舍：招待他住下，住於王所住的房間之右隔壁。㈢按劍：以手撫劍。齊威王放下了琴而以手撫劍，說道：「夫子，你只看見我彈琴的外表動作，而還沒有仔細研究我琴音的內涵，你怎麼知道我彈的好呢？」㈣騶忌子說道：「大弦的聲音緩慢持重而溫和，洋溢著人君的德性；小弦的聲音廉謹曲折而清脆，象徵著丞相的功能；掌握得很深固（攫：音覺（ㄐㄩㄝˊ），掌握，操持），而放開的時候（醳：同「釋」字，放開），輕鬆而愉快，顯示著政令的作用；均勻和諧，大小互相幫助，往返繚繞（回邪）而不相衝突（相害），彷彿是四時的運行，由於這種情況，所以我認為你的琴彈得很好。」㈤齊威王聽了以後，說道：「夫子真是善於講解聲樂！」㈥騶忌子說道：「豈僅是聲樂本身，即使是治理國家而安定（弭）人民，也不出乎聲樂的道理之中！」㈦齊威王又變色而說道：「談到五音的條理（紀），誠然沒有比夫子再高明的，但是談到治理國家而安定人民，怎麼樣能在這絲桐之間就得到奧妙呢？」㈧騶忌子說道：「為人君者要得像大弦一樣緩慢穩重

而溫和；為丞相者要得像小弦一樣廉謹委曲而清明；發號施令要把握重點而運用要輕鬆愉快；使整個的社會充滿和諧，大大小小，相得益彰，熙熙融融而不相衝突，就如同四時的運行一樣。治理昌盛的國家，步調要從容而不亂，救濟危亡的國家，步調要緊接而直往。所以說琴音協調而天下治。治理國家而安定人民，再沒有勝過五音的道理了。」

騶忌子見三月而受相印。淳于髡見之曰：「善說哉！髡有愚志，願陳諸前。」騶忌子曰：「謹受教。」淳于髡曰：「得全全昌，失全全亡㊀。」騶忌子曰：「謹受令，請謹毋離前㊁。」淳于髡曰：「豨膏棘軸，所以為滑也，然而不能運方穿㊂。」騶忌子曰：「謹受令，請謹事左右㊃。」淳于髡曰：「弓膠昔幹，所以為合也，然而不能傅合疏罅㊄。」騶忌子曰：「謹受令，請謹自附於萬民㊅。」淳于髡曰：「狐裘雖敝，不可補以黃狗之皮㊆。」騶忌子曰：「謹受令，請謹擇君子，毋雜小人其閒㊇。」淳于髡曰：「大車不較，不能載其常任；琴瑟不較，不能成其五音㊈。」騶忌子曰：「謹受令，請謹脩法律而督姦吏㊉。」淳于髡說畢，趨出，至門，而面其僕曰：「是人者，吾語之微言五，其應我若響之應聲，是人必封不久矣㊁。」居朞年，封以下邳，號曰成侯㊂。

【註】㊀騶忌子見了齊威王之後，三月而受丞相之印，淳于髡往見騶忌子，說道：「得到了統領全面的人（王）之信心，就可以整個成功；失掉了統領全面的人之信心，就必定整個失敗。」㊁騶忌子說：「我恭敬的領教了，我一定謹慎的不離開王的跟前！」㊂淳于髡又說：「豬的脂油，棗木的車軸，為的是滑潤活便，但是，如果把車軸放在一個方而不圓的孔洞裏，那它便一步也不能轉動了。」㊃騶忌子說：「我恭敬的領教了，我一定要好好的與王的左右之人相處！」㊄淳于髡又說：「黏弓的膠汁，塗之於經久的器材（昔幹）之上，為的是使其結合凝固，但是，不能把粗糙漏洞的地方敷合（傅：同「敷」））起來。」㊅騶忌子說：「我恭敬的領教了，我要努力的接近羣眾！」㊆淳于髡又說：「狐裘之衣雖然破了，但是，不可以拿狗皮來補。」㊇騶忌子說：「我恭敬的領教了，我要謹慎小心的選用有品德的君子，不使小人混雜其間。」㊈淳于髡又說：「大車不加以較量檢驗（較：含有比較，檢驗之意），就不能擔負起重大的載量；琴瑟不加以較量檢驗，就不能完成其五音的協和。」㊉騶忌子說：「我恭敬的領教了，我要努力的修明法律而檢查姦官污吏。」㊁淳于髡說完話之後，就告辭而出，到了門口，當著他的僕人之面說道：「這個人領悟真快，我告訴他五句很微妙的話，但是他答覆的就好像音響之應聲似的。看樣子，這個人不久就要封侯了。」㊂果然，為相一年，

就封以下邳之地，號為成侯。

威王二十三年，與趙王會平陸㈠。二十四年，與魏王會田於郊。魏王問曰：「王亦有寶乎？」威王曰：「無有。」梁王曰：「若寡人國小也，尚有徑寸之珠，照車前後各十二乘者十枚，柰何以萬乘之國而無寶乎？」威王曰：「寡人之所以為寶與王異㈡。吾臣有檀子者，使守南城，則楚人不敢為寇東取，泗上十二諸侯皆來朝。吾臣有肦子者，使守高唐，則趙人不敢東漁於河。吾吏有黔夫者，使守徐州㈢，則燕人祭北門㈣，趙人祭西門㈤，徙而從者七千餘家㈥。吾臣有種首者，使備盜賊，則道不拾遺。將以照千里，豈特十二乘哉！」梁惠王慚，不懌而去㈦。

【註】㈠平陸：山東汶上縣北。㈡魏王以玉為寶，齊威王以賢為寶，故言其所愛之寶不同。㈢徐州：非江蘇之徐州，乃河北之徐水縣，北有燕國，西有趙國。㈣燕人望齊之北門而祭以求神祐。㈤趙人望齊之西門而祭，以求神祐。㈥搬家跟從太守而定居於徐州者，有七千餘家。㈦懌：音亦（ㄧˋ），喜悅。

二十六年，魏惠王圍邯鄲，趙求救於齊。齊威王召大臣而謀曰：「救趙孰與勿救？」騶忌子曰：「不如勿救。」段干朋曰：「不救則不義，且不利。」威王曰：「何也？」對曰：「夫魏氏幷邯鄲，其於齊何利哉？且夫救趙而軍其郊，是趙不伐而魏全也㈠。故不如南攻襄陵㈡以獘魏，邯鄲拔而乘魏之獘。」威王從其計。

【註】㈠救趙國而進軍於趙國的城郊，如此一來，趙國不至於被伐，而魏國亦必停止攻擊。㈡所以不如向南進攻襄陵（在山東鄒縣）以疲困魏國。

其後成侯騶忌與田忌不善㈠，公孫閱謂成侯忌曰：「公何不謀伐魏，田忌必將。戰勝有功，則公之謀中也；戰不勝，非前死則後北，而命在公矣㈡。」於是成侯言威王，使田忌南攻襄陵。十月，邯鄲拔，齊因起兵擊魏，大敗之桂陵㈢。於是齊最彊於諸侯，自稱為王，以令天下㈣。

【註】㈠不善：不友好。㈡公孫閱對成侯騶忌子說：「公為什麼不建議伐魏，如果伐魏，則田忌必

然為大將，假定戰勝而有功，那就是公的計劃得到勝利；假定戰而不勝，則田忌不是死在戰場，便是吃敗仗，於是田忌的生命就在公的手掌中了。」㊂於是成侯建議於齊威王，威王決定伐魏，使田忌為大將，率兵攻打襄陵（山東鄒縣），大敗魏軍於桂陵（山東菏澤縣東北），於是齊國最強於諸侯，自稱為王，以號令天下。

三十三年，殺其大夫牟辛。

三十五年，公孫閱又謂成侯忌曰：「公何不令人操十金卜於市，曰『我田忌之人也。吾三戰而三勝，聲威天下。欲為大事㊀，亦吉乎不吉乎？』」卜者出，因令人捕為之卜者，驗其辭於王之所㊁。田忌聞之，因率其徒襲攻臨淄，求成侯，不勝而犇㊂。

【註】㊀大事：推翻國王，自立為王。㊁在王的面前審問口供。㊂田忌被騶忌子所陷害，怒而率兵攻打京都臨淄，要捉捕騶忌子，結果，田忌失敗而逃亡。

三十六年，威王卒，子宣王辟彊立。

宣王元年，秦用商鞅。周致伯於秦孝公。

二年，魏伐趙。趙與韓親，共擊魏。趙不利，戰於南梁㊀。宣王召田忌復故位。韓氏請救於齊。宣王召大臣而謀曰：「蚤救孰與晚救？」騶忌子曰：「不如勿救。」田忌曰：「弗救，則韓且折而入於魏㊁，不如蚤救之。」孫子曰：「夫韓、魏之兵未獘而救之，是吾代韓受魏之兵，顧反聽命於韓也㊂。且魏有破國之志，韓見亡，必東面而愬於齊矣。吾因深結韓之親而晚承魏之獘，則可重利而得尊名也。」宣王曰：「善。」乃陰告韓之使者而遣之。韓因恃齊，五戰不勝，而東委國於齊。齊因起兵，使田忌、田嬰將，孫子為（帥）〔師〕，救韓、趙以擊魏，大敗之馬陵㊃，殺其將龐涓，虜魏太子申。其後三晉之王皆因田嬰朝齊王於博望㊄，盟而去。

【註】 ㊀南梁：在河南臨汝縣西南。㊁且折：將要失敗而轉入於魏國的一方。㊂孫子：孫臏。孫子說：「韓魏交戰，兩國之兵都還沒有疲敝，而我們現在就去救韓國，等於是我們代替韓國而蒙受魏國的攻擊，倒回頭（顧）是我們反而聽從韓國的支配。並且魏國具有徹底打垮韓國的決心，韓國看到他快要滅亡的危險，必然東面而向我們訴苦求情。我們因而深結韓國的交情，而最後於魏軍精疲力竭之時，一戰而勝之。這樣，我們就可以得到厚利與尊名。」㊃馬陵：在河南長葛縣北三十里。㊄博

望：在山東博平縣舊城西南。

七年，與魏王會平阿南㊀。明年，復會甄。魏惠王卒。明年，與魏襄王會徐州，諸侯相王也。十年，楚圍我徐州。十一年，與魏伐趙，趙決河水灌齊、魏，兵罷。十八年，秦惠王稱王。

【註】㊀平阿：在江蘇蕭縣境。

宣王喜文學遊說之士，自如騶衍、淳于髡、田駢㊀、接予㊁、慎到㊂、環淵㊃之徒七十六人，皆賜列第㊄，為上大夫，不治而議論㊅。是以齊稷下學士復盛，且數百千人㊆。

【註】㊀田駢：齊人，遊稷下，號天口駢，作田子二十五篇。㊁接予：在道家流，有接予二篇。㊂慎到：趙人，戰國時處士，有慎子四十二篇。㊃環淵：楚人，著書上下篇。㊄列第：上等的住宅。㊅沒有官守，沒有言責，正式工作皆無，而只是高談闊論。㊆稷下：稷山之下，故稱稷下。稷下有城門，亦稱稷門。有學士之館，故稱稷下學士。

十九年，宣王卒，子湣王地立。

湣王元年，秦使張儀與諸侯執政會于齧桑㈠。三年，封田嬰於薛。四年，迎婦于秦。七年，與宋攻魏，敗之觀澤㈡。

十二年，攻魏。楚圍雍氏㈢，秦敗屈丐㈣。蘇代謂田軫曰：「臣願有謁於公，其為事甚完，使楚利公，成為福，不成亦為福。今者臣立於門，客有言曰魏王謂韓馮、張儀曰：『煮棗將拔，齊兵又進，子來救寡人則可矣；不救寡人，寡人弗能拔。』此特轉辭也。秦、韓之兵毋東，旬餘，則魏氏轉從秦，秦逐張儀，交臂而事齊楚，此公之事成也㈤。」田軫曰：「奈何使無東㈥？」對曰：「韓馮之救魏之辭，必不謂韓王曰『馮以為魏』，必曰『馮將以秦韓之兵東卻齊宋，馮因摶三國之兵，乘屈丐之獘，南割於楚，故地必盡得之矣㈦。』張儀救魏之辭，必不謂秦王曰『儀以為魏』，必曰『儀且以秦韓之兵東距齊宋，儀將摶三國之兵，乘屈丐之獘，南割於楚，名存亡國，實伐三川而歸，此王業也㈧。』公令楚王與韓氏地，使秦制和，謂秦王曰『請與韓地，而王以施三川，韓氏之兵不用而得地於楚㈨。』韓馮之東兵之辭且謂奈何⑩？曰『秦兵不用而得三川，伐楚韓以窘魏，魏氏不敢東，是孤齊也⑪。』張儀之東兵之辭且謂何⑫？曰『秦韓欲地而兵有案，聲威發於魏，魏氏之欲不失齊楚者有資矣⑬。』魏氏轉秦韓爭事齊楚，楚王欲而無與地⑭，公令秦韓之兵不用而得地，有一大德也⑮。秦韓之王劫於韓馮、張儀而東兵以徇服魏，公常執左券。以責於秦韓，此其善於公而惡張子多資矣⑯。」

【註】㈠翳桑：在江蘇沛縣西南。㈡觀澤：山東觀城縣。㈢雍氏：在河南禹縣。㈣屈丐：楚大夫。㈤蘇代對田軫（陳軫，當時有寵於楚王，與張儀有仇隙）說：「我有意見，願意陳述於公（指陳軫），這個計劃很完善，可以使楚國有利於你，成了是你的福，不成也是你的福。今天我在門口，有位客人告訴我說：「魏王對韓馮（韓國之丞相）張儀（秦國之丞相）說：『煑棗（山東菏澤縣西）快要打下了，而齊國又派兵來支援，你們來救我就好了，如果不來救我，我是無力打下煑棗的了。』這話不過是魏國立場動搖（轉辭）的話。假定再有半月秦韓不出兵東來以支持魏國，則魏國轉變了附從秦韓的立場，秦國驅逐了張儀，魏國乖乖的束手交臂而事奉齊楚，這就是你的事情的成功。」㈥田軫就問蘇代說：「怎麼樣能使秦韓不出兵東來呢？」㈦田軫答道：「我推想韓馮請求韓王派兵救魏的說法，他一定不會對韓王說：『我韓馮的意見是為救魏國的。』他一定會說：我韓馮的意見是為我

們韓國設想的，我準備以秦韓之兵力，向東打退齊國、宋國。我準備團結（摶）秦國、韓國、魏國三個國家的兵力，趁著楚將屈丐兵力的疲敝，向南割取楚國的土地，我們舊日的失地，一定會完全拿回來的。」㈧我再推想張儀請求秦王派兵救魏的說法，他一定不會對秦王說：『我張儀的構想是為救魏國的。』他一定會說：『我張儀的構想是為我們秦國而設的。我準備以秦國韓國的兵力，向東抗拒齊國宋國。我準備團結秦國、韓國、魏國三個國家的兵力，趁著楚將屈丐兵力的疲敝，向南方奪取楚國的土地，名義上是保全將亡的國家，實際上是討伐三川（洛陽一帶之地，周天子所在之處）而勝利歸來，這是達成王者大業的計劃。』㈨你叫楚王歸還了韓國的土地，叫秦國來主持講和之事。你再告訴秦王說：『請大王主持和平，歸還韓地，這樣，大王也可以大顯威風（施）於三川。韓國用不著出兵，而可以收復以前楚國所佔領的土地。』㈩田軫又問：「如果依著韓馮的話向東方用兵，將來可能發生什麼情況呢？」⑪蘇代說：『秦國不用兵而得了三川，它會緊接著伐楚韓以困迫魏國，魏國不敢向東靠攏，那就把齊國孤立了。』⑫田軫又問：「如果依著張儀的話向東方用兵，將來可能發生什麼情況呢？」⑬蘇代說：『秦韓想得到土地卻按兵不動，只是以虛聲敷衍魏國，於是魏國的人，主張靠攏齊楚者，則有說話的藉口了。』（以上是阻緩秦韓真正出兵而往成功之路去發展）。⑭魏國動搖了附和秦韓的立場，而爭著事奉齊楚；楚王貪吝而不想給土地。⑮但是，由於你的關係，能夠叫秦韓不用兵而居然得到土地，這對於秦、韓，是大大的功德。⑯如果秦韓之王被韓馮張儀的脅持而向東出兵以救魏服魏，而你常常控制著優勢（左券）以責報於秦韓。這是對於你有利，而毀壞張儀就有更多的憑藉了。」（本段文字恐轉寫有錯，故譯之甚難。）

十三年，秦惠王卒。二十三年，與秦擊敗楚於重丘㊀。二十四年，秦使涇陽君㊁質於齊。二十五年，歸涇陽君于秦。孟嘗君薛文入秦，即相秦。文亡去。二十六年，齊與韓魏共攻秦，至函谷軍焉㊂。二十八年，秦與韓河外以和㊃，兵罷。二十九年，趙殺其主父。齊佐趙滅中山。

【註】㊀重丘：在山東菏澤縣東北。㊁涇陽君：昭王母弟公子悝。㊂函谷關：在河南靈寶縣西南里許。㊃河外：黃河以南之地。

三十六年，王為東帝，秦昭王為西帝。蘇代自燕來，入齊，見於章華東門。齊王曰：「嘻，善，子來！秦使魏冄致帝，子以為何如㊀？」對曰：「王之問臣也卒，而患之所從來微，願王受之而勿備稱也。秦稱之，天下安之，王乃稱之，無後也㊁。且讓爭帝名，無傷也㊂。秦稱之，天下惡之，王因勿稱，以收天下，此大資也㊃。且天下立兩帝，王以天下為尊齊乎？尊秦乎㊄？」

王曰：「尊秦㈥。」曰：「釋帝，天下愛齊乎？愛秦乎㈦？」王曰：「愛齊而憎秦㈧。」曰：「兩帝立約伐趙，孰與伐桀宋之利㈨？」王曰：「伐桀宋利㈩。」對曰：「夫約鈞，然與秦為帝而天下獨尊秦而輕齊，釋帝則天下愛齊而憎秦，伐趙不如伐桀宋之利㈡，故願王明釋帝以收天下，倍約賓秦，無爭重，而王以其間舉宋㈢。夫有宋，衛之陽地危；有濟西，趙之阿東國危；有淮北，楚之東國危；有陶、平陸，梁門不開㈢。釋帝而貸之以伐桀宋之事，國重而名尊，燕楚所以形服，天下莫敢不聽，此湯武之舉也㈣。敬秦以為名，而後使天下憎之，此所謂以卑為尊者也。願王孰慮之㈤。」於是齊去帝復為王，秦亦去帝位㈥。

【註】㈠齊王對蘇代說：「唉，你來的正好！秦王派魏冄送帝號給我，你覺得應該怎麼樣？」㈡蘇代答道：「王提出這個問題很倉促，而一切禍患之開始都是由於很細微，我希望王接受下來，但是不要自己先稱帝。等到秦國稱帝了，天下安之，沒有什麼紛紛的非議，然後自己再稱帝，也不算晚。㈢並且為了一個帝號，我們不爭而先讓於人，是沒有什麼損失的。㈣秦國稱帝，天下之人都痛恨，看到這種情形，王就不要稱帝，以迎合天下的人心，這是最大收穫（資：憑藉、條件、成就）。㈤並

且天下立了兩個皇帝，王自己覺得天下之人是尊崇齊國呢？或是尊崇秦國？㈥齊王答道：「尊崇秦國！」㈦蘇代又說：「如果放棄了帝號，天下之人是敬愛齊國呢？抑是敬愛秦國？」㈧齊王答道：「敬愛齊國而憎恨秦國！」㈨蘇代又說：「兩帝訂立條約以伐趙國，比較攻打作惡多端的宋國，是那一件有利益呢？」㈩齊王答道：「以伐宋為有利！」㈡蘇代說道：「同樣的條約，但是，我們如果與秦國同時稱帝，則天下之人獨獨尊崇秦國而輕視齊國；我們如果放棄帝號，則天下之人都要敬愛齊國而痛恨秦國；並且伐趙不如伐宋之有利。㈢所以希望大王明白的放棄帝號以收拾天下之人心，背棄盟約，排斥（賓：同擯）秦國，不要爭執帝號（重），而趁著空隙先把宋國拿下。㈢有了宋國，則衞國的陽地（河北濮陽縣）便發生危險；有了濟西，則趙國的河東（阿東，大概為河東之誤）便發生危險；有了淮北，則楚國東部之地便發生危險；有了定陶、汶上（平陸：即汶上縣），則大梁之門則不敢敞開。㈣放棄了帝號而轉移（貸：代也）精力於伐宋之事，則國家被人重視而聲名崇高，燕國楚國因之服從，天下莫敢不聽令，這才是湯王武王的舉動。㈤讓秦國先稱帝，名義上是尊敬秦國，而後使天下之人都憎恨秦國，這就是所謂先自卑屈而後成為高貴的策略。請大王仔細加以考慮。」㈥於是齊國就放棄帝號，接著秦國也放棄帝號。

三十八年，伐宋。秦昭王怒曰：「吾愛宋與愛新城、陽晉同㈠。韓聶與吾友也㈡，而攻吾所愛，何也？」蘇代為齊謂秦王曰：

「韓聶之攻宋，所以為王也。齊彊，輔之以宋，楚魏必恐，恐必西事秦，是王不煩一兵，不傷一士，無事而割安邑也，此韓聶之所禱於王也㈢。」秦王曰：「吾患齊之難知。一從一衡，其說何也㈣？」對曰：「天下國令齊可知乎？齊以攻宋，其知事秦以萬乘之國自輔，不西事秦則宋治不安㈤。中國白頭游敖之士皆積智欲離齊秦之交，伏式結軼西馳者，未有一人言善齊者也，伏式結軼東馳者，未有一人言善秦者也。何則？皆不欲齊秦之合也。何晉楚之智而齊秦之愚也㈥！晉楚合必議齊秦，齊秦合必圖晉楚，請以此決事㈦。」秦王曰：「諾㈧。」於是齊遂伐宋，宋王出亡，死於溫㈨。齊南割楚之淮北，西侵三晉，欲以幷周室，為天子。泗上諸侯鄒魯之君皆稱臣，諸侯恐懼㈩。

【註】㈠新城：在山西聞喜縣東二十里。陽晉：在山西虞鄉縣西。此言秦王之愛宋國，如同愛其心腹之地新城、陽晉是一樣的關切（新城、陽晉，均有數個地名，但以選用山西之聞喜、虞鄉為切合，言其宋地距秦雖遠，但愛之如同近地）。㈡韓聶：此時為齊國謀臣。㈢蘇代替齊國到秦國為齊國說明伐宋之立場。說道：「韓聶之所以攻宋，就是為大王設想。齊國強了，再加上宋國的力量，則楚

國、魏國必然恐懼，既生恐懼，則必西向而事秦，這就是大王不煩一兵，不傷一士，輕鬆愉快而取得安邑（山西安邑縣，魏地）。這是韓聶所日夜為大王祈禱的。」㈣秦王說：「我真擔心齊國之態度曖昧，一忽兒合縱，一忽兒又要連衡，究竟是什麼道理呢？」㈤蘇代答道：「這也難怪，天下的國家有那一個可以使齊國明白他們的態度呢？齊國之所以攻宋，就是要他知道事奉秦國，以萬乘之國的秦國作為靠山，如果不西向而事秦國，則宋國就永遠不能安定。㈥中原各國那些跑白了頭髮的遊說政論之士，都是存心積慮要想離間齊國與秦國的交情，車水馬龍往西邊跑者，沒有一個人說齊國的好話，結騎連乘往東邊跑者，沒有一個人說秦國的好話，為什麼？為的是都不願意齊國與秦國的合作。我真不明白晉楚為什麼那樣的聰明而齊秦又是這樣的糊塗呢？㈦總而言之，晉國與楚國合作，必然議論齊秦；齊國與秦國合作，必然圖謀晉楚。請求大王以這兩條基本陣線為原則，來判斷一切。」㈧秦王說：「好的！」㈨於是齊國遂伐宋國，宋王逃亡，死於河南之溫縣。㈩齊國向南割取了楚國淮北之地，向西侵略了三晉的領土，大有併吞周室而為天子的野心，泗水之上的小國諸侯如鄒、魯之君，皆膽戰心怯，伏首稱臣。

三十九年，秦來伐，拔我列城九。

四十年，燕、秦、楚、三晉合謀，各出銳師以伐，敗我濟西㈠。王解而卻㈡。燕將樂毅遂入臨淄，盡取齊之寶藏器。湣王出亡，之衛。衛君辟宮舍之㊂，稱臣而共具㊃。湣王不遜，衛人侵之。湣王去，走鄒、魯，有驕色，鄒、魯君弗內㊄，遂走莒。楚使淖齒㊅將兵救齊，因相齊湣王。淖齒遂殺湣王而與燕共分齊之侵地鹵器㊆。

【註】㊀濟西：濟水之西。濟水經曹、衛、齊、魯之邊界。㊁齊王解除武裝而逃亡。㊂辟：同「闢」，闢宮室而招待之。㊃衛君向齊王稱臣而進食。㊄內：同「納」。㊅淖齒：楚將。㊆鹵器：所鹵掠之寶器。

湣王之遇殺，其子法章變名姓為莒太史敫家庸㊀。太史敫女奇法章狀貌㊁，以為非恒人㊂，憐而常竊衣食之，而與私通焉。淖齒既以去莒，莒中人及齊亡臣㊃相聚求湣王子，欲立之。法章懼其誅己也，久之，乃敢自言「我湣王子也」。於是莒人共立法章，是為襄王。以保莒城而佈告齊國中：「王已立在莒矣。」

【註】㊀庸：同「傭」，僕役。敫，音躍。㊁以法章相貌為英奇。㊂以為不是普通平常的人。㊃亡臣：流亡之官吏。

襄王既立，立太史氏女為王后，是為君王后，生子建。太史敫曰：「女不取媒因自嫁，非吾種也，汙吾世㈠。」終身不覩君王后。君王后賢，不以不覩故，失人子之禮㈡。襄王在莒五年，田單以即墨攻破燕軍，迎襄王於莒，入臨菑。齊故地盡復屬齊。齊封田單為安平君㈢。

【註】㈠女子不憑媒妁之言而自己嫁於人，不是我的種子，污辱了我的家世。㈡王后不以父親的不看她，就失去了人子盡孝的禮節。㈢安平：在山東臨淄縣東十九里。

十四年，秦擊我剛壽㈠。十九年，襄王卒，子建立。

【註】㈠剛壽：在山東東平縣西南。

王建立六年，秦攻趙，齊楚救之。秦計曰：「齊楚救趙，親則退兵，不親遂攻之㈠。」趙無食，請粟於齊，齊不聽。周子曰：「不如聽之以退秦兵，不聽則秦兵不卻，是秦之計中而齊楚之計過也。且趙之於齊楚，扞蔽也，猶齒之有脣也，脣亡則齒寒。今日亡趙，明日患及齊楚。且救趙之務，宜若奉漏甕沃焦釜也。夫救趙，高義也；卻秦兵，顯名也。義救亡國，威卻彊秦之兵，不務為此而務愛粟，為國計者過矣㊁。」齊王弗聽。秦破趙於長平四十餘萬，遂圍邯鄲。

【註】㊀秦國的謀臣們計劃著說：「齊楚救趙，如果他們是真心誠意，我們就退兵；如果是表面敷衍，我們就徹底進攻。」㊁周子說：「不如借粟於趙，表示我們的患難與共的精神，可以使秦國的軍隊退卻。如果不借糧於趙國，秦國就看出了我們的團結不穩，它就不會退兵，那便是秦國的計謀中了，而齊楚的計謀失敗。並且以趙國對於齊楚的關係來說，好比是屏障一樣，又好比是牙齒外部的口脣一樣，脣亡則齒寒。秦國今天亡了趙國，明天的禍就撲到齊楚兩國了。並且救趙是刻不容緩的事，應該如捧漏壺以灌火燒的熱鍋一樣（奉：同「捧」），越快越好。救趙是高尚的義舉，打退秦兵是光榮的名譽，講義氣而救亡國，論聲威而退秦兵，不往這上面打算，而愛惜一點米糧，為國家出計謀的人們真是太錯誤了！」

十六年，秦滅周。君王后卒。二十三年，秦置東郡。二十八年，王入朝秦，秦王政置酒咸陽。三十五年，秦滅韓。三十七年，秦滅趙。三十八年，燕使荊軻刺秦王，秦王覺，殺軻。明年，秦破燕，燕王亡走遼東。明年，秦滅魏，秦兵次於歷下。四十二年，秦滅楚。明年，虜代王嘉，滅燕王喜。

四十四年，秦兵擊齊。齊王聽相后勝計，不戰，以兵降秦。秦虜王建，遷之共㊀。遂滅齊為郡。天下壹并於秦，秦王政立號為皇帝。始，君王后賢，事秦謹，與諸侯信，齊亦東邊海上，秦日夜攻三晉、燕、楚，五國各自救於秦，以故王建立四十餘年不受兵。君王后死，后勝相齊，多受秦閒金，多使賓客入秦，秦又多予金，客皆為反閒，勸王去從朝秦，不脩攻戰之備，不助五國攻秦，秦以故得滅五國。五國已亡，秦兵卒入臨淄，民莫敢格者。王建遂降，遷於共。故齊人怨王建不蚤與諸侯合從攻秦，聽姦臣賓客以亡其國，歌之曰：「松耶柏耶？住建共者客耶？」疾建用客之不詳也。

【註】㊀共：在河南輝縣。㊁后勝為齊相，多受秦國的金子，替秦國作工作，又派出很多的投機分子到秦國，秦國又給他們很多的金錢，叫他們回齊國為秦國作工作，勸王疏遠五國，而到秦國去朝

拜，不修攻戰之備。因此，秦國先滅了五國，而即滅齊國。秦兵進齊京，齊民沒有一人敢抵抗，因為戰鬥意識早已消失的緣故。齊國人民怨恨齊國不早與五國聯合以抗秦，反而聽信姦臣與投機政客之言以致亡國，乃為之歌曰：「松啊！柏啊！使王建困死共地的，是投機政客啊！」這是說明王建用人太粗心大意了。

太史公曰：蓋孔子晚而喜易。易之為術，幽明遠矣。非通人達才孰能注意焉！故周太史之卦田敬仲完，占至十世之後；及完奔齊，懿仲卜之亦云。田乞及常所以比犯二君㈠，專齊國之政，非必事勢之漸然也，蓋若遵厭兆祥云㈡。

【註】㈠比犯二君：連殺二君。㈡厭：同「饜」，滿足，言田常之有齊國，好像是實踐並且滿足周太史之卜卦似的。

卷四十七　孔子世家第十七

孔子非有國君之位，侯伯之爵，以布衣傳六藝之教，自天子王侯以至於庶人，無不奉之為宗師，故太史公列之於世家。

孔子生魯昌平鄉陬邑㊀。其先宋人也，曰孔防叔㊁。防叔生伯夏，伯夏生叔梁紇㊂。紇與顏氏女野合而生孔子㊃，禱於尼丘得孔子。魯襄公二十二年而孔子生。生而首上圩頂㊄，故因名曰丘云。字仲尼，姓孔氏。

【註】㊀陬：音鄒（ㄗㄡ），在山東曲阜縣東南，同「鄒」，「騶」，「郰」。昌平：鄉名。㊁家語謂：「孔子，宋微子之後。宋襄公生弗父何，以讓弟厲公。弗父何生宋父周，周生世子勝，勝生正考父，考父生孔父嘉，五世親盡，別為公族，姓孔氏。孔父生子木金父，金父生睪夷，睪夷生防叔，畏華氏之逼而奔魯，故孔氏為魯人也。」㊂《括地志》謂：「叔梁紇廟亦名尼丘山祠，在兗州泗水縣二十五里尼丘山東趾。」《地理志》云：「魯縣有尼丘山，有叔梁紇廟。」㊃《春秋公羊傳》：魯襄公二十有一年十一月庚子孔子生。《穀梁傳》：魯襄公二十有一年十月庚子孔子生，是兩傳年日俱同，惟有一月之差，而皆與太史公所記不同。㊄圩頂：圩：音烏（ㄨ），中低而四旁高，如屋宇之

反，故曰「圩頂」。

丘生而叔梁紇死㊀，葬於防山㊁。防山在魯東，由是孔子疑其父墓處，母諱之也。孔子為兒嬉戲，常陳俎豆㊂，設禮容。孔子母死，乃殯五父之衢㊃，蓋其慎也㊄。郰人輓父之母誨孔子父墓，然後往合葬於防焉㊅。

【註】㊀《家語》謂孔子生三歲而梁紇死。㊁防山：在山東曲阜縣東二十五里。㊂俎豆：俎：音祖（ㄗㄨˇ），古時盛祭祀食物之器具，以木為之，受四升，高一尺二寸。㊃五父衢：在山東曲阜縣西南二里，魯城內衢道也。㊄孔子當時不知父墓真正之所在，乃暫時殯其母於五父之衢，足見其慎重。㊅誨：明示其所在之地。

孔子要絰㊀，季氏饗士㊁，孔子與往㊂。陽虎絀㊃曰：「季氏饗士，非敢饗子也。」孔子由是退。

【註】㊀要絰：要，同「腰」。絰：音疊（ㄉㄧㄝˊ），喪服用的麻。㊁饗士：宴待文學之士。㊂與往：前往參加。㊃絀：同「黜」，排斥，斥退。

孔子年十七，魯大夫孟釐子病且死㊀誡其嗣懿子曰㊁：「孔丘，聖人之後，滅於宋㊂。其祖弗父何始有宋而嗣讓厲公㊃。及正考父佐戴、武、宣公㊄，三命茲益恭㊅，故鼎銘云：『一命而僂，再命而傴，三命而俯㊆，循牆而走㊇，亦莫敢余侮㊈。饘於是，粥於是，以餬余口⑩。』其恭如是。吾聞聖人之後，雖不當世，必有達者⑪。今孔丘年少好禮，其達者歟？吾即沒，若必師之⑫。」及釐子卒，懿子與魯人南宮敬叔⑬往學禮焉。是歲，季武子卒，平子代立。

【註】㊀釐：同「僖」字。病且死：有病而將死。且，將也。㊁誡：教訓，囑咐。㊂滅於宋：孔子六世祖孔父嘉為宋華督所殺，其子奔於魯。㊃弗父何：孔父嘉之高祖，宋愍公之嫡子，應當繼位，但讓於厲公。㊄戴公、武公、宣公，皆宋君。㊅三命：一命為士，再命為大夫，三命為卿，由士而升為大夫，升為卿，不但不驕傲，反而越發謙恭謹慎。㊆正考父廟鼎之銘文上說：「接到一命而為士的時候，便彎腰致敬。僂：音樓（ㄌㄡˊ）。接到二命而為大夫的時候，便鞠躬致敬。傴：音雨（ㄩˇ），彎腰的程度比僂甚。接到三命而為上卿的時候，便俯首致敬（彎腰的程度最甚）。㊇走路的時候，沿著牆邊走，不敢走在路的正中間。㊈也沒有人敢輕侮我。⑩饘：音占（ㄓㄢ），乾而稠

的米飯。煮稠飯是用這個鼎，煮稀飯（粥）也是用這個鼎，就用這稠飯稀飯以維持我的生命。㊁聖人之後，雖不當權執政，但是，必有博古通今顯名於世的人。㊂我如果（即）是死了，你（若）必拜他為老師。㊂懿子與南宮敬叔皆孟僖子之子。

孔子貧且賤，及長。嘗為季氏史㊀，料量平㊁；嘗為司職吏而畜蕃息㊂。由是為司空㊃。已而去魯㊄，斥乎齊，逐乎宋、衛，困於陳蔡之閒，於是反魯。孔子長九尺有六寸，人皆謂之「長人」而異之。魯復善待，由是反魯。

【註】㊀史：當係「吏」字，孟子曰：「孔子嘗為委吏矣」，委吏，乃管倉庫之官。㊁庫內出入的東西，他都稱量的很公平。㊂曾經當過管理畜牧的官吏，而六畜都很繁殖肥大。㊃司空：管理水土之事。㊄已而：同「既而」，以後。

魯南宮敬叔言魯君曰：「請與孔子適周㊀。」魯君與之一乘車，兩馬，一豎子俱，適周問禮，蓋見老子云。辭去，而老子送之曰：「吾聞富貴者送人以財，仁人者送人以言。吾不能富貴，竊仁人之號，送子以言，曰：『聰明深察而近於死者，好議人者也。博辯廣大危其身者，發人之惡者也。為人子者毋以有己，為人臣者毋以有己㈡。』」孔子自周反于魯，弟子稍益進焉。

【註】㈠適周：周天子在洛陽，故言適周，即往洛陽去。㈡老子告訴孔子說：「我聽說：『富貴者贈送人以財物，仁人者贈送人以格言。』我不能富貴，但是竊冒了『仁人』的綽號，所以我只有贈送你以嘉言。嘉言就是：『一個聰明深察的人而所以走近於死亡者，就是因為他喜好議論別人的是非；一個博辯廣大的人，而所以危害其本身者，就是因為他喜好揭發別人的罪過。為人子者不要只知有己，為人臣者不要只知有己。』」

是時也，晉平公淫，六卿擅權，東伐諸侯；楚靈王兵彊，陵轢中國㈠；齊大而近於魯。魯小弱，附於楚則晉怒，附於晉則楚來伐；不備於齊㈡，齊師侵魯。

魯昭公之二十年，而孔子蓋年三十矣㈢。齊景公與晏嬰來適魯，景公問孔子曰：「昔秦穆公國小處辟㈣，其霸何也？」對曰：「秦，國雖小，其志大；處雖辟，行中正。身舉五羖㈤，爵之大夫，起纍紲之中㈥，與語三日，授之以政。以此取之，雖王可也，其霸小矣。」景公說㈦。

【註】㈠陵轢：欺壓。轢：音歷（ㄌㄧˋ），車輪輾過。㈡備：事奉週到。如果對齊國事奉不週到，齊軍就來侵略魯國。㈢魯昭公二十年，即西曆紀元前五二二年，孔子年三十歲。㈣辟：同「僻」，偏僻之地區。㈤五羖大夫：指百里奚而言。羖：音古（ㄍㄨˇ），黑羊。百里奚，虞人也，少時家貧，出遊以干諸侯，落魄不遇，後歸虞，事虞公為大夫，知其將亡，去而往秦，秦繆公將以為陪嫁之男僕，奚恥之，逃於南陽，為楚之鄉人所執，秦繆公聞其賢，以五個黑羊之皮贖之，授以國政，為秦相七年而成霸。及其死也，秦國男女老幼為之流涕，其感人之深如此。㈥纍紲：拘繫罪人的繩索，代表犯罪受刑之意。紲：同「絏」（ㄒㄧˋㄝ），黑繩也。㈦說：同「悅」。

孔子年三十五，而季平子與郈昭伯以鬬鷄故㈠得罪魯昭公，昭公率師擊平子，平子與孟氏、叔孫氏三家共攻昭公，昭公師敗，奔於齊，齊處昭公乾侯㈡。其後，頃之，魯亂。孔子適齊，為高昭子家臣，欲以通乎景公。與齊太師語樂，聞韶音，學之，三月不知肉味㈢，齊人稱之。

【註】㈠兩家鬥雞，為求勝利，都把雞子武裝起來，季氏武裝其雞之翅膀，郈氏武裝其雞之腳爪。

㈡乾侯：在河北成安縣東南。㈢韶音：舜帝之樂也。《論語》曰：「子在齊聞韶，三月不知肉味」，可見孔子學習精神之專一。

景公問政孔子，孔子曰：「君君，臣臣，父父，子子㈠。」景公曰：「善哉！信如君不君，臣不臣，父不父，子不子，雖有粟，吾豈得而食諸！」他日又復問政於孔子，孔子曰：「政在節財㈡。」景公說㈢，將欲以尼谿田封孔子。晏嬰進曰：「夫儒者滑稽而不可軌法；倨傲自順，不可以為下；崇喪遂哀，破產厚葬，不可以為俗；游說乞貸，不可以為國㈣。自大賢之息，周室既衰，禮樂缺有閒㈤。今孔子盛容飾，繁登降之禮，趨詳之節㈥，累世不能殫其學㈦，當年不能究其禮。君欲用之以移齊俗，非所以先細民也㈧。」後景公敬見孔子，不問其禮。異日，景公止孔子曰：「奉子以季氏，吾不能。」以季孟之閒待之㈨。齊大夫欲害孔子，孔子聞之。景公曰：「吾老矣，弗能用也。」孔子遂行，反乎魯。

【註】㈠孔子認為政治的基礎在於倫理道德，就是社會義務，人人在社團之中，各盡其所應盡之義

務，君盡其為君之義務，臣盡其為臣之義務，父盡其為父之義務，子盡其為子之義務，然後政治才能在安定的社會秩序之上順利進行，否則便要大亂。所以孔子所講的政治關係、社會關係，都是基於義務與權利的平等精神上，沒有任何人可以只享權利，不盡義務。㊁孔子又主張政治要節省開支，消除浪費，因為財力都是出之於民間，民脂民膏是不可以亂揮霍的，賦稅是不可以隨便加重的。這都是孔子基於其愛民政治的原則而演繹出來的財政經濟之主張。㊂說：同「悅」。㊃晏嬰這一些話，都是毫無根據的誣辱儒者，儒者是主張守法的，並不是「滑稽而不可軌法」；儒者是主張謙讓和順的，並不是「倨傲自順，不可以為下」；儒者是主張量家財之有無以為葬，並不是提倡「破產厚葬」的；儒者是主張以禮為社會規範，使人與人之間，兼相愛、交相敬，並不是提倡那些繁文縟節之表面形式的。孔子曾說：「人而不仁，如禮何？」又說：「喪禮，與其哀不足而禮有餘也，不若禮不足而哀有餘也；祭禮，與其敬不足而禮有餘也，不若禮不足而敬有餘也！」這些話，是多麼簡切、明瞭、意義重大。晏嬰欲排斥聖賢，故以不學無術之言誣毀孔子耳。㊄殘缺不全。㊅趨詳：同「趨翔」。㊆累世：許多世代。㊇先：居於先鋒而領導之。㊈季氏是上卿，孟氏是下卿，季、孟之間，即言以季孟之中間地位待孔子也。

孔子年四十二，魯昭公卒於乾侯，定公立。定公立五年，夏，季平子卒，桓子嗣立。季桓子穿井得土缶㊀，中若羊㊁，問仲尼云「得狗」㊂。仲尼曰：「以丘所聞，羊也。丘聞之，木石之怪夔、罔閬㊃，水之怪龍、罔象㊄，土之怪墳羊㊅。」

【註】㊀土缶：土製之瓦器，腹大而口小。㊁中若羊：即中有羊。㊂不知道的人，以為是狗。㊃夔：音逵（ㄎㄨㄟˊ），一足獸。罔閬：即「魍魎」，山精，好學人聲而迷惑人。㊄罔象：一名沐腫，水怪，食人。㊅墳羊：雌雄未成之羊。土精也。

吳伐越，墮會稽㊀，得骨節專車㊁。吳使使問仲尼：「骨何者最大？」仲尼曰：「禹致羣神於會稽山，防風氏後至，禹殺而戮之，其節專車，此為大矣。」吳客曰：「誰為神？」仲尼曰：「山川之神足以綱紀天下，其守為神㊂，社稷為公侯㊃，皆屬於王者。」客曰：「防風何守？」仲尼曰：「汪罔氏之君守封、禺之山㊄，為釐姓。在虞、夏、商為汪罔，於周為長翟㊅，今謂之大人。」客曰：「人長幾何？」仲尼曰：「僬僥氏㊆三尺，短之至也。長者不過十之，數之極也。」於是吳客曰：「善哉聖人！」

【註】㊀墮：毀也。會稽：山名，越之所都，在浙江紹興縣東南十三里。㊁從山地掘出了一架人體

骨頭，體骨之長，佔滿了車身之長。㊂守山川之祀者為神。㊃無山川之祀而守社稷者為公侯。㊄封、禺，二山名，在浙江武康縣。㊅長翟：同「長狄」，異民族，體格長而大，有所謂「赤狄」「白狄」，後多避居於嵩山、中條山附近地區，逐漸淘汰。㊆僬僥：西南蠻之別名。

桓子嬖臣㊀曰仲梁懷，與陽虎有隙。陽虎欲逐懷，公山不狃㊁止之。其秋，懷益驕，陽虎執懷。桓子怒，陽虎因囚桓子，與盟而醳之㊂。陽虎由此益輕季氏。季氏亦僭於公室㊃，陪臣執國政㊄，是以魯自大夫以下皆僭離於正道。故孔子不仕，退而脩詩書禮樂，弟子彌眾，至自遠方，莫不受業焉。

【註】㊀嬖臣：寵愛之臣。㊁不狃：季氏之宰。狃：音紐（ㄋㄧㄡˇ）。㊂醳：同「釋」，釋放。㊃僭：不守本分而以下越上，如「僭越」，「僭號」。㊄陪臣：大夫之家臣。

定公八年，公山不狃不得意於季氏，因陽虎為亂，欲廢三桓之適㊀，更立其庶孽陽虎素所善者，遂執季桓子。桓子詐之，得脫。定公九年，陽虎不勝，奔於齊。是時孔子年五十。

【註】㊀適：同「嫡」。

公山不狃以費畔季氏㊀，使人召孔子。孔子循道彌久，溫溫無所試㊁，莫能己用，曰：「蓋周文武起豐鎬而王，今費雖小，儻庶幾乎㊂！」欲往。子路不說㊃，止孔子。孔子曰：「夫召我者豈徒哉？如用我，其為東周乎㊄！」然亦卒不行㊅。

【註】㊀費：在山東費縣西南七十里有費城。費，讀「密」。㊁溫溫：即「蘊蘊」，默默不得志之意。㊂或者有希望可以行其道。㊃說：同「悅」。㊄假定有人用我，我可以把周道行之於東方了。㊅但是終於沒有去。

其後定公以孔子為中都宰㊀，一年，四方皆則之㊁。由中都宰為司空，由司空為大司寇㊂。

定公十年春，及齊平㊃。夏，齊大夫黎鉏言於景公曰：「魯用孔丘，其勢危齊。」乃使使告魯為好會，會於夾谷㊄。魯定公且以乘車好往。孔子攝相事，曰：「臣聞有文事者必有武備，有武事者必有文備㊅。古者諸侯出疆，必具官以從。請具左右司馬。」定公曰：「諾。」具左右司馬。會齊侯夾谷，為壇位，士階三等，以會遇之禮相見，揖讓而登(八)。獻酬之禮畢，齊有司趨而進曰：「請奏四方之樂。」景公曰：「諾。」於是旍旄羽袚矛戟劍撥鼓噪而至(七)。孔子趨而進，歷階而登，不盡一等，舉袂而言(九)曰：「吾兩君為好會，夷狄之樂何為於此！請命有司(一〇)！」有司卻之，不去，則左右視晏子與景公(一一)。景公心怍(一二)，麾而去之(一三)。有頃，齊有司趨而進曰：「請奏宮中之樂。」景公曰：「諾。」優倡侏儒為戲而前(一四)。孔子趨而進，歷階而登，不盡一等，曰：「匹夫而營惑(一五)諸侯者罪當誅！請命有司！」有司加法焉，手足異處。景公懼而動，知義不若，歸而大恐，告其羣臣曰：「魯以君子之道輔其君，而子獨以夷狄之道教寡人，使得罪於魯君，為之奈何？」有司進對曰：「君子有過則謝以質，小人有過則謝以文。君若悼之，則謝以質(一六)。」於是齊侯乃歸所侵魯之鄆、汶陽、龜陰之田以謝過(一七)。

【註】(一)中都：即都中，魯國之京都所在地，孔子為之宰，猶言孔子為魯都之市長也。(二)四方：魯國之四方，因都城是首善之區，孔子治理都城很有成績，故魯之四方皆以為模範而效法之。(三)大司

寇：掌理刑法與社會治安。㈣平：兩國修好講和。㈤夾谷：在山東萊蕪縣南三十里有夾谷峽。或謂在江蘇贛榆縣西五十里。㈥「有文事者必有武備，有武事者必有文備」，此為孔子之名言，可見孔子無論從事教育與政治，皆以文武並重為原則，決非輕視武備，使國民墮落於文弱苟安也。立國之道，以文化民，以武衞國，否則生存空間之不保，何有於身家性命之存在？國際地位之不平，何有於歷史文化之光榮？㈦旍：同「旌」，旗之有鈴者。祓：音弗（ㄈㄨˊ），舞者所執之具。撥：音發（ㄈㄚ），大楯。㈧登階之法，每級聚足，孔子以事急，故不聚足而歷階。㈨舉袂而言：亦表示事急之動作。㈩有司：在會場執法之官。⑪孔子瞪著眼看齊景公與晏子的反應。⑫心怍：心中慚愧不安。⑬齊景公一揮手使那些夷狄之樂撤退。⑭優倡：如後世之雜戲。侏儒：矮人。⑮熒惑：迷惑。⑯君子有過，則以實質之物，表示歉意；小人有過，則以口頭言辭，表示歉意。⑰鄆：山東鄆城縣。汶陽：在山東寧陽縣東北五十四里。龜陰：山東博縣北有龜山。

定公十三年夏，孔子言於定公曰：「臣無藏甲，大夫毋百雉之城㈠。」使仲由為季氏宰，將墮三都㈡。於是叔孫氏先墮郈㈢。季氏將墮費㈣，公山不狃、叔孫輒率費人襲魯。公與三子入于季氏之宮，登武子之臺㈤。費人攻之，弗克，入及公側㈥。孔子命申句須、樂頎下伐之㈦，費人北㈧。國人追之，敗諸姑蔑㈨。二子奔齊，遂墮費。將墮成⑩，公斂處父⑪謂孟孫曰：「墮成，齊人必至于北門。且成，孟氏之保鄣，無成是無孟氏也。我將弗墮。」十二月，公圍成，弗克。

【註】㊀孔子欲打破權臣之據城割據，故建議魯定公墮毀三家之城堡。孔子說：「家臣不得私儲武器，大夫不得有百雉（高度長度均有三丈，曰雉）之城」。㊁三都：三家之都邑。㊂郈：山東東平縣有郈城，叔孫氏之邑也。㊃費：在山東費縣西南七十里有費城，季孫氏之邑也。㊄武子之臺：在魯東門內。㊅入：當為「矢」字，即矢及公側。㊆申句須、樂頎：二人皆魯大夫。下臺而討伐叛者。㊇北：敗北而逃。㊈姑蔑：在山東泗水縣東。⑩成：在山東泗水縣西北五十里，孟孫氏之邑也。⑪公斂處父：成邑之宰，孟孫氏之臣，忠於孟孫，故不願毀成邑之城。

定公十四年，孔子年五十六，由大司寇行攝相事，有喜色。門人曰：「聞君子禍至不懼，福至不喜。」孔子曰：「有是言也。不曰『樂其以貴下人』乎㊀？」於是誅魯大夫亂政者少正卯。與聞國政三月，粥羔豚者弗飾賈㊁，男女行者別於塗；塗不拾遺；四方之客至乎邑者不求有司，皆予之以歸㊂。

【註】㊀孔子為丞相，面有喜色。門人們都以為孔子是因為作了大官而喜，於是就問孔子道：老師不是說過：「有修養的君子，大禍臨頭也不怕，大福加身而不喜嗎？」孔子答道：「是說過這話，但是你們忘記了我不是又說過『地位高而能謙恭下人是一件最快樂的事』的話嗎？我之所以喜者，不是官階的高，而是官階高而能接近羣眾之樂。」㊁粥：同「鬻」，賣也，孔子為政三月，賣羊肉豬肉者，都貨真價實，沒有人敢漫天要價了。㊂路上丟了東西，沒有人拾起來當作是自己的，四方的客人到城市來的，如果丟了東西，不必找求治安單位，拾東西的人自然會找到失主給予失主的，所以客人們都原物不失的回家了。

齊人聞而懼，曰：「孔子為政必霸，霸則吾地近焉，我之為先幷矣。盍致地焉㊀？」黎鉏曰：「請先嘗沮之；沮之而不可則致地，庸遲乎㊁！」於是選齊國中女子好者八十人，皆衣文衣㊂而舞康樂㊃，文馬三十駟㊄，遺魯君㊅。陳女樂文馬於魯城南高門外。季桓子微服㊆往觀再三，將受，乃語魯君為周道游，往觀終日，怠於政事㊇。子路曰：「夫子可以行矣。」孔子曰：「魯今且郊，如致膰乎大夫㊈，則吾猶可以止㊉。」桓子卒受齊女樂，三日不聽政；郊，又不致膰俎於大夫。孔子遂行㊁，宿乎屯。而師己送，曰：「夫子則非罪。」孔子曰：「吾歌可夫？」歌曰：「彼婦之口，可以出走；彼婦之謁，可以死敗。蓋優哉游哉，維以卒歲㊂！」師己反，桓子曰：「孔子亦何言？」師己以實告。桓子喟然歎曰：「夫子罪我以羣婢故也夫㊂！」

【註】㊀齊人聽到孔子的治績這麼有效，便害怕起來，說道：「孔子為政必然成霸，如果成霸，我們齊國離他最近，我們先受併吞了，何不把土地貢獻他一些呢？」㊁黎鉏說：「我們先想方法破壞他，如果破壞不了，再說貢獻土地，豈能算是遲嗎！」㊂文衣：華麗的衣服。㊃康樂：淫蕩的歌曲。㊄文馬：毛色光澤的馬。㊅贈送於魯君。㊆微服：穿著便衣去偷看。㊇季桓子約著魯君到大街之上去環城散步，而實際上是藉機會去看齊國的女樂，看了之後，興趣很大，看了一整天，還是留戀不舍，因此，怠於政事。㊈膰：祭祀之肉，祭祀之後，則把肉分送於大夫。㊉孔子說：「看看他郊祭以後，送肉不送？如果送肉，那麼，我還可以暫時停下。」㊁結果，並沒有送肉，於是孔子遂行。㊂「那些婦人們的淫聲蕩語，就可以使正人君子無法存在（只好一走了之）；那些婦人們的現身獻媚，就可以把國家致於死敗。算了吧，優哉游哉，打發歲月吧！」㊂孔子走了以後，季桓子問於師己道：「孔子都說些什麼？」師己以實相告。季桓子便長歎一聲，說道：「夫子大概是怪罪我和那些壞女人們來往吧！」

孔子遂適衛，主於子路妻兄顏濁鄒家。衛靈公問孔子：「居魯得祿幾何？」對曰：「奉粟六萬。」衛人亦致粟六萬。居頃之，或譖孔子於衛靈公。靈公使公孫余假一出一入。孔子恐獲罪焉，居十月，去衛㊀。

【註】㊀有人在衛靈公跟前說孔子的壞話，陷害孔子。衛靈公就派武裝人員在孔子住處不斷的出出入入，有威脅之意，於是，住了十個月而離開衛國。

將適陳，過匡㊀，顏刻為僕，以其策指之曰：「昔吾入此，由彼缺也㊁。」匡人聞之，以為魯之陽虎。陽虎嘗暴匡人，匡人於是遂止孔子。孔子狀類陽虎，拘焉五日㊂。顏淵後，子曰：「吾以汝為死矣。」顏淵曰：「子在，回何敢死㊃！」匡人拘孔子益急，弟子懼。孔子曰：「文王既沒，文不在茲乎？天之將喪斯文也，後死者不得與于斯文也。天之未喪斯文也，匡人其如予何㊄！」孔子使從者為甯武子臣於衛，然後得去㊅。

【註】㊀匡：在河北長垣縣西南。㊁顏刻：前曾為陽虎之御者，今為孔子御。策：馬鞭子。顏刻用

馬鞭子指向某處，說道：「我以前進這裡，是從那一個缺口進來的。」㊂匡人聽說顏刻這樣的話，以為是魯國的陽虎，陽虎以前曾經欺侮過匡人，而且孔子長的樣子又像陽虎，所以匡人就把孔子包圍起來。㊃顏淵在後邊，趕來了以後，孔子說：「我以為你是遇難而死了！」顏淵就說：「夫子在，回何敢死！」㊄匡人把孔子包圍得更緊急了，弟子們都害怕起來，孔子還是不憂不懼的說：「文王既然死了，繼承傳統文化的責任者，不就是在我們身上嗎？如果上天真是存心喪棄傳統文化，那麼，後來的人就不得學習這種文化了；如果上天沒有存心喪棄傳統文化，那麼，匡人能怎樣我們！」㊅當時匡地是屬於衛國，孔子就派遣一位學生過去與衛大夫寧武子有關係的，到匡人那裡，說明情形，並且說他是寧武子的部下。這樣，才算把圍解了。

去即過蒲㊀。月餘，反乎衛，主蘧伯玉家㊁。靈公夫人有南子者，使人謂孔子曰：「四方之君子不辱欲與寡君為兄弟者，必見寡小君。寡小君願見㊂。」孔子辭謝，不得已而見之。夫人在絺帷中㊃。孔子入門，北面稽首。夫人自帷中再拜，環珮玉聲璆然㊄。孔子曰：「吾鄉為弗見，見之禮答焉㊅。」子路不說㊆。孔子矢之曰：「予所不者，天厭之！天厭之㊇！」居衛月餘，靈公與夫人同車，宦者雍渠參乘，出，使孔子為次乘，招搖市過之㊈。孔子曰：「吾未見好德如好色者也。」於是醜之，去衛㊉，過曹。是歲，魯定公卒。

【註】㊀蒲：在河北長垣縣西南。㊁衛：在河南滑縣東。蘧伯玉：衛之賢大夫。㊂寡小君：靈公夫人南子自稱之辭。㊃絺帷：細葛布所製的幔帳。絺，音嗤（ㄔ），細葛布。㊄璆：音球（ㄑㄧㄡˊ），響聲清脆的樣子。㊅鄉：同「向」，一向，本來。孔子說：「我本來不預備見她，不得已而見她，只好以禮相答，毫無別的過節。」㊆子路是個頭腦直率的人，認為夫子是聖人，怎麼可以和那名女人會面？於是大為不高興。㊇把孔子氣得無奈，只好發誓說：「我若是有一點不光明坦白的地方，讓上天罰我！讓上天罰我！」㊈衛靈公與夫人及宦者雍渠同車出遊，而使孔子坐於後一部車上，飄飄蕩蕩的（招搖：翱翔也）奔馳於街道。㊉孔子很感慨的說：「我沒有見過喜歡美德如同喜歡美色那樣的人！」深以追隨於女人及宦者之後為恥而離開衛國。

孔子去曹適宋㊀，與弟子習禮大樹下。宋司馬桓魋欲殺孔子，拔其樹。孔子去。弟子曰：「可以速矣。」孔子曰：「天生德於予，桓魋其如予何㊁！」

【註】㊀曹：衛邑，在河南滑縣白馬城。宋：在河南商丘縣南。㊁上天生我而且有恩德（上天保

祐）於我，桓魋豈奈我何！」或者可以解釋為：「上天生大德於我」，如孟子所謂「天將降大任於斯人」之意。

孔子適鄭㈠，與弟子相失㈡，孔子獨立郭東門。鄭人或謂子貢曰：「東門有人，其顙似堯㈢，其項類皋陶㈣，其肩類子產，然自要㈤以下不及禹三寸，纍纍若喪家之狗㈥。」子貢以實告孔子。孔子欣然笑曰：「形狀，末也。而謂似喪家之狗，然哉！然哉㈦！」

【註】 ㈠鄭：河南新鄭縣。㈡相失：彼此不知在何處。㈢顙：音嗓（ㄙㄤˇ），額也。㈣項：音巷（ㄒㄧㄤˋ），頖頸。㈤要：同「腰」。㈥纍纍：垂頭喪氣的樣子。好像是失掉了主人之家的狗一樣。㈦孔子聽了子貢的報告，欣然同意的說：「說我的形狀像誰像誰，實不敢當，但是，說我像喪家之狗，真是對極了！真是對極了！」

孔子遂至陳㈠，主於司城貞子家㈡。歲餘，吳王夫差伐陳，取三邑而去。趙鞅伐朝歌㈢。楚圍蔡，蔡遷于吳。吳敗越王句踐會稽。

有隼集于陳廷而死㈣，楛矢貫之㈤，石砮，矢長尺有咫㈥。陳湣公使使問仲尼。仲尼曰：「隼來遠矣，此肅慎之矢也㈦。昔武王克商，通道九夷百蠻，使各以其方賄來貢㈧，使無忘職業。於是肅慎貢楛矢石砮，長尺有咫。先王欲昭其令德㈨，以肅慎矢分大姬㈩，配虞胡公而封諸陳。分同姓以珍玉，展親⑪；分異姓以遠方職，使無忘服⑫故分陳以肅慎矢。」試求之故府⑬，果得之。

【註】㈠陳：河南淮陽縣。㈡司城：官名，即司空。㈢朝歌：衞邑。㈣隼：音準（ㄓㄨㄣˇ），與鷹同屬猛禽類而較小之鳥。㈤楛：音戶（ㄏㄨˋ），木名，似荊，莖可製箭幹。貫：楛矢射穿隼身。石砮：砮，鏃也，以石為之。㈥咫：八寸曰咫。㈦肅慎：東北夷之國，後音轉為女真，生息於松花江與鴨綠江間。㈧方賄：地方之特產。㈨昭：光明。令德：善良的德行。㈩大姬：武王之長女。⑪展親：重玉。⑫服：所擔任的工作。⑬故府：舊日之府庫。

孔子居陳三歲，會晉楚爭彊，更伐陳㈠，及吳侵陳，陳常被寇。孔子曰：「歸與歸與！吾黨之小子狂簡㈡，進取，不忘其初。」於是孔子去陳。

【註】㊀更：交替不斷的。㊁狂簡：應如孟子所謂「狂狷」，狂者，進取，狷者不忘其初，即謂不忘其本初之善性與正義感，所以孟子謂「狷者有所不為」，即不作那些不合於良心，不合於正義之事也。

過蒲㊀，會公叔氏以蒲畔，蒲人止孔子㊁。弟子有公良孺者，以私車五乘從孔子。其為人長賢，有勇力，謂曰：「吾昔從夫子遇難於匡，今又遇難於此，命也已。吾與夫子再罹難㊂，寧鬭而死。」鬭甚疾。蒲人懼，謂孔子曰：「苟毋適衛，吾出子。」與之盟，出孔子東門。孔子遂適衛。子貢曰：「盟可負邪？」孔子曰：「要盟也，神不聽㊃。」

【註】㊀蒲：河北長垣縣。㊁止：阻擋，包圍。㊂罹難：陷於危險。㊃要盟：強迫下的盟誓，神不相信，所以儘可以破壞。

衛靈公聞孔子來，喜，郊迎。問曰：「蒲可伐乎？」對曰：「可。」靈公曰：「吾大夫以為不可。今蒲，衛之所以待晉楚也㊀，以衛伐之，無乃不可乎？」孔子曰：「其男子有死之志，婦人有保西河之志。吾所伐者不過四五人㊁。」靈公曰：「善。」

然不伐蒲。

【註】㊀蒲在衞之西南，是衞國與晉楚之緩衝地帶，所以衞靈公說蒲地是衞國對付（待）晉楚的地區。㊁公叔氏以蒲叛，而蒲民不願從之叛，所以孔子說：「其男子有死之志，婦人有保西河（西河：衞國之西河，非魏國之西河）之志，可見伐蒲並不是伐蒲之人民，乃是伐蒲之四、五個叛臣耳。

靈公老，怠於政，不用孔子。孔子喟然歎曰：「苟有用我者，朞月而已，三年有成㊀。」孔子行。

【註】㊀喟然：傷感的樣子。孔子傷感而歎曰：「假定有用我的，一年（期月）就可以有相當的效驗，三年就可以有大的成功。」

佛肸為中牟宰㊀。趙簡子攻范、中行，伐中牟。佛肸畔，使人召孔子。孔子欲往。子路曰：「由聞諸夫子：『其身親為不善者，君子不入也。』今佛肸親以中牟畔，子欲往，如之何㊁？」孔子曰：「有是言也，不曰堅乎，磨而不磷；不曰白乎，涅而不淄。我豈匏瓜也哉，焉能繫而不食㊂？」

【註】㈠中牟：非河南之中牟縣，乃河北邯鄲附近之地。㈡孔子欲往，子路反對，子路說道：「我以前聽夫子講過：『一個人，本身做了不善的事，君子就不往他的國裡去』，現在佛肸親自以中牟背叛，夫子想去，是什麼道理呢？」㈢孔子說：「這話，我是說過的！但是，我不是還說過嗎？堅硬的東西，再磨也磨不薄（磷）的，潔白的東西，再染也染不黑的。我豈是匏瓜那樣的東西，怎能繫在空中，永遠不吃東西呢？」

孔子擊磬。有荷蕢而過門者，曰：「有心哉，擊磬乎！硜硜乎，莫己知也夫，而已矣㈠！」

【註】㈠孔子在敲磬，有一個揹著草簍子的人，經過他的門前，說道：「真是有心思啊，這個擊磬的人！但是，太死心眼了，既然沒有人知道你，你不幹，不就得了嘛！」

孔子學鼓琴師襄子㈠，十日不進㈡。師襄子曰：「可以益矣㈢。」孔子曰：「丘已習其曲矣，未得其數也㈣。」有閒㈤，曰：「已習其數，可以益矣。」孔子曰：「丘未得其志也㈥。」有閒，曰：「已習其志，可以益矣。」孔子曰：「丘未得其為人也㈦。」有閒，有所穆然深思焉㈧，有所怡然高望而遠志焉㈨。曰：「丘得其為人，黯然而黑，幾然而長，眼如望羊，如王四國，非文王其誰能為此也⑩！」師襄子辟席再拜，曰：「師蓋云文王操也⑪。」

【註】㊀鼓琴：彈琴。㊁十日不再學新的，而只是溫習舊的。㊂可以再多學一點新的了。㊃我已經學會其曲調，但是還不瞭解其節奏之數。㊄有閒：過了一段時間。㊅我還沒有領會到他的意思。㊆我還沒有領會到他是一個什麼樣的人。㊇很肅敬的在深思的樣子。㊈很喜樂的眼光高尚而胸襟遠大的樣子。⑩我已經想像得到他是一個這樣的人了：皮色黑黑的，個子高高的，眼睛好像是汪洋大海似的，胸襟好像可以包容天下四方之廣似的，這個人，若不是文王，誰能夠有這樣的氣質呢？⑪師襄子避開了席次，再拜而言曰：「你所領悟的一點都不錯，這一首音樂就是文王之操呀！」（望羊：即「汪洋」；辟：同「避」）。

孔子既不得用於衛，將西見趙簡子㊀。至於河而聞竇鳴犢、舜華之死也，臨河而歎曰：「美哉水，洋洋乎！丘之不濟此，命也夫！」子貢趨而進曰：「敢問何謂也？」孔子曰：「竇鳴犢，舜華，晉國之賢大夫也。趙簡子未得志之時，須此兩人而后從政；及其已得志，殺之乃從政。丘聞之也，刳胎殺夭㊁，則麒麟不至郊，竭澤涸漁則蛟龍不合陰陽㊂，覆巢毀卵則鳳皇不翔。何則？君子諱傷其類也㊃。夫鳥獸之於不義也尚知辟之㊄，而況乎丘哉！」乃還，息乎陬鄉，作為陬操以哀之㊅。而反乎衛，入主蘧伯玉家。

【註】㊀趙簡子：即趙鞅，乃趙武之孫，在晉悼公之九年，執晉政，其後，誅公族，而演成六卿分晉之局，勢力益大。㊁夭：初生之物，幼稚之物。㊂竭澤涸漁，則蛟龍不使陰陽調和。有角，曰龍；無角，曰蛟。㊃君子以「物傷其類」為忌諱。㊄辟：同「避」。㊅陬鄉：即「鄹鄉」，「鄒鄉」，孔子出生之家鄉。孔子覺得各國權臣當道，而賢人橫遭夷滅，心甚痛之，故返於陬鄉，作為陬操之曲，以哀時賢，猶文王之有文王操也。

他日，靈公問兵陳㊀。孔子曰：「俎豆之事，則嘗聞之，軍旅之事，未之學也㊁。」明日，與孔子語，見蜚鴈㊂，仰視之，色不在孔子。孔子遂行㊃，復如陳。

【註】㊀兵陳：即「兵陣」，軍事戰鬥之陣勢行列。㊁孔子不願與衞靈公驟談軍事之道，故答以曾學禮樂，未學軍事，此不過表示拒絕談此問題，實際上，孔子並非不懂軍事之文弱書生也。孔子是堅

決主張文武合一之教育的，「有文事者，必有武備」，熟記此言，可以瞭然於立國之道矣。㊂蜚雁：「飛雁」。㊃注意力不在孔子，故孔子遂離衞。

夏，衞靈公卒，立孫輒，是為衞出公。六月，趙鞅內太子蒯聵于戚㊀。陽虎使太子絻㊁，八人衰絰㊂，偽自衞迎者，哭而入，遂居焉。冬，蔡遷于州來㊃。是歲魯哀公三年，而孔子年六十矣㊄。齊助衞圍戚，以衞太子蒯聵在故也。

夏，魯桓釐廟燔，南宮敬叔救火。孔子在陳，聞之，曰：「災必於桓釐廟乎㊅？」已而果然㊆。

【註】㊀內：同「納」。戚：衞邑，在河北濮陽縣北。㊁絻：音問（ㄨㄣˋ），喪服。㊂衰絰：喪服。衰：音崔（ㄘㄨㄟ）。絰：音疊（ㄉㄧㄝˊ）。㊃州來：安徽鳳臺縣。㊄魯哀公三年，孔子年六十。㊅釐：同「僖」。桓釐之廟當毀，而魯祀非禮之廟，故孔子以此推之。㊆已而：同「既而」。

秋，季桓子病，輦而見魯城，喟然歎曰：「昔此國幾興矣，以吾獲罪於孔子，故不興也㊀。」顧謂其嗣康子曰：「我即死，若必相魯；相魯，必召仲尼㊁。」後數日，桓子卒，康子代立。

已葬，欲召仲尼。公之魚曰：「昔吾先君用之不終，終為諸侯笑。今又用之，不能終，是再為諸侯笑。」康子曰：「則誰召而可？」曰：「必召冉求。」於是使使召冉求。冉求將行，孔子曰：「魯人召求，非小用之，將大用之也。」是日，孔子曰：「歸乎歸乎！吾黨之小子狂簡，斐然成章，吾不知所以裁之㈢。」子贛知孔子思歸，送冉求，因誡曰「即用，以孔子為招」云㈣。

【註】㈠季桓子有病，坐在小車上，巡視魯國之城，觸景生感，不禁喟然歎曰：「以前，這個國家，眼看就要興盛起來了（指孔子為魯相之時），因為我得罪了孔子（齊人贈送女樂，企圖敗亂魯政，孔子反對接受女樂，而季桓子受之，所以孔子便辭職而去），所以不能興起了！」㈡回頭又告訴他的兒子說：「我如果死了，你一定是魯國的丞相。你當了魯國的丞相，一定要把孔子請回來。」㈢孔子說：「回去吧！回去吧！我的門徒們都是心志狂大而思慮簡略，雖然是燦然成章，但是都沒有經過嚴格的訓練，我要回去從事於訓練（裁）他們啊！」㈣子貢送冉求回魯，臨別囑咐他說：「如果用你的話，你還是請老師回去為宜。」

冉求既去，明年，孔子自陳遷于蔡。蔡昭公將如吳㈠，吳召之也。前昭公欺其臣遷州來㊁，後將往，大夫懼復遷，公孫翩射殺昭公。楚侵蔡。秋，齊景公卒。

【註】㊀如：往。㊁州來：安徽鳳臺縣。

明年，孔子自蔡如葉㊀。葉公問政，孔子曰：「政在來遠附邇。」他日，葉公問孔子於子路，子路不對。孔子聞之，曰：「由，爾何不對曰『其為人也，學道不倦，誨人不厭，發憤忘食，樂以忘憂，不知老之將至。』云爾㊁。」

【註】㊀葉：河南葉縣。㊁孔子自述其為人，「學道不倦，誨人不厭，發憤忘食，樂以忘憂，不知老之將至。」可見其樂觀奮鬥之精神。

去葉，反于蔡。長沮、桀溺耦而耕㊀，孔子以為隱者，使子路問津焉。長沮曰：「彼執輿者為誰㊁？」子路曰：「為孔丘。」曰：「是魯孔丘與？」曰：「然。」曰：「是知津矣㊂。」桀溺謂子路曰：「子為誰？」曰：「為仲由。」曰：「子，孔丘之徒與？」曰：「然。」桀溺曰：「悠悠者天下皆是也，而誰以易之？且與其從辟人之士，豈若從辟世之士哉！」耰而不輟㈣。子路以告孔子，孔子憮然曰：「鳥獸不可與同羣。天下有道，丘不與易也㈤。」

【註】㈠耦：同「偶」，並伴而耕。㈡在車上手執馬繮繩的是那一位？㈢他是知道渡口的人了。㈣「天下到處都是這樣的昏昏茫茫，誰能夠把它變好（易）呢？並且與其跟從那躲避惡人之士，怎勝躲避現世之士呢？」說了這話之後，繼續的耕作不停。（耰：音憂ㄧㄡ，以土覆蓋種子的工作）㈤子路把長沮、桀溺的話告訴孔子。孔子深惡痛絕的樣子（憮然），說道：「這兩個人真是不可與之同羣的鳥獸！假定天下是有道的話，我就用不著改變它了。」

他日，子路行，遇荷蓧丈人㈠，曰：「子見夫子乎？」丈人曰：「四體不勤，五穀不分，孰為夫子！」植其杖而芸㈡。子路以告，孔子曰：「隱者也。」復往，則亡㈢。

【註】㈠荷：揹負。蓧：音弔（ㄉㄧㄠˋ），耘草的竹器。丈人：老人。㈡「四體不勞動，五穀分不清楚（形容讀書人的特徵），誰是你的夫子？」老人說了之後，把手杖插於地上，而耘草。㈢子路

把老人的話告訴於孔子，孔子說：「這人是個隱士」，叫子路再去看他，已經不見人影了。

孔子遷于蔡三歲，吳伐陳。楚救陳，軍于城父㊀。聞孔子在陳蔡之閒，楚使人聘孔子。孔子將往拜禮，陳蔡大夫謀曰：「孔子賢者，所刺譏皆中諸侯之疾㊁。今者久留陳蔡之閒，諸大夫所設行皆非仲尼之意。今楚，大國也，來聘孔子。孔子用於楚，則陳蔡用事大夫危矣㊂。」於是乃相與發徒役圍孔子於野。不得行，絕糧。從者病，莫能興㊃。孔子講誦弦歌不衰㊄。子路慍見曰：「君子亦有窮乎㊅？」孔子曰：「君子固窮，小人窮斯濫矣㊆。」

【註】㊀城父：在安徽亳縣東南。㊁孔子所批評的都是恰好擊中了各國諸侯的缺點。㊂用事：當權執政的。㊃跟從孔子的弟子們都餓得爬不起來（興）了。㊄孔子處於圍困之時，卻不憂不懼，照樣的講書唱歌。㊅子路滿腹牢騷（慍）的說：「君子也有窮困的時候嗎？」㊆孔子說：「君子也有窮困的時候，不過，君子處於困窮，能夠堅持其品格德行；如果小人處於困窮，那他麼便胡作非為，亂幹起來了。」

子貢色作㊀。孔子曰：「賜，爾以予為多學而識之者與㊁？」

曰：「然。非與㊂？」孔子曰：「非也。予一以貫之㊃。」

【註】㊀子貢處於這種窮困狀態之下，表情也很不自然（色作：變色）。㊁孔子說：「賜啊！你以為我是學的很多而博聞強記嗎？」識：音誌（ㄓˋ）。㊂子貢說：「是的！不是嗎？」㊃孔子說：「不是的！我是以一個基本的道理而貫通於全般事物之上！」

孔子知弟子有慍心，乃召子路而問曰：「詩云『匪兕匪虎，率彼曠野。』吾道非邪？吾何為於此㊀？」子路曰：「意者吾未仁邪？人之不我信也。意者吾未知邪？人之不我行也㊁。」孔子曰：「有是乎！由，譬使仁者而必信，安有伯夷、叔齊？使知者而必行，安有王子比干㊂？」

【註】㊀孔子知道弟子們都是滿心牢騷，於是就把子路叫來，問道：「詩經上說：『既不是兕，又不是虎，而徘徊在曠野之中。』我們的道理，難道是不對嗎？為什麼會弄到這種地步？」㊁子路說：「大概是我們的仁愛不夠吧！所以別人就不相信我們的道理；或者是我們的智慧不夠吧！所以別人就不實行我們的道理。」㊂孔子說：「是這樣的嗎？子路啊！如果仁者而必然能夠使人相信，那麼，怎麼會有伯夷叔齊的故事呢？如果智者而必然能夠使人實行，那麼，怎麼會有王子比干的故

事呢？」

子路出，子貢入見。孔子曰：「賜，詩云『匪兕匪虎，率彼曠野。』吾道非邪？吾何為於此？」子貢曰：「夫子之道至大也，故天下莫能容夫子。夫子蓋少貶焉㈠？」孔子曰：「賜，良農能稼而不能為穡，良工能巧而不能為順。君子能脩其道，綱而紀之，統而理之，而不能為容。今爾不脩爾道而求為容。賜，而志不遠矣㈡！」

【註】㈠子路出，子貢入見，孔子把他對子路所說的話，對子貢又重複一次。子貢就說：「夫子的主張太高大了，所以天下之人不能接受，夫子何不把主張稍微降低一點呢？」㈡孔子說道：「子貢啊！良好的農人能夠努力耕作，但是不能保證就可以收成豐盛；良好的工人能夠精巧製造，但是不能夠保證就可以人人滿意；君子能夠提供方案，綱領正確，條理分明，但是不能夠保證就可以使人接受。現在你不能發揚你所信仰的主義，反而想著降格以求人們的接受，子貢啊！你的心胸真是不夠遠大啊！」

子貢出，顏回入見。孔子曰：「回，詩云『匪兕匪虎，率彼曠野。』吾道非邪？吾何為於此？」顏回曰：「夫子之道至大，故天下莫能容。雖然，夫子推而行之，不容何病，不容然後見君子！夫道之不脩也，是吾醜也。夫道既已大脩而不用，是有國者之醜也。不容何病，不容然後見君子㈠！」孔子欣然而笑曰：「有是哉顏氏之子！使爾多財，吾為爾宰㈡。」

【註】㈠子貢出，顏回進去見孔子，孔子又把對子路子貢所說的話，重複一次。顏回說：「夫子的主張最大了，所以天下之人不能接受。雖然如此，夫子還是努力的去推行，至於世人不能夠接受，那有什麼可苦惱的呢！正因為世人不能接受，更顯出夫子是直道而行的君子！如果拿不出正確的主張，那是我們的恥辱；如果我們已經提供出正確的主張而政治當局不採行，那是他們擔當國事者的恥辱。世人不接受，有什麼關係呢？正因為世人不能接受，更顯出夫子是直道而行的君子！」㈡孔子很高興的笑著說：「姓顏的孩子，你說的真對呀！假定你將來發財了，我願意當你的掌櫃！」（開玩笑的話，被陳蔡圍困成那個樣子，他還是樂陶陶的，可見其修養之高。）

於是使子貢至楚。楚昭王興師迎孔子，然後得免。

昭王將以書社地七百里封孔子㈠。楚令尹㈡子西曰：「王之使使諸侯有如子貢者乎？」曰：「無有。」「王之輔相有如顏回者乎？」曰：「無有。」「王之將率有如子路者乎？」曰：「無有。」「王之官尹有如宰予者乎？」曰：「無有。」「且楚之祖封於周，號為子男五十里。今孔丘述三五之法㊂，明周召之業㊃，王若用之，則楚安得世世堂堂㊄方數千里乎？夫文王在豐㊅，武王在鎬㊆，百里之君，卒王天下。今孔丘得據土壤，賢弟子為佐，非楚之福也。」昭王乃止。其秋，楚昭王卒于城父。

【註】㊀楚昭王準備以書社（書社者，以社之戶口，書於版圖。古者以二十五家為里，里各立社，七百里所包括之人口與土地相當可觀）之地七百里封孔子。㊁令尹：即丞相。㊂三五：三皇五帝。㊃周、召：周公、召公。㊄堂堂：廣大的樣子。㊅豐：在陝西鄠縣東。㊆鎬：在陝西長安縣西南。

楚狂接輿歌而過孔子㊀，曰：「鳳兮鳳兮，何德之衰！往者不可諫兮，來者猶可追也！已而已而，今之從政者殆而㊁！」孔子下，欲與之言。趨而去，弗得與之言。

【註】㊀楚人有個名叫接輿者，裝瘋賣傻的（狂）唱著歌，經過孔子的車前。㊁歌曰：「鳳鳥啊，鳳鳥啊！你的時運（德）為什麼這樣的不濟（衰，倒楣）呢！已往的事情是無法挽救（諫）了，將來

或者還可以想辦法，只是今天是不行的，因為今天從事於政治的人都是昏昏沌沌的（殆），你歇歇吧，歇歇吧！」（這完全是善意的同情的勸阻，所以孔子下車，想和他談一談，但是，那個人走了，所以也沒有談成話。）

於是孔子自楚反乎衛。是歲也，孔子年六十三，而魯哀公六年也。

其明年，吳與魯會繒㊀，徵百牢㊁。太宰嚭召季康子。康子使子貢往，然後得已㊂。

【註】㊀繒：在山東嶧縣東八十里。㊁百牢：牢具一百也。《周禮》：上公九牢，子男五牢。今吳徵百牢，夷不識禮，故也。㊂子貢赴吳，曉之以禮，而後得以停止徵索。

孔子曰：「魯衛之政，兄弟也㊀。」是時，衛君輒父不得立㊁，在外，諸侯數以為讓㊂。而孔子弟子多仕於衛，衛君欲得孔子為政。子路曰：「衛君待子而為政，子將奚先㊃？」孔子曰：「必也正名乎㊄！」子路曰：「有是哉，子之迂也！何其正也㊅？」孔子曰：「野哉由也！夫名不正則言不順，言不順則事不成，事不成則禮樂不興，禮樂不興則刑罰不中，刑罰不中則民無所錯手足矣。夫君子為之必可名，言之必可行。君子於其言，無所苟而已矣㈦。」

【註】㈠魯衛兩國的政治，如兄弟一般，都是紀綱廢弛。㈡衛世子蒯聵，恥其母南子之淫亂，欲殺之，不果，而出奔。靈公欲立公子郢，郢辭。靈公卒，夫人立之，又辭，乃立蒯聵之子輒，以拒蒯聵。故曰：衛君輒父不得立。㈢諸侯不斷的以此事責備衛國。㈣子路說：「衛君等待夫子主持政治，如果夫子主持政治，夫子先要著手什麼事情。」㈤孔子說：「我一定首先整頓紀綱，確定名分，調理倫常關係。」㈥子路說：「一點不錯啊，夫子真是太迂闊了，現在還搞那些正名的勾當幹什麼呢？」㈦孔子說：「粗野的子路啊！你要知道：名分不正，則言論不順，言論不順，則諸事不成；諸事不成，則禮樂不興；禮樂不興，則刑罰不能恰當，刑罰不能恰當，則人民恐怖，連手足怎麼放置，也不知道如何是好了。君子無論作什麼事情，既然作了，就一定可以指出道理；既然說了，就一定可以見諸行為。君子對於他所說的話，不會有些微的苟且。」

其明年，冉有為季氏將師，與齊戰於郎㈠，克之。季康子曰：「子之於軍旅，學之乎？性之乎㈡？」冉有曰：「學之於孔子㈢。」

季康子曰：「孔子何如人哉㊃？」對曰：「用之有名；播之百姓，質諸鬼神而無憾。求之至於此道，雖累千社，夫子不利也㊄。」康子曰：「我欲召之，可乎㊅？」對曰：「欲召之，則毋以小人固之，則可矣㊆。」而衞孔文子將攻太叔㊇，問策於仲尼。仲尼辭不知，退而命載而行㊈，曰：「鳥能擇木，木豈能擇鳥乎！」文子固止㊉。會季康子逐公華、公賓、公林，以幣迎孔子⑪，孔子歸魯。

【註】㊀郎：在山東魚臺縣境。㊁季康子問於冉有曰：「你對於軍事這樣的有辦法，是後天的學習嗎？抑是先天的才能？」㊂冉有說：「我是從孔子學來的。」㊃季康子問道：「孔子是一個什麼樣的人呢？」㊄冉有對他說：「用兵（之）要有道理（不可以師出無名），對於百姓要有利益（無利於民者不用兵），證（質）之於鬼神而內心不愧（有憾於鬼神者不用兵）。用兵之道，要本著這幾項原則去做。如果是不仁不義，無利於民，有愧於天地鬼神，即使得到千社之土地人民，夫子也不會視之為有利而用兵的。」㊅季康子說：「我想請孔子來，可不可以。」㊆冉有答道：「你若是想請孔子，必須是不要聽小人的話來拘束（固：同「錮」）他，才可以。」㊇孔文子：衞卿也。太叔：名疾。㊈命載：命令御者駕車而行，離開衞國。㊉固止：堅決挽留孔子。⑪以禮物迎接孔子。幣者，

餽贈之物。

孔子之去魯凡十四歲而反乎魯。

魯哀公問政，對曰：「政在選臣。」季康子問政，曰：「舉直錯諸枉㊀，則枉者直㊁。」康子患盜，孔子曰：「苟子之不欲，雖賞之不竊㊂。」然魯終不能用孔子，孔子亦不求仕。

【註】㊀舉用正直的人，廢止（錯：同「措」）邪枉的人。㊁邪枉的人由於不被舉用，於是覺悟到非改邪歸正不可，所以邪枉者就改而為直正了。㊂如果你（在上位者）沒有貪心（欲），那麼，在下的人，你即是賞他們，他們也不會盜竊的。（此言政治先要以身作則，正己而後能正人。）

孔子之時，周室微而禮樂廢，詩書缺。追迹三代之禮㊀，序書傳，上紀唐虞之際，下至秦繆，編次其事㊁。曰：「夏禮吾能言之，杞不足徵也。殷禮吾能言之，宋不足徵也。足，則吾能徵之矣。」觀殷夏所損益，曰：「後雖百世可知也，以一文一質。周監二代，郁郁乎文哉。吾從周㊂。」故書傳、禮記自孔氏。

【註】㊀追迹：一步一步的追索其事跡，蹤跡。即言一步一步的研索三代的禮制。㊁編次：依次序

而編列。㊂孔子說：「夏代的禮制，我能夠說出來，但是，由於保存夏代禮制的杞國，缺乏充足的資料，所以無法證實（徵）；殷代的禮制，我能夠說出來，但是，由於保存殷代禮制的宋國，缺乏充足的資料，所以無法證實。如果是杞宋兩國的資料充足的話，我就能夠予以證實了。我們觀察了殷夏兩代的禮制，有的比前代減損了，有的比前代增加了，我們可以得一結論，就是時代在變，需要跟著也變，即是以後再有百世的變化，其禮制也可以推演而知，大概是一文一質，前代之弊過於文，則救之以質，下代之弊過於質，則又救之以文，過於文者則損之，過於質者則益之，其一文一質，一損一益，皆所以適應時代之需要也。周代以夏殷兩代為借鏡（監：即鑑，即「鏡」），所以禮制的表現，非常之燦爛而文明，我願意遵從周代的禮制。」

孔子語魯大師：「樂其可知也。始作翕如，縱之純如，皦如，繹如也，以成㊀。」「吾自衛反魯，然後樂正，雅頌各得其所㊁。」

【註】㊀太師：樂官名。孔子告訴魯大師說：「音樂的節奏，大概可以知道的，剛開始的時候，是很平靜的樣子（翕如），到了放開的時候，是很正大的樣子（純如），繼而是很亢烈的樣子（皦如），最後是很委婉繚繞的樣子（繹如），於是一曲告成。㊁雅、頌，《詩經》篇名。

古者詩三千餘篇，及至孔子，去其重㊀，取可施於禮義㊁，上采契后稷，中述殷周之盛，至幽厲之缺㊂，始於衽席㊃，故曰「關雎之亂以為風始，鹿鳴為小雅始，文王為大雅始，清廟為頌始㊄。」三百五篇，孔子皆弦歌之，以求合韶武雅頌之音。禮樂自此可得而述，以備王道，成六藝㊅。

【註】㊀古者，詩有三千多篇，到了孔子，刪去其重複的（重：讀崇ㄔㄨㄥˊ，重複，雷同的）。㊁取其可以有助於推行禮義者。㊂缺：衰敗。㊃衽席：寢處之所，比喻關係至近之人，即夫婦關係。㊄亂：理也。詩經分為風、雅、頌三大部門。風者，採取十五國之民間歌謠而成，其中有男女戀愛之情歌，民間生活之素描，文辭極為輕鬆愉快，變化多姿，歌之使人陶醉。雅者，多為燕享朝會受福陳戒之辭，讀之可以知政治之興亡盛衰，為研究中國古代政治經濟史者上等之資料。頌者，為商、周嗣主對其先君歌功頌德之辭，篇數頗少。㊅備具王者之道，完成六藝之全。

孔子晚而喜易，序㊀彖㊁、繫㊂、象㊃、說卦㊄、文言㊅。讀易，韋編三絕㊆。曰：「假我數年，若是，我於易則彬彬矣㊇。」

【註】㊀序：《易》序卦也。夫子作十翼，謂：上彖、下彖、上象、下象、上繫、下繫、文言、序卦、說卦、雜卦也。易正義曰：「文王既繇六十四卦，分為上下篇，先後之次，其理不易。孔子就上

下二經，各序其相次之義。」㈡彖：音團去聲（ㄊㄨㄢˋ），上彖，卦下辭；下彖，爻卦下辭。易正義曰：「夫子所作，統論一卦之義，或說其卦德，或說其卦義，或說其卦名。」㈢繫：本名繫辭傳，孔子專以解釋文王當日作易繫辭之意。㈣象：上象，卦辭；下象，爻辭。易正義云：「萬物之體自然，各有形象，聖人設卦以寫萬物之象。」㈤說卦：易正義云：「說卦者，陳說八卦德業變化法象所為也。」㈥文言：易正義云：「夫子贊明易道，申說義理，釋乾坤二卦經文之言，故稱文言。」崔述曰：「易傳必非孔子所作，而亦未必一人所為，蓋皆孔子之後通於易者所為，故其言繁而文。其冠以「子曰」字者，蓋相傳以為孔子之說，而不必皆當日之言。其不冠以「子曰」字者，則其所自為說也。」㈦韋編：古者用韋編簡，故曰「韋編」。三絕：三次斷韋，言其研讀之勤也。㈧再給我以數年的時間來研讀易經，那麼，我對於易道，就可以彬彬然而文質俱精了。

孔子以詩書禮樂教弟子，蓋三千焉，身通六藝者七十有二人。如顏濁鄒之徒㈠，頗受業者甚眾。

【註】㈠顏濁鄒：不在七十二人之內。

孔子以四教：文，行，忠，信㈠。絕四：毋意，毋必，毋固，毋我㈡。所慎：齊，戰，疾㈢。子罕言利與命與仁㈣。不憤不啟，舉一隅不以三隅反，則弗復也㊄。

【註】㊀孔子以四項課目來教育青年，一是關於知識理論教育（文），二是關於生活實踐（行）教育，三是關於處事工作教育（忠），四是關於社會道德教育（信）。㊁孔子以為有四種惡劣的心理，必須要戒除，第一，不要有私意揣猜不顧事實的心理；第二，不要有剛愎獨斷衝動孤行的心理；第三，不要有固執成見違反時代的心理；第四，不要有自我中心違反羣眾的心理。㊂孔子所最謹慎小心的，有三件事情：第一，是關於齋戒沐浴祭祀鬼神的事情；第二，是關於興師動眾軍事作戰的事情；第三，是關於注意健康防範疾病的事情。㊃孔子很少談到發財（利）問題，命運問題，以及「仁」的問題（孔子哲學思想以仁愛為基礎，對於「仁」的問題，談的並不少，在這裡何故說他少談「仁」？真是費解）。㊄孔子對於學生們的教育，採取自動性的方式，所以如果遇到學生們不能自發自憤的話，他就不願意去啟示他們了；如果舉出了一隅的事情，而學生們不能以另外三隅的事情，予以反應，他就不再重覆了。

其於鄉黨，恂恂似不能言者㊀。其於宗廟朝廷，辯辯言，唯謹爾㊁。朝，與上大夫言，誾誾如也㊂；與下大夫言，侃侃如也㊃。

【註】㊀孔子在家鄉的時候，謙恭誠實，好像不大會說話的樣子。恂：音詢（ㄒㄩㄣˊ）。㊁他在宗

廟朝廷的時候，說話清楚明白（辯：明白），但是很謹嚴。㊂在辦公的時候，和上大夫說話，態度很和順。誾：音銀（ㄧㄣˊ）……的樣子。㊃和下大夫說話，態度很正直（侃）的樣子。

入公門，鞠躬如也㊀；趨進，翼如也㊁。君召使儐，色勃如也㊂。君命召，不俟駕行矣㊃。

【註】㊀孔子進入國君之門的時候，彎腰斂身，好像不能挺身直立的樣子。㊁小步而行，態度很恭敬的樣子（翼：恭也）。㊂奉君之命，迎接賓客，表情很振作的樣子（勃如）。㊃君有所召見，聞命即行，不等著駕車子，就動身了。

魚餒，肉敗㊀，割不正，不食。席不正，不坐。食於有喪者之側，未嘗飽也。

【註】㊀餒：腐爛。敗：敗壞。

是日哭，則不歌㊀。見齊衰、瞽者，雖童子必變㊁。

【註】㊀這一天若是有傷痛之事而哭泣的時候，就不唱歌。遇見了穿著喪服的人，或是眼睛瞎了的人，即使是個小孩子，孔子也必變色而表示同情之意。

「三人行，必得我師㊀。」「德之不脩，學之不講，聞義不能徙，不善不能改，是吾憂也。」使人歌，善，則使復之，然后和之㊁。

【註】㊀三個人與我同行，其中必有一個在品行上，在知識上，或在技術上，能夠作我的老師的（由此可見孔子之虛心受教，隨時隨地皆能取他人之長以求進益）。㊁聽人家唱歌，如果有唱的好的，就請人再唱一遍，然後他就跟著和唱。

子不語：怪，力，亂，神㊀。

【註】㊀孔子不談那些妖魔古怪的，暴力打鬥的，淫穢邪亂的，神出鬼沒的事情。

子貢曰：「夫子之文章，可得聞也。夫子言天道與性命，弗可得聞也已㊀。」顏淵喟然歎曰：「仰之彌高，鑽之彌堅。瞻之在前，忽焉在後。夫子循循然善誘人，博我以文，約我以禮，欲罷不能。既竭我才，如有所立，卓爾。雖欲從之，蔑由也已㊁。」達巷黨人（童子）曰：「大哉孔子，博學而無所成名。」

子聞之曰：「我何執？執御乎？執射乎？我執御矣。」牢曰：「子云『不試，故藝』㊂。」

【註】㊀夫子所講授的有關於文物典章的知識，我們還可以聽得懂；至於有關於天道性命的哲理，我們就很難聽得懂了。㊁有一次，顏淵喟然歎惜的說：「夫子的道理，往上面看，越看越高，往深處鑽，越鑽越堅；看著好像是在前面，怎麼忽然又在後面。夫子循循有序的善於教導人，以知識（文）開拓我的見聞，以禮制約束我的行為。在夫子的教導方法之下，使我對於研究學問，發生了強烈的興趣，即使想著休息一下，也不可能，於是我就拚著我所有的聰明去學習，好像是有點成就似的，但是夫子之道，卓然高聳，雖欲攀高而上，實在無法著手。」㊂達巷黨（五百家為黨）的一個人說：「偉大哉孔子！學的很廣博，但是沒有一樣是專精而成名的！」孔子聽說了這話，就說：「我將專執於那樣呢？專執於駕御嗎？還是專執於射箭呢？我要專執於駕御吧。」孔子的弟子牢說：「夫子說過：『因為不見用，所以有時間學會了許多技藝。』」

魯哀公十四年春，狩大野㊀。叔孫氏車子鉏商獲獸，以為不祥㊁。仲尼視之，曰：「麟也。」取之㊂。曰：「河不出圖，雒不出書，吾已矣夫㊃！」顏淵死，孔子曰：「天喪予㊄！」及西狩見麟，曰：「吾道窮矣㈥！」喟然歎曰：「莫知我夫㈦！」子貢曰：「何為莫知子㈧？」子曰：「不怨天，不尤人，下學而上達，知我者其天乎㈨！」

【註】㈠大野：藪名，魯田圃之常處，在山東鉅野縣東北。㈡車子：御車之人，名鉏商。鉏商狩獵，得了一條獸，以為是不祥之物，而給了看守田圃之人。㈢孔子一看，說是「麟」，所以鉏商又拿回來了（取之）。㈣孔子說道：「聖人用於世，則河出圖，洛出書；現在河不出圖，洛不出書，我是完了！」㈤顏淵死，孔子說：「上天要滅亡我的！」㈥到了西狩獲麟之事發生，孔子就說：「我的理想是不能通行了！」㈦於是喟然而歎息的說：「沒有人能瞭解我的！」㈧子貢就說：「為什麼沒有人能瞭解夫子呢？」㈨孔子說：「儘管世上不瞭解我，不行我的主張，但是，我還是既不怨天，又不怨人，我還是孜孜不息的奮鬥、下學人事，上達天命，知道我者，只有上天了。」

「不降其志，不辱其身，伯夷、叔齊乎㈠！」謂「柳下惠、少連降志辱身矣㈡。」謂「虞仲、夷逸隱居放言，行中清，廢中權㈢。」「我則異於是，無可無不可㈣。」

【註】㈠不降低自己的意志，不污辱自己的身體，伯夷、叔齊就是這樣的人啊！㈡像柳下惠、少

連，可以說是降志辱身了。㊂至於虞仲與夷逸，隱居山林，自由言談，行其道而用於世，則合乎清廉；廢其道而不用於世，則合乎權宜。㊃我和他們不同，無所謂可，也無所謂不可（用亦可，不用亦可，我只有盡人事以聽天命而已）。

子曰：「弗乎弗乎㊀，君子病沒世而名不稱焉㊁。吾道不行矣，吾何以自見於後世哉㊂？」乃因史記作春秋㊃，上至隱公，下訖哀公十四年，十二公。據魯㊄，親周㊅，故殷㊆，運之三代㊇。約其文辭而指博㊈。故吳楚之君自稱王，而春秋貶之曰「子」；踐土之會實召周天子，而春秋諱之曰「天王狩於河陽㊉」：推此類以繩當世。貶損之義⑪，後有王者舉而開之⑫。春秋之義行，則天下亂臣賊子懼焉⑬。

【註】㊀弗乎，弗乎：嘆年歲已老時光不多之意。㊁活了一輩子而沒有一件事情可以稱名於世，這是君子所認為可痛惜的。㊂我的理想已經不行於世了，我拿什麼表現於後世呢？㊃憑藉史官所記之資料而作《春秋》。㊄據魯：以魯國為主體。㊅親周：親，作「新」，以周室的文物制度為新進。㊆故殷：以殷代的文物制度為古典。㊇運用三代文物制度的精神。㊈簡約其文辭，而含意（指）則淵博。㊉踐土之會是晉國號召周天子，而春秋則曰「天王狩於河陽」，意思就是說天下參加踐土之

會，不是受晉國之召命，乃是到河陽去狩獵，順便到會中看看罷了。㈡運用這種記事方法以制裁各國諸侯，表示對於僭號稱王的諸侯們的貶損之大義。㈢後世如有聖王出現，舉春秋之義而行之於實際。㈢則春秋之大義實行，而天下之亂臣賊子們都有所畏懼了。

孔子在位聽訟，文辭有可與人共者，弗獨有也㈠。至於為春秋，筆則筆，削則削，子夏之徒不能贊一辭㈡。弟子受春秋，孔子曰：「後世知丘者以春秋，而罪丘者亦以春秋㈢。」

【註】㈠孔子執政在位的時候，審判（聽）刑獄，文辭有可以與人相共者，就容納別人的意見，不作獨自的主張。㈡至於作《春秋》一書，該筆則筆，該削則削，絕對保持自己獨立的見解，如子夏之流都是以文學見長的，但亦不能增損一字。㈢孔子說：「後世之人贊成我者是春秋一書，而怪罪我者，也是春秋一書」（《孟子》滕文公篇謂：「昔者，禹抑洪水而天下平；周公兼夷狄，驅猛獸，而百姓寧；孔子作春秋而亂臣賊子懼。」（可見《春秋》一書垂教立言之功效的大。由《春秋》一書，可證孔子是主張中國統一而反對割據分裂的；是主張理性禮教而反對陰謀暴力的。）

明歲，子路死於衛。孔子病，子貢請見。孔子方負杖逍遙於門㈠，曰：「賜，汝來何其晚也？」孔子因歎，歌曰：「太山壞乎！梁柱摧乎！哲人萎乎㊁！」因以涕下。謂子貢曰：「天下無道久矣，莫能宗予㊂。夏人殯於東階，周人於西階，殷人兩柱閒。昨暮予夢坐奠兩柱之閒，予殆殷人也㊃。」後七日卒。

【註】㊀扶著手杖在門前慢慢的散步。㊁泰山崩塌了，梁柱摧毀了，哲人病倒了！㊂天下無道久矣，沒有人能夠信仰我的主義。㊃夏代的禮制，人們死了，殯於東階；周代的禮制，人們死了，殯於西階；殷代的禮制，人們死了，殯於兩柱之間。昨夜晚，我夢見我坐奠於兩柱之間，我是殷人，大概是不久於人世了。

孔子年七十三，以魯哀公十六年四月己丑卒。

哀公誄㊀之曰：「旻天不弔㊁，不憖遺一老㊂，俾屏余一人以在位，煢煢余在疚㊃。嗚呼哀哉！尼父，毋自律㊄！」子貢曰：「君其不沒於魯乎！夫子之言曰：『禮失則昏，名失則愆。失志為昏，失所為愆。』生不能用，死而誄之，非禮也。稱『余一人』，非名也㊅。」

【註】㊀誄：音累（ㄌㄟˋ），哀悼死者的文字。㊁不弔：不仁，不惠，不憐憫。㊂憖：音印

（ㄧㄣˋ），肯。㊃甇：音（ㄑㄩㄥˊ），憂思的樣子。疚：音救（ㄐㄧㄡˋ），內心痛苦。㊄毋自律：不要自己太約束自己，要達觀一點，人生就是這麼一回事（此三字，甚難譯）。㊅天子才可以自稱為「余一人」，魯公乃是諸侯，而妄用天子之稱，故曰，非其名分。

孔子葬魯城北泗上，弟子皆服三年㊀。三年心喪畢，相訣而去㊁，則哭，各復盡哀；或復留。唯子贛廬於冢上，凡六年，然後去㊂。弟子及魯人往從冢而家者百有餘室，因命曰孔里。魯世世相傳以歲時奉祠孔子冢，而諸儒亦講禮鄉飲大射於孔子冢。孔子冢大一頃。故所居堂弟子內，後世因廟藏孔子衣冠琴車書，至于漢二百餘年不絕。高皇帝過魯，以太牢祠焉。諸侯卿相至，常先謁然後從政㊃。

【註】㊀服：守喪。㊁訣：音決（ㄐㄩㄝˊ），離別。㊂子貢在孔子墓旁，築了小屋三間，住了六年，然後離去。古人尊師敬道的誠心，真可敬佩。㊃諸侯卿相們到了魯國，常常先要進拜孔廟，而後辦公。

孔子生鯉，字伯魚。伯魚年五十，先孔子死。

伯魚生伋，字子思，年六十二。嘗困於宋。子思作中庸。

子思生白，字子上，年四十七。子上生求，字子家，年四十五，子家生箕，字子京，年四十六，子京生穿，字子高，年五十一。子高生子慎，年五十七，嘗為魏相。

子慎生鮒，年五十七，為陳王涉博士，死於陳下。

鮒弟子襄，年五十七。嘗為孝惠皇帝博士，遷為長沙太守。長九尺六寸。

子襄生忠，年五十七。忠生武，武生延年及安國。安國為今皇帝博士，至臨淮太守，蚤卒，安國生卬，卬生驩。

太史公曰：詩有之：「高山仰止，景行行止。」雖不能至，然心鄉往之㈠。余讀孔氏書，想見其為人㈡。適魯，觀仲尼廟堂車服禮器，諸生以時習禮其家，余祗迴留之不能去云㈢。天下君王至于賢人眾矣，當時則榮，沒則已焉㈣。孔子布衣，傳十餘世，學者宗之。自天子王侯，中國言六藝者折中於夫子，可謂至聖矣㈤！

【註】㈠太史公說：「《詩經》有這樣的話：『崇峻的高山，是我們所仰望的；偉大的德行，是我們所取法的。』我對於孔子，就是這樣的心情。雖然我達不到孔子的境界，但是我在內心裡實在是無限的嚮往啊！㈡我讀了孔子的書，便想像得到孔子的為人。㈢我到了魯國，參觀孔子的廟堂、車服、禮器，以及許多青年們按時到他的家裡學習禮儀，使我徘徊留戀，實在是捨不得離開啊！㈣天下的君王以及賢能的人，多的是，當他們在世的時候，未嘗不聲名煊赫，備極榮華；但是一旦死了，便消聲滅跡，黯然無光。㈤惟獨孔子以一介布衣而流傳十餘世，凡是知識分子沒有不以夫子為宗師的；自天子以至於王侯，凡是研究六藝之經典的，沒有不以夫子的講解為標準的，夫子真可以算得是至高無上的聖人了！」（《詩經》上這兩句話，不作如此解，譯者推究太史公之意，作如此解。古人引用《詩經》者，往往取《詩經》字面之義，而非其原本之解釋。按《詩經》「景行」，景：大也。行，讀為「杭」，大路也。譯者，譯為「偉大的德行」，係以行，讀為「刑」。這兩句話，重點在於前一句之「高山仰止」，因顏淵有「仰之彌高」之語，太史公以同樣的心情，尊敬孔子，故借《詩經》之句以宣白其「嚮往」之誠。止：語辭。鄉：同「向」。祗迴：徘徊。折中：折：判斷；中：中準。即判斷的中準。）

（附論）在今日毛江匪徒倒行逆施，大叫「批孔揚秦」之際，我們讀孔子世家及太史公之贊辭，不禁渾起了滿腔的悲憤，恨不得食其肉而寢其皮。孔子對世界是天下為公的胸懷，對人類是一視同仁的相愛，其貢獻於歷史文化者，不僅是中國一族，而且是世界全體，所以世界文化愈交流，而孔子之師表地位愈確定，這是我們民族的無上光榮。乃毛江匪類梟惡成性，殘暴無道，已經引起了全國同胞「眾怒難犯」之公憤，甚至其組織成員亦普遍詛咒，而毛江匪酋不僅無悔禍之心，且舉其一切挫敗，盡歸之於中國傳統文化的作梗，尤其集矢於孔子之身，以為不打倒孔子的領導地位，就無法摧毀傳統文化的堡壘；以為不破壞孔子的中心信仰，就無法脫離傳統文化的包圍；以為不粉碎孝悌忠信之道，就無法鼓動其公社狂潮；以為不推翻「禮讓為國」的說教，就無法強化其奪權鬥爭；以為孔子所描繪之君子人物，盡是其敵人之所長，而孔子所揭發之小人臉譜，絕似其本身之寫照，於是「做賊心虛」，疑懼交攻，以為孔子就是他致命的剋星，以為彭德懷、劉少奇、鄧拓、吳晗、廖沫沙、林彪，一干人等，都是孔子所派去追蹤毛酋的刺客間諜。我們還可以明明白白的看出，不遠的將來，周匪恩來也要被毛匪扣上一頂信孔尊孔的罪名而慘遭屠戮。像這種樣子，天怒人怨，眾叛親離，他還能支持幾天呢？現在他自己揭露了反孔批孔的真臉譜，正好叫天真幼稚的歐美學究如費正清之流，認識認識，從而放棄其為毛匪作外圍的卑鄙勾當，正好叫中國大陸的知識青年，瞭解瞭解，從而加緊其對「焚書坑儒」比秦始皇殘毒萬倍之毛匪統治的革命戰鬥。這就是說，毛匪之批孔揚秦，正是他自取滅亡的葬身輓歌。我們每一個衷心信仰孔子之道的人，每一個有志於復興中國文化進而復興中華民族的人，當此對毛匪暴政激烈鬥爭之時，更宜在三民主義（三民主義就是孔子思想的結晶）的指導之下，以堅定的信心，親愛的團結，同心合力，以獲致推翻毛匪暴政的革命勝利。

卷四十八　陳涉世家第十八

陳涉非有仲尼、墨翟之賢，陶朱、猗頓之富，立數月而死，亦無繼承功業之嗣，而所以列於世家者，以其為革命之先導，亡秦之前驅也。

陳勝者，陽城人也㈠，字涉。吳廣者，陽夏人也㈡，字叔。陳涉少時，嘗與人傭耕㈢，輟耕之壟上㈣悵恨久之㈤，曰：「苟富貴，無相忘㈥。」庸者笑而應曰：「若為庸耕，何富貴也㈦？」陳涉太息㈧曰：「嗟乎，燕雀安知鴻鵠之志哉㈨！」

【註】㈠陽城：在河南汝南縣境。㈡陽夏：河南太康縣。㈢傭耕：受僱於人，為人耕田。㈣壟：田畝之高處。㈤有野心而不得志之人，常露悵恨之狀。㈥如果將來富貴了，大家彼此都不要忘記。㈦你是為人家僱用而耕田的人，怎麼能談上「富貴」二字呢？㈧太息：同「歎息」。㈨你們這般小燕小雀的傢伙，怎麼能夠知道我這個鴻鵠的大志呢？（鴻鵠：大鳥）。

二世元年七月，發閭左適戍漁陽㈠，九百人屯大澤鄉㈡。陳勝、吳廣皆次當行，為屯長。會天大雨，道不通，度已失期㈢。

失期，法皆斬。陳勝、吳廣乃謀曰：「今亡亦死，舉大計亦死，等死，死國可乎㊃？」陳勝曰：「天下苦秦久矣。吾聞二世少子也，不當立，當立者乃公子扶蘇。扶蘇以數諫故，上使外將兵。今或聞無罪，二世殺之。百姓多聞其賢，未知其死也。項燕為楚將，數有功，愛士卒，楚人憐之。或以為死，或以為亡。今誠以吾眾詐自稱公子扶蘇、項燕，為天下唱，宜多應者。」吳廣以為然。乃行卜㊄。卜者知其指意，曰：「足下事皆成，有功。然足下卜之鬼乎㊅！」陳勝、吳廣喜，念鬼，曰：「此教我先威眾耳㊆。」乃丹書帛曰「陳勝王」，置人所罾魚腹中㊇。卒買魚烹食，得魚腹中書，固以怪之矣㊈。又閒令吳廣之次所旁叢祠中，夜篝火，狐鳴呼曰「大楚興，陳勝王㊉。」卒皆夜驚恐。旦日，卒中往往語，皆指目陳勝㊁。

【註】㊀閭左：居於里門之左者。漁陽：在河北密雲縣西南。燕世家所謂：「燕築長城，自造陽（河北懷來縣）至襄平（在遼寧、遼陽縣北七十里），置上谷、漁陽、右北平、遼西、遼東郡。」秦二世發閭左戍漁陽，即此。凡居於里門之左者，皆被徵發，前往戍守漁陽。㊁大澤鄉：在安徽宿縣。㊂度：

推算。㈣陳勝、吳廣商量著說：「現在逃亡也是死，發動革命起義的大事也是死，同樣是死，我們為國家而死不好嗎？」㈤行卜：前往找地方去卜卦。㈥卜者知道他們的意思，說道：「你們舉事都會成功，但是你們何不卜之於鬼呢？」㈦陳勝、吳廣很喜歡，心中在想算卦的先生說個「鬼」字，什麼意思？啊，明白了，原來是教我們假託鬼神的迷信來威嚇眾人啊！㈧於是就用白綢子上面寫著「陳勝王」三個紅字，偷偷的塞進別人魚網內的魚腹之中。罾：音增（ㄗㄥ），魚網。㈨士卒們買魚殺著吃，一看魚肚子有字，已經覺得很是奇怪。㈩又隔了兩天，叫吳廣在他所駐紮（次）的地方，旁邊叢林的廟宇中，夜間用燈籠點起了火，學著狐狸的叫喚，大聲叫著：「大楚要興起來了，陳勝要當王了。」士卒們夜間聽到這種怪聲，都驚恐起來。篝：音溝（ㄍㄡ）㈡第二天，白天，士卒們都風言風語的談說這件事情，大家都用眼注視著陳勝。

吳廣素愛人，士卒多為用者。將尉醉㈠，廣故數言欲亡，忿恚尉，令辱之，以激怒其眾㈡。尉果笞廣。尉劍挺，廣起，奪而殺尉。陳勝佐之，并殺兩尉㈢。召令徒屬曰：「公等遇雨，皆已失期，失期當斬。藉弟令毋斬，而戍死者固十六七。且壯士不死即已，死即舉大名耳，王侯將相寧有種乎！」徒屬皆曰：「敬受命㈣。」乃詐稱公子扶蘇、項燕，從民欲也。袒右㈤，稱大楚。為壇而盟，祭以尉首。陳勝自立為將軍，吳廣為都尉㈥。攻大澤鄉，收而攻蘄㈦。蘄下，乃令符離㈧人葛嬰將兵徇蘄以東㈨。攻銍、酇、苦、柘、譙皆下之(一〇)。行收兵。比至陳(一一)，車六七百乘，騎千餘，卒數萬人。攻陳，陳守令皆不在，獨守丞與戰譙門中(一二)。弗勝，守丞死，乃入據陳。數日，號令召三老(一三)、豪傑與皆來會計事(一四)。三老、豪傑皆曰：「將軍身被堅執銳，伐無道，誅暴秦(一五)，復立楚國之社稷，功宜為王。」陳涉乃立為王，號為張楚(一六)。

【註】㈠將尉：帶隊的軍官。㈡吳廣故意責備軍官，數：讀暑（ㄕㄨˇ）。說軍官企圖逃亡，以刺激軍官，使之發怒。恚：音卉（ㄏㄨㄟˋ），然後再來侮辱他，他可以藉此以激怒大眾。㈢軍官果然鞭打吳廣，軍官的刀劍露出了鞘外，吳廣立起，把軍官的刀劍奪過來，殺了軍官。陳勝幫忙，又殺了兩個軍官。㈣於是陳勝召集士卒們，對大家說：「各位遇著雨天，都已過了指定的期限，依法過期當斬。即使（藉弟：弟，同「第」，但也。藉：假設。兩字合在一處解，當作「即使」之意）是不斬，而到了邊地戍守，十個就要死掉六七個。而況壯士不死便罷，死便要成大名，王侯將相豈是固定的生在那一家嗎？誰幹誰就有份！」士卒們都說：「大家絕對聽你的！」㈤袒右：露著右臂。㈥都尉：

總帶隊官。㈦蘄：音其（ㄑㄧˊ），安徽宿縣。㈧符離：在安徽宿縣。㈨徇：佔領地盤，號召羣眾。㈩銍：音志（ㄓˋ），在安徽省宿縣西南四十六里。酇：音纂（ㄗㄨㄢˇ），在河南永城縣西南。苦：在河南鹿邑縣東十里。柘：音蔗（ㄓㄜˋ），河南柘城縣。譙：音喬（ㄑㄧㄠˊ），安徽亳縣。㈡及至到了陳（河南淮陽縣）。㈢譙門：在城門上為高樓以望遠，便於警戒。㈢三老：十里一亭，亭有長；十亭一鄉，鄉有三老，所以掌教化也。此為秦制。㈣召集三老與鄉里豪傑皆來集會，共同計議抗秦之事。㈤身被堅甲，手執銳利的武器，以討伐無道之君，誅滅強暴之秦。㈥張：大也，張大楚國。

當此時，諸郡縣苦秦吏者，皆刑其長吏，殺之以應陳涉。乃以吳叔為假王，監諸將以西擊滎陽㈠。令陳人武臣、張耳、陳餘徇趙地，令汝陰人㈡鄧宗徇九江郡㈢。當此時，楚兵數千人為聚者，不可勝數。

【註】㈠滎陽：河南滎陽縣。㈡汝陰：安徽阜陽縣。㈢九江郡：今江蘇省長江以北之南部，及安徽省長江以北之南部，與江西省，皆其地，治壽春，即今安徽壽縣。

葛嬰至東城㈠，立襄彊為楚王。嬰後聞陳王已立，因殺襄彊，還報。至陳，陳王誅殺葛嬰。陳王令魏人周市北徇魏地。吳廣圍滎陽。李由為三川守㈡守滎陽，吳叔弗能下。陳王徵國之豪傑與計，以上蔡㈢人房君蔡賜為上柱國㈣。

【註】㈠東城：在安徽定遠縣東南五十里。㈡李由：李斯之子。三川：今河南洛陽，其地有黃河、洛水、伊水。㈢上蔡：河南上蔡縣，爵之於房，故曰房君。㈣上柱國：楚國官名。

周文，陳之賢人也，嘗為項燕軍視日㈠，事春申君，自言習兵，陳王與之將軍印，西擊秦。行收兵至關㈡，車千乘，卒數十萬，至戲㈢，軍焉。秦令少府㈣章邯免酈山徒㈤、人奴產子生㈥，悉發以擊楚大軍，盡敗之。周文敗，走出關，止次曹陽㈦二三月。章邯追敗之，復走次澠池㈧十餘日。章邯擊，大破之。周文自剄㈨，軍遂不戰。

【註】㈠項燕：項羽之祖父。視日：能觀察天象以判舉動之吉凶。㈡關：潼關。㈢戲：戲亭，在陝西臨潼縣東。㈣少府之官名，秦九鄉之一，掌山海地澤之稅，以給供養為天子之私府。㈤免除在酈山服役之刑徒的罪。㈥奴產子：古時犯徒罪者，或給豪族為奴，奴之子，世為奴。㈦曹陽：在河南靈寶縣東。㈧澠池：河南澠池縣。㈨自剄：自己以刀割頸而死。

武臣到邯鄲，自立為趙王，陳餘為大將軍，張耳、召騷為左右丞相。陳王怒，捕繫武臣等家室，欲誅之。桂國曰：「秦未亡而誅趙王將相家屬，此生一秦也。不如因而立之。」陳王乃遣使者賀趙，而徙繫㊀武臣等家屬宮中，而封耳子張敖為成都君，趣趙兵㊁亟入關。趙王將相相與謀曰：「王王趙，非楚意也。楚已誅秦，必加兵於趙。計莫如毋西兵，使使北徇燕地以自廣也㊂。趙南據大河，北有燕、代，楚雖勝秦，不敢制趙。若楚不勝秦，必重趙。趙乘秦之獘，可以得志於天下。」趙王以為然，因不西兵，而遣故上谷卒史韓廣將兵北徇燕地。

【註】㊀繫：拘留。㊁趣：同「促」，催促。亟：急速。㊂向北佔領燕地以擴充地盤。

燕故貴人豪傑謂韓廣曰：「楚已立王，趙又已立王。燕雖小，亦萬乘之國也，願將軍立為燕王。」韓廣曰：「廣母在趙，不可。」燕人曰：「趙方西憂秦，南憂楚，其力不能禁我。且以楚之彊，不敢害趙王將相之家，趙獨安敢害將軍之家！」韓廣以為然，乃自立為燕王。居數月，趙奉燕王母及家屬歸之燕。當此之時，諸將之徇地者，不可勝數。周市北徇地至狄㈠，狄人田儋殺狄令，自立為齊王，以齊反擊周市。市軍散，還至魏地，欲立魏後故甯陵君咎為魏王。時咎在陳王所，不得之魏。魏地已定，欲相與立周市為魏王，周市不肯。使者五反，陳王乃立甯陵君咎為魏王，遣之國。周市卒為相。

【註】㈠狄：山東高苑縣。

將軍田臧等相與謀曰：「周章軍已破矣，秦兵旦暮至㈠，我圍滎陽城弗能下，秦軍至，必大敗。不如少遺兵㈡，足以守（滎）〔滎〕陽，悉精兵迎秦軍。今假王驕，不知兵權，不可與計，非誅之，事恐敗。」因相與矯王令以誅吳叔，獻其首於陳王。陳王使使賜田臧楚令尹印，使為上將。田臧乃使諸將李歸等守滎陽城，自以精兵西迎秦軍於敖倉㈢。與戰，田臧死，軍破。章邯進兵擊李歸等滎陽下，破之，李歸等死。

【註】㊀旦暮：自朝至夕，言其時間之短促，猶頃刻也。㊁遺：留下。㊂敖倉：在河南滎陽縣西北。

陽城人鄧說㊀將兵居郯㊁，章邯別將擊破之，鄧說軍散走陳。銍人伍徐將兵居許㊂，章邯擊破之，伍徐軍皆散走陳。陳王誅鄧說。

【註】㊀說：同「悅」。㊁郯：音談（ㄊㄢˊ），山東郯城縣。但此字，想為「郟」字之誤，今河南郟縣。㊂許：河南許昌縣。

陳王初立時，陵人秦嘉㊀、銍人董緤、符離人朱雞石、取慮㊁人鄭布、徐人丁疾等皆特起，將兵圍東海守慶於郯㊂。陳王聞，乃使武平君畔為將軍，監郯下軍。秦嘉不受命，嘉自立為大司馬，惡屬武平君。告軍吏曰：「武平君年少，不知兵事，勿聽！」因矯以王命殺武平君畔㊃。

【註】㊀陵：當作「廣陵」，在江蘇江都縣東北。㊁取慮：在江蘇睢寧縣西南。㊂郯：在山東郯城縣西南。㊃畔，同「叛」字。

章邯已破伍徐，擊陳，柱國房君死。章邯又進兵擊陳西張賀軍。陳王出監戰，軍破，張賀死。

臘月，陳王之汝陰㈠，還至下城父㈡，其御莊賈殺以降秦。陳勝葬碭㈢，謚曰隱王。

【註】㈠之：往。汝陰：河南新蔡縣。㈡下城父：安徽蒙城縣。㈢碭：江蘇碭山縣。

陳王故涓人將軍呂臣㈠為倉頭軍㈡，起新陽㈢，攻陳下之，殺莊賈，復以陳為楚㈣。

【註】㈠涓人：主持打掃清潔之人。㈡倉頭：倉：同「蒼」，倉頭，即「蒼頭」，頭著青色之帽。㈢新陽：在安徽太和縣西北。㈣以陳地附屬於楚國。

初，陳王至陳，令銍㈠人宋留將兵定南陽，入武關㈡。留已徇南陽，聞陳王死，南陽復為秦。宋留不能入武關，乃東至新蔡，遇秦軍，宋留以軍降秦。秦傳留至咸陽，車裂留以徇。

秦嘉等聞陳王軍破出走，乃立景駒為楚王，引兵之方與㈢欲擊秦軍定陶下㈣使公孫慶使齊王，欲與并力俱進。齊王曰：「聞陳王戰敗，不知其死生，楚安得不請而立王！」公孫慶曰：「齊不請楚而立王，楚何故請齊而立王！且楚首事，當令於天下。」

田儋誅殺公孫慶。

【註】㊀銍：音志，在安徽宿縣西南四十六里。㊁武關：在河南陝西邊區，為由河南入陝西之南路的要道。㊂方與：在山東魚臺縣北。㊃定陶：山東定陶縣。

秦左右校㊀復攻陳，下之。呂將軍走，收兵復聚。鄱盜㊁當陽君黥布之兵相收，復擊秦左右校，破之青波㊂，復以陳為楚。會項梁立懷王孫心為楚王。

【註】㊀左右校：左右校尉軍。㊁鄱盜：黥布居江中為羣盜，陳勝起事，布歸番君吳芮，故謂之「鄱盜」。鄱：音婆（ㄆㄛˊ），鄱陽湖在江西省。㊂青波：即「青陂」，在河南省新蔡縣西南。

陳勝王凡六月。已為王，王陳。其故人嘗與庸耕者聞之，之陳㊀，扣宮門曰：「吾欲見涉㊁。」宮門令欲縛之。自辯數㊂，乃置㊃，不肯為通㊄。陳王出，遮道而呼涉㊅。陳王聞之，乃召見，載與俱歸。入宮，見殿屋帷帳，客曰：「夥頤⑦！涉之為王沈沈者⑧！」楚人謂多為夥，故天下傳之，夥涉為王，由陳涉始。客出入愈益發舒⑨，言陳王故情⑩。或說陳王曰：「客愚無知，顓妄言⑪，輕威⑫」陳王斬之。諸陳王故人皆自引去，由是無親陳王者。陳王以朱房為中正，胡武為司過，主司羣臣⑬。諸將徇地，至，令之不是者，繫而罪之⑭，以苛察為忠⑮。其所不善者，弗下吏，輒自治之⑯。陳王信用之。諸將以其故不親附，此其所以敗也⑰。

【註】①之：往。②直呼陳涉之名而欲見之，可見傭夫之天真矣。③傭夫再三的解釋。④才算罷休。⑤不肯為他傳達（通）。⑥遮道：攔住路。⑦夥：多也。驚異其宮殿帷帳庶物之盛多而闊綽。頤：語助辭。⑧沈沈：形容其宮殿深邃的樣子。或形容陳王之風度很深沈的樣子。⑨發舒：隨便說話，毫不拘謹。⑩談說陳王未得志時之為人傭耕的故事。⑪顓：同「專」，儘量胡說。⑫減輕陳王的尊嚴。⑬負責糾察羣臣之過失。⑭拘留起來，治之以罪。⑮苛察：吹毛求疵，苛刻無情。⑯朱房、胡武所認為不友善的人，不交付法官，便自己整治。⑰陳王不能寬宏大量，而任用「察察為明」之酷吏，以致大家對於他沒有向心力，此其所以失敗。

陳勝雖已死，其所置遣侯王將相竟亡秦，由涉首事也㊀。高祖時為陳涉置守冢三十家碭，至今血食㊁。

【註】㊀陳涉雖失敗，但是由於他首先發動革命，終於滅了暴秦，這是他永遠不可磨滅的功勞。所以太史公特別強調「竟亡秦，由涉首事也。」㊁血食：享祭，供祭。

褚先生曰：地形險阻，所以為固也；兵革刑法，所以為治也。猶未足恃也。夫先王以仁義為本，而以固塞文法為枝葉㊀，豈不然哉！吾聞賈生之稱曰：

「秦孝公㊁據殽函之固㊂，擁雍州之地㊃，君臣固守，以窺周室。有席卷天下㊄，包舉宇內，囊括四海之意，幷吞八荒之心㊅。當是時也，商君佐之，內立法度，務耕織，修守戰之備；外連衡而鬬諸侯㊆。於是秦人拱手而取西河之外㊇。

【註】㊀先王以仁義為本，而以險阻之地形與繁飾之法律為末。㊁秦孝公：秦穆公之十六世孫，秦獻公之子。孝公之統治時間—自西曆紀元前三六一年至三三八年。㊂殽：山名，在河南洛寧縣西北六十里，西接陝縣界，東接澠池縣界。自東殽至西殽三十五里，峻絕異常，車不得方軌。函：函谷

關，在河南靈寶縣西南。關城在穀中，深險如函，故名。東自殽山，至西潼津，通名函谷，號稱「天險」。㊃雍州：包括陝西、甘肅，及青海之一部。㊄卷：同「捲」。㊅八荒：八方荒遠之地。㊆連衡：同「連橫」，連合六國以事秦，謂之「連橫」；聯結六國以抗秦，謂之「合縱」。鬥諸侯：玩弄六國諸侯，使之互相鬥爭。秦國即以連橫而鬥諸侯，為其外交政策。㊇西河：包括黃河以西之地，有陝西之大荔、宜川等地。

孝公既沒，惠文王、武王、昭王蒙故業㊀，因遺策㊁，南取漢中㊂，西舉巴蜀㊃，東割膏腴之地，收要害之郡㊄。諸侯恐懼，會盟而謀弱秦。不愛珍器重寶肥饒之地，以致天下之士㊅。合從締交㊆，相與為一。當此之時，齊有孟嘗㊇，趙有平原㊈，楚有春申㊉，魏有信陵⑪：此四君者，皆明知而忠信，寬厚而愛人，尊賢而重士。約從連衡，兼韓、魏、燕、趙、宋、衞、中山之眾⑫。於是六國之士有甯越、徐尚、蘇秦、杜赫之屬為之謀，齊明、周冣、陳軫、邵滑、樓緩、翟景、蘇厲、樂毅之徒通其意⑬，吳起、孫臏、帶他、兒良、王廖、田忌、廉頗、趙奢之倫制其兵。嘗以什倍之地，百萬之師，仰關而攻秦⑭。秦人開關而延敵，九國之師（一五）遁逃而不敢進。秦無亡矢遺鏃之費（一六），而天下固已困矣。於是從散約敗（一七），爭割地而賂秦。秦有餘力而制其獘（一八），追亡逐北（一九），伏屍百萬（二〇），流血漂櫓（二一），因利乘便（二二），宰割天下，分裂山河，彊國請服，弱國入朝。

【註】（一）蒙：承受。（二）因：遵循，沿襲。（三）漢中：包括陝西南部及湖北西北部之地。周赧王三年（西曆紀元前三一二年），秦敗楚，置漢中郡。（四）舉：奪得。巴：四川巴縣一帶之地。蜀：四川成都一帶之地。（五）要害：於其國家民族生存發展關係最重之部分。（六）致：召致。（七）合從：同「合縱」，自南至北，作縱線的團結以反抗秦國，謂之「合縱」。締交：結交。（八）孟嘗君：田文，齊威王之孫，靖郭君田嬰之子，為齊相，封於薛，號孟嘗君。門下食客三千人。（九）平原君：趙勝，趙武靈王之子，惠文王之弟，相惠文王及孝成王，封於平原，號平原君。食客常數千人。（一〇）春申君：黃歇，相楚二十餘年，封於春申（在江蘇無錫縣），號春申君。有食客三千餘人。（一一）信陵君：魏昭王少子，名無忌，封信陵君。禮賢下士，極有政治見解，食客常三千人。（一二）中山：國名，都於今河北定縣。（一三）甯越：趙國中牟人。徐尚：宋人。蘇秦：河南洛陽人。杜赫：周人。齊明：東周之臣。周最：東周成君之子。陳軫：夏人。昭滑：楚人。樓緩：魏相，後又為秦相。翟景：即翟強。蘇厲：蘇秦之弟，仕於齊。帶他：楚將。（一四）仰關：秦國地勢高，故攻打潼關之時，西仰望高地而進。或作「叩

關」，亦通。延敵：請敵人進來。(一五)九國：六國之外，更有宋、衞、中山。(一六)鏃：音族（ㄗㄨˊ），箭頭。(一七)從散：即「縱散」，合縱抗秦之聯合陣線解散了，一致抗秦之盟誓也破壞了。(一八)秦國有充餘的力量以制服疲弊的九國。(一九)追擊逃亡的九國軍隊，驅逐敗退的六國軍隊。(二〇)伏屍：被打死而面向下的屍身。(二一)櫓：戰場之高巢車。(二二)憑藉壓倒的優勢，趁著順便的機會。

「施及孝文王、莊襄王，享國之日淺，國家無事。」

「及至始皇，奮六世之餘烈，振長策而御宇內(一)，吞二周而亡諸侯(二)，履至尊而制六合(三)，執敲朴以鞭笞天下(四)，威振四海(五)。南取百越之地(六)，以為桂林、象郡(七)，百越之君俛首係頸(八)，委命下吏(九)。乃使蒙恬北築長城而守藩籬，卻匈奴七百餘里，胡人不敢南下而牧馬，士亦不敢貫弓(一〇)而報怨。於是廢先王之道(一一)，燔百家之言(一二)，以愚黔首(一三)。墮名城，殺豪俊，收天下之兵聚之咸陽，銷鋒鍉(一四)，鑄以為金人十二，以弱天下之民(一五)，然後踐華為城(一六)，因河為池(一七)，據億丈之城，臨不測之谿以為固(一八)。良將勁弩(一九)，守要害之處，信臣精卒(二〇)，陳利兵而誰何(二一)。天下已定，始皇之心，自以為關中之固(二二)，金城千里，子孫帝王萬世之業也。」

【註】㊀振：揮動。長策：長長的鞭子。御：駕御。㊁二周：東周、西周。西周在河南洛陽。東周在河南鞏縣。相距不過百里。㊂履：登上，登基。至尊：至高無上的地位，就是天子的地位。㊃敲朴：棍杖。短的曰敲，長的曰朴。鞭笞：鞭打。㊄振同「震」，震動，恐怖。㊅百越：亦稱百粵，包括今之浙江、福建、廣東、廣西、越南等地，因其種族複雜，故曰「百越」。㊆桂林：包括今廣西北部之地。象郡：包括今廣東西南部及廣西南部與越南之地。㊇俛首：低下頭來，不敢仰視，表示恐怖之狀。俛：同「俯」。係頸：以繩拴著脖頸。係：同「繫」，束縛，拴拘。㊈委命：把生命交給別人。下吏：頂低級的小法官。㊉貫弓：「彎弓」。⑪廢棄古先聖王之道。⑫焚燬諸子百家的言論著作。⑬使一般人民（黔首）永遠的陷於愚昧無知，以便其統治。⑭收集天下的金屬兵器（武器），集中於咸陽，都加以銷燬而改造為金人（銅器之人物）十二。鍉：音題（ㄊㄧˊ）同「鏑」，金屬製的箭頭。⑮人民們手裏邊沒有一點金屬製造的武器，當然是力量微弱，沒有反抗的能力了。⑯踐：登高。華：華山，在陝西華陰縣南。⑰因：利用，憑藉。河：黃河。⑱不測：無法知其溪水之深度，言其太深也。⑲勁弩：堅銳的弓矢。⑳信臣：最可靠的忠實幹部。㉑陳：擺開。誰何：誰敢怎麼樣？言擺開了精利的武器（示威的姿式），誰敢怎麼樣？㉒關中：東有函谷關，西有散關，南有武關，北有蕭關，處於四關之中，故曰「關中」。

「始皇既沒，餘威振於殊俗㊀。然而陳涉甕牖繩樞之子㊁，甿隸之人㊂，而遷徙之徒也㊃。材能不及中人，非有仲尼、墨翟之賢，陶朱、猗頓之富也㊄。躡足行伍之閒㊅，俛仰阡陌之中㊆，率罷散之卒㊇，將數百之眾㊈，轉而攻秦。斬木為兵㊉，揭竿為旗⑪，天下雲會響應⑫，贏糧而景從⑬，山東豪俊遂並起而亡秦族矣⑭。」

【註】㊀餘威：人雖不在，而威風猶存。殊俗：風俗習慣與中國不相同的地區。㊁甕牖：以破甕為窗戶。繩樞：以繩而綁戶樞，言其出身之貧寒。㊂甿：田農。隸：僕隸。㊃因罪而充軍之人。㊄陶朱公：即范蠡，為越王句踐之相國，後離開政治生活，而經營商業，積財至萬萬，皆以散之於貧人及其故舊。繼續經商，又積財至萬萬，又故之。此人可佩服。猗頓：魯國之貧士，學致富之術於陶朱公，亦致富甚大，比於王侯。㊅躡足：置足，即言列身，出身之意，陳涉出身於阿兵哥。㊆俛仰阡陌之中，即言其生活於農村之地。㊇罷：同「疲」。㊈將：率領。㊉砍斷木頭以為武器，⑪舉起竹竿以為旗幟。⑫雲會：如彩雲之會集。響應：如聲音之響應。⑬贏糧：擔負糧食以供軍用，在後面跟著，如同影子之跟隨形體一樣。⑭山東：非僅山東省一省之地，而是廣泛的指陝西華山以東的各省區之地。

「且天下非小弱也；雍州之地，殽函之固自若也㈠。陳涉之位，非尊於齊、楚、燕、趙、韓、魏、宋、衞、中山之君也㈡；鉏櫌棘矜，非銛於句戟長鎩也㈢；適戍之眾，非儔於九國之師也㈣；深謀遠慮，行軍用兵之道，非及鄉時之士也。然而成敗異變，功業相反也㈤。嘗試使山東之國與陳涉度長絜大，比權量力，則不可同年而語矣㈥。然而秦以區區之地，致萬乘之權，抑八州而朝同列，百有餘年矣㈦。然後以六合為家，殽函為宮㈧。一夫作難而七廟墮，身死人手，為天下笑者㈨何也？仁義不施，而攻守之勢異也㈩。」

【註】㈠為什麼秦國會很快的滅亡了呢？論地勢，秦朝的天下並不比以前小弱，雍州之地，殽函之固，仍然和以前一樣；㈡論地位，陳涉的地位，並不比九國君王的地位為高貴；㈢論武器，鋤頭木棍，並不比鈎戟長矛（鎩）為鋒利；㈣論軍隊，一些犯罪的烏合之眾，並不比九國的軍隊之訓練有素；㈤論人才智謀以及行軍用兵之道，並不比以前那些政略家戰略家的深謀遠慮；但是，九國的反秦失敗，而陳涉的亡秦成功，九國的功業微小，而陳涉的功業偉大。㈥假定以山東之國與陳涉較長論大，比權量力，那簡直是相差太遠，不可以同年而論了。㈦然而秦朝初起的時候，以小小的地方，

獲致了萬乘之國的大權，壓迫八州（中國整個地方有九州，除了秦國，另有八州）而使同等地位的諸侯都來朝拜，已經有了一百多年。㊇最後到了秦始皇之身，以六合為一家，以殽函為宮殿，總算是武力統一了。㊈但是，由於陳涉一個人首先發難，號召革命，而使秦國的七廟毀壞，使秦皇之子孫死於他人之手，為天下所恥笑。㊉這是什麼道理呢？完全是因為秦皇一點不行仁義，只是暴力統治，屠戮人民，激起全民之反抗；同時，陳涉以發動之革命勢力，是迫於生存之斷然奮鬥，不成功，則死亡，所以完全是積極的攻勢。而六國之時，各國的君王，都是徘徊猶豫，忽而反秦，忽而聯秦，採取的都是消極的守勢。由於這種原因，所以結果大不相同。

卷四十九　外戚世家第十九

自古受命帝王及繼體守文之君㈠，非獨內德茂也㈡，蓋亦有外戚之助焉㈢。夏之興也以塗山，而桀之放也以末喜㈣。殷之興也以有娀，紂之殺也嬖妲己㈤。周之興也以姜原及大任，而幽王之禽也淫於褒姒㈥。故易基乾坤㈦，詩始關雎㈧，書美釐降㈨，春秋譏不親迎㈩。夫婦之際，人道之大倫也⑪。禮之用，唯婚姻為兢兢⑫。夫樂調而四時和，陰陽之變，萬物之統也。可不慎與⑬？人能弘道，無如命何⑭。甚哉，妃匹之愛⑮，君不能得之於臣，父不能得之於子，況卑下乎⑯！既驩合矣，或不能成子姓⑰；能成子姓矣，或不能要其終：豈非命也哉⑱？孔子罕稱命，蓋難言之也⑲。非通幽明之變，惡能識乎性命哉⑳？

【註】㈠自古受命於天的帝王（創業之主），以及繼承體系遵守成文的君主（守成之君）。㈡不僅是由於他們本身條件（內德）的優越（茂）。㈢而且也需要有外戚的幫助。㈣夏朝的興起，由於娶了塗山氏之女：但是夏桀的被放，也是由於他寵愛了末喜（夏桀伐有施，有施氏以末喜妻焉）。㈤殷

朝的興起，由於娶了有娀氏之女；但是紂王的被殺，也是由於他迷愛妲己。㈥周朝的興起，是由於姜原（姜原履大人跡而生后稷）和大任（大任，文王之母），但是幽王的被擒，也是由於他淫幸褒姒。㈦所以易經的哲理，以乾坤為基礎；㈧《詩經》的歌詠，以關雎為始篇；㈨《尚書》的敍事，以釐降（堯帝二女下嫁於舜。釐者，禧也幸福之婚嫁也）為美談。㈩《春秋》之譏刺，以紀國之君娶魯國之女，紀君不來而派其大夫裂繻來接，失親迎之禮也。㈡由此可見夫婦關係，是人道當中最大的一倫。㈢禮制的作用，是教訓人們對於婚姻大事，要特別的謹慎注重。㈢音樂協調而四時才能和順。所以陰陽的變物是天地萬物的綱領（統），怎可以不慎重呢？㈣人們主觀的努力，能夠開拓真理（道）的前進，但是對於客觀的命運，也往往無可奈何。㈤厲害的很啊，夫婦間的愛情，高於一切的愛！㈥君上不能分得臣下夫婦之愛，父親不能分得兒子夫婦之愛，而況兄弟朋友們的關係呢？（兄弟朋友的關係，比君臣父子的關係更低了一等，故謂之「卑下」。此言君臣的關係，父子的關係，兄弟的關係，朋友的關係，雖都以愛為要素，但遠不及夫婦關係之愛的厲害。）㈦夫婦既然彼此歡悅而相結合了，但是，有的不能生兒育子。㈧有的能夠生兒育子了，但是，不能擔保兒子們能夠成器，能夠善終。這豈不是所謂命運嗎？㈨孔子所以很少和人們談論性命問題者，就是因為「命運」這個東西非常之玄奧微妙，變化難測。⑳如果不是深通於陰陽幽明的變化，怎能夠瞭解那心性命運的哲理呢？（太史公先從易、詩、書、春秋、禮、樂六經之道，論夫婦關係；再從五倫，關係之愛，指出夫婦之愛最重大，來論后妃對於帝王輔助作用之重大，可謂把握其重點矣。）

太史公曰：秦以前尚略矣㊀，其詳靡得而記焉。漢興，呂娥姁㊁為高祖正后，男為太子。及晚節色衰愛弛㊂，而戚夫人有寵，其子如意幾代太子者數矣㊃。及高祖崩，呂后夷戚氏㊄，誅趙王，而高祖後宮唯獨無寵疏遠者得無恙㊅。

【註】㊀尚略：時間遙遠而且簡略。尚：遙遠。㊁娥姁：呂后之名。姁：音許（ㄒㄩˇ）。㊂晚節：晚年。㊃有幾次，戚夫人之子如意幾乎代替太子而立為太子。㊄夷：誅滅。㊅唯獨沒有寵愛而被疏遠者，才得以安然無事的活著，其餘受寵愛而被親幸者，都被呂后所殺害。

呂后長女為宣平侯張敖妻，敖女為孝惠皇后。呂太后以重親故㊀，欲其生子，萬方㊁，終無子，詐取後宮人子為子。及孝惠帝崩，天下初定未久，繼嗣不明。於是貴外家㊂，王諸呂以為輔㊃，而以呂祿女為少帝后，欲連固根本牢甚，然無益也㊄。

【註】㊀重親：雙重的親戚關係。㊁萬方：呂后想著使孝惠皇后生兒子，用盡了千千萬萬的方法，終於生不出個兒子。㊂抬高外家（呂后的娘家）的地位。㊃王諸呂：封諸呂為王。㊄想著連結並鞏固其根本使之牢不可拔，但是完全無用。（這就是太史公所說的「命」，呂后用盡一切智謀譎計，

欲以篡奪劉氏天下，但是命中沒有，一切徒勞。太史公之首段的序論，主要的就是挖苦呂后。不敢明言，故借命運之說以寓其意。）

高后崩，合葬長陵。祿、產等懼誅，謀作亂。大臣征之，天誘其統㊀，卒滅呂氏。唯獨置孝惠皇后居北宮。迎立代王，是為孝文帝，奉漢宗廟。此豈非天邪㊁？非天命孰能當之？

【註】㊀誘：匡輔。言上天匡輔劉家的統系，使之不絕。㊁呂后處心積慮要以呂家奪取劉家的帝位，而結果呂后被誅滅。代王根本沒有企圖當皇帝，結果，卻當了皇帝，是為孝文帝，這豈不是天命嗎？

薄太后，父吳人，姓薄氏，秦時與故魏王宗家女通魏媼㊀生薄姬，而薄父死山陰，因葬焉㊁。

【註】㊀媼：婦人之老者的通稱。㊁山陰：在浙江會稽縣西北三里。

及諸侯畔秦，魏豹立為魏王，而魏媼內其女於魏宮㊀。媼之許負所相，相薄姬，云當生天子㊁。是時項羽方與漢王相距滎陽㊂，天下未有所定。豹初與漢擊楚，及聞許負言，心獨喜，因背漢而畔，中立，更與楚連和。漢使曹參等擊虜魏王豹，以其國為郡，而薄姬輸織室㊃。豹已死，漢王入織室，見薄姬有色，詔內後宮，歲餘不得幸。始姬少時，與管夫人、趙子兒相愛，約曰：「先貴無相忘㊄。」已而管夫人、趙子兒先幸漢王。漢王坐河南宮成皋臺㊅，此兩美人相與笑薄姬初時約。漢王聞之，問其故，兩人具以實告漢王。漢王心慘然，憐薄姬，是日召而幸之。薄姬曰：「昨暮夜妾夢蒼龍據吾腹㊆。」高帝曰：「此貴徵也，吾為女遂成之。」一幸生男，是為代王㊇。其後薄姬希見高祖㊈。

【註】 ㊀內：同「納」，獻進。㊁老婦人帶著薄姬到許負的地方去看相，看了薄姬以後，說她將來會生下個天子。㊂距：同「拒」，對打。㊃輸織室：送到織室去工作。織室：主織造之處，漢少府屬官，有東織西織令丞。婦女有過者，亦或輸作於織室。㊄誰若是首先富貴了，彼此不要忘記。㊅成皋臺：在河南汜水縣。㊆據：按壓於其上。㊇這是主貴的徵兆，我為你完成你的好夢。遂與之交合而生文帝。㊈希：同「稀」，很少。

高祖崩，諸御幸姬戚夫人之屬，呂太后怒，皆幽之㈠，不得出宮。而薄姬以希見故，得出，從子之代㈡，為代王太后。太后弟薄昭從如代㈢。

代王立十七年，高后崩，大臣議立後，疾外家呂氏彊，皆稱薄氏仁善，故迎代王，立為孝文皇帝，而太后改號曰皇太后，弟薄昭封為軹侯㈣。

【註】㈠幽：囚禁。㈡之：往。㈢如：往。㈣軹：在河南濟源縣。

薄太后母亦前死，葬櫟陽北㈠。於是乃追尊薄父為靈文侯，會稽郡置園邑三百家，長丞已下吏奉守冢，寢廟上食祠如法。而櫟陽北亦置靈文侯夫人園，如靈文侯園儀。薄太后以為母家魏王後，早失父母，其奉薄太后諸魏有力者，於是召復魏氏，（及尊）賞賜各以親疏受之。薄氏侯者凡一人。

薄太后後文帝二年，以孝景帝前二年崩，葬南陵㈡。以呂后會葬長陵，故特自起陵，近孝文皇帝霸陵。

【註】㈠櫟陽：在陝西臨潼縣東北七十里。㈡南陵：在霸陵南十里，故謂「南陵」。

竇太后，趙之清河觀津人也㈠。呂太后時，竇姬以良家子入宮侍太后㈡。太后出宮人以賜諸王，各五人，竇姬與在行中。竇姬家在清河㈢，欲如趙近家㈣，請其主遣宦者吏㈤：「必置我籍趙之伍中㈥。」宦者忘之，誤置其籍代伍中。籍奏，詔可，當行。竇姬涕泣，怨其宦者，不欲往，相彊㈦，乃肯行。至代，代王獨幸竇姬，生女嫖，後生兩男。而代王王后生四男。先代王未入立為帝而王后卒。及代王立為帝，而王后所生四男更病死㈧。孝文帝立數月，公卿請立太子，而竇姬長男最長，立為太子。立竇姬為皇后，女嫖為長公主。其明年，立少子武為代王，已而又徙梁，是為梁孝王。

【註】㈠觀津：在河北武邑縣東北二十五里。㈡良家子：清白人家之子女。㈢清河：河北清河縣。㈣如：往。㈤宦者為吏，主持發遣宮人之事也。㈥籍：戶籍。㈦強：勉強，強制。㈧更：交互，交替。

竇皇后親蚤卒，葬觀津。於是薄太后乃詔有司，追尊竇后父為安成侯，母曰安成夫人。令清河置園邑二百家，長丞奉守，比靈文園法。

竇皇后兄竇長君㈠，弟曰竇廣國，字少君。少君年四五歲時，家貧，為人所略賣㈡，其家不知其處。傳十餘家，至宜陽，為其主入山作炭，（寒）〔暮〕臥岸下百餘人，岸崩，盡壓殺臥者，少君獨得脫，不死。自卜數日當為侯，從其家之長安㈢。聞竇皇后新立，家在觀津，姓竇氏。廣國去時雖小，識其縣名及姓，又常與其姊採桑墮，用為符信，上書自陳。竇皇后言之於文帝，召見，問之，具言其故，果是。又復問他何以為驗？對曰：「姊去我西時，與我決於傳舍中㈣，丐沐沐我㈤，請食飯我，乃去。」於是竇后持之而泣，泣涕交橫下。侍御左右皆伏地泣，助皇后悲哀。乃厚賜田宅金錢，封公昆弟㈥，家於長安。

【註】㈠竇建，字長君。㈡略賣：被人所搶奪而出賣。㈢之：往。㈣決：同「訣」，別離也。傳舍：郵亭傳置之舍。㈤丐：乞借也。沐：米汁，沐浴之用。下一沐字，作動詞用，沐浴也。㈥「封

公昆弟」四字，不合理，《漢書》刪此四字，甚是。

絳侯、灌將軍㊀等曰：「吾屬不死，命乃且縣此兩人。兩人所出微，不可不為擇師傅賓客，又復效呂氏大事也㊁。」於是乃選長者士之有節行者與居。竇長君、少君由此為退讓君子，不敢以尊貴驕人。

竇皇后病，失明。文帝幸邯鄲慎夫人、尹姬，皆毋子㊂。孝文帝崩，孝景帝立，乃封廣國為章武侯㊃。長君前死，封其子彭祖為南皮侯㊄。吳楚反時，竇太后從昆弟子竇嬰，任俠自喜，將兵，以軍功為魏其侯㊅。竇氏凡三人為侯。

【註】㊀絳侯：周勃。灌將軍：灌嬰。㊁吾等如果不死，生命就繫於（縣：同「懸」，繫掛。）這兩人之手中。這兩個人出身微賤，不可不為他們選擇良好的師傅，否則的話，這兩個人又要效法呂氏奪漢的陰謀了。㊂毋：同「無」，沒有。㊃章武：在河北滄縣東北八十里。㊄南皮：河北南皮縣。㊅魏其：在山東臨沂縣南。

竇太后好黃帝、老子言，帝及太子諸竇不得不讀黃帝、老子，尊其術。

竇太后後孝景帝六歲（建元六年）崩，合葬霸陵。遺詔盡以東宮金錢財物賜長公主嫖。

王太后，槐里人㈠，母曰臧兒。臧兒者，故燕王臧荼孫也。臧兒嫁為槐里王仲妻，生男曰信，與兩女。而仲死，臧兒更嫁長陵田氏，生男蚡、勝。臧兒長女嫁為金王孫婦，生一女矣，而臧兒卜筮之，曰兩女皆當貴。因欲奇兩女㈡，乃奪金氏。金氏怒，不肯予決㈢，乃內之太子宮㈣。太子幸愛之，生三女一男。男方在身時，王美人夢日入其懷。以告太子，太子曰：「此貴徵也。」未生而孝文帝崩，孝景帝即位，王夫人生男㈤。

【註】㈠槐里：在陝西興平縣東南十里。㈡奇：存心使之出衆，出人頭地，顯示奇異的光彩。㈢決：離婚，分離。㈣內：同「納」，獻進。㈤王夫人所生之男，即漢武帝。

先是臧兒又入其少女兒姁，兒姁生四男㈠。

【註】㈠四男：廣川王越。膠東王寄。清河王乘。常山王舜。

景帝為太子時，薄太后以薄氏女為妃。及景帝立，立妃曰薄皇后。皇后毋子㊀，毋寵㊁。薄太后崩，廢薄皇后。

景帝長男榮，其母栗姬。栗姬，齊人也。立榮為太子。長公主嫖有女，欲予為妃。栗姬妒，而景帝諸美人皆因長公主見景帝，得貴幸，皆過栗姬㊂，栗姬日怨怒，謝長公主，不許。長公主欲予王夫人，王夫人許之。長公主怒，而日讒栗姬短於景帝曰：「栗姬與諸貴夫人幸姬會，常使侍者祝唾其背㊃，挾邪媚道㊄。」景帝以故望之㊅。

【註】㊀毋子：即「無子」，沒有兒子。㊁毋寵：即「無寵」，不得寵愛。㊂諸美人得景帝之寵愛，都超過於栗姬。㊃言栗姬常使侍者在背後咒罵長公主。㊄挾持邪術，諂媚魔道。㊅望：怨恨。

景帝嘗體不安，心不樂，屬㊀諸子為王者於栗姬，曰：「百歲後，善視之㊁。」栗姬怒，不肯應，言不遜㊂。景帝恚㊃，心嗛之而未發也㊄。

【註】㊀屬：同「囑」，託付。㊁「我死了之後，你好好的照護他們。」㊂遜：順，和平合理。

㊃恚：忿怒。㊄嗛：同「銜」，懷恨在心，而未說出。

長公主日譽王夫人男之美㊀，景帝亦賢之，又有曩者所夢日符㊁，計未有所定。王夫人知帝望栗姬，因怒未解㊂，陰使人趣大臣立栗姬為皇后㊃。大行奏事㊄畢，曰：「『子以母貴，母以子貴㊅』，今太子母無號，宜立為皇后。」景帝怒曰：「是而所宜言邪㊆！」遂案誅大行㊇，而廢太子為臨江王。栗姬愈恚恨，不得見，以憂死，卒立王夫人為皇后，其男為太子，封皇后兄信為蓋侯㊈。

【註】㊀讚美王夫人的兒子（即漢武帝）之優點。㊁符：瑞應。㊂趁著（因）皇帝的怒氣還沒有消除之時。㊃暗地（陰）使人催促（趣）大臣在皇帝面前建議立栗姬為皇后。㊄大行：禮官名。㊅此兩語為《公羊傳》文，當時朝廷用公羊決事，故大行引用其義。㊆而：同「爾」，你。㊇案誅：判定其罪而誅之。㊈蓋：蓋縣，在山東沂水縣西北八十里。

景帝崩，太子襲號為皇帝。尊皇太后臧兒為平原君㊀。封田蚡為武安侯㊁，勝為周陽侯㊂。

【註】㊀平原：在山東陵縣。㊁武安：河南武安縣。㊂周陽：在山西聞喜縣東二十九里。

景帝十三男，一男為帝，十二男皆為王。而兒姁早卒，其四子皆為王。王太后長女號曰平陽公主㊀，次為南宮公主㊁，次為林慮公主㊂。

【註】㊀平陽：在山西臨汾縣西南。㊁南宮：河北南宮縣。㊂林慮：河南林縣。

蓋侯信好酒。田蚡、勝貪，巧於文辭。王仲蚤死，葬槐里，追尊為共侯，置園邑二百家。及平原君卒，從田氏葬長陵，置園比共侯園。而王太后後孝景帝十六歲，以元朔四年崩，合葬陽陵㊀。王太后家凡三人為侯。

【註】㊀陽陵：在陝西咸陽縣東四十里。

衞皇后字子夫，生微矣㊀。蓋其家號曰衞氏㊁，出平陽侯邑㊂，子夫為平陽主謳者㊃。武帝初即位，數歲無子。平陽主求諸良家子女十餘人，飾置家。武帝祓㊄霸上還，因過平陽主。主見所侍美人，上弗說。既飲，謳者進，上望見，獨說衛子夫。是日，武帝起更衣，子夫侍尚衣軒中，得幸㊅。上還坐，驩甚，賜平陽主金千斤。主因奏子夫奉送入宮。子夫上車，平陽主拊其背曰：「行矣，彊飯，勉之！即貴㊆，無相忘。」入宮歲餘，竟不復幸。武帝擇宮人不中用者，斥出歸之。衛子夫得見，涕泣請出，上憐之，復幸，遂有身，尊寵日隆。召其兄衛長君弟青為侍中。而子夫後大幸，有寵，凡生三女一男。男名據㊇。

【註】 ㊀生微：生身微賤。㊁衛青傳曰：「父鄭季為吏，給事平陽侯家，與侍妾衛媼通，生青，故冒衛氏。」㊂平陽侯曹壽尚平陽公主。㊃謳者：唱歌的。㊄祓：音扶（ㄈㄨˊ），古時，三月上巳日修禊，祓除不祥，官民皆禊於東流水上，洗濯宿垢。此為民間的一種盛大集會。㊅武帝換衣服（更衣），子夫侍奉，為武帝脫衣服（尚衣）。在脫衣服之小房間內（軒），子夫得幸。㊆即：如果。

㊇據：即戾太子。

初，上為太子時，娶長公主為妃。立為帝，妃立為皇后，姓陳氏㊀，無子。上之得為嗣，大長公主有力焉㊁，以故陳皇后驕貴。聞衛子夫大幸，恚，幾死者數矣。上愈怒。陳皇后挾婦人媚道，其事頗覺，於是廢陳皇后，而立衛子夫為皇后。

【註】㈠后之曾祖父嬰，堂邑侯，傳至父午，尚長公主，生后。㈡大長公主：即景帝之姊嫖也。

陳皇后母大長公主，景帝姊也，數讓㈠武帝姊平陽公主曰：「帝非我不得立，已而弃捐吾女，壹何不自喜而倍本乎㈡！」平陽公主曰：「用無子故廢耳㈢。」陳皇后求子，與醫錢凡九千萬，然竟無子。

衛子夫已立為皇后，先是衛長君死，乃以衛青為將軍，擊胡有功，封為長平侯㈣。青三子在襁褓中㈤，皆封為列侯。及衛皇后所謂姊衛少兒，少兒生子霍去病，以軍功封冠軍侯，號驃騎將軍。青號大將軍。立衛皇后子據為太子。衛氏枝屬以軍功起家，五人為侯。

【註】㈠讓：責備。㈡「如果不是我，帝就不得立，後來竟然把我的女兒（帝后）拋棄了，為什麼這樣的不自愛而忘本呢？」自喜：自愛也。倍：同「背」，背恩負義。㈢「因為她沒有生下兒子，

所以才被廢棄的。」㈣長平：在河南西華縣東北十八里。㈤襁褓：背負嬰兒的布袱。言嬰兒幼稚時，用布裹著，用包袱背著。

及衛后色衰，趙之王夫人幸，有子，為齊王。王夫人蚤卒。而中山李夫人有寵，有男一人，為昌邑王。李夫人蚤卒，其兄李延年以音幸，號協律。協律者，故倡也。兄弟皆坐姦，族㈠。是時其長兄廣利為貳師將軍，伐大宛，不及誅，還，而上既夷李氏㈡，後憐其家，乃封為海西侯㈢。他姬子二人為燕王、廣陵王。其母無寵，以憂死。及李夫人卒，則有尹婕妤之屬，更有寵。然皆以倡見，非王侯有土之士女，不可以配人主也。

【註】㈠李延年因其弟亂後宮，故兄弟二人皆被誅。㈡夷：誅滅。㈢武弟令李廣利征大宛，國近西海，故號海西侯。

褚先生曰：臣為郎時，問習漢家故事者鍾離生。曰：王太后在民閒時所生（子）〔一〕女者，父為金王孫，王孫已死，景帝崩後，武帝已立，王太后獨在。而韓王孫名嫣素得幸武帝，承閒白言太后有女在長陵也㈠。武帝曰：「何不蚤言！」乃使使往先視之，在其家。武帝乃自往迎取之，蹕道㈡，先驅旄騎出橫城門，乘輿馳至長陵。當小市西入里，里門閉，暴開門，乘輿直入此里，通至金氏門外止，使武騎圍其宅，為其亡走，身自往取不得也㈢。即使左右羣臣入呼求之。家人驚恐，女亡匿內中牀下㈣。扶持出門，令拜謁。武帝下車泣曰：「嚄㈤！大姊，何藏之深也！」詔副車載之㈥，迴車馳還，而直入長樂宮。行詔門著引籍㈦，通到謁太后。太后曰：「帝倦矣，何從來？」帝曰：「今者至長陵得臣姊，與俱來。」顧曰：「謁太后！」太后曰：「女某邪？」曰：「是也。」太后為下泣，女亦伏地泣。武帝奉酒前為壽，奉錢千萬，奴婢三百人，公田百頃，甲第，以賜姊。太后謝曰：「為帝費焉。」於是召平陽主、南宮主、林慮主三人俱來謁見姊，因號曰脩成君。有子男一人，女一人。男號為脩成子仲，女為諸侯王王后。此二子非劉氏，以故太后憐之。脩成子仲驕恣，陵折吏民㈧，皆患苦之。

【註】㈠承間：趁著有空閒的時候。㈡蹕道：天子出行，則清除道路，戒嚴，不得有人在道上行走。㈢使武騎包圍她的住宅，怕的是她逃走，見不到她。㈣她藏匿於牀下。㈤嚄：音或（ㄏㄨㄛˋ），驚喜而大呼之聲。㈥副車：天子車後隨從之車也。㈦武帝在道上詔令通名狀於門使，引入至太后所。㈧陵折：欺侮，壓迫。

衞子夫立為皇后，后弟衞青字仲卿，以大將軍封為長平侯㈠。四子，長子伉為侯世子，侯世子常侍中，貴幸。其三弟皆封為侯，各千三百戶，一曰陰安侯㈡，二曰發干侯㈢，三曰宜春侯㈣，貴震天下，天下歌之曰：「生男無喜，生女無怒，獨不見衞子夫霸天下㈤！」

【註】㈠長平：在河南西華縣東北十八里。㈡陰安：在河北清豐縣北二十里。㈢發干：在山東堂邑縣西南二十三里。㈣宜春：在河南汝南縣西南六十里。㈤「生男用不著喜歡，生女用不著發怒，你沒有看看衞子夫，一門三侯天下服。」

是時平陽主寡居，當用列侯尚主㈠。主與左右議長安中列侯可為夫者，皆言大將軍可㈡。主笑曰：「此出吾家，常使令騎從我出入耳，奈何用為夫乎㈢？」左右侍御者曰：「今大將軍姊為皇后，三子為侯，富貴振動天下，主何以易之乎㈣？」於是主乃許之㈤。言之皇后，令白之武帝，乃詔衞將軍尚平陽公主焉。

【註】㈠平陽公主守寡，要尋求對象出嫁。㈡左右之人，給她建議，最好嫁給大將軍衞青。㈢公主笑著說：「他怎麼可以？他是我家的僕從出身，以前我出門的時候，常叫他當隨從，騎馬在後邊跟著，現在怎麼能叫他作丈夫？」㈣左右的人都說：「現在大將軍的姊姊當了皇后，三個兒子都封了侯，富貴震動天下，你到那裡還能找著第二個這樣的丈夫啊！」㈤於是公主就答應嫁給他了。

褚先生曰：丈夫龍變㈠。傳曰：「蛇化為龍，不變其文；家化為國，不變其姓。」丈夫當時富貴，百惡滅除，光耀榮華，貧賤之時，何足累之哉㈡！

【註】㈠大丈夫的生命，好像是龍的變化一樣。㈡丈夫當富貴之時，百般的過惡都消滅了，只顯得光輝與榮華；貧賤時的一切恥辱和污點，何足以連累他們呢！

武帝時，幸夫人尹婕妤。邢夫人號娙娥，眾人謂之「娙何」。娙何秩比中二千石㊀，容華秩比二千石，婕妤秩比列侯。常從婕妤遷為皇后。

【註】㊀二千石是郡守之秩。顏師古曰：「中二千石，實得二千石也。中之言滿也。月得百八十斛，是為一歲凡得二千一百六十石。言二千者，舉其成數耳。真二千石，月得百五十斛，一歲凡得千八百石耳。二千石，月得百二十斛，一歲凡得一千四百四十石耳。」

尹夫人與邢夫人同時並幸，有詔不得相見。尹夫人自請武帝，願望見邢夫人，帝許之。即令他夫人飾，從御者數十人，為邢夫人來前。尹夫人前見之，曰：「此非邢夫人身也。」帝曰：「何以言之？」對曰：「視其身貌形狀，不足以當人主矣㊀。」於是帝乃詔使邢夫人衣故衣，獨身來前。尹夫人望見之，曰：「此真是也。」於是乃低頭俛而泣，自痛其不如也。諺曰：「美女入室，惡女之仇。」

褚先生曰：浴不必江海，要之去垢；馬不必騏驥，要之善走；

士不必賢世，要之知道㈡；女不必貴種，要之貞好㈢。傳曰：「女無美惡，入室見妒；士無賢不肖，入朝見嫉。」美女者，惡女之仇㈣。豈不然哉！

【註】㈠當：相配合。㈡士不必是賢人的後代，重要的是能夠明瞭道義；㈢女不必是貴族的種子，重要的是能夠德性貞好。㈣女人不論美醜，只要一入宮室，就會被人忌妬；士人不論賢能或不肖，只要一進朝廷，就會被人嫉恨。漂亮的女人，是醜惡的女人之仇敵。

鉤弋夫人姓趙氏，河間人也。得幸武帝，生子一人，昭帝是也。武帝年七十，乃生昭帝。昭帝立時，年五歲耳。衞太子廢後，未復立太子。而燕王旦上書，願歸國入宿衞。武帝怒，立斬其使者於北闕。

上居甘泉宮，召畫工圖畫周公負成王也。於是左右羣臣知武帝意欲立少子也。後數日，帝譴責鉤弋夫人。夫人脫簪珥叩頭。帝曰：「引持去，送掖庭獄㈠！」夫人還顧，帝曰：「趣行，女不得活㈡！」夫人死雲陽宮。時暴風揚塵，百姓感傷。使者夜持棺往葬之，封識其處㊂。

【註】㊀掖庭：宮中旁舍，後宮嬪妃所居之地，別於正宮而言。婕妤以下，皆居掖庭。掖庭有獄室，宮女之有罪者置之。㊁趣行：速行。女：即「汝」，汝不得活。㊂識：同「誌」，記其所葬之處。

其後帝閑居，問左右曰：「人言云何？」左右對曰：「人言且立其子，何去其母乎？」帝曰：「然。是非兒曹愚人所知也。往古國家所以亂也，由主少母壯也。女主獨居驕蹇，淫亂自恣，莫能禁也。女不聞呂后邪？」故諸為武帝生子者，無男女，其母無不譴死，豈可謂非賢聖哉㊀！昭然遠見，為後世計慮，固非淺聞愚儒之所及也。謚為「武」，豈虛哉！

【註】㊀武帝的后妃，凡是生過子女者，無不被罪而死，可見武帝之殘酷無人性。而褚先生譽之為聖賢，聖賢屠戮女人如此之慘者乎？屠戮女人如此之慘，猶得稱為聖賢乎？

卷五十　楚元王世家第二十

楚元王劉交者，高祖之同母少弟也，字游。

高祖兄弟四人，長兄伯，伯蚤卒。始高祖微時，嘗辟事(一)，時時與賓客過巨嫂食(二)。嫂厭叔，叔與客來，嫂詳為羹盡，櫟釜(三)，賓客以故去。已而視釜中尚有羹，高祖由此怨其嫂。及高祖為帝，封昆弟，而伯子獨不得封。太上皇以為言，高祖曰：「某非忘封之也，為其母不長者耳(四)。」於是乃封其子信為羹頡侯(五)。而王次兄仲於代。

【註】(一)辟事：同「避事」，因鬧事犯罪而逃避。(二)巨嫂：大嫂。(三)詳：同「佯」，假裝。櫟釜：同「轢釜」，謂以勺掠釜，做出刷鍋的聲音，使客人聽著以為釜中無食物也。(四)長者：忠厚大方的人。不是長者，即言其不夠忠厚大方也。(五)羹頡：與其嫂羹盡之故事有關，羹頡者，即「羹竭」也，竭，盡也，即言「羹盡」也。所以羹頡不是地名，而是代表一個悲傷的故事。

高祖六年，已禽楚王韓信於陳(一)，乃以弟交為楚王，都彭城(二)。即位二十三年卒，子夷王郢立。夷王四年卒，子王戊立。

【註】㊀禽：同「擒」。㊁彭城：江蘇銅山縣。

王戊立二十年，冬，坐為薄太后服私姦㊀，削東海郡。春，戊與吳王合謀反，其相張尚、太傅夷吾諫，不聽。戊則殺尚、夷吾，起兵與吳西攻梁，破棘壁㊁。至昌邑南㊂，與漢將周亞夫戰。漢絕吳楚糧道，士卒飢，吳王走，楚王戊自殺，軍遂降漢。

【註】㊀在為薄太后守喪的時候，王戊私姦宮女，犯大罪，故被削郡。㊁棘壁：在河南寧陵縣西七十里。㊂昌邑：在山東金鄉縣西北四十里。

漢已平吳楚，孝景帝欲以德侯子續吳㊀，以元王子禮續楚。竇太后曰：「吳王，老人也，宜為宗室順善。今乃首率七國，紛亂天下，奈何續其後！」不許吳，許立楚後。是時禮為漢宗正。乃拜禮為楚王，奉元王宗廟，是為楚文王。

【註】㊀德侯，名廣，吳王濞之弟也，其父曰仲。

文王立三年卒，子安王道立。安王二十二年卒，子襄王注立。

襄王立十四年卒，子王純代立。王純立，地節二年㊀，中人上書告楚王謀反，王自殺，國除，入漢為彭城郡。

【註】㊀《漢書》言：純子延壽嗣位，以謀反被後母之父趙長年所告，自殺。此處言地節（宣帝）二年，中人上書告楚王反，係褚先生所續之誤。

趙王劉遂者，其父高祖中子，名友，謚曰「幽」。幽王以憂死，故為「幽」。高后王呂祿於趙，一歲而高后崩，大臣誅諸呂呂祿等，乃立幽王子遂為趙王。

孝文帝即位二年，立遂弟辟彊㊀，取趙之河閒郡為河閒王㊁，（以）〔是〕為文王。立十三年卒，子哀王福立，一年卒，無子，絕後，國除，入于漢。

【註】㊀辟：同「闢」。㊁河間：在河北獻縣。

遂既王趙二十六年，孝景帝時坐鼂錯以適削趙王常山之郡。吳楚反，趙王遂與合謀起兵。其相建德㊀、內史王悍諫，不聽。

遂燒殺建德、王悍，發兵屯其西界，欲待吳與俱西。北使匈奴㈡，與連和攻漢。漢使曲周侯酈寄擊之。趙王遂還，城守邯鄲，相距七月㈢。吳楚敗於梁，不能西。匈奴聞之，亦止，不肯入漢邊。欒布自破齊還，乃并兵引水灌趙城。趙城壞，趙王自殺，邯鄲遂降。趙幽王絕後。

【註】㈠建德：趙王之相名。㈡北使匈奴，與匈奴相勾結。㈢距：同「拒」，對抗。

太史公曰：國之將興，必有禎祥，君子用而小人退。國之將亡，賢人隱，亂臣貴。使楚王戊毋刑申公，遵其言，趙任防與先生㈠，豈有篡殺之謀，為天下僇哉㈡？賢人乎，賢人乎！非質有其內㈢，惡能用之哉？甚矣，「安危在出令，存亡在所任㈣」，誠哉是言也！

【註】㈠申公名培，賢人也，而楚王戊以刑人待之。防與先生，不詳其事，大概亦係趙之賢人。㈡僇：恥笑。㈢本質善良。㈣太史公以能不能任用賢人，為判斷政治成敗之關鍵，是儒家的觀點，也是中國傳統的政治思想。

卷五十一　荊燕世家第二十一

荊王劉賈者，諸劉，不知其何屬㈠初起時。漢王元年，還定三秦，劉賈為將軍，定塞地㈡，從東擊項籍。

【註】㈠《漢書》謂：賈為高祖從父兄。㈡塞地：即桃林塞之地，今河南閿鄉縣一帶之地是也。

漢四年，漢王之敗成皋㈠，北渡河，得張耳、韓信軍，軍脩武㈡，深溝高壘，使劉賈將二萬人，騎數百，渡白馬津入楚地㈢，燒其積聚，以破其業㈣，無以給項王軍食。已而楚兵擊劉賈，賈輒壁不肯與戰㈤，而與彭越相保㈥。

【註】㈠成皋：河南汜水縣。㈡脩武：河南修武縣。㈢白馬津：在河南滑縣北。㈣業：生活物資。㈤壁：堅守營壘。㈥保：互相支援。

漢五年，漢王追項籍至固陵㈠，使劉賈南渡淮圍壽春㈡。還至，使人閒㈢招楚大司馬周殷。周殷反楚，佐劉賈舉九江㈣，迎武王黥布兵，皆會垓下，共擊項籍。漢王因使劉賈將九江兵，與太尉盧綰西南擊臨江王共尉。共尉已死，以臨江為南郡㊄。

【註】㊀固陵：在河南淮陽縣西北。㊁壽春：今安徽壽縣。㊂閒：秘密的。㊃舉：拿下，攻克。㊄臨江：江西清江縣

漢六年春，會諸侯於陳㊀，廢楚王信，囚之，分其地為二國。當是時也，高祖子幼，昆弟少，又不賢，欲王同姓以鎮天下㊁，乃詔曰：「將軍劉賈有功，及擇子弟可以為王者。」羣臣皆曰：「立劉賈為荊王，王淮東五十二城㊂；高祖弟交為楚王，王淮西三十六城㊃。」因立子肥為齊王。始王昆弟劉氏也。

【註】㊀陳：河南淮陽縣。㊁鎮：安定。㊂淮東：淮水以東之地。據《漢書》云：「以東陽郡封賈」，東陽在今安徽天長縣之地。㊃淮西：淮水以西之地，安徽廬江鳳陽一帶之地，皆為淮西，又稱淮右。

高祖十一年秋，淮南王黥布反，東擊荊。荊王賈與戰，不勝，

吳王，王故荊地。

走富陵㊀，為布軍所殺。高祖自擊破布。十二年，立沛侯劉濞為

【註】㊀富陵：在安徽盱眙縣東北六十里。

燕王劉澤者，諸劉遠屬也。高帝三年，澤為郎中。高帝十一年，澤以將軍擊陳豨，得王黃㊀，為營陵侯㊁。

【註】㊀王黃：陳豨之將，被劉澤所俘得。㊁營陵：在山東昌樂縣東南五十里。

高后時，齊人田生游乏資，以畫干營陵侯澤㊀。澤大說㊁之，用金二百斤為田生壽。田生已得金，即歸齊。二年，澤使人謂田生曰：「弗與矣㊂。」田生如長安㊃，不見澤，而假大宅㊄，令其子求事呂后所幸大謁者張子卿㊅。居數月，田生子請張卿臨，親脩具㊆。張卿許往。田生盛帷帳共具，譬如列侯㊇。張卿驚。酒酣，乃屏人說張卿曰：「臣觀諸侯王邸弟百餘㊈，皆高祖一切功臣。今呂氏雅故本推轂高帝就天下㊉。功至大，又親戚太

后之重。太后春秋長㈡，諸呂弱，太后欲立呂產為（呂）王，王代。太后又重發之㈢，恐大臣不聽。今卿最幸，大臣所敬，何不風大臣以聞太后㈢，太后必喜。諸呂已王，萬戶侯亦卿之有。太后心欲之，而卿為內臣，不急發，恐禍及身矣。」張卿大然之㈣，乃風大臣語太后。太后朝，因問大臣。大臣請立呂產為呂王。太后賜張卿千斤金，張卿以其半與田生。田生弗受，因說之曰：「呂產王也，諸大臣未大服。今營陵侯澤，諸劉，為大將軍，獨此尚觖望㈤。今卿言太后，列十餘縣王之，彼得王，喜去，諸呂王益固矣㈥。」張卿入言，太后然之。乃以營陵侯劉澤為琅邪王㈦。琅邪王乃與田生之國。田生勸澤急行，毋留㈧。出關，太后果使人追止之，已出，即還㈨。

【註】㈠畫：計謀。干：求見，求進。㈡說：同「悅」。㈢劉澤派人告訴田生說：「不給了」（言他們二人的秘密計劃不能實現，所以只說這三個字，田生就知道劉澤的全部意思，於是田生趕快從山東到長安，繼續進行計劃）。㈣如：往。㈤假：借住。㈥大謁者：官名，又稱為謁者僕射，掌朝覲賓饗之事。㈦田生之子對張卿說，他父親請張卿到他家吃飯，他父親要自己下廚房，親手作菜。

㈧田生把房間、帷帳及一切用具，都佈置得非常之富麗堂皇，就好像是列侯的公館一樣。㈨邸弟：即「邸第」，諸侯王們的官邸。㈩雅故：雅：素來。故：原來，合而講之，就是說，呂氏素來就是推戴高帝得天下的。㈡春秋：年紀，年事。㈢重發：難於開口。㈢風：同「諷」，暗示。㈣大然：大大的贊成。㈤觖望：欲望得不到滿足而怨恨。觖：音決（ㄐㄩㄝˊ）。㈥諸呂的王位，就越發鞏固了。㈦琅邪：郡治在山東諸城縣。㈧急速前行，不敢遲留。㈨即不追而還。

及太后崩，琅邪王澤乃曰：「帝少，諸呂用事，劉氏孤弱。」乃引兵與齊王合謀西，欲誅諸呂。至梁，聞漢遣灌將軍屯滎陽，澤還兵備西界，遂跳驅至長安。代王亦從代至。諸將相與琅邪王共立代王為天子。天子乃徙澤為燕王，乃復以琅邪予齊，復故地。

澤王燕二年，薨，謚為敬王。傳子嘉，為康王。

至孫定國，與父康王姬姦，生子男一人。奪弟妻為姬。與子女三人姦。定國有所欲誅殺臣肥如㈠令郢人，郢人等告定國，定國使謁者以他法劾捕格殺郢人以滅口。至元朔元年，郢人昆弟復上書具言定國陰事㈡，以此發覺。詔下公卿，皆議曰：「定國禽獸行，亂人倫，逆天，當誅。」上許之。定國自殺，國除為郡。

【註】㈠肥如：地名，在遼西。㈡不可告人言的醜惡之事。

太史公曰：荊王王也，由漢初定，天下未集㈠，故劉賈雖屬疏，然以策為王，填江淮之閒㈡。劉澤之王，權激呂氏㈢，然劉澤卒南面稱孤者三世。事發相重㈣，豈不為偉乎㈤！

【註】㈠集：安定。㈡填：同「鎮」，鎮服江淮之地。㈢劉澤之所以被封為王，是由於他以權變之術，激動呂氏。㈣等到呂氏之禍發作，而能夠與中央相倚重以平禍亂。㈤豈不算是偉奇的計謀嗎？

卷五十二　齊悼惠王世家第二十二

齊悼惠王劉肥者，高祖長庶男也。其母外婦也㈠，曰曹氏。高祖六年，立肥為齊王，食七十城㈡，諸民能齊言者皆予齊王㈢。

【註】㈠外婦：私通之女子。㈡高祖封齊王以膠東、膠西、臨淄、濟北、博陽、城陽郡，七十三縣。㈢一切人民凡是能說齊國的語言者，都歸於齊王統治。蓋以當時人多流亡，故以言語為歸劃之標準也。

齊王，孝惠帝兄也。孝惠帝二年，齊王入朝。惠帝與齊王燕飲，亢禮如家人㈠。呂太后怒，且誅齊王㈡。齊王懼不得脫㈢乃用其內史勳計，獻城陽郡㈣，以為魯元公主湯沐邑。呂太后喜，乃得辭就國。

【註】㈠亢禮：以平等之禮相待，不拘君臣之形跡。㈡且：將，準備。㈢脫身於禍。㈣內史勳獻計曰：「太后獨有帝與魯元公主，今王有七十餘城，而公主乃食數城。王誠以一郡上太后，為公主湯沐邑，太后必喜，王無患矣。」於是齊王獻城陽郡。城陽郡：治地在山東莒縣。

悼惠王即位十三年，以惠帝六年卒。子襄立，是為哀王。

哀王元年，孝惠帝崩，呂太后稱制㊀，天下事皆決於高后。二年，高后立其兄子酈侯㊁呂台為呂王，割齊之濟南郡為呂王奉邑。

【註】㊀制：天子之言，曰「制」。即呂太后稱天子也。㊁酈：在河南內鄉縣東北。

哀王三年，其弟章入宿衛於漢，呂太后封為朱虛侯㊀，以呂祿女妻之。後四年，封章弟興居為東牟侯㊁，皆宿衛長安中。

【註】㊀朱虛：在山東臨朐縣東六十里。㊁東牟：在山東文登縣西北。

哀王八年，高后割齊琅邪郡立營陵侯劉澤為琅邪王。

其明年，趙王友入朝，幽死于邸。三趙王皆廢。高后立諸呂為三王㊀，擅權用事。

【註】㊀立諸呂為燕王、趙王、梁王。

朱虛侯年二十，有氣力，忿劉氏不得職㊀。嘗入侍高后燕飲，高后令朱虛侯劉章為酒吏㈡。章自請曰：「臣，將種也，請得以軍法行酒。」高后曰：「可。」酒酣，章進飲歌舞。已而曰：「請為太后言耕田歌。」高后兒子畜之㈢，笑曰：「顧而父知田耳。若生而為王子，安知田乎㈣？」章曰：「臣知之。」太后曰：「試為我言田。」章曰：「深耕穊種，立苗欲疏；非其種者，鉏而去之㈤。」呂后默然。頃之，諸呂有一人醉，亡酒，章追，拔劍斬之，而還報曰：「有亡酒一人，臣謹行法斬之。」太后左右皆大驚。業已許其軍法，無以罪也。因罷。自是之後，諸呂憚朱虛侯，雖大臣皆依朱虛侯，劉氏為益彊。

【註】㈠痛心於劉家的子弟得不到職位。㈡酒吏：飲酒時維持秩序之官。㈢高后把劉章當作是兒子看待。㈣「只有你的父親知道耕田，你生下來就是王侯之子，怎能知道耕田之事？」（顧：但也，只有。而：同「爾」，汝也。若：汝也。）㈤「田地要深深的耕作，種籽要多多的培植，苗兒要遠遠的散佈，不是清一色的種子，就要鋤而去之！」（穊：音既ㄐㄧˋ，稠多。鉏：同「鋤」。）

其明年，高后崩。趙王呂祿為上將軍，呂王產為相國，皆居長安中，聚兵以威大臣，欲為亂。朱虛侯章以呂祿女為婦，知其謀，乃使人陰出告其兄齊王，欲令發兵西，朱虛侯、東牟侯為內應，以誅諸呂，因立齊王為帝。

齊王既聞此計，乃與其舅父駟鈞、郎中令祝午、中尉魏勃陰謀發兵。齊相召平聞之，乃發卒衞王宮㊀。魏勃給召平曰：「王欲發兵，非有漢虎符驗也。而相君圍王，固善。勃請為君將兵衞衞王㊁。」召平信之，乃使魏勃將兵圍王宮。勃既將兵，使圍相府㊂。召平曰：「嗟乎！道家之言『當斷不斷，反受其亂』，乃是也。」遂自殺。於是齊王以駟鈞為相，魏勃為將軍，祝午為內史，悉發國中兵。使祝午東詐琅邪王曰：「呂氏作亂，齊王發兵欲西誅之。齊王自以兒子，年少，不習兵革之事，願舉國委大王㊃。大王自高帝將也，習戰事㊄。齊王不敢離兵㊅，使臣請大王幸之臨菑見齊王計事㊆，并將齊兵以西平關中之亂㊇。」琅邪王信之，以為然，（西）〔迺〕馳見齊王。齊王與魏勃等因留琅邪王，而使祝午盡發琅邪國而并將其兵。

【註】㊀漢法，諸侯王無指揮軍隊之權，只有中央政府所派駐之相國有指揮軍隊之權。召平是齊國

之相國，傾向中央政府，所以一聞齊王有陰謀發兵之計，故先下手要包圍王宮。㊁齊國的中尉魏勃是傾向齊王的，而召平不防，所以就上了魏勃之當。魏勃欺騙（紿）他說：「王想發兵，是發動不起來的，因為他沒有中央政府之虎符的憑證。而且你決定把王宮加以包圍，這是再好沒有的。我願意替你領兵去包圍王宮。」㊂召平信了魏勃的話，就使魏勃領兵去包圍王宮。魏勃有了軍隊，便倒轉頭包圍相國之府，逼得召平自殺。㊃「願意以整個的齊國聽從大王的命令。㊄大王從高帝的時候就是大將，對於軍事深有研究和經驗。㊅齊王不敢離開軍隊，怕的是一離開便失掉了掌握。㊆所以請大王到臨淄面商大計。㊇並且請大王率領齊兵以往西平定關中之亂。」

琅邪王劉澤既見欺，不得反國，乃說齊王曰：「齊悼惠王高皇帝長子，推本言之，而大王高皇帝適長孫也，當立。今諸大臣狐疑未有所定，而澤於劉氏最為長年，大臣固待澤決計。今大王留臣無為也，不如使我入關計事。」齊王以為然，乃益具車送琅邪王。

琅邪王既行，齊遂舉兵西攻呂國之濟南。於是齊哀王遺諸侯王書曰：「高帝平定天下，王諸子弟，悼惠王於齊。悼惠王薨，惠帝使留侯張良立臣為齊王。惠帝崩，高后用事，春秋高，聽諸呂擅廢高帝所立，又殺三趙王，滅梁、燕、趙以王諸呂，分齊國為四。忠臣進諫，上惑亂不聽。今高后崩，皇帝春秋富㈠，未能治天下，固恃大臣諸（將）〔侯〕㈡。今諸呂又擅自尊官，聚兵嚴威，劫列侯忠臣，矯制以令天下㈢，宗廟所以危。今寡人率兵入誅不當為王者。」

【註】㈠春秋富：言皇帝之年少也。㈡固恃：必須依仗。㈢矯制：假託皇帝的名義以發佈詔令。

漢聞齊發兵而西，相國呂產乃遣大將軍灌嬰東擊之。灌嬰至滎陽，乃謀㈠曰：「諸呂將兵居關中，欲危劉氏而自立。我今破齊還報，是益呂氏資也。」乃留兵屯滎陽，使使喻齊王及諸侯，與連和，以待呂氏之變而共誅之。齊王聞之，乃西取其故濟南郡，亦屯兵於齊西界以待約。

【註】㈠灌嬰經過深切的考慮，決定了對諸呂的堅決討伐的立場，使漢朝削平諸呂之亂，得以順利成功，不可謂非智勇兼備之人也。

呂祿、呂產欲作亂關中，朱虛侯與太尉勃、丞相平等誅之。朱虛侯首先斬呂產，於是太尉勃等乃得盡誅諸呂。而琅邪王亦從齊至長安。

大臣議欲立齊王，而琅邪王及大臣曰：「齊王母家駟鈞，惡戾，虎而冠者也㊀。方以呂氏故幾亂天下，今又立齊王，是欲復為呂氏也。代王母家薄氏，君子長者㊁；且代王又親高帝子，於今見在㊂，且最為長。以子則順，以善人則大臣安。」於是大臣乃謀迎立代王，而遣朱虛侯以誅呂氏事告齊王，令罷兵。

【註】㊀言齊王母家之人如駟鈞等，皆秉性頑惡暴戾，人面獸心，如虎而著冠。㊁君子長者：忠厚善良之人。㊂見：同「現」。

灌嬰在滎陽，聞魏勃本教齊王反，既誅呂氏，罷齊兵，使使召責問魏勃。勃曰：「失火之家，豈暇先言大人而後救火乎㊀！」因退立，股戰而栗，恐不能言者㊁，終無他語。灌將軍熟視笑曰：「人謂魏勃勇，妄庸人耳，何能為乎！」乃罷魏勃。魏勃父以善鼓琴見秦皇帝。及魏勃少時，欲求見齊相曹參，家貧無以自通，乃常獨早夜埽齊相舍人門外。相舍人怪之，以為物㈢，而伺之㈣，得勃。勃曰：「願見相君，無因，故為子埽，欲以求見。」於是舍人見勃曹參㈤，因以為舍人。一為參御，言事，參以為賢，言之齊悼惠王。悼惠王召見，則拜為內史。始，悼惠王得自置二千石。及悼惠王卒而哀王立，勃用事，重於齊相。

【註】㈠失火之家，那還有功夫先稟告家長而後去救火呢？（言：報告）㈡兩腿顫抖，害怕得好像是不會說話似的（栗：同「慄」，恐懼也）。㈢物：鬼怪。㈣伺：暗地偵察。㈤傳見魏勃於曹參。

王既罷兵歸，而代王來立，是為孝文帝。

孝文帝元年，盡以高后時所割齊之城陽、琅邪、濟南郡復與齊，而徙琅邪王王燕，益封朱虛侯、東牟侯各二千戶。

是歲，齊哀王卒，太子（側）〔則〕立，是為文王。

齊文王元年，漢以齊之城陽郡立朱虛侯為城陽王，以齊濟北郡立東牟侯為濟北王。

二年，濟北王反，漢誅殺之，地入于漢。

後二年，孝文帝盡封齊悼惠王子罷軍等七人皆為列侯。

齊文王立十四年卒，無子，國除，地入于漢。

後一歲，孝文帝以所封悼惠王子分齊為王，齊孝王將閭以悼惠王子楊虛侯為齊王。故齊別郡盡以王悼惠王子：子志為濟北王，子辟光為濟南王，子賢為菑川王，子卬為膠西王，子雄渠為膠東王，與城陽、齊凡七王。

齊孝王十一年，吳王濞、楚王戊反，興兵西，告諸侯曰「將誅漢賊臣鼂錯以安宗廟。」膠西、膠東、菑川、濟南皆擅發兵應吳楚。欲與齊，齊孝王狐疑，城守不聽，三國兵共圍齊㈠。齊王使路中大夫㈡告於天子。天子復令路中大夫還告齊王：「善堅守，吾兵今破吳楚矣。」路中大夫至，三國兵圍臨菑數重㈢，無從入。三國將劫與路中大夫盟，曰：「若反言漢已破矣，齊趣下三國㈣，不且見屠㈤。」路中大夫既許之，至城下，望見齊王，曰：「漢已發兵百萬，使太尉周亞夫擊破吳楚，方引兵救齊，齊必堅守無下！」三國將誅路中大夫。

【註】㈠三國：指膠西、菑川、濟南也。㈡姓路，為中大夫。㈢數重：數層。㈣若：汝也。趣：同「促」，速速。㈤否則的話，眼看就要被屠殺了。

齊初圍急，陰與三國通謀，約未定，會聞路中大夫從漢來，喜，及其大臣乃復勸王毋下三國。居無何㈠，漢將欒布、平陽侯等兵至齊，擊破三國兵，解齊圍。已而㈡復聞齊初與三國有謀，將欲移兵伐齊。齊孝王懼，乃飲藥自殺。景帝聞之以為齊首善，以迫劫有謀，非其罪也，乃立孝王太子壽為齊王，是為懿王，續齊後。而膠西、膠東、濟南、菑川王咸誅滅，地入于漢。徙濟北王王菑川。齊懿王立二十二年卒，子次景立，是為厲王。

【註】㈠居無何：停了沒有多久。㈡已而：同「既而。」

齊厲王，其母曰紀太后。太后取其弟紀氏女為厲王后。王不愛紀氏女。太后欲其家重寵㈠，令其長女紀翁主㈡入王宮，正其後宮，毋令得近王㈢，欲令愛紀氏女。王因與其姊翁主姦。

【註】㈠重寵：謂欲世世寵貴於王宮。㈡翁主：諸王女，稱為「翁主」。㈢嚴管其後宮宮女，不

得與王相接近。

齊有宦者徐甲，入事漢皇太后。皇太后有愛女曰脩成君，脩成君非劉氏，太后憐之。脩成君有女名娥，太后欲嫁之於諸侯，宦者甲乃請使齊，必令王上書請娥。皇太后喜，使甲之齊。是時齊人主父偃知甲之使齊以取后事，亦因謂甲：「即事成㊀，幸言偃女願得充王後宮。」甲既至齊，風以此事。紀太后大怒，曰：「王有后，後宮具備。且甲，齊貧人，急乃為宦者，入事漢，無補益，乃欲亂吾王家！且主父偃何為者？乃欲以女充後宮！」徐甲大窮，還報皇太后曰：「王已願尚娥㊁，然有一害，恐如燕王。」燕王者，與其子昆弟姦，新坐以死，亡國，故以燕感太后。太后曰：「無復言嫁女齊事。」事浸潯（不得）聞於天子㊂。主父偃由此亦與齊有郤㊃。

【註】㊀即：如果。㊁尚：娶。㊂浸潯：逐漸，慢慢的。「不得」二字，係多餘之字。㊃郤：同「隙」，仇怨。

主父偃方幸於天子，用事，因言：「齊臨菑十萬戶，市租千金㊀，人眾殷富，巨於長安，此非天子親弟愛子不得王此。今齊王於親屬益疏。」乃從容言：「呂太后時齊欲反，吳楚時孝王幾為亂。今聞齊王與其姊亂。」於是天子乃拜主父偃為齊相，且正其事㊁。主父偃既至齊，乃急治王後宮宦者為王通於姊翁主所者，令其辭證皆引王㊂。王年少，懼大罪為吏所執誅，乃飲藥自殺。絕無後。

【註】㊀以日為計算單位，臨淄每日的市場收稅有千金之多。㊁正：確實調查，使之水落石出。㊂主父偃因為恨齊王，所以到齊之後，便以威脅利誘的手段，急治為齊王與其姊通姦傳情接線的後宮宦者，使他們的供辭都咬定齊王。

是時趙王懼主父偃一出廢齊，恐其漸疏骨肉，乃上書言偃受金及輕重之短㊀。天子亦既囚偃。公孫弘言：「齊王以憂死毋後㊁，國入漢，非誅偃無以塞天下之望㊂。」遂誅偃。

【註】㊀輕重：不以客觀事實的根據，而以主觀的恩怨，隨意處理案件，使罪輕者變為重罪，罪重

者變為輕罪，完全失掉了公平的立場。㈡毋後：即「無後」。㈢塞：滿足。言如果不殺主父偃，就無法滿足天下人之公論。

齊厲王立五年死，毋後，國入于漢。

齊悼惠王後尚有二國。城陽及菑川。菑川地比齊。天子憐齊，為悼惠王冢園在郡，割臨菑東環悼惠王冢園邑盡以予菑川，以奉悼惠王祭祀。

城陽景王章，齊悼惠王子，以朱虛侯與大臣共誅諸呂，而章身首先斬相國呂王產於未央宮。孝文帝既立，益封章二千戶，賜金千斤。孝文二年，以齊之城陽郡立章為城陽王。立二年卒，子喜立，是為共王。

共王八年，徙王淮南。四年，復還王城陽。凡三十三年卒，子（建）延立，是為頃王。

頃王二十（八）〔六〕年卒，子義立，是為敬王。敬王九年卒，子武立，是為惠王。惠王十一年卒，子順立，是為荒王。荒王四十六年卒，子恢立，是為戴王。戴王八年卒，子景立，至建始三年，十五歲，卒。

濟北王興居，齊悼惠王子，以東牟侯助大臣誅諸呂，功少。及文帝從代來，興居曰：「請與太僕嬰入清宮㈠。」廢少帝，共與大臣尊立孝文帝。

【註】㈠清宮：清查宮內之安全條件，防有姦邪作亂之人發動意外之事變。

孝文帝二年，以齊之濟北郡立興居為濟北王，與城陽王俱立。立二年，反。始大臣誅呂氏時，朱虛侯功尤大，許盡以趙地王朱虛侯，盡以梁地王東牟侯。及孝文帝立，聞朱虛、東牟之初欲立齊王，故絀其功。及二年，王諸子，乃割齊二郡以王章、興居。章、興居自以失職奪功。章死，而興居聞匈奴大入漢，漢多發兵，使丞相灌嬰擊之，文帝親幸太原，以為天子自擊胡，遂發兵反於濟北。天子聞之，罷丞相及行兵，皆歸長安。使棘蒲侯柴將軍擊破虜濟北王，王自殺，地入于漢，為郡。

後十〔二〕〔三〕年，文帝十六年，復以齊悼惠王子安都侯㈠

志為濟北王。十一年，吳楚反時，志堅守，不與諸侯合謀。吳楚已平，徙志王菑川。

【註】㈠安都：在河北高陽縣西南三十八里。

濟南王辟光，齊悼惠王子，以勒侯孝文十六年為濟南王。十一年，與吳楚反。漢擊破，殺辟光，以濟南為郡，地入于漢。菑川王賢，齊悼惠王子，以武城侯㈠文帝十六年為菑川王。十二年，與吳楚反，漢擊破，殺賢。

【註】㈠武城：山東武城縣。

天子因徙濟北王志王菑川。志亦齊悼惠王子，以安都侯王濟北。菑川王反，毋後，乃徙濟北王王菑川。凡立三十五年卒，謚為懿王。子建代立，是為靖王。二十年卒，子遺代立，是為頃王。三十六年卒，子終古立，是為思王。二十八年卒，子尚立，是為孝王。五年卒，子橫立，至建始三年，十一歲，卒。

膠西王卬，齊悼惠王子，以昌平侯㊀文帝十六年為膠西王。十一年，與吳楚反。漢擊破，殺卬，地入于漢，為膠西郡。

【註】㊀昌平：河北昌平縣。

膠東王雄渠，齊悼惠王子，以白石侯㊀文帝十六年為膠東王。十一年，與吳楚反，漢擊破，殺雄渠，地入于漢，為膠東郡。

【註】㊀白石：在山東陵縣北二十里。

太史公曰：諸侯大國無過齊悼惠王。以海內初定，子弟少，激秦之無尺土封㊀，故大封同姓，以填萬民之心㊁。及後分裂，固其理也。

【註】㊀激：有所感動。㊁填：同「鎮」，安撫。

卷五十三　蕭相國世家第二十三

蕭相國何者，沛豐人也。以文無害㈠為沛主吏掾㈡。

【註】㈠無害：無比也，最能公平處理事務而有幹才者。文者，文吏也。㈡主吏掾：即功曹掾，辦理該機關之考績事宜。

高祖為布衣時，何數以吏事護高祖㈠。高祖為亭長，常左右之㈡。高祖以吏繇咸陽㈢，吏皆送奉錢三，何獨以五㈣。

【註】㈠高祖為布衣時，常與官府不合作，蕭何常袒護他。㈡左右：保護，幫助。㈢繇：同「徭」，徭役也。㈣同事們給高祖致送路費，每人送錢三百，蕭何獨送五百。

秦御史監郡者與從事，常辨之㈠。何乃給泗水卒史事，第一㈡。秦御史欲入言徵何，何固請，得毋行㈢。

【註】㈠秦時無刺史，以御史監郡。秦御史在郡，凡交付蕭何之工作，何常能辦得很好（辨：辦也）。㈡蕭何擔任泗水卒史的工作，考績居第一。給事：擔任工作。此句將給事兩字分開，如變為

「何乃給事泗水卒史」，則較易懂。卒史：官名，郡有卒史，書佐，各十人。㊂秦朝御史因為蕭何有幹才，想著推薦他到中央政府幹事。蕭何堅決不肯，所以沒有去。

及高祖起為沛公，何常為丞督事㊀。沛公至咸陽，諸將皆爭走金帛財物之府分之㊁，何獨先入收秦丞相御史律令圖書藏之㊂。沛公為漢王，以何為丞相。項王與諸侯屠燒咸陽而去。漢王所以具知天下阸塞，戶口多少，彊弱之處，民所疾苦者，以何具得秦圖書也㊃。何進言韓信㊄，漢王以信為大將軍。語在淮陰侯事中。

【註】㊀令何為助手，監督諸事之進行。㊁走：奔赴。諸將皆爭先恐後的跑到金帛財寶的府庫中去搶東西。㊂蕭何獨獨進去先收集秦朝的律令圖書的資料收藏起來。㊃漢王所以能完全知道天下地勢的險要，戶口的多少，強弱的所在，民間的疾苦者，就是靠著蕭何所收集的各種資料。阸，同阨（ㄜˋ）。㊄進言：推薦。具：同「俱」。

漢王引兵東定三秦㊀，何以丞相留收巴蜀，塡撫諭告㊁，使給軍食。漢二年，漢王與諸侯擊楚，何守關中，侍太子，治櫟陽。

為法令約束，立宗廟社稷宮室縣邑，輒奏上，可，許以從事；即不及奏上㊂，輒以便宜施行，上來以聞㊃。關中事計戶口轉漕給軍㊄，漢王數失軍遁去，何常興關中卒，輒補缺㊅。上以此專屬任何關中事㊆。

【註】㊀三秦：項羽三分關中之地，以秦之降將章邯為雍王，王咸陽以西。以司馬欣為塞王，王咸陽以東至河。以董翳為翟王，王上郡。是為三秦。㊁填：同「鎮」，安撫，鎮守。㊂即：如果。㊃如果事情來不及呈報，只要蕭何認為合適，就可以立刻施行，等到皇上回來，再當面報告。㊄從陝西由水路向東方運輸糧草。㊅漢王在中原作戰，軍隊有死亡者，蕭何常從陝西送兵補充。㊆高祖因此把關中之事全權交於蕭何。

漢三年，漢王與項羽相距京索之閒㊀，上數使使勞苦丞相。鮑生謂丞相曰：「王暴衣露蓋㊁，數使使勞苦君者，有疑君心也。為君計，莫若遣君子孫昆弟能勝兵者悉詣軍所，上必益信君。」於是何從其計，漢王大說。

【註】㊀距：同「拒」，對抗，拉鋸戰。京：地名，在河南滎陽縣東南二十一里。索：即河南滎陽

縣，古為大索城。小索城在縣北四里。皆以索水得名。㈡暴：音鋪（ㄆㄨˋ），露也，暴衣，言露體辛苦也。

漢五年，既殺項羽，定天下，論功行封。羣臣爭功，歲餘功不決。高祖以蕭何功最盛，封為酇侯㈠，所食邑多。功臣皆曰：「臣等身被堅執銳，多者百餘戰，少者數十合，攻城掠地，大小各有差。今蕭何未嘗有汗馬之勞，徒持文墨議論，不戰，顧反居臣等上㈡，何也？」高帝曰：「諸君知獵乎？」曰：「知之。」「知獵狗乎？」曰：「知之。」高帝曰：「夫獵，追殺獸兔者狗也，而發蹤指示獸處者人也㈢。今諸君徒能得走獸耳，功狗也。至如蕭何，發蹤指示，功人也。且諸君獨以身隨我，多者兩三人。今蕭何舉宗數十人皆隨我，功不可忘也。」羣臣皆莫敢言。

【註】㈠酇：在河南永城縣西南。或謂在河南南陽。或謂南陽乃蕭何後人之所封。㈡顧：相反的，倒反而。蕭何倒反而居臣等位置之上。㈢發蹤：蹤同「縱」，繫狗之繩也。發縱者，放開繫狗之繩，使之儘量跑快以追獸兔者也。但解為發掘獸兔的蹤跡，亦通。

列侯畢已受封，及奏位次，皆曰：「平陽侯曹參身被七十創，攻城掠地，功最多，宜第一。」上已橈功臣㊀，多封蕭何，至位次未有以復難之㊁，然心欲何第一。關內侯鄂君進曰：「羣臣議皆誤。夫曹參雖有野戰略地之功，此特一時之事。夫上與楚相距五歲，常失軍亡眾，逃身遁者數矣。然蕭何常從關中遣軍補其處，非上所詔令召，而數萬眾會上之乏絕者數矣。夫漢與楚相守滎陽數年，軍無見糧㊂，蕭何轉漕關中，給食不乏。陛下雖數亡山東，蕭何常全關中以待陛下，此萬世之功也。今雖亡曹參等百數㊃，何缺於漢㊄？漢得之不必待以全。奈何欲以一旦之功而加萬世之功哉㊅！蕭何第一，曹參次之。」高祖曰：「善。」於是乃令蕭何〔第一〕，賜帶劍履上殿，入朝不趨。

【註】㊀橈：音鬧（ㄋㄠˋ），折屈，挫折，使之委屈。㊁不願意再使他們難堪。㊂見：同「現」，見糧，即「現糧」，現存之糧食。㊃亡：同「無」。㊄於漢家有什麼損失？㊅奈何欲以一旦之功勞而壓倒於萬世之功勞的上邊呢？

上曰：「吾聞進賢受上賞。蕭何功雖高，得鄂君乃益明。」於是因鄂君故所食關內侯邑封為安平侯㈠。是日，悉封何父子兄弟十餘人，皆有食邑。乃益封何二千戶，以帝嘗繇咸陽時何送我獨贏奉錢二也㈡。

【註】㈠安平：河北安平縣。㈡高祖加封蕭何二千戶，因其赴長安服役時，蕭何比別人多送二百錢之故。

漢十一年，陳豨反，高祖自將，至邯鄲。未罷，淮陰侯謀反關中，呂后用蕭何計，誅淮陰侯，語在淮陰事中。上已聞淮陰侯誅，使使拜丞相何為相國，益封五千戶，令卒五百人一都尉為相國衛。諸君皆賀，召平獨弔。召平者，故秦東陵侯。秦破，為布衣，貧，種瓜於長安城東，瓜美，故世俗謂之「東陵瓜」，從召平以為名也。召平謂相國曰：「禍自此始矣。上暴露於外而君守於中，非被矢石之事而益君封置衛者，以今者淮陰侯新反於中，疑君心矣。夫置衛衛君，非以寵君也㈠。願君讓封勿受，悉以家私財佐軍，則上心說㊁。」相國從其計，高帝乃大喜。

【註】㊀置守衞來保衞你，並不是寵愛你，而是對你有疑心，監視你。㊁希望你拿出家財以幫助軍用，那麼，君上的心就喜悅（說：同「悅」）了。

漢十二年秋，黥布反，上自將擊之，數使使問相國何為㊀。相國為上在軍，乃拊循勉力百姓，悉以所有佐軍，如陳豨時。客有說相國曰：「君滅族不久矣。夫君位為相國，功第一，可復加哉？然君初入關中，得百姓心，十餘年矣，皆附君，常復孳孳得民和。上所為數問君者，畏君傾動關中。今君胡不多買田地，賤貰貸以自汙？上心乃安㊁。」於是相國從其計，上乃大說㊂。

【註】㊀高祖幾次派人問相國在後方都幹些什麼？㊁客人有勸說相國的，說道：「你離滅族之禍不久了！你身為相國，功居第一，還有什麼比這更高的嗎？你來到關中，深得民心，十幾年了，大家都歸附你，而你又努力不息的取得民和。君上所以屢次問你者，就是怕你有野心，可以傾動關中。現在你何不多買些田地，放些高利貸，把自己扮演成好像是一個守財奴的市儈小人一樣，表示你沒有任何爭權奪位的企圖，這樣，君上的心也就安然了。」㊂蕭何從其計，高祖乃大悅。

上罷布軍歸，民道遮行上書，言相國賤彊買民田宅數千萬㈠。上至，相國謁。上笑曰：「夫相國乃利民㈡！」民所上書皆以與相國，曰：「君自謝民㈢。」相國因為民請曰：「長安地狹，上林中多空地，弃，願令民得入田，毋收稾為禽獸食㈣。」上大怒曰：「相國多受賈人財物，乃為請吾苑㈤！」乃下相國廷尉，械繫之。數日，王衞尉侍，前問曰：「相國何大罪，陛下繫之暴也？」上曰：「吾聞李斯相秦皇帝，有善歸主，有惡自與。今相國多受賈豎金而為民請吾苑，以自媚於民，故繫治之。」王衞尉曰：「夫職事苟有便於民而請之，真宰相事，陛下柰何乃疑相國受賈人錢乎！且陛下距楚數歲，陳豨、黥布反，陛下自將而往，當是時，相國守關中，搖足則關以西非陛下有也。相國不以此時為利，今乃利賈人之金乎？且秦以不聞其過亡天下，李斯之分過，又何足法哉㈥。陛下何疑宰相之淺也。」高帝不懌㈦。是日，使使持節赦出相國。相國年老，素恭謹，入，徒跣謝㈧。高帝曰：「相國休矣！相國為民請苑，吾不許，我不過為桀紂主，而相國為賢相。吾故繫相國，欲令百姓聞吾過也㊈。」

【註】㊀人民在半道上，遮阻行進，上書請願，訴說相國以強迫手段，賤買人民的田宅，值數千萬。㊁身為相國，竟乃強迫人民的利益。㊂高祖把人民告狀的書文，都扔給蕭何，說道：「你自己向老百姓們謝罪。」㊃弃：在荒蕪。讓人民准予在上林苑中耕種，不要使土地荒蕪，徒收些稾草以供禽獸之食。㊄高祖大怒，說道：「相國多受市儈商人們的財物，竟乃請求把我的上林苑給人民！」㊅陛下與項羽作戰數年，以後又有陳豨、黥布的造反，那個時侯，相國鎮守關中，只要他一動腳，潼關以西，都不是陛下的所有了。在那個時侯，他不圖利，難道現在他會貪圖市井之徒的幾個小錢嗎？並且秦王以不聞其過而亡天下，那麼，李斯之替君上分過，又有什麼值得效法的呢？㊆不懌：不愉快。㊇徒跣：赤著腳去謝罪。㊈高祖說：「相國可以歇歇了！相國替百姓們請求上林苑，我不允許，那就證明我不過是一個桀紂之主，而相國乃是賢良之宰相，我所以拘繫相國者，不過是想叫天下之人都知道我的錯誤！」

何素不與曹參相能㊀，及何病，孝惠自臨視相國病，因問曰：「君即百歲後，誰可代君者㊁？」對曰：「知臣莫如主㊂。」孝惠曰：「曹參何如㊃？」何頓首曰：「帝得之矣！臣死不恨矣㊄！」

何置田宅必居窮處，為家不治垣屋。曰：「後世賢，師吾儉；不賢，毋為勢家所奪㈥。」

孝惠二年，相國何卒，謚為文終侯。

【註】㈠蕭何素來與曹參感情不友善。㈡及蕭何有病，孝惠皇帝親自去探病，順便問道：「先生如果（即）百歲之後（死了），誰可以接替你的職務呢？」㈢蕭何說：「知臣莫如君。」㈣孝惠帝說：「曹參怎麼樣？」㈤蕭何叩頭說：「帝算是得到了最好的人選了，臣雖死而無遺恨矣！」㈥蕭何置買田宅，必位於窮僻之處，在家裡不修飾垣屋。他說道：「後世的子孫如果是賢良的話，就效法我的儉樸；如果是不賢的話，就不至於為權勢之家所強奪。」（因為房園太窮陋，權勢之家看不上眼。）

後嗣以罪失侯者四世，絕，天子輒復求何後㈠，封續酇侯，功臣莫得比焉。

【註】㈠如果侯世斷絕，天子往往再求何之後人以續其封。

太史公曰：蕭相國何於秦時為刀筆吏㈠，錄錄未有奇節㈡。及漢興，依日月之末光㊂，何謹守管籥㊃，因民之疾（奉）〔秦〕法㊄，順流與之更始㊅。淮陰、黥布等皆以誅滅，而何之勳爛焉㊆。位冠羣臣，聲施後世，與閎夭、散宜生等爭烈矣㊇。

【註】㊀刀筆吏：古簡牘用竹木，以刀代筆，故曰「刀筆」。書吏之掌案牘者，謂之「刀筆吏」。㊁錄錄：同「碌碌」，「鹿鹿」，言其平平凡凡，如普通人一樣。㊂日月：比喻皇帝。㊃管籥：高祖出征，何常居守根據地，故言「守管籥」。㊄趁著人民痛恨秦朝的苛法。㊅順應潮流的要求而發動革命，剷除暴政，與民再建一個新興的政權。㊆爛：燦爛發光。㊇爭光采。

卷五十四　曹相國世家第二十四

平陽侯㈠曹參者，沛人也㈡。秦時為沛獄掾㈢，而蕭何為主吏㈣，居縣為豪吏矣㈤。

【註】㈠平陽：故城在山西臨汾縣南。㈡沛：江蘇沛縣。㈢獄掾：佐理獄政之官。㈣蕭何為主吏掾，佐理人事考績之官。㈤他們兩個在縣裡邊都算是有權威的官吏（豪吏）了。

高祖為沛公而初起也，參以中涓從㈠。將擊胡陵、方與㈡，攻秦監公軍㈢，大破之。東下薛㈣，擊泗水守軍薛郭西。復攻胡陵，取之。徙守方與。方與反為魏，擊之。豐反為魏㈤，攻之。賜爵七大夫。擊秦司馬尼軍碭東，破之，取碭㈥、狐父㈦、祁善置㈧。又攻下邑以西，至虞㈨，擊章邯車騎。攻爰戚及亢父㈩，先登。遷為五大夫。北救阿⑪，擊章邯軍，陷陳⑫追至濮陽⑬。攻定陶⑭，取臨濟⑮。南救雍丘⑯，擊李由軍，破之，殺李由，虜秦侯一人。秦將章邯破殺項梁也，沛公與項羽引而東。楚懷王以沛公為碭郡長，將碭郡兵。於是乃封參為執帛⑰，號曰建成君。遷為戚公⑱，屬碭郡。

【註】㊀中涓：內侍也，侍從之臣，為君主親近之人。㊁胡陵：在山東魚臺縣東南六十里。方輿：在山東魚臺縣北。㊂秦監：秦朝所派之監郡的御史。公：相尊之稱。監公，名平。㊃薛：在山東滕縣東南四十四里。薛郭西：薛城之西。㊄雍齒守豐，為魏反沛公。㊅碭：江蘇碭山縣。㊆狐父：在江蘇碭山縣東南三十里。㊇祁：在河南下邑縣東北四十九里。善置：驛站名，漢時謂「驛」為「置」。㊈虞：河南虞城縣。㊉爰戚：在山東嘉祥縣西南。亢父：在山東濟寧縣南五十里。⑪阿：山東東阿縣。⑫陷陳：即陷陣，攻破敵陣。⑬濮陽：河北濮陽縣。⑭定陶：山東定陶縣。⑮臨濟：在山東章丘縣西北二十里。⑯雍丘：河南杞縣。⑰執帛：楚官爵，高祖初起，官爵皆從楚制。張晏曰：「執帛，孤卿也。」⑱戚公：爰戚之令也。

其後從攻東郡尉軍，破之成武南㊀。擊王離軍成陽南㊁，復攻之杠里㊂，大破之。追北，西至開封，擊趙賁軍，破之，圍趙賁開封城中。西擊秦將楊熊軍於曲遇㊃，破之，虜秦司馬及御史各一人。遷為執珪㊄。從攻陽武㊅，下轘轅緱氏㊆絕河津㊇，還擊趙賁軍尸北㈨，破之。從南攻犨㈩，與南陽守齮戰陽城郭東⑪，陷陳，取宛⑫，虜齮，盡定南陽郡。從西攻武關、嶢關⑬，取之。前攻秦軍藍田南⑭，又夜擊其北，秦軍大破，遂至咸陽⑮滅秦。

【註】㈠成武：山東成武縣。㈡成陽：在山東濮縣東南。㈢杠里：杠，音工。㈣曲遇：在河南中牟縣。㈤執珪：此執帛官爵高。侯伯執珪。㈥陽武：河南陽武縣。㈦轘轅：山名，在河南偃師縣東南，接鞏縣、登封二縣界。緱氏：河南偃師縣。㈧河津：黃河之渡口，在河南洛陽縣東北五十里。㈨尸：尸鄉，今河南偃師縣西南之新蔡鎮。㈩犨：縣名，在河南魯山縣東南五十五里。⑪陽城：在河南葉縣西南。⑫陳：同「陣」，陣地。陷陣：攻破了敵人的陣地。宛：河南南陽。⑬武關：在陝西商縣東一百八十五里，為豫陝西南部之交通要地。嶢關：一名藍田關，在陝西藍田縣東南九十里。⑭藍田：縣名，在長安東南八十里，以藍田山得名。⑮咸陽：在藍田縣之北。

項羽至，以沛公為漢王。漢王封參為建成侯。從至漢中，遷為將軍。從還定三秦，初攻下辯、故道、雍、斄㈠。擊章平軍於好畤南㈡，破之，圍好畤，取壤鄉㈢。擊三秦軍壤東及高櫟㈣，破之。復圍章平，章平出好畤走。因擊趙賁、內史保軍，破之。

東取咸陽，更名曰新城。參將兵守景陵二十日，三秦使章平等攻參，參出擊，大破之。賜食邑於寧秦㈤。參以將軍引兵圍章邯於廢丘㈥。以中尉從漢王出臨晉關㈦。至河內，下脩武，渡圍津㈧，東擊龍且、項他定陶，破之。東取碭、蕭、彭城。擊項籍軍，漢軍大敗走。參以中尉圍取雍丘㈨。王武反於〔外〕黃㈩，程處反於燕⑪，往擊，盡破之。柱天侯反於衍氏⑫，又進破取衍氏。擊羽嬰於昆陽⑬，追至葉。還攻武彊⑭，因至滎陽。參自漢中為將軍中尉，從擊諸侯，及項羽敗，還至滎陽，凡二歲。

【註】㈠下辯：在甘肅成縣西。故道：在陝西鳳縣西北。雍：陝西長安縣治。斄音邰（ㄊㄞˊ），在陝西武功縣西南。㈡好畤：在陝西乾縣東十里。㈢壤鄉：在陝西武功縣東南二十里。㈣高櫟：在壤鄉附近。㈤寧秦：在陝西華陰縣。㈥廢丘：今陝西興平縣。㈦臨晉關：在陝西朝邑縣東黃河西岸。㈧圍津：即「韋津」，在河南滑縣北。㈨雍丘：河南杞縣。㈩外黃：在河南杞縣東六十里。⑪燕：在河南延津縣東三十五里。⑫衍氏：在河南鄭縣北三十里。⑬昆陽：在今河南葉縣。⑭武強：在河南鄭縣北。

高祖（二）年，拜為假左丞相，入屯兵關中。月餘，魏王豹反，以假左丞相別與韓信東攻魏將軍孫遬軍東張㊀，大破之。因攻安邑㊁，得魏將王襄。擊魏王於曲陽㊂，追至武垣㊃生得魏王豹。取平陽㊄，得魏王母妻子，盡定魏地，凡五十二城。賜食邑平陽。因從韓信擊趙相國夏說軍於鄔東㊅，大破之，斬夏說。韓信與故常山王張耳引兵下井陘㊆，擊成安君，而令參還圍趙別將戚將軍於鄔城中。戚將軍出走，追斬之。乃引兵詣敖倉漢王之所。韓信已破趙，為相國，東擊齊。參以右丞相屬韓信，攻破齊歷下軍㊇，遂取臨菑。還定濟北郡，攻著、漯陰、平原、鬲、盧㊈。已而從韓信擊龍且軍於上假密㊉，大破之，斬龍且，虜其將軍周蘭。定齊，凡得七十餘縣。得故齊王田廣相田光，其守相許章，及故齊膠東將軍田既。韓信為齊王，引兵詣陳，與漢王共破項羽，而參留平齊未服者。

【註】㊀遬：音敕（ㄔˋ）。東張：在山西虞鄉縣東北。㊁安邑：山西安邑縣。㊂曲陽：在山西絳縣東南。㊃武垣：《漢書》作「東垣」，在山西垣曲縣。㊄平陽：在山西臨汾縣南。㊅鄔：在山

西介休縣東北。㈦井陘：山西井陘縣。㈧歷下：在山東歷城縣西。㈨著：在山東濟陽縣西南。漯陰：在山東臨邑縣西。平原：山東平原縣。鬲：山東安德縣。盧：在山東長清縣。㈩上假密：在山東高密縣東南。

項籍已死，天下定，漢王為皇帝，韓信徙為楚王，齊為郡。參歸漢相印。高帝以長子肥為齊王，而以參為齊相國。以高祖六年賜爵列侯，與諸侯剖符，世世勿絕。食邑平陽萬六百三十戶，號曰平陽侯，除前所食邑。

以齊相國擊陳豨將張春軍，破之。黥布反，參以齊相國從悼惠王將兵車騎十二萬人，與高祖會擊黥布軍，大破之。南至蘄㈠，還定竹邑、相、蕭、留㈡。

【註】㈠蘄：在安徽宿縣。㈡竹邑：在安徽宿縣北二十里。相：在安徽宿縣西北九十里。蕭：江蘇蕭縣。留：在江蘇沛縣東南五十里。

參功：凡下二國，縣一百二十二；得王二人，相三人，將軍六人，大莫敖㈠、郡守、司馬、候、御史各一人。

【註】㊀莫敖：楚官名，位次於令尹。

孝惠帝元年，除諸侯相國法，更以參為齊丞相。參之相齊，齊七十城。天下初定，悼惠王富於春秋㊀，參盡召長老諸生，問所以安集百姓，如齊故（俗）諸儒以百數，言人人殊，參未知所定。聞膠西有蓋公，善治黃老言，使人厚幣請之。既見蓋公，蓋公為言治道貴清靜而民自定，推此類具言之㊁。參於是避正堂，舍蓋公焉㊂。其治要用黃老術，故相齊九年，齊國安集，大稱賢相。

【註】㊀富於春秋：言其年少也。㊁具：同「俱」。㊂舍：招待請其住下。

惠帝二年，蕭何卒。參聞之，告舍人趣治行㊀，「吾將入相」。居無何，使者果召參。參去，屬其後相曰：「以齊獄市為寄，慎勿擾也㊁。」後相曰：「治無大於此者乎？」參曰：「不然。夫獄市者，所以幷容也，今君擾之，姦人安所容也？吾是以先之㊂。」

【註】㈠趣治行：催促其速治行裝。㈡獄市：孟康曰：「夫獄市者，兼受善惡，若窮極姦人，姦人無所容竄，久且為亂。秦人極刑而天下叛，孝武峻法而獄繫，此其效也。」寄：收容之所。㈢獄市所以並容，不至於逼人鋌而走險，所以曹參先以此事告之。

參始微時，與蕭何善；及為將相，有郤㈠。至何且死，所推賢唯參。參代何為漢相國，舉事無所變更，一遵蕭何約束。擇郡國吏木詘於文辭，重厚長者，即召除為丞相史。吏之言文刻深，欲務聲名者，輒斥去之㈡。日夜飲醇酒。卿大夫已下吏及賓客見參不事事，來者皆欲有言。至者，參輒飲以醇酒，閒之，欲有所言，復飲之，醉而後去，終莫得開說㈢，以為常。

【註】㈠郤：同「隙」，怨隙，感情有了裂痕。㈡曹參為相，選擇幹部，以樸實忠厚為條件，對於苛刻陰險，貪圖聲名的人，一概不用。㈢曹參日夜飲酒，卿大夫以下的官吏及賓客們看他不做事，都想加以勸諫，凡是來的人，他請他們飲酒，看他們想發言，他又給他們倒酒，把來人灌得醉醉的，始終沒有發言的機會。

相舍後園近吏舍，吏舍日飲歌呼。從吏惡之，無如之何，乃請參游園中，聞吏醉歌呼，從吏幸相國召按之。乃反取酒張坐飲，亦歌呼與相應和㊀。

參見人之有細過，專掩匿覆蓋之，府中無事㊁。

【註】㊀丞相府的後院與職員宿舍相近，那些職員們喝酒，大呼大唱。丞相的隨從很討厭他們的作為。有一天，正當職員們大喝大唱的時候，隨從請丞相去參觀宿舍，想著丞相一見到此種場面，必然會懲辦他們。那曉得丞相一到，見他們喝得樂陶陶的，丞相便也坐下去參加他們的歌唱了。㊁曹參為丞相，對於部下求其大節，不求其細過，部下有細過，他專意替他們掩蓋，決不揭他們的瘡疤，所以府中平安無事。

參子窋為中大夫㊀。惠帝怪相國不治事，以為「豈少朕與」㊁？乃謂窋曰：「若歸，試私從容問而父曰：『高帝新弃羣臣，帝富於春秋，君為相，日飲，無所請事，何以憂天下乎？』然無言吾告若也㊂。」窋既洗沐歸，閒侍，自從其所諫參㊃。參怒，而笞窋二百，曰：「趣入侍，天下事非若所當言也㊄。」至朝時，惠帝讓參曰：「與窋胡治乎？乃者我使諫君也㊅。」參免冠謝曰：「陛下自察聖武孰與高帝？」上曰：「朕乃安敢望先帝乎！」曰：「陛下觀臣能孰與蕭何賢？」上曰：「君似不及也㊆。」參曰：「陛下言之是也。且高帝與蕭何定天下，法令既明，今陛下垂拱，參等守職，遵而勿失，不亦可乎㊇？」惠帝曰：「善。君休矣㊈！」

【註】㊀窋：音紬（ㄓㄡˊ）。中大夫：官名，大夫分上中下三等。㊁惠帝怪罪相國不治事，心中以為「莫非是相國以為我年紀小而輕視我嗎？」㊂惠帝於是告訴相國的兒子窋說：「你回家以後，想辦法慢慢的問你的父親說：『高帝剛剛死去，現任皇帝年紀還幼，父為丞相，天天喝酒，什麼事情都不向皇帝請求，好像無所事事似的，這樣子，何以考慮天下大事呢？』但是，你要切記，千萬不要說這話是我告訴你說的。」㊃窋既休假回家，到他父親的旁邊侍候，趁著機會，就以惠帝告訴他的話，當作是他自己的意見，自動的勸說他的父親曹參。㊄曹參聽了以後，大怒，打他二百鞭子，斥責他道：「趕快進朝侍奉皇帝，至於天下大事，不是你所應當說的。」㊅到了朝見的時候，惠帝責備曹參說：「你為什麼打窋呢？他的話是我叫他那樣說以勸告你的！」㊆於是曹參脫下帽子謝罪著說：「陛下自己檢討你的聖武與高皇帝相比，如何？」惠帝說：「我怎敢與高皇帝相比？」曹參又問：「陛下看我的能力與蕭何相比，誰的賢？」惠帝說：「你似乎趕不上他！」㊇於是曹參就說：「陛

下說的完全對了！高帝與蕭何平定天下，一切法令，規定的很明確，現在陛下正可以垂拱而治，參等謹守職責，遵守高帝與蕭何所制定的規模，而不要廢失，那不是很可以的嗎？」㈨惠帝說：「很好！你休息去罷！」

參為漢相國，出入三年。卒，謚懿侯。子窋代侯。百姓歌之曰：「蕭何為法，顜若畫一㈠；曹參代之，守而勿失。載其清淨，民以寧一㈡。」

【註】㈠顜：同「覯」，音構（ㄍㄡˋ），造成。言蕭何為法，其構成非常之整齊（畫一：整齊也）。或解「顜」為較，言其法明白而整齊也。㈡載：行也。言曹參行其清淨之治，不擾民，故人民得以安寧而無煩亂也。載與「戴」通，蒙戴也，故又可解為人民蒙戴其清淨之治的福，而得以安靜不受煩擾。

平陽侯窋，高后時為御史大夫㈠。孝文帝立，免為侯。立二十九年卒，謚為靜侯。子奇代侯，立七年卒，謚為簡侯。子時代侯。時尚平陽公主，生子襄。時病癘，歸國。立二十三年卒，謚夷侯。子襄代侯。襄尚衛長公主，生子宗。立十六年卒，謚為共侯。子宗代侯。征和二年中，宗坐太子死㈡，國除。

【註】㈠御史大夫地位很高，相當於副丞相。㈡坐：因事而入罪，曰坐。

太史公曰：曹相國參攻城野戰之功所以能多若此者，以與淮陰侯俱。及信已滅，而列侯成功，唯獨參擅其名。參為漢相國，清靜極言合道。然百姓離秦之酷後，參與休息無為，故天下俱稱其美矣㈠。

【註】㈠曹參為相，以清靜不擾民為原則，人民脫離了秦朝暴政的壓迫之後，得能休息安生，所以天下都稱贊他的治道。

卷五十五　留侯世家第二十五

留侯㊀張良者，其先韓人也。大父開地㊁，相韓昭侯、宣惠王、襄哀王。父平，相釐王、悼惠王。悼惠王二十三年，平卒。卒二十歲，秦滅韓。良年少，未宦事韓㊂。韓破，良家僮三百人，弟死不葬，悉以家財求客刺秦王，為韓報仇，以大父、父五世相韓故。

【註】㊀留：在江蘇沛縣東南五十五里。㊁大父：祖父也。㊂按：王符，皇甫謐皆以良為韓之公族，姬姓也。秦索賊急，乃改姓名。《後漢書》云：「張良出於城父。」城父在河南郟縣城東三十里，韓地也。

良嘗學禮淮陽㊀。東見倉海君㊁。得力士，為鐵椎重百二十斤。秦皇帝東游，良與客狙擊秦皇帝博浪沙中㊂，誤中副車㊃。秦皇帝大怒，大索天下㊄，求賊甚急，為張良故也。良乃更名姓，亡匿下邳。

【註】㈠淮陽：河南淮陽縣。㈡《漢書》武帝紀云：「元朔元年，東夷薉君南閭等降，為倉海郡，今穢貊國。」《括地志》云：「穢貊在高麗南，新羅北，東至大海。」㈢狙：伏伺也，藏伏而伺侯敵人以擊殺之。博浪沙：在河南陽武縣。㈣《漢官儀》謂：「天子屬車三十六乘，屬車即副車，奉車郎御而從後。」㈤大索：大規模的搜查。

良嘗閒從容㈠步游下邳圯上㈡，有一老父，衣褐㈢，至良所㈣，直墮其履圯下，顧謂良曰㈤：「孺子，下取履！」良鄂然㈥，欲毆之㈦。為其老，彊忍㈧，下取履。父曰：「履我㈨！」良業為取履，因長跪履之。父以足受，笑而去。良殊大驚，隨目之㈩。父去里所⑪，復還，曰：「孺子可教矣。後五日平明⑫，與我會此。」良因怪之，跪曰：「諾。」五日平明，良往。父已先在，怒曰：「與老人期，後，何也？」去⑬，曰：「後五日早會⑭。」五日雞鳴，良往。父又先在，復怒曰：「後，何也？」去，曰：「後五日復早來。」五日，良夜未半往。有頃，父亦來，喜曰：「當如是。」出一編書，曰：「讀此則為王者師矣。後十年興。十三年孺子見我濟北，穀城山下黃石即我矣⑮。」遂去，無他言，不復見。旦日視其書，乃太公兵法也。良因異之，常習誦讀之。

【註】㊀從容：悠閒自在，毫不緊張的樣子。㊁下邳：故城在江蘇邳縣東。圯：音移（一ˊ），橋也。㊂褐：黃黑色的衣服，若道士之服。㊃直：同「值」，恰好碰著其事。㊄顧：看也，以目示意。㊅鄂然：驚愕的樣子。鄂，同「愕」。㊆毆：打他一頓。㊇強忍：勉強忍受。㊈履我：「把我的鞋子穿上。」命令氣味。㊉注意的盯著他。㊁里所：里許也，大概之詞。㊂平明：天曉也。㊂去：走開。命令之詞。㊃早會：早來相見。㊄穀城山：一名黃山，在山東東阿縣。

居下邳，為任俠。項伯常殺人，從良匿。

後十年，陳涉等起兵，良亦聚少年百餘人。景駒自立為楚假王，在留。良欲往從之，道遇沛公。沛公將數千人，略地下邳西㊀，遂屬焉。沛公拜良為廄將㊁。良數以太公兵法說沛公，沛公善之，常用其策。良為他人言，皆不省㊂。良曰：「沛公殆天授㊃。」故遂從之，不去見景駒。

【註】㊀略地：搶掠地盤。㊁廄將：官名，猶楚宮廄尹之職。㊂不省：不懂，不能領會。㊃「沛

公大概是上天所授意的。」

及沛公之薛，見項梁。項梁立楚懷王。良乃說項梁曰：「君已立楚後，而韓諸公子橫陽君成賢，可立為王，益樹黨㈠。」項梁使良求韓成，立以為韓王。以良為韓申徒㈡，與韓王將千餘人西略韓地，得數城，秦輒復取之，往來為游兵潁川㈢。

【註】㈠樹黨：佈置黨羽。㈡申徒：官名，即司徒。㈢游兵：游擊的部隊。

沛公之從雒陽南出轘轅㈠，良引兵從沛公，下韓十餘城，擊破楊熊軍。沛公乃令韓王成留守陽翟㈡，與良俱南，攻下宛，西入武關。沛公欲以兵二萬人擊秦嶢下軍㈢，良說曰：「秦兵尚彊，未可輕。臣聞其將屠者子，賈豎易動以利㈣。願沛公且留壁㈤，使人先行，為五萬人具食，益為張旗幟諸山上，為疑兵㈥，令酈食其持重寶啗秦將㈦。」秦將果畔㈧，欲連和俱西襲咸陽，沛公欲聽之。良曰：「此獨其將欲叛耳，恐士卒不從。不從必危，不如因其解擊之㈨。」沛公乃引兵擊秦軍，大破之。（遂）〔逐〕

北至藍田㊉，再戰，秦兵竟敗。遂至咸陽，秦王子嬰降沛公。

【註】㊀轘轅：在河南偃師縣東南。㊁陽翟：河南禹縣。㊂嶢下：嶢關之下。嶢關在陝西藍田縣東南。㊃作商販出身的孩子，容易以利益相引誘。㊄留壁：按兵不進，堅壁固守。㊅疑兵：使敵人困惑莫測的軍隊。㊆啗：音旦（ㄉㄢˋ）以重利誘敵將。㊇畔：同「叛」。㊈因：趁著機會。解：同「懈」，懈怠，不加戒備。㊉逐北：追趕其敗北的軍隊。

沛公入秦宮，宮室帷帳狗馬重寶婦女以千數，意欲留居之。樊噲諫沛公出舍，沛公不聽。良曰：「夫秦為無道，故沛公得至此。夫為天下除殘賊，宜縞素為資㊀。今始入秦，即安其樂，此所謂『助桀為虐』。且『忠言逆耳利於行，毒藥苦口利於病』，願沛公聽樊噲言。」沛公乃還軍霸上㊁。

【註】㊀縞素：居喪之服。言沛公不忍人民之被秦皇暴政的屠戮，以弔民伐罪之心，為天下除害，到了咸陽，應當過著如同守喪一樣的生活（為資，即為生也），不應當留戀秦朝宮殿美女，貪圖享樂。㊁霸上：在陝西長安縣東。

項羽至鴻門下㊀，欲擊沛公，項伯乃夜馳入沛公軍，私見張良，欲與俱去。良曰：「臣為韓王送沛公，今事有急，亡去不義。」乃具以語沛公。沛公大驚，曰：「為將柰何㊁？」良曰：「沛公誠欲倍項羽邪㊂？」沛公曰：「鯫生教我距關無內諸侯㊃，秦地可盡王，故聽之。」良曰：「沛公自度能卻項羽乎㊄？」沛公默然良久㊅，曰：「固不能也㊆。今為柰何？」良乃固要項伯㊇。項伯見沛公。沛公與飲為壽㊈，結賓婚。令項伯具言沛公不敢倍項羽，所以距關者，備他盜也。及見項羽後解，語在項羽事中。

【註】㊀鴻門：在陝西臨潼縣東。㊁如何是好？㊂倍：同「背」。㊃鯫生：人名。鯫：音鄒（ㄗㄡ）。距關：把守潼關，不讓各國諸侯之兵進來。距：同「拒」。㊄卻：打退，使之退卻。㊅良久：費時很久。㊆固：本來是不可能。㊇固：堅決的。㊈為壽：為之祝福也。

漢元年正月，沛公為漢王，王巴蜀。漢王賜良金百溢，珠二斗，良具以獻項伯。漢王亦因令良厚遺項伯，使請漢中地。項王乃許之，遂得漢中地。漢王之國，良送至褒中㊀，遣良歸韓。

良因說漢王曰：「王何不燒絕所過棧道，示天下無還心，以固項王意㈡。」乃使良還。行，燒絕棧道。

【註】㈠褒中：在陝西褒城縣。㈡「王何不把所經過的棧道都燒掉，表示我們沒有再回頭爭奪中原之野心於天下，以使項王對我們放心呢？」（棧道：於險絕斷崖之處，依山架木如橋樑似的，以通道路。在陝西褒城縣北，接鳳縣東北，統名「連雲棧」，言橋樑之懸架空中，如懸於雲中也。）

良至韓，韓王成以良從漢王故，項王不遣成之國㈠，從與俱東。良說項王曰：「漢王燒絕棧道，無還心矣。」乃以齊王田榮反，書告項王。項王以此無西憂漢心，而發兵北擊齊。

項王竟不肯遣韓王，乃以為侯，又殺之彭城。良亡，閒行歸漢王㈡，漢王亦已還定三秦矣。復以良為成信侯，從東擊楚。至彭城，漢敗而還。至下邑，漢王下馬踞鞍而問曰：「吾欲捐關以東等弃之，誰可與共功者？」良進曰：「九江王黥布，楚梟將㈢，與項王有郄㈣；彭越與齊王田榮反梁地：此兩人可急使。而漢王之將獨韓信可屬大事，當一面㈤。即欲捐之㈥，捐之此三人，則楚可破也。」漢王乃遣隨何說九江王布，而使人連彭越。及魏王豹反，使韓信將兵擊之，因舉燕、代、齊、趙。然卒破楚者，此三人力也。

【註】㊀之：往。㊁閒行：秘密的逃走。㊂梟將：勇健而無理性之猛將。㊃郄：同「隙」，怨恨。㊄屬：託付。獨當一面的任務。㊅如果想放棄（即：如果。捐：放棄）。

張良多病，未嘗特將也㊀，常為畫策臣㊁，時時從漢王。

【註】㊀特將：獨自統兵直接作戰。㊁只是為高祖貢獻作戰計劃。

漢三年，項羽急圍漢王滎陽，漢王恐憂，與酈食其謀橈楚權㊀。食其曰：「昔湯伐桀，封其後於杞。武王伐紂，封其後於宋。今秦失德弃義㊁，侵伐諸侯社稷，滅六國之後，使無立錐之地。陛下誠能復立六國後世，畢已受印㊂，此其君臣百姓必皆戴陛下之德，莫不鄉風慕義㊃，願為臣妾。德義已行，陛下南鄉稱霸㊄，楚必斂衽而朝㊅。」漢王曰：「善。趣刻印㊆，先生因行佩之矣。」

食其未行，張良從外來謁。漢王方食。曰：「子房前！客有為我計橈楚權者。」具以酈生語告，曰：「於子房何如㈧？」良曰：「誰為陛下畫此計者？陛下事去矣㈨。」漢王曰：「何哉？」張良對曰：「臣請藉前箸為大王籌之㈩。」曰：「昔者湯伐桀而封其後於杞者，度能制桀之死命也㈡。今陛下能制項籍之死命乎？」曰：「未能也。」「其不可一也。武王伐紂封其後於宋者，度能得紂之頭也。今陛下能得項籍之頭乎？」曰：「未能也。」「其不可二也。武王入殷，表商容之閭㈢，釋箕子之拘，封比干之墓㈢。今陛下能封聖人之墓，表賢者之閭，式智者之門乎㈣？」曰：「未能也。」「其不可三也。發鉅橋之粟㈤，散鹿臺之錢㈥，以賜貧窮。今陛下能散府庫以賜貧窮乎？」曰：「未能也。」「其不可四矣。殷事已畢㈦，偃革為軒㈧，倒置干戈，覆以虎皮，以示天下不復用兵。今陛下能偃武行文，不復用兵乎？」曰：「未能也。」「其不可五矣。休馬華山之陽，示以無所為。今陛下能休馬無所用乎？」曰：「未能也。」「其不可六矣。放牛桃林之陰⑲，以示不復輸積。今陛下能放牛不復輸積乎？」曰：「未能也。」「其不可七矣。且天下游士離其親戚，弃墳墓，去故舊，從陛下游者，徒欲日夜望咫尺之地⑳。今復六國，立韓、魏、燕、趙、齊、楚之後，天下游士各歸事其主，從其親戚，反其故舊墳墓，陛下與誰取天下乎？其不可八矣。且夫楚唯無彊，六國立者復橈而從之，陛下焉得而臣之㉑？誠用客之謀，陛下事去矣。」漢王輟食吐哺，罵曰：「豎儒，幾敗而公事㉒！」令趣銷印㉓。

【註】①橈：音鬧（ㄋㄠˋ），打擊，使之受挫折。②弃：即「棄」字。③全部都接受印信。④鄉風：即「向風」，歸向領導。⑤南鄉：即「南向」。⑥斂衽：收斂其衣襟，表示肅敬臣服之意。⑦趣：同「促」，速速。⑧「子房，你的意見如何？」⑨「誰替陛下出的這種計劃？如果這樣做，陛下的大事可就完了！」⑩「我可以拿眼前的筷子，替大王算一算……」（箸：筷子）。⑪度：推斷。⑫標榜其里門，以表揚之。商容：紂王時之賢臣。⑬封墓：加上於死者之墳上，表示致敬加恩之誼。⑭式：敬禮也。⑮鉅橋：倉庫名，在紂王之京都（河南淇縣）附近，所謂「商王紂厚賦稅以盈鉅橋之粟」。⑯鹿臺：在河南淇縣，商紂王聚財之處。⑰伐殷之事業已經成功。⑱革者，所以

製兵車也，武王廢棄兵車而為乘車（軒）（偃：廢棄也）。㊆桃林：在河南閿鄉縣南山谷中。㊇希望能得到咫尺（小小的一塊）的封地。㊈「現在除楚國以外，再沒有強大的敵人，如果扶植六國之後，將來他們阻逆（橈）王命而附和楚國，陛下怎麼樣能夠制服他們呢？」㊉漢王聽了張良的話以後，飯也不吃了，吐出口中的飯，罵道：「那個書呆子，幾乎敗壞了老子的大事！」㊊下命令趕快把印都銷燬（趣：趕快）。

漢四年，韓信破齊而欲自立為齊王，漢王怒。張良說漢王，漢王使良授齊王信印，語在淮陰事中。

其秋，漢王追楚至陽夏南㈠，戰不利而壁固陵㈡，諸侯期不至㈢。良說漢王，漢王用其計，諸侯皆至。語在項籍事中。

【註】㈠陽夏：河南太康縣。㈡壁：築堡壘以堅守。固陵：在河南淮陽縣西北。㈢諸侯到期不來支援。

漢六年正月，封功臣。良未嘗有戰鬬功，高帝曰：「運籌策帷帳中，決勝千里外，子房功也。自擇齊三萬戶。」良曰：「始臣起下邳，與上會留，此天以臣授陛下。陛下用臣計，幸而時中，臣願封留足矣㈠，不敢當三萬戶。」乃封張良為留侯，與蕭何等俱封。

（六年）上已封大功臣二十餘人，其餘日夜爭功不決，未得行封。上在雒陽南宮，從復道望見諸將往往相與坐沙中語㈡。上曰：「此何語？」留侯曰：「陛下不知乎？此謀反耳。」上曰：「天下屬安定㈢，何故反乎？」留侯曰：「陛下起布衣，以此屬㈣取天下，今陛下為天子，而所封皆蕭、曹故人所親愛，而所誅者皆生平所仇怨。今軍吏計功，以天下不足徧封，此屬畏陛下不能盡封，恐又見疑平生過失及誅，故即相聚謀反耳。」上乃憂曰：「為之柰何？」留侯曰：「上平生所憎，羣臣所共知，誰最甚者？」上曰：「雍齒與我故，數嘗窘辱我㈤。我欲殺之，為其功多，故不忍。」留侯曰：「今急先封雍齒以示羣臣，羣臣見雍齒封，則人人自堅矣㈥。」於是上乃置酒，封雍齒為什方侯㈦，而急趣丞相、御史定功行封㈧。羣臣罷酒，皆喜曰：「雍齒尚為侯，我屬無患矣。」

【註】㈠留：在江蘇沛縣東南。㈡復道：同「複道」，即「閣道」，在空中架設之行道。高祖從複道上望見諸將不斷的有三三五五的坐在沙灘中交頭接耳的說話。㈢屬：近來，近日。㈣屬：輩，類。言陛下以此輩人取天下。㈤窘辱我：使我難堪而受辱。㈥自堅：自己有堅定的信心可以得封。㈦什方：在四川什邡縣南。㈧趣：同「促」，催促其速辦。

劉敬說高帝曰：「都關中。」上疑之。左右大臣皆山東人，多勸上都雒陽：「雒陽東有成皋㈠，西有殽黽㈡，倍河，向伊雒㈢，其固亦足恃㈣。」留侯曰：「雒陽雖有此固，其中小，不過數百里，田地薄，四面受敵，此非用武之國也。夫關中左殽函，右隴蜀，沃野千里，南有巴蜀之饒，北有胡苑之利㈤，阻三面而守，獨以一面東制諸侯㈥。諸侯安定，河渭漕輓天下，西給京師㈦；諸侯有變，順流而下，足以委輸。此所謂金城千里，天府之國也㈧，劉敬說是也。」於是高帝即日駕㈨，西都關中。

【註】㈠成皋：在河南汜水縣。㈡殽黽：殽山（殽，音堯），在河南洛寧縣西北六十里。黽，黽塞，在河南澠池縣境。此兩地相毗連，故曰「西有殽、黽」，皆在洛陽之西方。有解黽塞為信陽之平靖關，非此處也。㈢倍：同「背」，背對黃河，面向伊水、洛水。㈣固：險要。㈤胡苑有養馬之

利。㈥北面，南面，西面，都有天然的險阻，可以防守，只有東邊一面，可以專力對付各國諸侯。㈦利用黃河渭河的水上運輸，可以供給京師。㈧天府：形勢險固，物產豐富，好像是天然生成的地區。㈨於是高祖即日起駕。

留侯從入關。留侯性多病，即道引不食穀㈠，杜門不出歲餘㈡。

【註】㈠道引：即「導引」，道家養生之術，謂呼吸俯仰，屈伸手足，使血氣充足，身體輕舉也。不食穀：避食穀物，而靜居行氣。㈡杜門：閉塞其門，而不外出。

上欲廢太子，立戚夫人子趙王如意。大臣多諫爭，未能得堅決者也。呂后恐，不知所為。人或謂呂后曰：「留侯善畫計筴㈠，上信用之。」呂后乃使建成侯呂澤劫留侯，曰：「君常為上謀臣，今上欲易太子，君安得高枕而臥乎？」留侯曰：「始上數在困急之中，幸用臣筴。今天下安定，以愛欲易太子，骨肉之閒，雖臣等百餘人何益。」呂澤彊要㈡曰：「為我畫計。」留侯曰：「此難以口舌爭也。顧上有不能致者㈢，天下有四人。四人者年老矣，皆以為上慢侮人，故逃匿山中，義不為漢臣。然上高此四人㈣。今公誠能無愛金玉璧帛，令太子為書，卑辭安車，因使辯士固請㈤，宜來。來，以為客，時時從入朝，令上見之，則必異而問之。問之，上知此四人賢㈥，則一助也。」於是呂后令呂澤使人奉太子書，卑辭厚禮，迎此四人。四人至，客建成侯所。

【註】㈠筴：同「策」，計策。㈡強要：堅決要求。㈢顧：但也。天下有四個人，君上招致不來。㈣高看這四個人。㈤固請：堅決請求。㈥四人：四皓也，即東園公、夏黃公、綺里季、與角里先生也。

漢十一年，黥布反，上病，欲使太子將，往擊之。四人相謂曰：「凡來者，將以存太子。太子將兵，事危矣。」乃說建成侯曰：「太子將兵，有功則位不益太子；無功還，則從此受禍矣。且太子所與俱諸將，皆嘗與上定天下梟將也，今使太子將之，此無異使羊將狼也㈠，皆不肯為盡力，其無功必矣。臣聞『母愛者子抱㈡』，今戚夫人日夜侍御，趙王如意常抱居前，上曰『終不使不肖子居愛子之上㊂』，明乎其代太子位，必矣。君何不急請呂后承閒為上泣言：『黥布，天下猛將也，善用兵，今諸將皆陛下故等夷㊃，乃令太子將此屬，無異使羊將狼，莫肯為用，且使布聞之，則鼓行而西耳㊄。上雖病，彊載輜車㊅，臥而護之，諸將不敢不盡力。上雖苦，為妻子自彊㊆。』」於是呂澤立夜見呂后，呂后承閒為上泣涕而言，如四人意。上曰：「吾惟豎子固不足遣，而公自行耳㊇。」於是上自將兵而東，羣臣居守，皆送至灞上。留侯病，自彊起，至曲郵㊈，見上曰：「臣宜從，病甚。楚人剽疾㊉，願上無與楚人爭鋒⑪。」因說上曰：「令太子為將軍，監關中兵。」上曰：「子房雖病，彊臥而傅太子。」是時叔孫通為太傅，留侯行少傅事⑫。

【註】㊀使羊率領（將）狼。㊁母親得到寵愛者，其兒子就常被父親所抱。㊂高祖說：「我一定不使不肖的兒子（太子），居於愛子（趙王如意）之上。」㊃故等夷：平輩的老部下。㊄黥布一聽說小孩子為將，便大膽無所畏懼，鼓噪而向西攻擊。㊅強：強勉的。輜車：四周有帳帷之車。㊆上雖有病痛，但是為妻子打算，也須勉強掙扎。㊇高祖憤憤的說：「我早已料到（惟）這個沒出息的

小子不足以派遣，你老子只好自己領兵出戰了。」㈨曲郵：在陝西臨潼縣東七里。㈩剽：輕急好動。㈡爭鋒：爭先取利，爭取先戰之利。㈢行少傅事：擔任太子少傅的工作。

漢十二年，上從擊破布軍歸，疾益甚，愈欲易太子。留侯諫，不聽，因疾不視事。叔孫太傅稱說引古今，以死爭太子。上詳許之㈠，猶欲易之。及燕，置酒，太子侍。四人從太子，年皆八十有餘，鬚眉皓白，衣冠甚偉。上怪之，問曰：「彼何為者？」四人前對，各言名姓，曰東園公，角里先生，綺里季，夏黃公。上乃大驚，曰：「吾求公數歲，公辟逃我，今公何自從吾兒游乎㈡？」四人皆曰：「陛下輕士善罵，臣等義不受辱，故恐而亡匿。竊聞太子為人仁孝，恭敬愛士，天下莫不延頸㈢欲為太子死者，故臣等來耳。」上曰：「煩公幸卒調護太子㈣。」

【註】㈠詳：同「佯」，假裝。㈡高祖大驚，說道：「我訪求你們幾年了，你們總是逃避（辟：同「避」）我，現在你們怎麼和我的小兒相來往呢？」㈢延頸：伸長頸子。㈣調護：照顧，營護。

四人為壽已畢㈠，趨去。上目送之㈡，召戚夫人指示四人者曰：「我欲易之，彼四人輔之，羽翼已成，難動矣。呂后真而主矣㊂。」戚夫人泣，上曰：「為我楚舞，吾為若楚歌。」歌曰：「鴻鵠高飛，一舉千里。羽翮已就，橫絕四海㊃。橫絕四海，當可奈何！雖有矰繳㊄，尚安所施！」歌數闋㊅，戚夫人噓唏流涕，上起去，罷酒。竟不易太子者，留侯本招此四人之力也。

【註】㊀壽：祝福。㊁目送：以目相送。㊂而：同「爾」，你。㊃橫絕：橫渡也。㊄矰：音曾（ㄗㄥ），射飛鳥的器具。繳：音灼（以繩繫箭而射）。㊅闋：音卻（ㄑㄩㄝˋ），歌曲一首，曰一闋。

留侯從上擊代，出奇計，馬邑下㊀，及立蕭何相國㊁，所與上從容言天下事甚眾，非天下所以存亡㊂，故不著。留侯乃稱曰：「家世相韓，及韓滅，不愛萬金之資，為韓報讎彊秦㊃，天下振動㊄。今以三寸舌㊅為帝者師，封萬戶，位列侯，此布衣之極㊆，於良足矣。願弃人閒事，欲從赤松子游耳㊇。」乃學辟穀㊈，道引輕身㊉。會高帝崩，呂后德留侯㊁乃彊食之，曰：「人生一世閒，如白駒過隙，何至自苦如此乎㊂！」留侯不得已，彊聽而食。

【註】㊀《漢書》為：「出奇計，下馬邑。」馬邑：今山西朔縣。㊁當時，未立蕭何為相，張良建議而後以蕭何為相。㊂不關於天下存亡之事。㊃為韓報強秦之仇。㊄振：同「震」，震驚而動也。㊅三寸不爛之舌，言其專以口舌談論為能也。㊆以布衣而為帝王師，封列侯。可以算是「紅得發紫」（極）了。㊇赤松子：仙人之名，神農時，為雨師，服水玉，教神農能入火自燒，至昆山上，常止西王母石室，隨風雨上下。炎帝少女追之，亦得仙俱去。㊈辟穀：同「避穀」，不食穀物也。㊉道引：同「導引」，道家養生之術，謂呼吸俯仰，屈伸手足，使血氣充足，身體輕舉也。《莊子·天下》篇有「道引之士，養形之人」的話。㊁德留侯：感激留侯之德。㊂白駒：白馬也，善走。隙：小空洞。白馬在小空洞前跑過，一閃即逝，比喻人生如此之短暫也。

後八年卒，謚為文成侯。子不疑代侯㊀。

【註】㊀張良卒，其子不疑代立為侯，十年，犯罪當死，贖為城旦（一種罪刑之名），國除。

子房始所見下邳圯上老父與太公書者，後十三年從高帝過濟北，果見穀城山下黃石，取而葆祠之㊀。留侯死，并葬黃石。（冢）每上冢伏臘㊁，祠黃石。

【註】㊀葆：同「寶」字，珍視如寶而敬祀之。《史記》「葆」字，多同「寶」字。㊁伏臘：伏日

在夏，臘日在冬，此為秦漢時之節令，遇此節令，即上墳祭祀，祭後，歡樂飲酒。楊惲所謂：「田家作苦，歲時伏臘，烹羊炮羔，斗酒自榮。」

留侯不疑，孝文帝五年坐不敬，國除㈠。

【註】㈠侯表謂：「坐殺楚內史」，非不敬也。與此有異。

太史公曰：學者多言無鬼神，然言有物㈠。至如留侯所見老父予書，亦可怪矣。高祖離困者數矣㈡，而留侯常有功力焉，豈可謂非天乎？上曰：「夫運籌筴帷帳之中㈢，決勝千里外，吾不如子房。」余以為其人計魁梧奇偉㈣，至見其圖，狀貌如婦人好女。蓋孔子曰：「以貌取人，失之子羽㈤。」留侯亦云㈥。

【註】㈠物：精怪。學者們都說：鬼神是沒有的，但是有精怪。㈡離：同「罹」，陷入於困險境地。㈢筴：同「策」，計策。㈣計：想像個大概。魁梧：體態壯大。奇偉：相貌英俊挺碩。㈤子羽：孔子弟子澹臺滅明之字也。㈥亦云：亦如此。

卷五十六　陳丞相世家第二十六

陳丞相平者，陽武戶牖鄉人也㈠。少時家貧，好讀書，有田三十畝，獨與兄伯居。伯常耕田，縱平使游學㈡。平為人長〔大〕美色。人或謂陳平曰：「貧何食而肥若是？」其嫂嫉平之不視家生產㈢，曰：「亦食糠覈耳㈣。有叔如此，不如無有㈤。」伯聞之，逐其婦而弃之㈥。

【註】㈠陽武：故城在河南陽武縣東南二十八里。㈡縱：放開，優待，讓給陳平以讀書的機會。㈢視：同「事」字，不從事於家人生產。㈣亦不過是吃糠覈罷了。（覈：音核ㄏㄜˊ，麥糠中之不破者，曰覈。）㈤「有這樣的弟弟，乾脆不如沒有的好。」㈥大哥聽說了，就把這個潑婦驅逐走了。

及平長，可娶妻，富人莫肯與者，貧者平亦恥之。久之，戶牖富人有張負㈠，張負女孫五嫁而夫輒死㈡，人莫敢娶。平欲得之。邑中有喪，平貧，侍喪㈢，以先往後罷為助㈣。張負既見之喪所，獨視偉平㈤，平亦以故後去。負隨平至其家，家乃負郭窮巷㈥，以獘席為門㈦，然門外多有長者車轍㈧。張負歸，謂其子仲曰：「吾欲以女孫予陳平。」張仲曰：「平貧不事事㈨，一縣中盡笑其所為，獨奈何予女乎？」負曰：「人固有好美如陳平而長貧賤者乎㈩？」卒與女。為平貧，乃假貸幣以聘㈡，予酒肉之資以內婦㈢。負誡其孫曰：「毋以貧故，事人不謹。事兄伯如事父，事嫂如母。」平既娶張氏女，齎用益饒㈢，游道日廣㈣。

【註】㈠張負：富人之名。㈡嫁了五次，五次的丈夫都是很快就死了（輒死：很快的死去）。㈢侍喪：在一邊幫忙辦喪事。㈣先到後退。㈤特別高看陳平。㈥負郭：城郊一帶的荒僻地區。㈦獘席：破席。㈧長者：有德望有地位之人。㈨事事：不從事於工作。上一「事」字為動詞，下一「事」字為名詞。㈩「像陳平這樣漂亮而能幹的青年，難道會長久的貧賤下去嗎？」㈡借錢於陳平以作聘金。㈢送酒送肉以辦理婚娶（內婦：同「納婦」，娶妻也）。㈢齎：音咨（ㄗ），財貨。齎用：經濟條件。㈣游道：交遊的路線。這陳平得了富女為妻，經濟條件，日益寬綽，交友路線，日益開闊。

里中社㈠，平為宰㈡分肉食甚均。父老曰：「善，陳孺子之為宰㈢！」平曰：「嗟乎，使平得宰天下，亦如是肉矣㈣！」

【註】㊀社：鄉民們大家歡聚的日子。㊁宰：主持人。㊂父老們都讚賞的說：「好啊！陳家的孩子分配肉食真是公平啊！」㊃陳平很自信的答道：「假定將來使我主持天下事，我也能像今日分配肉食這樣的公平！」

陳涉起而王陳，使周市略定魏地，立魏咎為魏王，與秦軍相攻於臨濟㊀。陳平固已前謝其兄伯㊁，從少年往事魏王咎於臨濟。魏王以為太僕㊂。說魏王不聽，人或讒之，陳平亡去。

【註】㊀臨濟：在河南陳留縣西北五十里。㊁固已：原來就已經……。謝：告別。㊂太僕：掌車馬畜牧之事。

久之，項羽略地至河上，陳平往歸之，從入破秦，賜平爵卿。項羽之東王彭城也，漢王還定三秦而東，殷王反楚。項羽乃以平為信武君，將魏王咎客在楚者以往，擊降殷王而還。項王使項悍拜平為都尉，賜金二十溢㊀。居無何，漢王攻下殷（王）。項王怒，將誅定殷者將吏㊁。陳平懼誅，乃封其金與印，使使歸項王，而平身閒行杖劍亡㊂。渡河，船人見其美丈夫獨行，疑其亡將㊃，要中當有金玉寶器㊄，目之㊅，欲殺平。平恐，乃解衣躶而佐刺船㊆。船人知其無有，乃止。

【註】㊀溢：同「鎰」，二十四兩為一鎰。㊁定殷者：守殷地之人。㊂閒行：秘密逃走。㊃亡將：逃亡之將軍。㊄要：同「腰」字。㊅目之：瞄他一下。㊆躶：同「裸」，赤露上身。佐刺船：幫忙划船。

平遂至修武降漢㊀，因魏無知求見漢王㊁，漢王召入。是時萬石君奮為漢王中涓㊂，受平謁，入見平。平等七人俱進，賜食。王曰：「罷，就舍矣㊃。」平曰：「臣為事來，所言不可以過今日。」於是漢王與語而說之㊄，問曰：「子之居楚何官㊅？」曰：「為都尉。」是日乃拜平為都尉，使為參乘，典護軍。諸將盡讙㊆，曰：「大王一日得楚之亡卒，未知其高下，而即與同載，反使監護軍長者！」漢王聞之，愈益幸平。遂與東伐項王。至彭城，為楚所敗。引而還，收散兵至滎陽，以平為亞將㊇，屬於韓王信，軍廣武。

【註】㈠修武：河南修武縣。㈡因：依託，憑靠。㈢中涓：官名，如同謁者之職，辦理傳達與接待外賓之事。㈣「吃罷了，請客人各自回舍休息。」㈤說：同「悅」。㈥「你在楚國當什麼官？」㈦讙：喧嘩，言其不平而吵鬧。㈧亞將：次將。

絳侯、灌嬰等咸讒陳平曰：「平雖美丈夫，如冠玉耳，其中未必有也㈠。臣聞平居家時，盜其嫂；事魏不容，亡歸楚；歸楚不中，又亡歸漢。今日大王尊官之，令護軍㈡。臣聞平受諸將金，金多者得善處，金少者得惡處。平，反覆亂臣也㈢，願王察之。」漢王疑之，召讓魏無知。無知曰：「臣所言者，能也；陛下所問者，行也。今有尾生、孝己之行㈣而無益於勝負之數，陛下何暇用之乎？楚漢相距㈤，臣進奇謀之士，顧其計誠足以利國家不耳。且盜嫂受金又何足疑乎？」漢王召讓平曰：「先生事魏不中，遂事楚而去，今又從吾游，信者固多心乎？」平曰：「臣事魏王，魏王不能用臣說，故去事項王。項王不能信人，其所任愛，非諸項即妻之昆弟，雖有奇士不能用，平乃去楚。聞漢王之能用人，故歸大王。臣躶身來㈥，不受金無以為資。誠臣計畫有可采者，〔顧〕〔願〕大王用之；使無可用者，金具在，請封輸官，得請骸骨。」漢王乃謝，厚賜，拜為護軍中尉，盡護諸將。諸將乃不敢復言。

【註】㊀陳平雖然是儀表堂皇的美男子，不過是像帽子上裝飾了玉石，徒有其表，未必有真才實能。㊁護軍：官名，主持武官的評選事宜。㊂反覆無常的叛亂之臣。㊃孝己：高宗之子，有孝行。尾生：古之信士，嘗與女子期於梁下，女子不來，水至不去，抱梁柱而死。㊄距：同「拒」，對抗。㊅顧：但看。㊅祼身：同「裸身」，赤身而來。

其後，楚急攻，絕漢甬道㊀，圍漢王於滎陽城㊁。久之，漢王患之，請割滎陽以西以和。項王不聽。漢王謂陳平曰：「天下紛紛，何時定乎？」陳平曰：「項王為人，恭敬愛人，士之廉節好禮者多歸之㊂。至於行功爵邑，重之㊃，士亦以此不附。今大王慢而少禮，士廉節者不來；然大王能饒人以爵邑㊄，士之頑鈍㊅嗜利無恥者亦多歸漢。誠各去其兩短，襲其兩長㊆，天下指麾則定矣㊇。然大王恣侮人，不能得廉節之士。顧楚有可亂者㊈，彼項王骨鯁之臣亞父、鍾離昧、龍且、周殷之屬，不過數人耳。大王誠能出捐數萬斤金，行反閒，閒其君臣，以疑其心⑩。項王為人意忌信讒⑪，必內相誅⑫。漢因舉兵而攻之，破楚必矣。」漢王以為然，乃出黃金四萬斤，與陳平，恣所為，不問其出入⑬。

【註】 ㈠甬道：於道路之兩旁築高，使敵人不易發現其人物通行而破壞之。㈡滎陽：河南滎陽縣，在鄭州之西。㈢廉節：方正不苟而有氣節者。㈣對於行功論賞，分封爵邑，則吝惜遲疑（重之：很難，很不爽快）。㈤饒人：使人富足。㈥頑：貪得。鈍：厚臉皮。㈦襲：取。㈧則：即也，天下一指麾即安定。㈨顧：但是，反而言之，⑩施行反間之計，以離間其君臣，使他們君臣之間的心理，彼此懷疑。⑪項王為人心理多忌猜而聽信讒言。⑫這樣一來，他們內部必然互相鬥爭。⑬漢王出黃金四萬斤給陳平，讓他隨便運用，不問他如何開支。

陳平既多以金縱反閒於楚軍㈠，宣言諸將鍾離昧等為項王將，功多矣，然而終不得裂地而王，欲與漢為一，以滅項氏而分王其地。項羽果意不信鍾離昧等。項王既疑之，使使至漢。漢王為太牢具㈡，舉進。見楚使，即詳驚曰：「吾以為亞父使，乃項王使㊂」復持去，更以惡草具進楚使。楚使歸，具以報項王。項王果大疑亞父㊃。亞父欲急攻下滎陽城，項王不信，不肯聽。亞父聞項王疑之，乃怒曰：「天下事大定矣，君王自為之！願請骸骨歸㊄！」歸未至彭城，疽發背而死㊅。陳平乃夜出女子二千人滎陽城東門，楚因擊之，陳平乃與漢王從城西門夜出去。遂入關，收散兵復東。

【註】㊀縱：放出，散播反間的謠言於楚軍。㊁牛、羊、豕，三牲皆有，謂之「太牢」。㊂漢王以大豬、大羊、大牛的設備，端進客廳，見了項王的使者，故意裝做很驚訝的樣子，說道：「我以為是亞父派來的使者，原來是項王派來的使者啊！」㊃馬上把太牢的酒席拿回去，而另外端出很粗惡的飲食，招待項王的使者。使者回去，完全把這種情形報告於項王。項王果然大大的懷疑亞父。㊄亞父痛恨項王不用其計，大怒著說：「天下事大定了，君王自己一個人去幹好了，請准予放我這條老命回家！」㊅亞父回家，還沒有到了彭城，背上就發了毒瘡而死。（假定項王聽亞父之計，急攻漢王，則漢王難脫滎陽之圍，鹿死項王之手矣。）

其明年，淮陰侯破齊，自立為齊王，使使言之漢王。漢王大怒而罵，陳平躡漢王㊀。漢王亦悟，乃厚遇齊使，使張子房卒立信為齊王。封平以戶牖鄉。用其奇計策，卒滅楚。常以護軍中尉從定燕王臧荼。

【註】㊀躡：音臬（ㄋㄧㄝˋ），足踏。陳平用腳踏漢王之腳以示意。

漢六年，人有上書告楚王韓信反。高帝問諸將，諸將曰：「亟發兵阬豎子耳㊀。」高帝默然。問陳平，平固辭謝，曰：「諸將云何？」上具告之。陳平曰：「人之上書言信反，有知之者乎？」曰：「未有。」曰：「信知之乎？」曰：「不知。」陳平曰：「陛下精兵孰與楚？」上曰：「不能過。」平曰：「陛下將用兵有能過韓信者乎？」上曰：「莫及也。」平曰：「今兵不如楚精，而將不能及，而舉兵攻之，是趣之戰也㊁，竊為陛下危之。」上曰：「為之奈何？」平曰：「古者天子巡狩，會諸侯。南方有雲夢㊂，陛下弟出偽游雲夢，會諸侯於陳㊃。陳，楚之西界，信聞天子以好出遊，其勢必無事而郊迎謁。謁，而陛下因禽之，此特一力士之事耳㊄。」高帝以為然，乃發使告諸侯會陳：「吾將南游雲夢」。上因隨以行。行未至陳，楚王信果郊迎道中。高帝豫具武士，見信至，即執縛之，載後車。信呼曰：「天下已定，我固當烹！」高帝顧謂信曰：「若毋聲！而反，明矣㊅！」武士反接之㊆。遂會諸侯于陳，盡定楚地。還至雒陽，赦信以為淮陰侯，而與功臣剖符定封。

【註】㊀亟：急速的。趕快的發兵把韓信那個小子阬殺了，便算完事。㊁趣：催促。逼迫韓信作戰。㊂雲夢：澤湖名，在湖北安陸縣南。本二澤，雲在江北，夢在江南，方八九百里，華容以北，安陸以南，枝江以東，皆其地。㊃弟：同「第」，但也，只要。言陛下只要偽裝著說是要到雲夢湖去遊歷，到陳州（河南淮陽縣）的時候，要順便會見各地諸侯。㊄楚國與陳州是鄰界，楚王韓信一聽說陛下出遊，必然到邊界來迎接，等他到來的時候，就把他逮捕起來。這只須一勇士之力即可，何必大動干戈？㊅「你不必大聲吵鬧了，你的反叛，已經明白了。」㊆反接：背綁起來。

於是與平剖符㊀，世世勿絕，為戶牖侯。平辭曰：「此非臣之功也。」上曰：「吾用先生謀計，戰勝剋敵，非功而何？」平曰：「非魏無知臣安得進？」上曰：「若子可謂不背本矣。」乃復賞魏無知。其明年，以護軍中尉從攻反者韓王信於代。卒至平城，為匈奴所圍，七日不得食。高帝用陳平奇計，使單于閼氏㊁，圍以得開。高帝既出，其計秘，世莫得聞。

【註】㊀剖符：符，符節也，剖者，分其一半以與之，執以為信也。㊁閼氏：讀為「燕支」，漢時，匈奴皇后之稱也。

高帝南過曲逆㊀，上其城，望見其屋室甚大，曰：「壯哉縣！吾行天下，獨見洛陽與是耳。」顧問御史曰：「曲逆戶口幾何？」對曰：「始秦時三萬餘戶，閒者兵數起㊁，多亡匿，今見五千戶㊂。」於是乃詔御史，更以陳平為曲逆侯，盡食之，除前所食戶牖。

【註】㊀曲逆：在河北完縣東南。㊁閒者：近年。㊂見：同「現」，現有五千戶。

其後常以護軍中尉從攻陳豨及黥布。凡六出奇計，輒益邑，凡六益封。奇計或頗秘，世莫能聞也。

高帝從破布軍還，病創，徐行至長安。燕王盧綰反，上使樊噲以相國將兵攻之。既行，人有短惡噲者㈠。高帝怒曰：「噲見吾病，乃冀我死也㈡。」用陳平謀而召絳侯周勃受詔牀下，曰：「陳平亟馳傳載勃代噲將㈢，平至軍中即斬噲頭！」二人既受詔，馳傳未至軍，行計之曰：「樊噲，帝之故人也，功多，且又乃呂后弟呂嬃之夫，有親且貴，帝以忿怒故，欲斬之，則恐後悔。寧囚而致上㈣，上自誅之。」未至軍，為壇，以節召樊噲。噲受詔，即反接㈤載檻車㈥，傳詣長安，而令絳侯勃代將，將兵定燕反縣㈦。

平行聞高帝崩，平恐呂太后及呂嬃讒怒，乃馳傳先去。逢使者詔平與灌嬰屯於滎陽。平受詔，立復馳至宮，哭甚哀，因奏事喪前。呂太后哀之，曰：「君勞，出休矣。」平畏讒之就，因固請得宿衛中。太后乃以為郎中令，曰：「傅教孝惠㈧。」是後呂嬃讒乃不得行。樊噲至，則赦復爵邑。

【註】㊀說噲之短處與罪惡。㊁冀：希望。㊂馳傳：即馳驛，各地在若干距離之處，設置驛站，養馬以備由京奉命出差之官員的騎乘。馬乘可以輪替休息而急馳執行命令。㊃致：送獻。㊄反接：反手於背後而綁之。㊅檻車：載罪犯之車，周圍有檻柵以防逃逸。㊆反縣：反叛之縣份。㊇郎中令：秦官，九卿之一，掌宮殿門戶，總管宮內諸郎官，漢武帝時，更名為「光祿卿」。㊇傅教：為其師傅而教之。

孝惠帝六年，相國曹參卒，以安國侯王陵為右丞相㊀陳平為左丞相。

【註】㊀右丞相：漢時以右為上，故右丞相高於左丞相。

王陵者，故沛人，始為縣豪，高祖微時，兄事陵。陵少文，任氣，好直言。及高祖起沛，入至咸陽，陵亦自聚黨數千人，居南陽，不肯從沛公。及漢王之還攻項籍，陵乃以兵屬漢。項羽取陵母置軍中，陵使至，則東鄉坐陵母㊀，欲以招陵。陵母既私送使者，泣曰：「為老妾語陵，謹事漢王。漢王，長者也，無以老妾故，持二心。妾以死送使者。」遂伏劍而死㊁。項王怒，烹陵母。陵卒從漢王定天下。以善雍齒，雍齒，高帝之仇，而陵本無意從高帝，以故晚封，為安國侯。

安國侯既為右丞相，二歲，孝惠帝崩。高后欲立諸呂為王，問王陵，王陵曰：「不可。」問陳平，陳平曰：「可。」呂太后怒，乃詳遷陵為帝太傅㈢，實不用陵。陵怒，謝疾免，杜門竟不朝請，七年而卒。

【註】㈠鄉：同「向」。㈡王陵之母，可謂模範母親。㈢詳：作「佯」，假裝。

陵之免丞相，呂太后乃徙平為右丞相，以辟陽侯審食其為左丞相。左丞相不治，常給事於中㈠。

【註】㈠在宮中服務，與呂太后相幸愛。

食其亦沛人。漢王之敗彭城西，楚取太上皇、呂后為質，食其以舍人侍呂后。其後從破項籍為侯，幸於呂太后。及為相，居中，百官皆因決事。

呂嬃常以前陳平為高帝謀執樊噲，數讒曰：「陳平為相非治事，日飲醇酒，戲婦女。」陳平聞，日益甚。呂太后聞之，私獨喜。面質呂嬃於陳平曰：「鄙語曰『兒婦人口不可用』，顧君與我何如耳。無畏呂嬃之讒也㈠。」

【註】㈠呂太后當著陳平的面，責備其妹呂嬃，並安慰陳平，說道：「俗話說：『小兒與婦人之口不可聽從』，但（顧）看你對我如何耳，不要害怕呂嬃說你的壞話。」

呂太后立諸呂為王，陳平偽聽之。及呂太后崩，平與太尉勃合謀，卒誅諸呂，立孝文皇帝，陳平本謀也。審食其免相。

孝文帝立，以為太尉勃親以兵誅呂氏，功多；陳平欲讓勃尊位，乃謝病。孝文帝初立，怪平病，問之。平曰：「高祖時，勃功不如臣平。及誅諸呂，臣功亦不如勃。願以右丞相讓勃。」於是孝文帝乃以絳侯勃為右丞相，位次第一；平徙為左丞相，位次第二。賜平金千斤，益封三千戶。

居頃之，孝文皇帝既益明習國家事，朝而問右丞相勃曰：「天下一歲決獄幾何？」勃謝曰：「不知。」問：「天下一歲錢穀出入幾何？」勃又謝不知，汗出沾背，愧不能對。於是上亦問左丞相平。平曰：「有主者㈠。」上曰：「主者謂誰？」平曰：「陛下即問決獄，責廷尉㈡；問錢穀，責治粟內史。」上曰：「苟各有主者，而君所主者何事也？」平謝曰：「主臣㈢！陛下不知其駑下，使待罪宰相。宰相者，上佐天子理陰陽，順四時，下育萬物之宜，外鎮撫四夷諸侯，內親附百姓，使卿大夫各得任其職焉。」孝文帝乃稱善。右丞相大慙，出而讓㈣陳平曰：「君獨不素教我對㈤！」陳平笑曰：「君居其位，不知其任邪？且陛下即問長安中盜賊數，君欲彊對邪㈥？」於是絳侯自知其能不如平遠矣。居頃之，絳侯謝病請免相，陳平專為一丞相。

【註】㈠有主者：有專門負責之人。㈡即：如果。㈢主臣：主管臣下的工作進行。㈣讓：怪罪，責備。㈤「你為什麼平常不指教我這樣的對答！」㈥你居於丞相之位，不知道你的責任是什麼嗎？並且陛下到時侯都問些什麼，是無法知道的，如果他問長安城中有多少盜賊，你還想要勉強的對答嗎？」（即：如果。長安城中有多少盜賊，不是丞相的事，並且誰也不知道盜賊有多少，盜賊都是秘密的，誰也不曾公開登記過。）

孝文帝二年，丞相陳平卒，謚為獻侯。子共侯買代侯。二年卒，子簡侯恢代侯。二十三年卒，子何代侯。二十三年，何坐略人妻，弃市，國除。

始陳平曰：「我多陰謀㈠，是道家之所禁。吾世即廢，亦已矣，終不能復起，以吾多陰禍也㈡。」然其後曾孫陳掌以衞氏親貴戚，願得續封陳氏，然終不得。

【註】㈠陰謀：不可以告人言之秘謀譎計。㈡陰禍：暗地裡所作之罪孽。

太史公曰：陳丞相平少時，本好黃帝、老子之術。方其割肉俎上之時，其意固已遠矣。傾側擾攘楚魏之閒㈠，卒歸高帝。常出奇計，救紛糾之難，振國家之患㈡。及呂后時，事多故矣㈢，然平竟自脫㈣，定宗廟，以榮名終，稱賢相，豈不善始善終哉！非知謀孰能當此者乎㈤？

【註】㈠傾側：偏斜不正，立場不定。擾攘：內心矛盾，困惑，煩亂不穩。㈡振：救也。㈢變故太多。㈣陳平竟然能夠脫離於禍患。㈤不是有智謀的人誰能應付這種環境呢？

卷五十七　絳侯周勃世家第二十七

絳侯周勃者㈠，沛人也。其先卷人㈡，徙沛。勃以織薄曲為生㈢，常為人吹簫給喪事㈣，材官引彊㈤。

【註】㈠絳：在山西曲沃縣。㈡卷：河南原武縣。㈢勃以編織養蠶的葦子（薄曲）為生計。㈣喪家辦理喪事的時候，勃為喪家吹簫（賤人之役，俗謂之「吹鼓手」）。㈤材官：武弁也。引強：有力氣而能挽強弓也。

高祖之為沛公初起，勃以中涓㈠從攻胡陵㈡，下方與㈢。方與反，與戰，卻適㈣。攻豐㈤。擊秦軍碭東㈥。還軍留及蕭㈦。復攻碭，破之。下下邑㈧，先登。賜爵五大夫。攻蒙、虞㈨，取之。擊章邯車騎殿。定魏地。攻爰戚、東緡㈩，以往至栗(一一)，取之。攻齧桑(一二)先登。擊秦軍阿下(一三)，破之。追至濮陽(一四)，下甄城(一五)。攻都關(一六)，定陶，襲取宛朐(一七)，得單父(一八)令。夜襲取臨濟(一九)，攻張(二〇)，以前至卷，破之。擊李由軍雍丘下(二一)。攻開封，先至城下為多(二二)。

後章邯破殺項梁，沛公與項羽引兵東如碭。自初起沛還至碭，一歲二月。楚懷王封沛公號安武侯，為碭郡長。沛公拜勃為虎賁令㉓，以令從沛公定魏地。攻東郡尉於城武㉔，破之。擊王離軍，破之。攻長社㉕，先登。攻潁陽、緱氏㉖，絕河津㉗。擊趙賁軍尸北㉘。南攻南陽㉙守齮，破武關、嶢關㉚。破秦軍於藍田，至咸陽，滅秦。

【註】㊀中涓：侍衞。㊁胡陵：在山東魚臺縣東南六十里。㊂方與：在山東魚臺縣北。㊃卻適：即「卻敵」，打退敵人。㊄豐：江蘇豐縣。㊅碭：江蘇碭山縣。㊆留：在江蘇沛縣東南五十五里。㊇下邑：河南下邑縣。㊈蒙：安徽蒙城縣。虞：河南虞城縣。㊉爰戚：在山東嘉祥縣西南。東緡：在山東金鄉縣。⑪栗：在河南夏邑縣境。⑫齧桑：在江蘇沛縣西南。⑬阿：山東東阿縣。⑭濮陽：河北濮陽縣。⑮甄城：在山東濮縣東。⑯都關：在山東濮縣東南。⑰宛朐：在山東荷澤縣東南。⑱單父：在山東單縣南一里。⑲臨濟：在山東章丘縣西北二十里。⑳張：山東壽張縣。㉑雍丘：河南杞縣。㉒為多：功勞多。㉓虎賁：《漢書》為襄賁，縣名，故城在山東臨沂縣西南百二十里。㉔城武：山東成武縣。㉕長社：河南長葛縣。㉖潁陽：在河南許昌縣西南。緱氏：在河南偃師縣南。㉗河津：黃河渡口，在河南洛陽縣東北五十里。㉘尸：尸鄉，在河南偃師縣西三十里。㉙

南陽：河南南陽縣。㊂武關：在陝西商縣東一百八十五里。嶢關：一名藍田關，在陝西長安東南八十里。

項羽至，以沛公為漢王。漢王賜勃爵為威武侯㊀。從入漢中，拜為將軍。還定三秦，至秦，賜食邑懷德㊁。攻槐里、好畤，最㊂。擊趙賁、內史保於咸陽，最。北攻漆㊃。擊章平、姚卬軍。西定汧㊄。還下郿、頻陽㊅。圍章邯廢丘㊆。破西丞㊇。擊盜巴軍㊈，破之。攻上邽㊉。東守嶢關。轉擊項籍。攻曲逆⑪，最。還守敖倉，追項籍。籍已死，因東定楚地泗（水）、東海郡，凡得二十二縣。還守雒陽、櫟陽⑫，賜與潁（陽）〔陰〕⑬侯共食鍾離⑭。以將軍從高帝擊反者燕王臧荼，破之易下⑮。所將卒當馳道為多⑯。賜爵列侯，剖符世世勿絕。食絳八千一百八十戶，號絳侯。

【註】㊀威武：是封號，不是地名。㊁懷德：在陝西朝邑縣西南四十三里。㊂槐里：在陝西興平縣東南十里。好畤：在陝西乾縣東十里。最：功勞最大。㊃漆：在陝西邠縣。㊄汧：在陝西隴縣南。㊅郿：陝西郿縣。頻陽：在陝西富平縣東北。㊆廢丘：在陝西興平縣。即槐里。㊇西：西縣，

在甘肅天水縣西南一百二十里。㊈盜巴：人名，章邯之將。㊉上邽：在甘肅天水縣西南。邽：音圭（ㄍㄨㄟ）。⑪曲逆：在河北完縣。⑫櫟陽：在陝西臨潼縣東北七十里。⑬潁陰：河南許昌縣。⑭鍾離：在安徽鳳陽縣東北二十里。⑮易下：易水之下，在河北雄縣境。⑯此次天子出征，周勃的軍隊打前鋒，擔當正面作戰的任務，所以功勞為大（馳道：天子出征之路線）。

以將軍從高帝擊反韓王信於代㊀，降下霍人㊁。以前至武泉㊂，擊胡騎，破之武泉北。轉攻韓信軍銅鞮㊃，破之。還，降太原六城㊄。擊韓信胡騎晉陽下㊅，破之，下晉陽。後擊韓信軍於硰石㊆，破之，追北八十里。還攻樓煩㊇三城，因擊胡騎平城下㊈，所將卒當馳道為多㊉。勃遷為太尉⑪。

【註】㊀代：在河北蔚縣。㊁霍人：在山西繁畤縣。㊂武泉：在山西右玉縣西北。㊃銅鞮：在山西沁縣。㊄太原：山西太原。㊅晉陽：故城在今山西太原縣治。㊆硰石：在山西靜樂縣東北。㊇樓煩：在山西崞縣界。㊈平城：在山西定襄縣。㊉當馳道：天子出征所行之道，正面作戰之路線。多：功大。⑪太尉：軍事最高長官，其地位與丞相相等。

擊陳豨，屠馬邑㊀。所將卒斬豨將軍乘馬絺㊁。擊韓信、陳豨、趙利軍於樓煩，破之。得豨將宋最、鴈門守圂㊂。因轉攻得雲中守遬、丞相箕肆、將勳。定鴈門郡十七縣，雲中郡十二縣㊃。因復擊豨靈丘㊄，破之，斬豨，得豨丞相程縱、將軍陳武、都尉高肆。定代郡九縣。

【註】㊀馬邑：山西朔縣治。㊁乘馬絺：姓乘馬，名絺。㊂鴈門：山西鴈門關。最險要之地。㊃雲中：在今綏遠（編案：即今內蒙古）托克托縣。㊄靈丘：山西靈丘縣。

燕王盧綰反，勃以相國代樊噲將，擊下薊，得綰大將抵、丞相偃、守陘、太尉弱、御史大夫施，屠渾都㊀。破綰軍上蘭㊁，復擊破綰軍沮陽㊂。追至長城，定上谷十二縣，右北平十六縣，遼西、遼東二十九縣，漁陽二十二縣，最㊃。從高帝得相國一人，丞相二人，將軍、二千石各三人；別破軍二，下城三，定郡五，縣七十九，得丞相、大將各一人。

【註】㊀渾都：河北昌平縣。㊁上蘭：在察哈爾境。㊂沮陽：在察哈爾懷來縣南。上谷郡治在此。㊃最：功最大。

勃為人木彊敦厚㈠，高帝以為可屬大事㈡。勃不好文學，每召諸生說士，東鄉坐而責之㈢：「趣為我語㈣。」其椎少文如此㈤。

【註】㈠木：質樸遲鈍。彊：剛強直正。㈡屬：付託。㈢鄉：同「向」，自己向東而坐，言其待人不以賓主之禮也。㈣「趕快的說，直接了當的說。」㈤椎：拙鈍，其木訥如椎。少文：缺少禮貌與條理。

勃既定燕而歸，高祖已崩矣，以列侯事孝惠帝。孝惠帝六年，置太尉官，以勃為太尉。十歲，高后崩。呂祿以趙王為漢上將軍，呂產以呂王為漢相國，秉漢權㈠，欲危劉氏㈡。勃為太尉，不得入軍門。陳平為丞相，不得任事。於是勃與平謀，卒誅諸呂而立孝文皇帝。其語在呂后、孝文事中。

【註】㈠秉：掌握，把持。㈡危：顛覆。

文帝既立，以勃為右丞相，賜金五千斤，食邑萬戶。居月餘，人或說勃曰：「君既誅諸呂，立代王，威震天下，而君受厚賞，處尊位，以寵，久之即禍及身矣。」勃懼，亦自危，乃謝請歸相印。上許之。歲餘，丞相平卒，上復以勃為丞相。十餘月，上曰：「前日吾詔列侯就國，或未能行，丞相吾所重，其率先之。」乃免相就國。

歲餘，每河東守尉行縣至絳，絳侯勃自畏恐誅，常被甲㈠，令家人持兵以見之。其後人有上書告勃欲反，下廷尉㈡。廷尉下其事長安，逮捕勃治之。勃恐，不知置辭㈢。吏稍侵辱之。勃以千金與獄吏，獄吏乃書牘背示之，曰「以公主為證㈣」。公主者，孝文帝女也，勃太子勝之尚之，故獄吏教引為證。勃之益封受賜，盡以予薄昭㈤。及繫急，薄昭為言薄太后，太后亦以為無反事。文帝朝，太后以冒絮提文帝，曰：「絳侯綰皇帝璽，將兵於北軍，不以此時反，今居一小縣，顧欲反邪㈥！」文帝既見絳侯獄辭，乃謝曰：「吏（事）方驗而出之㈦。」於是使使持節赦絳侯，復爵邑。絳侯既出，曰：「吾嘗將百萬軍，然安知獄吏之貴乎！」

【註】㈠被甲：被帶武裝。㈡廷尉：掌管刑獄之最高官名。㈢不知如何答話。㈣獄吏在公文的背面寫了幾個字，說：「請公主（即皇帝之女，勃之兒媳婦）出來作證。」㈤薄昭：薄太后之弟，文帝之舅。㈥冒絮：冒，同「帽」。絮：覆頭巾也。提：擲也。文帝的母親以帽巾投擲文帝，怒言道：「絳侯手握皇帝的印璽，統領北軍的大兵，那個時候，他不造反，難道今天在一個小小的縣，他就想造反嗎？」㈦文帝乃謝罪的說：「法官正在對證，手續辦妥，就叫他出去了。」

絳侯復就國。孝文帝十一年卒，謚為武侯。子勝之代侯。六歲，尚公主，不相中㈠，坐殺人，國除。絕一歲，文帝乃擇絳侯勃子賢者河內守亞夫，封為條侯㈡，續絳侯後。

【註】㈠不相中：不合意。㈡條：在河北德縣。

條侯亞夫自未侯為河內守時，許負相之㈠，曰：「君後三歲而侯。侯八歲為將相，持國秉㈡，貴重矣，於人臣無兩。其後九歲而君餓死。」亞夫笑曰：「臣之兄已代父侯矣，有如卒，子當代，亞夫何說侯乎？然既已貴如負言，又何說餓死㈢？指示我。」許負指其口曰：「有從理入口，此餓死法也㈣。」居三歲，其兄絳侯勝之有罪，孝文帝擇絳侯子賢者，皆推亞夫，乃封亞夫為條侯，續絳侯後。

【註】㈠負：河南溫縣人，老嫗也。㈡秉：同「柄」，國家的大權。㈢「兄之子當代為侯，我還有什麼資格為侯呢？假定像你所說，我貴位無比，怎麼樣又會餓死呢？」㈣從：同「縱」，豎的。理：口邊紋也。法：相法。言有豎的口邊紋進入口內，這在相法上，就是餓死相。

文帝之後六年，匈奴大入邊。乃以宗正劉禮為將軍，軍霸上㈠；祝茲侯徐厲為將軍，軍棘門㈡；以河內守亞夫為將軍，軍細柳㈢：以備胡。上自勞軍。至霸上及棘門軍，直馳入，將以下騎送迎㈣。已而之細柳軍㈤，軍士吏被甲㈥，銳兵刃，彀弓弩㈦，持滿㈧。天子先驅至㈨，不得入。先驅曰：「天子且至㈩！」軍門都尉曰：「將軍令曰『軍中聞將軍令，不聞天子之詔。』」居無何⑪，上至，又不得入。於是上乃使使持節詔將軍：「吾欲入勞軍⑫。」亞夫乃傳言開壁門⑬。壁門士吏謂從屬車騎曰：「將軍約，軍中不得驅馳。」於是天子乃按轡徐行⑭。至營，將軍亞夫持兵揖曰：「介冑之士不拜，請以軍禮見。」天子為動，改容式車㊄。使人稱謝：「皇帝敬勞將軍。」成禮而去。既出軍門，羣臣皆驚。文帝曰：「嗟乎，此真將軍矣！曩者霸上、棘門軍，若兒戲耳，其將固可襲而虜也。至於亞夫，可得而犯邪㊅？」稱善者久之。月餘，三軍皆罷。乃拜亞夫為中尉。

【註】㊀霸上：在陝西長安縣東。㊁棘門：在陝西咸陽縣東北。㊂細柳：在陝西咸陽縣西南。㊃將軍以下的武官都騎著馬送迎。㊄之：往。㊅被甲：被帶武裝。㊆彀：音夠（ㄍㄡˋ），張弓至於充分的程度。㊇持滿：以矢加於弦上而引滿。㊈先驅：先行官，先遣官。㊉且：將也。⑪居無何：沒有停好久的時間。⑫勞軍：慰勞軍隊。⑬壁門：壁壘之門。⑭按轡：控制住轡頭。⑮式車：伏身於車，表示回敬之意。⑯文帝稱讚亞夫的治軍嚴肅，說道：「唉，周亞夫真可以算是將軍了，剛纔到了霸上、棘門的軍營時，他們簡直是兒戲一樣，他們的將領很容易被敵人所偷襲而被俘虜。至於周亞夫的軍營，如何可以侵犯得了呢？」

孝文且崩時㊀，誡太子曰：「即有緩急，周亞夫真可任將兵㊁。」文帝崩，拜亞夫為車騎將軍。

【註】㊀且：將。㊁即：如果。有緩急：有意外的變故，言其死也。

孝景三年，吳楚反。亞夫以中尉為太尉，東擊吳楚。因自請上曰：「楚兵剽輕㊀，難與爭鋒㊁。願以梁委之㊂，絕其糧道，乃可制㊃。」上許之。

【註】㊀剽輕：剽急而輕進，利於速戰，但不能作持久戰。㊁難以與他爭先戰之利，但可與之爭最後之成功。㊂委：以梁先作犧牲品，而消耗其戰力。㊃制：制服。

太尉既會兵滎陽，吳方攻梁，梁急，請救。太尉引兵東北走昌邑㊀，深壁而守。梁日使使請太尉，太尉守便宜，不肯往。梁上書言景帝，景帝使使詔救梁。太尉不奉詔，堅壁不出㊁，而使輕騎兵弓高侯等，絕吳楚兵後食道㊂。吳兵乏糧，飢，數欲挑戰，終不出。夜，軍中驚，內相攻擊擾亂，至於太尉帳下。太尉終臥不起。頃之，復定。後吳奔壁東南陬㊃，太尉使備西北。已而其精兵果奔西北，不得入。吳兵既餓，乃引而去。太尉出精兵追擊，大破之。吳王濞弃其軍，而與壯士數千人亡走，保於江南丹徒㊄。漢兵因乘勝，遂盡虜之，降其兵，購吳王千金。月餘，越人斬吳王頭以告。凡相攻守三月，而吳楚破平。於是諸將乃以太尉計謀為是。由此梁孝王與太尉有郤㊅。

【註】㈠昌邑：在山東金鄉縣西北四十里。㈡壁：壁壘。防禦工事。㈢食道：運輸糧食之交通線。㈣陬：音鄒（ㄗㄡ），隅也。㈤丹徒：在江蘇鎮江。㈥郤：同「隙」，怨恨。

歸，復置太尉官。五歲，遷為丞相，景帝甚重之。景帝廢栗太子，丞相固爭之㈠，不得。景帝由此疏之。而梁孝王每朝，常與太后言條侯之短。

竇太后曰：「皇后兄王信可侯也。」景帝讓曰：「始南皮、章武侯先帝不侯，及臣即位乃侯之。信未得封也。」竇太后曰：「人主各以時行耳。自竇長君在時，竟不得侯，死後乃（封）其子彭祖顧得侯。吾甚恨之。帝趣侯信也㈡！」景帝曰：「請得與丞相議之。」丞相議之，亞夫曰：「高皇帝約『非劉氏不得王，非有功不得侯。不如約，天下共擊之。』今信雖皇后兄，無功，侯之，非約也。」景帝默然而止㊂。

【註】㊀固爭：力爭，堅決爭執。㊁趣：同「促」，速也。㊂默然：不作聲。

其後匈奴王〔唯〕徐盧等五人降，景帝欲侯之以勸後。丞相亞夫曰：「彼背其主降陛下，陛下侯之，則何以責人臣不守節者乎？」景帝曰：「丞相議不可用㊀。」乃悉封〔唯〕徐盧等為列侯。亞夫因謝病。景帝中三年，以病免相。

【註】㊀丞相的建議，不可以採用。

頃之，景帝居禁中㊀，召條侯，賜食。獨置大胾，無切肉㊁，又不置櫡㊂。條侯心不平，顧謂尚席取櫡㊃。景帝視而笑曰：「此不足君所乎㊄？」條侯免冠謝㊅。上起㊆，條侯因趨出㊇。景帝以目送之，曰：「此怏怏者非少主臣也㊈！」

【註】㊀禁中：宮中。㊁胾：音咨（ㄗˋ），肉塊。沒有切肉的工具。㊂又不曾放置筷子。㊃條侯心裡邊不高興，眼瞪著（顧）端菜的人（尚席：主管飲食的人）要筷子。㊄景帝看著冷笑的說：「這

不夠你吃的嗎？」㈥條侯（覺得這種招待很不對勁，又生氣，又納悶）於是就脫冠告罪請退。㈦景帝也立起來了（表示送客之意）。㈧條侯就急步而出。㈨景帝瞪著兩眼看著他的背影，說道：「這位滿腹忿忿不平的人，不是幼主所能駕御的臣下。」

居無何㈠，條侯子為父買工官尚方㈡甲楯五百被可以葬者㈢。取庸苦之，不予錢㈣。庸知其盜買縣官器，怒而上變告子㈤，事連汙條侯㈥。書既聞上，上下吏。吏簿責條侯，條侯不對㈦。景帝罵之曰：「吾不用也㈧。」召詣廷尉㈨。廷尉責曰：「君侯欲反邪⑩？」亞夫曰：「臣所買器，乃葬器也，何謂反邪⑪？」吏曰：「君侯縱不反地上，即欲反地下耳⑫。」吏侵之益急⑬。初，吏捕條侯，條侯欲自殺，夫人止之，以故不得死⑭，遂入廷尉。因不食五日，嘔血而死⑮。國除。

【註】㈠過了不久。㈡工官：主持製造之部門。尚方：專門負責為皇室製作器物之官，禁止一般人民製造此等器物。㈢條侯之子為條侯從工官尚方那裡買得了五百具（被）甲楯，準備將來送葬之用。㈣僱工來作，工作很艱苦，而又不給錢。㈤工人知道他是盜買皇帝（縣官：即天子也）的用器，一怒之下，就上書告發條侯的兒子。㈥這件事情，就牽連了條侯，他涉有嫌疑（污）。㈦景帝既然知

道有這樣事情，就交付法官審問，法官以書面責問條侯，條侯不回答。㈧景帝就怒罵條侯道：「我不要你了！」㈨於是下令叫條侯到最高法官（廷尉）那裡去受審。㈩最高法官責問他道：「君侯想造反嗎？」㈠條侯回答道：「我所買的器物，乃是送葬之用，怎麼能算是造反呢？」㈡最高法官道：「君侯縱然不是想著在地上造反，也是想著在地下造反啊！」㈢最高法官對於他的侮辱越來越厲害了。㈣起初被捕的時候，條侯就要自殺，他的太太阻止他，所以沒有死得了。㈤以後下到廷尉獄中，他便連續絕食了五天，最後吐血而死。

絕一歲，景帝乃更封絳侯勃他子堅為平曲侯，續絳侯後。十九年卒，謚為共侯。子建德代侯，十三年，為太子太傅。坐酎金不善㈠，元鼎五年，有罪，國除。

【註】㈠酎金：漢時，諸侯貢金以助祭，曰「酎金」。酎，音胄（ㄓㄡˋ）。

條侯果餓死㈠。死後，景帝乃封王信為蓋侯。

【註】㈠相面的人，說條侯要餓死，現在果然是餓死了。

太史公曰：絳侯周勃始為布衣時，鄙樸人也，才能不過凡庸。

及從高祖定天下，在將相位，諸呂欲作亂，勃匡國家難，復之乎正㈠。雖伊尹、周公，何以加哉㈡！亞夫之用兵，持威重㈢，執堅刃，穰苴曷有加焉㈣！足己而不學㈤，守節不遜㈥，終以窮困㈦。悲夫㈧！

【註】㈠匡救國家的危難，而還原（復）於安定（正）。㈡雖伊尹、周公之功，何以高出於絳侯之上呢？㈢穩重鎮定。㈣穰苴：本姓田，為大司馬，故曰司馬穰苴。齊威王使大夫追論古者司馬兵法，附穰苴於其中，因號曰司馬穰苴兵法。㈤足己：自滿自大。而不虛心求進，謙恭修養。㈥只知守節義而不能順應環境，只能剛而不能柔，即成為剛愎自傲。㈦終於窮困以死。㈧真是可悲傷啊！

卷五十八　梁孝王世家第二十八

梁孝王武者，孝文皇帝子也，而與孝景帝同母。母，竇太后也。孝文帝凡四男：長子曰太子，是為孝景帝；次子武；次子參；次子勝。孝文帝即位二年，以武為代王㈠，以參為太原王㈡，以勝為梁王㈢。二歲，徙代王為淮陽王。以代盡與太原王，號曰代王。參立十七年，孝文後二年卒，謚為孝王。子登嗣立，是為代共王。立二十九年，元光二年卒。子義立，是為代王。十九年，漢廣關，以常山為限，而徙代王王清河㈣。清河王徙以元鼎三年也。

【註】㈠代王都中都，在山西平遙縣西十二里。㈡太原王都晉陽，即太原。㈢梁王都睢陽，在河南商邱縣南。㈣清河：河北清河縣。

初，武為淮陽王十年，而梁王勝卒，謚為梁懷王。懷王最少子，愛幸異於他子。其明年，徙淮陽王武為梁王。梁王之初王梁，孝文帝之十二年也。梁王自初王通歷已十一年矣。

梁王十四年，入朝。十七年，十八年，比年入朝，留，其明年，乃之國。二十一年，入朝。二十二年，孝文帝崩。二十四年，入朝。二十五年，復入朝。是時上未置太子也。上與梁王燕飲，嘗從容言曰：「千秋萬歲後傳於王。」王辭謝。雖知非至言，然心內喜。太后亦然。

其春，吳楚齊趙七國反。吳楚先擊梁棘壁㈠，殺數萬人。梁孝王城守睢陽，而使韓安國、張羽等為大將軍，以距吳楚㈡。吳楚以梁為限，不敢過而西，與太尉亞夫等相距三月。吳楚破，而梁所破殺虜略與漢中分㈢。明年，漢立太子。其後梁最親，有功，又為大國，居天下膏腴地。地北界泰山，西至高陽㈣，四十餘城，皆多大縣。

【註】㈠棘壁：在河南寧陵縣西南七十里。㈡距：同「拒」。㈢梁所破殺虜略之功，與漢相等。
㈣高陽：在河南杞縣西。

孝王，竇太后少子也，愛之，賞賜不可勝道。於是孝王築東苑，方三百餘里。廣睢陽城七十里㈠。大治宮室，為複道㈡，自宮連屬於平臺三十餘里㈢。得賜天子旌旗，出從千乘萬騎㈣。東西馳獵，擬於天子。出言趕，入言警㈤。招延四方豪桀，自山以東游說之士，莫不畢至，齊人羊勝、公孫詭、鄒陽之屬。公孫詭多奇邪計，初見王，賜千金，官至中尉，梁號之曰公孫將軍。梁多作兵器弩弓矛數十萬，而府庫金錢且百巨萬㈥，珠玉寶器多於京師。

【註】㈠廣：擴大。㈡複道：樓閣通行之道，上下有道，故謂之「複道」。㈢平臺：在河南虞城縣西四十里。㈣天子法駕三十六乘，大駕八十一乘，皆備千乘萬騎而出也。㈤皇帝輦動則稱警，出殿則傳蹕，此時清道，禁止一切行人。㈥巨萬：萬萬。

二十九年十月，梁孝王入朝。景帝使使持節乘輿駟馬，迎梁王於關下㈠。既朝，上疏因留，以太后親故。王入則侍景帝同輦，出則同車游獵，射禽獸上林中。梁之侍中、郎、謁者著籍引出入天子殿門㈡，與漢宦官無異。

【註】㈠闕下：潼關之下。派使者由長安到潼關去迎接，足見其親密關係，聲勢隆盛。有解為迎梁王於「闕下」者，果在闕下，則不必持節矣。㈡著籍：梁王之侍從人員，都登記名簿，有通行證，可以自由出入於皇帝殿門。「引」者，通行之路條也。

十一月，上廢栗太子，竇太后心欲以孝王為後嗣。大臣及袁盎等有所關說於景帝㈠，竇太后義格㈡，亦遂不復言以梁王為嗣事由此。以事祕，世莫知。乃辭歸國。

【註】㈠關說：陳說意見。㈡義格：義，同「議」。格：擱置，停止。言竇太后之議論不能實行。

其夏四月，上立膠東王為太子。梁王怨袁盎及議臣，乃與羊勝、公孫詭之屬㈠陰使人刺殺袁盎及他議臣十餘人。逐其賊，未得也。於是天子意梁王㈡，逐賊，果梁使之。乃遣使冠蓋相望於道，覆按梁，捕公孫詭、羊勝。公孫詭、羊勝匿王後宮㈢。使者責二千石急，梁相軒丘豹及內史韓安國進諫王，王乃令勝、詭皆自殺，出之。上由此怨望於梁王。梁王恐，乃使韓安國因長公主謝罪太后，然后得釋。

【註】㊀屬：輩。㊁意：猜想。㊂冠蓋：代表皇帝所派之使者。多次的派遣使者到梁國調查並審訊犯案情節。

上怒稍解，因上書請朝。既至關㊀，茅蘭說王㊁，使乘布車㊂，從兩騎入，匿於長公主園。漢使使迎王，王已入關，車騎盡居外，不知王處。太后泣曰：「帝殺吾子！」景帝憂恐。於是梁王伏斧質於闕下㊃，謝罪，然後太后、景帝大喜，相泣，復如故。悉召王從官入關㊄。然景帝益疏王，不同車輦矣。

【註】㊀關：潼關。㊁茅蘭：梁孝王之臣。㊂布車：儉素之車，使人不注意。以布圍車，使人不得見。㊃斧質：斬人之刑具。斧者，斬人之刀，質者斬人之鐵墊。伏者，伏身於其身以待罪也。㊄梁王入關的時候，從官及車騎皆暫時居於關外，及至見了太后及景帝後，乃召從官等入關。

三十五年冬，復朝。上疏欲留㊀，上弗許。歸國，意忽忽不樂㈡。北獵良山㈢，有獻牛，足出背上㈣，孝王惡之。六月中，病熱，六日卒，謚曰孝王。

【註】㈠上疏：同「上書」。㈡忽忽：很失意的樣子。㈢良山：《漢書》作「梁山」，在山東壽張縣南三十五里。㈣牛之足不出於腹下，而出於背上，乃怪異之物。

孝王慈孝，每聞太后病，口不能食，居不安寢，常欲留長安侍太后。太后亦愛之。及聞梁王薨，竇太后哭極哀，不食，曰：「帝果殺吾子！」景帝哀懼，不知所為。與長公主計之，乃分梁為五國，盡立孝王男五人為王，女五人皆食湯沐邑。於是奏之太后，太后乃說㈠，為帝加壹湌㈡。

【註】㈠說：同「悅」。㈡湌：同「餐」字。太后看景帝的面子，才吃了一餐。

梁孝王長子買為梁王，是為共王；子明為濟川王；子彭離為濟東王；子定為山陽王；子不識為濟陰王。

孝王未死時，財以巨萬計，不可勝數。及死，藏府餘黃金尚四十餘萬斤，他財物稱是㈠。

梁共王三年，景帝崩。共王立七年卒，子襄立，是為平王。

【註】㈠其餘別的財物，亦與此相當。

梁平王襄十四年，母曰陳太后。共王母曰李太后。李太后，親平王之大母也㈠。而平王之后姓任，曰任王后。任王后甚有寵於平王襄。初，孝王在時，有罍樽㈡，直千金。孝王誡後世，善保罍樽，無得以與人。任王后聞而欲得罍樽。平王大母李太后曰：「先王有命，無得以罍樽與人。他物雖百巨萬，猶自恣也㈢。」任王后絕欲得之㈣。平王襄直使人開府取罍樽，賜任王后。李太后大怒，漢使者來，欲自言，平王襄及任王后遮止，閉門，李太后與爭門，措指㈤，遂不得見漢使者。李太后亦私與食官長及郎中尹霸等士通亂㈥，而王與任王后以此使人風止李太后，李太后內有淫行，亦已。後病薨。病時，任后未嘗請病；薨，又不持喪㈦。

【註】㊀大母：祖母也。㊁罍樽：「罍」者，畫雲雷之象於樽上，而以金飾之也。㊂樽不可以給人，其他的財物雖價值百萬萬，也可以任意的要。㊃絕：決心。㊄措指：指被門擠傷。措者，擠傷之意。㊅通亂：通姦。㊆持喪：守喪，服喪。

元朔中，睢陽人類犴反者，人有辱其父，而與淮陽太守客出同車。太守客出下車，類犴反殺其仇於車上而去。淮陽太守怒，以讓梁二千石㊀。二千石以下求反甚急，執反親戚。反知國陰事㊁，乃上變事㊂，具告知王與大母爭樽狀。時丞相以下見知之，欲以傷梁長吏，其書聞天子。天子下吏驗問㊃，有之。公卿請廢襄為庶人。天子曰：「李太后有淫行，而梁王襄無良師傅，故陷不義。」乃削梁八城，梟任王后首于市。梁餘尚有十城。襄立三十九年卒，謚為平王。子無傷立為梁王也。

【註】㊀讓：責怨。㊁陰事：秘密之事。㊂上書告變，言王宮之醜事。㊃驗問：調查證據，案問其罪。

濟川王明者，梁孝王子，以桓邑侯孝景中六年為濟川王。七歲，坐射殺其中尉，漢有司請誅，天子弗忍誅，廢明為庶人，遷房陵㊀，地入于漢為郡。

【註】㊀房陵：湖北房縣。

濟東王彭離者，梁孝王子，以孝景中六年為濟東王。二十九年，彭離驕悍，無人君禮，昏暮私與其奴、亡命少年數十人行剽殺人，取財物以為好㊀。所殺發覺者百餘人，國皆知之，莫敢夜行。所殺者子上書言。漢有司請誅，上不忍，廢以為庶人，遷上庸㊁，地入于漢，為大河郡。

【註】㊀劫奪人民之財物以為娛樂（好，嗜好）。㊁上庸：在湖北竹山縣東南。

山陽哀王定者，梁孝王子，以孝景中六年為山陽王。九年卒，無子，國除，地入于漢，為山陽郡㊀。

濟陰哀王不識者，梁孝王子，以孝景中六年為濟陰王。一歲卒，無子，國除，地入于漢，為濟陰郡㊁。

【註】㊀山陽郡：故治在今山東金鄉縣西北四十里。㊁濟陰郡：故治在今山東定陶縣西北四里。

太史公曰：梁孝王雖以親愛之故，王膏腴之地，然會漢家隆盛，百姓殷富，故能植其財貨，廣宮室，車服擬於天子㊀。然亦僭矣㊁。

【註】㊀擬：相比。㊁僭：越分。

褚先生曰：臣為郎時，聞之於宮殿中老郎吏好事者稱道之也。竊以為令梁孝王怨望，欲為不善者，事從中生。今太后，女主也，以愛少子故，欲令梁王為太子。大臣不時正言其不可狀，阿意治小，私說意以受賞賜㊀，非忠臣也。齊如魏其侯竇嬰之正言也，何以有後禍？景帝與王燕見，侍太后飲，景帝曰：「千秋萬歲之後傳王。」太后喜說。竇嬰在前，據地言曰：「漢法之約，傳子適孫㊁，今帝何以得傳弟，擅亂高帝約乎！」於是景帝默然無聲。太后意不說㊂。

【註】㊀大臣不能及時以正直的言論，說明其不可之狀，只知委屈順從，私下取悅於太后，以受賞

賜。㈡適：同「嫡」。㈢說：同「悅」。

故成王與小弱弟立樹下，取一桐葉以與之，曰：「吾用封汝。」周公聞之，進見曰：「天王封弟，甚善。」成王曰：「吾直與戲耳㈠。」周公曰：「人主無過擧，不當有戲言，言之必行之。」於是乃封小弟以應縣。是後成王沒齒不敢有戲言㈡，言必行之。孝經曰：「非法不言，非道不行。」此聖人之法言也。今主上不宜出好言於梁王。梁王上有太后之重，驕蹇日久㈢，數聞景帝好言，千秋萬世之後傳王，而實不行。

【註】㈠「我不過（直）是和他說笑話罷了。」㈡沒齒：終身。㈢驕蹇：傲慢。

又諸侯王朝見天子，漢法凡當四見耳。始到，入小見；到正月朔旦，奉皮薦璧玉賀正月，法見；後三日，為王置酒，賜金錢財物；後二日，復入小見，辭去。凡留長安不過二十日。小見者，燕見於禁門內，飲於省中㈠，非士人所得入也。今梁王西朝，因留，且半歲。入與人主同輦，出與同車。示風以大言而實不與，令出怨言，謀畔逆，乃隨而憂之，不亦遠乎！非大賢人，不知退讓。今漢之儀法，朝見賀正月者，常一王與四侯俱朝見，十餘歲一至。今梁王常比年入朝見，久留。鄙語曰「驕子不孝」，非惡言也。故諸侯王當為置良師傅，相忠言之士，如汲黯、韓長孺等敢直言極諫，安得有患害！

蓋聞梁王西入朝，謁竇太后，燕見，與景帝俱侍坐於太后前，語言私說。太后謂帝曰：「吾聞殷道親親，周道尊尊，其義一也。安車大駕，用梁孝王為寄。」景帝跪席舉身曰：「諾。」罷酒出，帝召袁盎諸大臣通經術者㈡曰：「太后言如是，何謂也？」皆對曰：「太后意欲立梁王為帝太子。」帝問其狀，袁盎等曰：「殷道親親者，立弟。周道尊尊者，立子。殷道質，質者法天，親其所親，故立弟。周道文，文者法地，尊者敬也，敬其本始，故立長子。周道，太子死，立適孫。殷道，太子死，立其弟。」帝曰：「於公何如？」皆對曰：「方今漢家法周，周道不得立弟，當立子。故春秋所以非宋宣公。宋宣公死，不立子而與弟。弟受國死，復反之與兄之子。弟之子爭之，以為我當代父後，即刺殺兄子。以故國亂，禍不絕。故春秋曰『君子大居正，宋之禍宣公為之。』臣請見太后白之。」袁盎等入見太后：「太后言欲立梁王，梁王即終，欲誰立？」太后曰：「吾復立帝子。」袁盎等以宋宣公不立正，生禍，禍亂後五世不絕，小不忍害大義狀報太后。太后乃解說㈢，即使梁王歸就國。而梁王聞其義出於袁盎諸大臣所，怨望，使人來殺袁盎。袁盎顧之曰：「我所謂袁將軍者也，公得毋誤乎？」刺者曰：「是矣！」刺之，置其劍，劍著身。視其劍，新治。問長安中削厲工㈣，工曰：「梁郎某子來治此劍。」以此知而發覺之，發使者捕逐之。獨梁王所欲殺大臣十餘人，文吏窮本之㈤，謀反端頗見。太后不食，日夜泣不止。景帝甚憂之，問公卿大臣，大臣以為遣經術吏往治之，乃可解。於是遣田叔、呂季主往治之。此二人皆通經術，知大禮。來還，至霸昌廄㈥，取火悉燒梁之反辭㈦，但空手來對景帝。景帝曰：「何如？」對曰：「言梁王不知也。造為之者㊇，獨其幸臣羊勝、公孫詭之屬為之耳。謹以伏誅死，梁王無恙也。」景帝喜說，曰：「急趨謁太后。」太后聞之，立起坐湌，氣平復。故曰，不通經術知古今之大禮，不可以為三公及左右近臣。少見之人，如從管中闚天也。

【註】 ㊀省中：宮禁之中。㊁通經術：通達六經之真理。㊂解說：即解悅。㊃削厲工：製造鋼鐵器物之匠人。㊄文法之吏追根究底的來審問。㊅霸昌廄：在陝西臨潼縣東北三十八里。㊆把梁王謀反的資料，一律燒燬。㊇主謀其事之人。

卷五十九　五宗世家第二十九

孝景皇帝子凡十三人為王，而母五人，同母者為宗親。栗姬子曰榮、德、閼于。程姬子曰餘、非、端。賈夫人子曰彭祖、勝。唐姬子曰發。王夫人兒姁子曰越、寄、乘、舜。

河閒獻王德，以孝景帝前二年用皇子為河閒王。好儒學，被服造次必於儒者㊀。山東諸儒多從之游。

【註】㊀被服：穿著，服用。或解為日常生活。造次：造，進也，往也。次，止也，即言進退，行止，必以儒者的生活規範自律。

二十六年卒，子共王不害立。四年卒，子剛王基代立。十二年卒，子頃王授代立。

臨江哀王閼于，以孝景帝前二年用皇子為臨江王。三年卒，無後，國除為郡。

臨江閔王榮㊀，以孝景前四年為皇太子，四歲廢，用故太子為臨江王。

四年，坐侵廟壖垣為宮㈡，上徵榮。榮行，祖於江陵北門㈢。既已上車，軸折車廢。江陵父老流涕竊言曰：「吾王不反矣！」榮至，詣中尉府簿。中尉郅都責訊王，王恐，自殺㈣。葬藍田。燕數萬銜土置冢上，百姓憐之㈤。

【註】㈠臨江：治城在湖北江陵縣。㈡在江陵所建之太宗廟。壖垣：廟牆外之短垣，即牆外之餘地。壖：音軟，陽平聲（ㄖㄨㄢˊ），空地。㈢祖：大家為他送行。或解為出行之時，祭路神也。㈣榮到中尉府對簿，受審問。中尉名郅都者，是一個殺人魔王，殘酷無比，閔王榮受了責審，心中恐怖而自殺。㈤燕子數萬以口啣（銜）土，置於其墳上，百姓都很痛惜他，可見其冤為人鳥所共憐也。

榮最長，死無後，國除，地入于漢，為南郡。

右三國本王皆栗姬之子也。

魯共王餘，以孝景前二年用皇子為淮陽王。二年，吳楚反破後，以孝景前三年徙為魯王。好治宮室苑囿狗馬。季年好音㈠，不喜辭辯。為人吃㈡。

二十六年卒，子光代為王。初好音輿馬；晚節嗇，惟恐不足於財㊂。

【註】㊀季年：晚年。㊁吃：口吃，結舌子。㊂晚節：晚年。嗇：貪吝。只嫌錢少。

江都易王非㊀，以孝景前二年用皇子為汝南王。吳楚反時，非年十五，有材力，上書願擊吳。景帝賜非將軍印，擊吳。吳已破，二歲，徙為江都王，治吳故國，以軍功賜天子旌旗。元光五年，匈奴大入漢為賊，非上書願擊匈奴，上不許。非好氣力，治宮觀，招四方豪桀，驕奢甚。

【註】㊀江都：江蘇江都縣。

立二十六年卒，子建立為王。七年自殺。淮南、衡山謀反時，建頗聞其謀。自以為國近淮南，恐一日發，為所幷，即陰作兵器，而時佩其父所賜將軍印，載天子旗以出。易王死未葬，建有所說易王寵美人淖姬，夜使人迎與姦服舍中。及淮南事發，治黨與頗及江都王建。建恐，因使人多持金錢，事絕其獄。而又信巫祝，使人禱祠妄言。建又盡與其姊弟姦㈠。事既聞，漢公卿請捕治建。天子不忍，使大臣即訊王㈡。王服所犯，遂自殺。國除，地入于漢，為廣陵郡㈢。

【註】㈠姊弟：姐妹。弟，女弟，妹也。㈡訊：審問。㈢廣陵：在江蘇江都縣東北。

膠西于王端，以孝景前三年吳楚七國反破後，端用皇子為膠西王。端為人賊戾㈠，又陰痿㈡，一近婦人，病之數月。而有愛幸少年為郎。為郎者頃之與後宮亂，端禽滅之㈢，及殺其子母。數犯上法，漢公卿數請誅端，天子為兄弟之故不忍，而端所為滋甚。有司再請削其國，去太半。端心慍㈣，遂為無訾省㈤。府庫壞漏盡，腐財物以巨萬計，終不得收徙㈥。令吏毋得收租賦㈦。端皆去衞㈧，封其宮，從一門出游㈨。數變名姓，為布衣，之他郡國㈩。

【註】㈠賊戾：陰賊暴戾。㈡陰痿：陰物癱軟，不能舉起。㈢禽：同「擒」。㈣端牢騷，消極。

㊄於是每事不稟承中央律令而行（訾省：即「訾程」，訾，限也。程，准也，稟承律令也。）㊅府庫任其破漏，腐爛的財物以萬萬計算，既不收藏，又不遷移。㊆命令吏士不得徵收其轄區內之田賦租稅。㊇撤銷一切衛兵。㊈自封閉其王宮之門，只餘一門出遊。㊉常常改換姓名，穿著布衣，到別的郡國去遊歷（真有點看破紅塵遊戲人間的樣子。再不然，就是神經病患者）。

相、二千石往者，奉漢法以治，端輒求其罪告之，無罪者詐藥殺之㊀。所以設詐究變㊁，彊足以距諫，智足以飾非㊂。相、二千石從王治，則漢繩以法㊃。故膠西小國，而所殺傷二千石甚眾㊄。

【註】㊀漢家中央所派往膠西之相國和二千石，如果遵奉中央的法令，以治膠西，那麼，端就尋找他們的罪過以揭發他們，如果沒有罪過，他就以陰詐手段用毒藥殺死他們。㊁用盡了一切詐術，要盡了一切花樣（究變：窮極其變化）。㊂其剛愎（強）足以拒絕善意的勸告，其聰明足以掩蓋邪惡的錯誤。㊃派往膠西之相國與二千石，左右為難，不附和他，他就加以陷害，如果附和他，漢家中央政府就要繩之以法。㊄因此，膠西雖然是小國，而二千石官吏被殺傷者最多。

立四十七年，卒，竟無男代後，國除，地入于漢，為膠西郡。

右三國本王皆程姬之子也。

趙王彭祖，以孝景前二年用皇子為廣川王㈠。趙王遂反破後，彭祖王廣川。四年，徙為趙王㈡。十五年，孝景帝崩。彭祖為人巧佞卑諂，足恭而心刻深㈢。好法律，持詭辯以中人㈣。彭祖多內寵姬及子孫。相、二千石欲奉漢法以治，則害於王家。是以每相、二千石至，彭祖衣皁布衣，自行迎，除二千石舍㈤，多設疑事以作動之㈥，得二千石失言，中忌諱，輒書之。二千石欲治者，則以此迫劫；不聽，乃上書告，及汙以姦利事㈦。彭祖立五十餘年，相、二千石無能滿二歲，輒以罪去，大者死，小者刑，以故二千石莫敢治。而趙王擅權，使使即縣為賈人榷會㈧，入多於國經租稅㈨。以是趙王家多金錢，然所賜姬諸子，亦盡之矣。彭祖取故江都易王寵姬王建所盜與姦淖姬者為姬，甚愛之。

【註】㈠廣川：在河北棗強縣東。㈡趙：在河北邯鄲縣。㈢表面十分謙恭而內心則殘刻陰險。㈣持詭詐的巧辯以傷害（中）人。㈤自己親身為二千石打掃房舍以招待之。㈥多多的擺佈些疑難的事情以作動（作弄，使之困惑）。㈦抓到了二千石錯失的言論，違犯忌諱者，馬上記錄下來，二千石想

著規規矩矩作事者，便拿著這些資料，作為威脅，不聽從，便上書告發，或者污染以貪贓取利的罪名。㈧趙王派人到各縣經營商賈之事，其所製造出售之物，不准民間經營，而由自己專利（榷：音卻ㄑㄩㄝˋ，專賣，專利）。或解為：總計商人財物而征榷其利益。㈨所以他這種經商專賣的收入，多過於中央所規定給他的經常租稅之收入。

彭祖不好治宮室、禨祥㈠，好為吏事㈡。上書願督國中盜賊。常夜從走卒行徼㈢邯鄲中。諸使過客以彭祖險陂㈣，莫敢留邯鄲。

【註】㈠禨祥：禨，音基（ㄐㄧ），祥也，信事鬼神以求福也。禨祥，即信奉鬼神以求福。㈡吏事：官府胥吏之事。㈢徼：巡查。㈣險陂：險毒邪僻。

其太子丹與其女及同產姊姦，與其客江充有郤㈠。充告丹，丹以故廢。趙更立太子。

【註】㈠郤：同「隙」，仇恨。

中山靖王勝，以孝景前三年用皇子為中山王㈠。十四年，孝景帝崩。勝為人樂酒好內，有子枝屬百二十餘人。常與兄趙王相非，曰：「兄為王，專代吏治事。王者當日聽音樂聲色。」趙王亦非之，曰：「中山王㊁徒日淫，不佐天子拊循百姓㊂，何以稱為藩臣！」

【註】㊀用：以也，以皇子的身份而為中山王。㊁中山：在河北定縣。㊂拊循：安撫。

立四十二年卒，子哀王昌立。一年卒，子昆侈代為中山王。

右二國本王皆賈夫人之子也。

長沙定王發，發之母唐姬，故程姬侍者。景帝召程姬，程姬有所辟㊀，不願進，而飾侍者唐兒使夜進。上醉不知，以為程姬而幸之，遂有身。已乃覺非程姬也。及生子，因命曰發。以孝景前二年用皇子為長沙王。以其母微，無寵，故王卑溼貧國。

【註】㊀辟：同「避」。

立二十七年卒，子康王庸立。二十八年，卒，子鮒駒立為長沙王。

右一國本王唐姬之子也。

廣川惠王越，以孝景中二年用皇子為廣川王。十二年卒，子齊立為王。齊有幸臣桑距。已而有罪，欲誅距，距亡，王因禽其宗族。距怨王，乃上書告王齊與同產姦。自是之後，王齊數上書告言漢公卿及幸臣所忠等。

膠東康王寄，以孝景中二年用皇子為膠東王。二十八年卒。淮南王謀反時，寄微聞其事，私作樓車鏃矢㈠戰守備，候淮南之起。及吏治淮南之事，辭出之㈡。寄於上最親，意傷之，發病而死，不敢置後，於是上（問）〔聞〕。寄有長子者名賢，母無寵；少子名慶，母愛幸，寄常欲立之，為不次，因有過，遂無言。上憐之，乃以賢為膠東王奉康王嗣，而封慶於故衡山地，為六安王㈢。

【註】㈠樓車：車上設望櫓，可以窺察敵國營壘之虛實。鏃矢：以金屬物為箭鏑也。㈡窮治其辭，連帶而發現其事。㈢六安：在安徽六安縣。

膠東王賢立十四年卒，諡為哀王。子慶為王。

六安王慶，以元狩二年用膠東康王子為六安王。

清河哀王乘，以孝景中三年用皇子為清河王。十二年卒，無後，國除，地入于漢，為清河郡。

常山憲王舜，以孝景中五年用皇子為常山王。舜最親，景帝少子，驕怠多淫，數犯禁，上常寬釋之。立三十二年卒，太子勃代立為王。

初，憲王舜有所不愛姬生長男梲㈠。以母無寵故，亦不得幸於王。王后脩生太子勃。王內多，所幸姬生子平、子商，王后希得幸。及憲王病甚，諸幸姬常侍病，故王后亦以妒媢㈡不常侍病，輒歸舍。醫進藥，太子勃不自嘗藥，又不宿留侍病。及王薨，王后、太子乃至。憲王雅不以長子梲為人數，及薨，又不分與財物。郎或說太子、王后，令諸子與長子梲共分財物，太子、王后不聽。太子代立，又不收恤梲。梲怨王后、太子。漢使者視憲王喪，梲自言憲王病時，王后、太子不侍，及薨，六日出舍㊂，太子勃私姦，飲酒，博戲，擊筑，與女子載馳，環城過市，入牢視囚。天子遣大行騫驗王后及問王勃，請逮勃所與姦諸證左，王又匿之。吏求捕勃大急，使人致擊笞掠，擅出漢所疑囚者。有司請誅憲王后脩及王勃。上以脩素無行，使棁陷之罪，勃無良師傅，不忍誅。有司請廢王后脩，徙王勃以家屬處房陵㊃，上許之。

【註】㊀棁：音拙（ㄓㄨㄛˊ）。㊁妒媢：忌妒。㊂舍：服舍。㊃房陵：湖北房縣。

勃王數月，遷于房陵，國絕。月餘，天子為最親，乃詔有司曰：「常山憲王蚤夭，后妾不和，適孽誣爭㊀，陷于不義以滅國，朕甚閔焉。其封憲王子平三萬戶，為真定王㊁；封子商三萬戶，為泗水王㊂。」

【註】㊀適：同「嫡」。㊁真定：河北正定縣。㊂泗水國：在江蘇宿遷縣東南五十里。

真定王平，元鼎四年用常山憲王子為真定王。

泗水思王商，以元鼎四年用常山憲王子為泗水王。十一年卒，子哀王安世立。十一年卒，無子。於是上憐泗水王絕，乃立安世弟賀為泗水王。

右四國本王皆王夫人兒姁子也。其後漢益封其支子為六安王、泗水王二國。凡兒姁子孫，於今為六王。

太史公曰：高祖時，諸侯皆賦㈠，得自除內史以下㈡，漢獨為置丞相，黃金印。諸侯自除御史、廷尉正、博士，擬於天子。自吳楚反後，五宗王世，漢為置二千石，去「丞相」曰「相」，銀印。諸侯獨得食租稅，奪之權㈢。其後諸侯貧者或乘牛車也。

【註】㈠賦：王國以內的全部財政收入。㈡內史：為王國之官，漢以來，諸王國亦皆置內史，以治國人，視如郡守。自漢武帝改左右內史為京北馮翊，惟王國不改，故內史遂為王國之官。至隋始廢。除：任用，委派。㈢租稅：財賦收入的一部分，不是全部分。（讀此，可見吳楚反後，各王國之權力被奪削甚多。）

卷六十　三王世家第三十

「大司馬㈠臣去病㈡昧死再拜上疏皇帝陛下：陛下過聽，使臣去病待罪行閒㈢。宜專邊塞之思慮，暴骸中野無以報，乃敢惟他議以幹用事者㈣，誠見陛下憂勞天下，哀憐百姓以自忘，虧膳貶樂，損郎員。皇子賴天，能勝衣趨拜㈤，至今無號位師傅官。陛下恭讓不恤，羣臣私望，不敢越職而言。臣竊不勝犬馬心，昧死願陛下詔有司，因盛夏吉時定皇子位。唯陛下幸察。臣去病昧死再拜以聞皇帝陛下。」三月乙亥，御史臣光守尚書令奏未央宮。制㈥曰：「下御史㈦。」

【註】㈠大司馬：官名，周時，大司馬為政官之長，漢武帝置大將軍，票騎將軍，幷冠以大司馬之號。既而霍光以大司馬大將軍輔政，權任在丞相之上。其後，但稱大司馬，與大司徒，大司空，幷為三公。㈡去病：霍去病。㈢待罪：謙辭，供職之意。行閒：行伍之間。㈣干：求也。㈤勝衣：言兒童稍長，體足以勝衣服也。㈥制：詔令。㈦下御史：交付御史討論，簽呈意見。

六年三月戊申朔，乙亥，御史臣光守尚書令、丞非，下御史書到，言：「丞相臣青翟㊀、御史大夫臣湯㊁、太常臣充㊂、大行令臣息㊃、太子少傅臣安㊄行宗正㊅事昧死上言：大司馬去病上疏曰：『陛下過聽，使臣去病待罪行閒。宜專邊塞之思慮，暴骸中野無以報，乃敢惟他議以幹用事者，誠見陛下憂勞天下，哀憐百姓以自忘，虧膳貶樂，損郎員。皇子賴天，能勝衣趨拜，至今無號位師傅官。陛下恭讓不恤，羣臣私望，不敢越職而言。臣竊不勝犬馬心，昧死願陛下詔有司，因盛夏吉時定皇子位。唯願陛下幸察。』制曰『下御史』。臣謹與中二千石、二千石臣賀等㊆議：古者裂地立國，並建諸侯以承天子，所以尊宗廟重社稷也。今臣去病上疏，不忘其職，因以宣恩，乃道天子卑讓自貶以勞天下，慮皇子未有號位。臣青翟、臣湯等宜奉義遵職㊇，愚憧而不逮事㊈。方今盛夏吉時，臣青翟、臣湯等昧死請立皇子臣閎、臣旦、臣胥為諸侯王。昧死請所立國名。」

【註】㊀莊青翟。㊁張湯。㊂大概是趙充。㊃李息。㊄任安。㊅宗正：官名，秦置，掌親屬，

歷代因之，置宗正卿，掌皇族之事，皆以皇族任之。㈦公孫賀。㈧義：同「議」。㈨僮：音衝（ㄔㄨㄥ），癡笨。逮事：及時工作，完成任務。

制曰：「蓋聞周封八百，姬姓並列，或子、男、附庸。禮『支子不祭㈠』。云並建諸侯所以重社稷，朕無聞焉㈡。且天非為君生民也。朕之不德，海內未洽，乃以未教成者彊君連城㈢，即股肱何勸㈣？其更議以列侯家之㈤。」

【註】㈠支子：庶子。㈡我沒有聽說過。㈢乃以沒有教導成熟的人，立之為連城之君（言其非只為一城之君，而是為許多城之君）。㈣即：則也。股肱：言諸大臣也。何勸：所幹何事？言其沒有達成任務。《論語》曰：「舉善而教不能，則勸」，「何勸」者，言沒有作到「舉善而教不能」之責任也。㈤言可以封之為列侯，不必封之為國王也。

三月丙子，奏未央宮。「丞相臣青翟、御史大夫臣湯昧死言：臣謹與列侯臣嬰齊、中二千石二千石臣賀、諫大夫博士臣安等議曰：伏聞周封八百，姬姓並列，奉承天子。康叔以祖考顯，而伯禽以周公立，咸為建國諸侯，以相傅為輔。百官奉憲，各遵其職，而國統備矣㈠。竊以為並建諸侯所以重社稷者，四海諸侯各以其職奉貢祭。支子不得奉祭宗祖，禮也。封建使守藩國，帝王所以扶德施化。陛下奉承天統㈡，明開聖緒，尊賢顯功，興滅繼絕。續蕭文終之後于酇㈢，褒厲羣臣平津侯等㈣。昭六親之序，明天施之屬，使諸侯王封君得推私恩分子弟戶邑，錫號尊建百有餘國。而家皇子為列侯，則尊卑相踰，列位失序，不可以垂統於萬世㈤。臣請立臣閎、臣旦、臣胥為諸侯王。」三月丙子，奏未央宮。

【註】㈠而國家的統系，才算完備。㈡上天所給予之統系。㈢文終：蕭何謚號。酇：在河南永城縣西南，此為蕭何初封之地，其後嗣徙封於河南南陽。㈣平津侯：公孫弘也。㈤言列侯支至諸侯王，而皇家子乃為列侯，則尊卑相踰越，而列位失其次序了，這不可以垂法於萬世。

制曰：「康叔親屬有十而獨尊者，褒有德也。周公祭天命郊，故魯有白牡、騂剛之牲㈠。羣公不毛㈡，賢不肖差也㈢。『高山仰之，景行嚮之。』朕甚慕焉㈣。所以抑未成㈤，家以列侯可。」

【註】㊀騂剛：赤脊之牲也。㊁不毛：不純之色。㊂差：分別。㊃詩經上說：「巍巍的高山，是值得瞻仰的；偉大的德行，是值得嚮往的。」，我對於周公康叔也是以這樣的心情，興起無限的敬慕。

㊄我這種辦法，正是要制裁那些教導尚未成熟的人。

四月戊寅，奏未央宮。「丞相臣青翟、御史大夫臣湯昧死言：臣青翟等與列侯、吏二千石、諫大夫、博士臣慶等議：昧死奏請立皇子為諸侯王。制曰：『康叔親屬有十而獨尊者，褒有德也。周公祭天命郊，故魯有白牡、騂剛之牲。羣公不毛，賢不肖差也。「高山仰之，景行嚮之」，朕甚慕焉。所以抑未成，家以列侯可。』臣青翟、臣湯、博士臣將行等伏聞康叔親屬有十，武王繼體，周公輔成王，其八人皆以祖考之尊建為大國。康叔之年幼，周公在三公之位，而伯禽據國於魯，蓋爵命之時，未至成人。康叔後扞祿父之難，伯禽殄淮夷之亂。昔五帝異制，周爵五等，春秋三等，皆因時而序尊卑。高皇帝撥亂世，反諸正，昭至德，定海內，封建諸侯，爵位二等。皇子或在繈緥而立為諸侯王㊀，奉承天子，為萬世法則，不可易。陛下躬親仁義，體行聖德，表裏文武。顯慈孝之行，廣賢能之路。內褒有德，外討彊暴。極臨北海㊁，西（湊）〔溱〕月氏㊂，匈奴、西域，舉國奉師。輿械之費，不賦於民。虛御府之藏以賞元戎㊃，開禁倉以振貧窮，減戍卒之半。百蠻之君，靡不鄉風㊄，承流稱意。遠方殊俗，重譯而朝㊅，澤及方外㊆。故珍獸至，嘉穀興，天應甚彰㊇。今諸侯支子封至諸侯王，而家皇子為列侯，臣青翟、臣湯等竊伏孰計之㊈，皆以為尊卑失序，使天下失望，不可。臣請立臣閎、臣旦、臣胥為諸侯王。」四月癸未，奏未央宮，留中不下㊉。

【註】㊀繈緥：裹嬰兒之小布被。㊁極：邊遠的盡頭。㊂溱：同「臻」，至也。㊃元戎：大將也。又解為兵車。㊄鄉風：同「向風」。㊅遠方言語不通，故必須藉輾轉翻譯而後能通其意，故曰「重譯」。㊆方外：本國以外的地方。㊇上天的應驗很是明顯。㊈孰：同「熟」。㊉此件公文留於宮中，壓下不批。

「丞相臣青翟、太僕臣賀、行御史大夫事太常臣充、太子少傅臣安行宗正事昧死言：臣青翟等前奏大司馬臣去病上疏言，皇子未有號位，臣謹與御史大夫臣湯、中二千石、二千石、諫大夫、博士臣慶等昧死請立皇子臣閎等為諸侯王。陛下讓文武㈠，躬自切㈡，及皇子未教㈢。羣臣之議，儒者稱其術，或誖其心㈣。陛下固辭弗許，家皇子為列侯。臣青翟等竊與列侯臣壽成等二十七人議，皆曰以為尊卑失序。高皇帝建天下，為漢太祖，王子孫，廣支輔。先帝法則弗改，所以宣至尊也。臣請令史官擇吉曰，具禮儀上，御史奏輿地圖㈤，他皆如前故事。」制曰：「可。」

【註】㈠讓：推崇（推崇文武周公之制）。㈡自己切責本身。㈢及皇子尚未教導有成。㈣儒者（學孔孟之道者）都是口頭上宣揚他們的理論，而實際上與他們的內心相違背。㈤輿地圖：天地有覆載之德，以天為蓋，以地為輿，故稱地圖為輿地圖。皇子所封之王國，其統治地區，東西南北之範圍，皆繪有詳明之地圖。

四月丙申，奏未央宮。「太僕臣賀行御史大夫事昧死言：太常臣充言卜入四月二十八日乙巳，可立諸侯王。臣昧死奏輿地圖，請所立國名。禮儀別奏。臣昧死請。」

制曰：「立皇子閎為齊王，旦為燕王，胥為廣陵王。」

四月丁酉，奏未央宮。六年四月戊寅朔，癸卯，御史大夫湯下丞相，丞相下中二千石，二千石下郡太守、諸侯相，丞書從事下當用者。如律令。

「維六年四月乙巳，皇帝使御史大夫湯廟立子閎為齊王。曰：於戲㈠，小子閎，受茲青社㈡！朕承祖考，維稽古建爾國家㈢，封於東土，世為漢藩輔。於戲念哉！恭朕之詔，惟命不于常㈣。人之好德，克明顯光㈤。義之不圖，俾君子怠㈥。悉爾心，允執其中，天祿永終㈦。厥有僁不臧，乃凶于而國，害于爾躬㈧。於戲，保國艾民，可不敬與㈨！王其戒之⑩。」

【註】㈠於戲：同「嗚乎」。㈡青社：皇子受封為王，受天子太社之土，若封為東方諸侯，則割青土，藉（墊）以白茅，授之以立社，謂之「茅土」，齊在東方，故云「青社」。㈢維：同「惟」。稽古：參考古制。㈣天命不是經常可以仗恃的。㈤人若能夠喜好善良的德行，那麼，他就能夠發揚

出顯亮的光輝。㈥反而言之，人若是不能奮勉於道義，那麼，他（君子）的志氣便荒懈了。㈦拿出你的全心全意，只要能夠把握中道而行，那麼，上天的福祿就永遠歸屬於你的（允：假定之辭，與「誠然」，「如果真能……」之意相同，不作名詞、形容詞用）。㈧如果是行為錯誤（愆：同「愆」，過失），不勉於善，那麼，就要有禍於你（而：同「爾」）的國家，有害於你的本身。㈨唉！你從此以後，擔任保衛國家治理人民的重大任務，怎可以不莊敬自強呢？㈩王啊，你要特別的謹慎惕勵呀（戒字含有臨深履薄提高警覺之意）。

右齊王策。

「維六年四月乙巳，皇帝使御史大夫湯廟立子旦為燕王。曰：於戲，小子旦，受茲玄社㈠！朕承祖考，維稽古，建爾國家，封于北土，世為漢藩輔。於戲！葷粥氏㈡虐老獸心㈢，侵犯寇盜，加以姦巧邊萌㈣。於戲！朕命將率徂征厥罪㈤，萬夫長，千夫長，三十有二君皆來㈥，降期奔師㈦。葷粥徙域，北州以綏㈧。悉爾心，毋作怨，毋俷德㈨，毋乃廢備㈩。非教士不得從徵⑪。於戲，保國艾民，可不敬與！王其戒之。」

【註】㈠玄社：北方為幽州，幽者，玄也，授玄土以立社，故曰「玄社」。㈡葷粥氏：即獯鬻氏，

古種族名，堯時，曰葷粥，周時，曰玁狁，秦時，曰匈奴，皆北荒之種族也。㊂虐老：匈奴之俗，貴壯而賤老，壯者食肥美，老者食其餘，有近於虐待老人。㊃邊萌：萌，甿也，民也。邊萌，邊地之民也。「姦巧邊萌」者，謂壓詐邊地之民也。㊄徂征：往征也。㊅北方異種部落的三十有二君，皆來歸附。㊆降期：同「降旗」，「期」為「旗」之假借字。言其旗幟降下。奔師：軍隊敗奔。㊇綏：安定。㊈俷德：俷，同「非」，不良好的德行。㊉不要荒廢了國防上的軍事戒備。⑪不是平常受過戰鬥訓練的兵士，不得從軍徵發（讀此可知武帝念念不忘於對匈奴作戰）。

右燕王策。

「維六年四月乙巳，皇帝使御史大夫湯廟立子胥為廣陵王㊀。曰：於戲，小子胥，受茲赤社㊁！朕承祖考，維稽古建爾國家，封于南土，世為漢藩輔。古人有言曰：『大江之南㊂，五湖之間㊃，其人輕心。楊州保疆㊄，三代要服，不及以政㊅。』於戲！悉爾心，戰戰兢兢，乃惠乃順，毋侗好軼㊆，毋邇宵人㊇，維法維則㊈。書云：『臣不作威，不作福，靡有後羞㊉。』於戲，保國艾民，可不敬與！王其戒之。」

【註】㊀廣陵：在江蘇江都縣東北。㊁赤社：南方為赤，授赤土以立社，故曰「赤社」。㊂大江：

長江也。㈣五湖：具區、洮滆、彭蠡、青草、洞庭，是也。㈤揚州乃其所保之封疆。㈥這個地區，三代之時，謂之「要服」「距離中央政府甚遠，為政教之所不及的地區（禹貢謂：「五百里甸服，五百里侯服，五百里綏服，五百里要服，五百里荒服。」如果以中央政府為核心，由內向外，劃成五層備星圈，則要服即為第四個圈子，其離中央政府之遠可知矣）。㈦侗：音同（ㄊㄨㄥˊ），無知妄動的樣子。軼：同「逸」，享樂，安逸（不要無知妄動，不要貪圖安樂）。㈧不要接近（邇）小人（宵人）。㈨一切都要遵守法式，一切都要合乎規律（典則，典範）。㈩為臣子者，不可以憑仗權威而壓迫人，也不可以利用官位而袒護人，能夠這個樣子，才不致於造成以後的恥辱。

右廣陵王策。

太史公曰：古人有言曰「愛之欲其富，親之欲其貴。」故王者壃土建國㈠，封立子弟，所以褒親親㈡，序骨肉㈢，尊先祖，貴支體㈣，廣同姓於天下也㈤。是以形勢彊而王室安。自古至今，所由來久矣。非有異也，故弗論箸也。燕齊之事，無足采者。然封立三王，天子恭讓，羣臣守義，文辭爛然，甚可觀也㈥，是以附之世家。

【註】㈠壃土：同「疆土」，劃定其土地範圍。㈡褒：獎勵。㈢敘次其骨肉關係。㈣支體：同

「肢體」。㊄擴張（廣）同姓的勢力於天下。㊅這些原始資料，文章辭句非常美麗燦爛，很有閱讀的價值。

褚先生曰：臣幸得以文學為侍郎，好覽觀太史公之列傳。傳中稱三王世家文辭可觀，求其世家終不能得。竊從長老好故事者取其封策書，編列其事而傳之，令後世得觀賢主之指意。

蓋聞孝武帝之時，同日而俱拜三子為王：封一子於齊，一子於廣陵，一子於燕。各因子才力智能，及土地之剛柔，人民之輕重，為作策以申戒之。謂王：「世為漢藩輔，保國治民，可不敬與！王其戒之。」夫賢主所作，固非淺聞者所能知，非博聞彊記君子者所不能究竟其意。至其次序分絕，文字之上下，簡之參差長短，皆有意，人莫之能知。謹論次其真草詔書，編于左方，令覽者自通其意而解說之。

王夫人者，趙人也，與衞夫人並幸武帝，而生子閎。閎且立為王時㊀，其母病，武帝自臨問之。曰：「子當為王，欲安所置之㊁？」王夫人曰：「陛下在，妾又何等可言者。」帝曰：「雖然，意所欲，欲於何所王之？」王夫人曰：「願置之雒陽。」武帝曰：「雒陽有武庫敖倉，天下衝阸，漢國之大都也。先帝以來，無子王於雒陽者。去雒陽，餘盡可。」王夫人不應。武帝曰：「關東之國無大於齊者。齊東負海而城郭大，古時獨臨菑中十萬戶，天下膏腴地莫盛於齊者矣。」王夫人以手擊頭，謝曰：「幸甚。」王夫人死而帝痛之，使使者拜之曰：「皇帝謹使使太中大夫明奉璧一，賜夫人為齊王太后。」子閎王齊，年少，無有子，立，不幸早死，國絕，為郡。天下稱齊不宜王云。

【註】㈠且：將也。㈡「子當為王，你想把他封在什麼地方？」

所謂「受此土」者，諸侯王始封者必受土於天子之社，歸立之以為國社，以歲時祠之。春秋大傳曰：「天子之國有泰社。東方青，南方赤，西方白，北方黑，上方黃。」故將封於東方者取青土，封於南方者取赤土，封於西方者取白土，封於北方者取黑土，封於上方者取黃土。各取其色物，裹以白茅，封以為社。此始受封於天子者也。此之為主土。主土者，立社而奉之也。「朕承祖考」，祖者先也，考者父也。「維稽古」，維者度也，念也，稽者當也，當順古之道也。

齊地多變詐，不習於禮義，故戒之曰「恭朕之詔，唯命不可為常。人之好德，能明顯光。不圖於義，使君子怠慢。悉若心，信執其中，天祿長終。有過不善，乃凶于而國，而害于若身。」齊王之國，左右維持以禮義，不幸中年早夭。然全身無過，如其策意。

傳曰「青采出於藍，而質青於藍」者，教使然也。遠哉賢主，昭然獨見：誡齊王以慎內；誡燕王以無作怨，無俷德；誡廣陵王以慎外，無作威與福。

夫廣陵在吳越之地，其民精而輕，故誡之曰「江湖之閒，其人輕心。楊州葆疆，三代之時，迫要使從中國俗服㊀，不大及以政教，以意御之而已。無侗好佚，無邇宵人，維法是則。無長好佚樂馳騁弋獵淫康，而近小人。常念法度，則無羞辱矣。」

三江、五湖有魚鹽之利，銅山之富，天下所仰。故誡之曰「臣不作福」者，勿使行財幣，厚賞賜，以立聲譽，為四方所歸也。又曰「臣不作威」者㊁，勿使因輕以倍義也。

會孝武帝崩，孝昭帝初立，先朝廣陵王胥，厚賞賜金錢財幣，直三千餘萬，益地百里，邑萬戶。

【註】㊀褚先生把「要服」二字，解作「迫要使從中國習俗」，甚誤。此一術語，明明是禹貢之特別字匯，有其軍事的、政治的、經濟的、文化的內容，而褚先生卻如此「望文生義」，荒唐可笑。㊁褚先生把「臣不作威」一語，亦解得文不對題，莫名其妙。

會昭帝崩，宣帝初立，緣恩行義，以本始元年中，裂漢地，盡以封廣陵王胥四子：一子為朝陽侯㊀；一子為平曲侯㊁；一子為南利侯㊂；最愛少子弘，立以為高密王㊃。

【註】㊀朝陽：在河南鄧縣。㊁平曲：在河北文安縣北七十里。㊂南利：在河南上蔡縣東北八十五里。㊃高密：故城在山東高密縣西南四十里。

其後胥果作威福，通楚王使者。楚王宣言曰：「我先元王，高帝少弟也，封三十二城。今地邑益少，我欲與廣陵王共發兵云。〔立〕廣陵王為上，我復王楚三十二城，如元王時。」事發覺，公卿有司請行罰誅。天子以骨肉之故，不忍致法於胥，下詔書無治廣陵王，獨誅首惡楚王。傳曰「蓬生麻中，不扶自直㊀；白沙在泥中，與之皆黑」者㊁，土地教化使之然也。其後胥復祝詛謀反，自殺，國除。

【註】㊀蓬本不直，但生於麻中，則不扶自直。㊁白沙本白，但入於泥中，則黑。

燕土墝埆，北迫匈奴，其人民勇而少慮，故誡之曰「葷粥氏無有孝行而禽獸心，以竊盜侵犯邊民。朕詔將軍往征其罪，萬夫長，千夫長，三十有二君皆來，降旗奔師。葷粥徙域遠處，北州以安矣。」「悉若心，無作怨」者，勿使從俗以怨望也㊀。「無俷德」者，勿使〔上〕〔王〕背德也。「無廢備」者，無乏武備，常備匈奴也。「非教士不得從徵」者，言非習禮義不得在於側也。

會武帝年老長，而太子不幸薨，未有所立，而旦使來上書，請身入宿衞於長安。孝武見其書，擊地，怒曰：「生子當置之齊魯禮義之鄉，乃置之燕趙，果有爭心，不讓之端見矣。」於是使使即斬其使者於闕下。

會武帝崩，昭帝初立，旦果作怨而望大臣。自以長子當立，與齊王子劉澤等謀為叛逆，出言曰：「我安得弟在者㈡！今立者乃大將軍子也㈢。」欲發兵。事發覺，當誅。昭帝緣恩寬忍，抑案不揚㈣。公卿使大臣請，遣宗正與太中大夫公戶滿意、御史二人，偕往使燕，風喻之㈤。到燕，各異日，更見責王㈥。宗正者，主宗室諸劉屬籍，先見王，為列陳道昭帝實武帝子狀。侍御史乃復見王，責之以正法，問：「王欲發兵罪名明白，當坐之。漢家有正法，王犯纖介小罪過，即行法直斷耳，安能寬王。」驚動以文法㈦。王意益下，心恐。公戶滿意習於經術，最後見王，稱引古今通義，國家大禮，文章爾雅㈧。謂王曰：「古者天子必內有異姓大夫，所以正骨肉也；外有同姓大夫，所以正異族也。周公輔成王，誅其兩弟，故治。武帝在時，尚能寬王。今昭帝始立，年幼，富於春秋㈨，未臨政，委任大臣。古者誅罰不阿親戚，故天下治。方今大臣輔政，奉法直行，無敢所阿㈩，恐不能寬王。王可自謹，無自令身死國滅，為天下笑。」於是燕王旦乃恐懼服罪，叩頭謝過。大臣欲和合骨肉，難傷之以法。

【註】㈠「無作怨」，都是尚書中所常講的政治道理，所謂「怨不在大，亦不在小」，都是說的為人上者，不可結怨於人民，而褚先生則解為「勿使從俗以怨望」，甚失其原意。㈡我那裡有弟弟呢？㈢現今所立的皇帝，是大將軍的兒子，不是我父親的兒子。㈣昭帝為了寬忍，把事情壓下，不向外聲揚。㈤風喻：隱約言之，以暗示使其覺悟。㈥幾個使臣，各以不同的時間，輪流見王而責勸之。㈦以教條法律，使他驚懼而感動。㈧文章爾雅：言其用文措辭，正大光明而情理並茂。㈨富於春秋：言其年事尚幼。㈩阿：曲法以徇情。

其後旦復與左將軍上官桀等謀反，宣言曰「我次太子，太子不在，我當立，大臣共抑我」云云。大將軍光輔政，與公卿大臣議曰：「燕王旦不改過悔正，行惡不變。」於是脩法直斷，行罰誅。旦自殺，國除，如其策指。有司請誅旦妻子。孝昭以骨肉之親，不忍致法，寬赦旦妻子，免為庶人。傳曰「蘭根與白芷，漸之滫中㈠，君子不近，庶人不服」者，所以漸然也。

【註】㈠白芷，香草也，但漬（漸）之於米汁（滫）之中，則香氣即消逝。可見浸漬的力量之大。

宣帝初立，推恩宣德，以本始元年中盡復封燕王旦兩子：一子為安定侯；立燕故太子建為廣陽王，以奉燕王祭祀。

卷六十一　伯夷列傳第一

列敘其人其事，使可傳於後世。班固以來，皆承此體式。

夫學者載籍極博，猶考信於六蓺㈠。詩書雖缺，然虞夏之文可知也㈡。堯將遜位，讓於虞舜，舜禹之閒，岳牧咸薦㈢，乃試之於位，典職數十年㈣，功用既興，然後授政。示天下重器㈤，王者大統㈥，傳天下若斯之難也㈦。而說者曰堯讓天下於許由，許由不受，恥之，逃隱。及夏之時，有卞隨、務光者。此何以稱焉㈧？太史公曰：余登箕山㈨，其上蓋有許由冢云。孔子序列古之仁聖賢人，如吳太伯、伯夷之倫詳矣㈩。余以所聞由、光義至高，其文辭不少概見，何哉㈡？

【註】㈠學者雖然讀了極廣博的史料記載，但是，仍然需要考對於六經而加以證實（信）。㈡《詩經》《尚書》雖然殘缺，但是虞書、夏書的文字，仍然可以使我們知道上古的歷史。㈢岳牧：四嶽之長與九州之牧，共同推薦（這就是原始的民主政治的典型，孔子「天下為公」之理想的樣本。）㈣典職：主持工作。㈤天下（政權）是最重要的器具。㈥王者（皇帝）是最高大的統領。㈦所以

傳天下是這樣的審慎。㊇這怎樣解釋呢？（《尚書》說是堯讓位於舜，而有人又說是堯讓位於許由，互相衝突。）㊈箕山：在河南登封縣東南（箕山有許由塚，似太史公又以為許由的故事，並非完全揑造。）⑩倫：類、輩、等。⑪文辭：六經的文辭。少：稍，些微的。概：大概的，粗略的。孔子敍述太伯、伯夷等的故事甚為詳細，為什麼在六經之中對於許由、務光等，連些微的文辭就沒有呢？所以學者要考信於六經。

孔子曰：「伯夷、叔齊，不念舊惡，怨是用希㊀。」「求仁得仁，又何怨乎㊁？」余悲伯夷之意，睹軼詩可異焉㊂。其傳曰：伯夷、叔齊，孤竹君之二子也㊃。父欲立叔齊，及父卒，叔齊讓伯夷。伯夷曰：「父命也。」遂逃去。叔齊亦不肯立而逃之。國人立其中子。於是伯夷、叔齊聞西伯昌善養老，盍往歸焉。及至，西伯卒，武王載木主㊄，號為文王，東伐紂。伯夷、叔齊叩馬而諫曰：「父死不葬，爰及干戈，可謂孝乎？以臣弑君，可謂仁乎？」左右欲兵之㊅。太公曰：「此義人也。」扶而去之。武王已平殷亂，天下宗周㊆，而伯夷、叔齊恥之，義不食周粟，隱於首陽山㊇，采薇而食之㊈。及餓且死，作歌。其辭曰：

「登彼西山兮，采其薇矣。以暴易暴兮，不知其非矣。神農、虞、夏忽焉沒兮，我安適歸矣？于嗟徂兮，命之衰矣⑩！」遂餓死於首陽山。

由此觀之，怨邪非邪㈡？

【註】㈠因為伯夷、叔齊，不計較別人舊日的錯誤，所以很少對人有怨恨的。㈡犧牲自己為的是求「仁」，既然得了「仁」，還有什麼懣怨的呢？㈢我悲歎伯夷的內心，看他那首最後的詩，覺得非常之值得驚異！㈣孤竹君：商湯所封之諸侯，其地在今河北省北部及熱河南部。㈤木主：即神主，靈牌。㈥兵：武器。想以武器去打他或殺他。㈦宗周：以周家為宗主，歸於周家。㈧首陽山：說法很多，今以說文所註，謂在遼西。㈨薇：野生植物，可食。⑩可歎呀！可歎！我們的命運真是太薄了。㈡這樣看來，伯夷、叔齊是怨恨呢？還是不怨恨呢？

或曰：「天道無親，常與善人㈠。」若伯夷、叔齊，可謂善人者非邪㈡？積仁絜行如此而餓死㈢！且七十子之徒，仲尼獨薦顏淵為好學㈣。然回也屢空，糟糠不厭㈤，而卒蚤夭㈥。天之報施善人㈦，其何如哉㈧？盜蹠日殺不辜㈨，肝人之肉⑩，暴戾恣睢㈡，聚黨數千人橫行天下⑫，竟以壽終⑬。是遵何德哉⑭？此其尤大彰明較著者也。若至近世⑮，操行不軌⑯，專犯忌諱⑰，而終身逸樂⑱，富厚累世不絕⑲。或擇地而蹈之⑳，時然後出言㉑，行不由徑㉒，非公正不發憤㉓，而遇禍災者㉔，不可勝數也㉕。余甚惑焉㉖，儻所謂天道，是邪非邪㉗？

【註】㊀上天之道沒有固定的親人，常常是誰行善就親誰。㊁像伯夷、叔齊算不算是善人呢？㊂積仁潔行到了這般程度，而竟然餓死！㊃再說孔子門下七十大弟子，孔子獨獨稱薦顏淵是「好學」。㊄然而顏淵常常窮乏，連糟穅也吃不飽。㊅三十二歲，短命而死。㊆上天對於善人的報施。㊇成什麼樣子啊！㊈盜蹠天天殺害無罪之人。㊉把人的肝肉曝之使乾，當作「肉乾」吃。⑪兇暴惡戾，縱恣狂怒。⑫結合黨徒數千人，橫行天下。⑬竟然得以長壽而善終。⑭這是根據於他的何善何德呢？⑮若：及也。及至近世。⑯行為不合於軌度。⑰專意破壞法紀。⑱但是，他們卻得以終身安逸快樂。⑲世世代代富貴不絕。⑳相反的，另一種人，不是該去的地方就不去。㉑不到說話的時候不說話。㉒走路不走曲徑小道。㉓不是為了公理正義，不發脾氣。㉔但是，這種人遭遇災禍的。㉕實在是太多太多，數之不可勝數。㉖這真是叫我困惑呀！㉗假定依天道來講，這究竟是對的呢？還是不對的呢？

子曰：「道不同不相為謀㈠」，亦各從其志也㈡。故曰「富貴如可求，雖執鞭之士，吾亦為之。如不可求，從吾所好。」「歲寒，然後知松柏之後凋。」舉世混濁，清士乃見。豈以其重若彼，其輕若此哉㈢？

【註】㈠道：信仰，主張，主義。主張不同，不能在一塊共事。㈡各人本著各人的志向去幹。㈢何必把那些終身逸樂累世富貴的人看得重，而把公正發憤、潔行清士看得輕呢？

「君子疾沒世而名不稱焉㈠。」賈子㈡曰：「貪夫徇財㈢，烈士徇名㈣，夸者死權㈤，眾庶馮生㈥。」「同明相照，同類相求。」「雲從龍，風從虎，聖人作而萬物覩㈦。」伯夷、叔齊雖賢，得夫子而名益彰。顏淵雖篤學，附驥尾而行益顯㈧。巖穴之士，趣舍有時㈨，若此類名堙滅而不稱，悲夫㈩！閭巷之人，欲砥行立名者(十一)，非附青雲之士(十二)，惡能施於後世哉(十三)？

【註】㈠疾：痛心。沒世：終身。君子最痛心的是終生至死而名聲不見稱於世。㈡賈子：賈誼。子者，尊稱之詞。㈢徇：通「殉」，以生命為犧牲。貪污之人為金錢而犧牲。㈣貞烈之士為名譽而犧

性。㊄野心之人為奪權而死。㊅一般眾庶，苟且偷生。㊆聖人出世而天下萬物的真象都可以看得出來了。（是非善惡，清濁貴賤，經聖人的分別而明顯表露。此是太史公引用《易經》之言，後面還有些話與此語調相彷彿，如：「觀其所感，而天地萬物之情可見矣。」「觀其所恒，而天地萬物之情可見矣。」）㊇驥：千里馬。小小的昆蟲，附著於千里馬之尾上，亦可以致千里。言普通人附於名人的關係之上亦可以得名。㊈深藏於巖穴之中的隱士，因時世之治亂，可以進則趨，可以退則舍。㊉但是，他們的聲名永遠埋沒而不為人所稱述。真是可悲歎啊！㊁處於窮閭僻巷之人，想要砥礪品行，建立名節。㊂若不附身於生命發光聲名高超之士。㊂怎會能傳名於後世呢？

卷六十二　管晏列傳第二

管仲夷吾者，潁上人也㊀。少時㊁常與鮑叔牙游㊂，鮑叔知其賢。管仲貧困，常欺鮑叔，鮑叔終善遇之，不以為言。已而鮑叔事齊公子小白，管仲事公子糾㊃。及小白立為桓公，公子糾死，管仲囚焉。鮑叔遂進管仲㊄。管仲既用，任政於齊㊅，齊桓公以霸，九合諸侯，一匡天下，管仲之謀也。

【註】㊀潁上：潁，水名，出河南登封縣西境潁谷東南流，經禹縣、臨潁、西華、商水，與沙河會。再東流至周家口，再東南流入安徽境，經太和阜陽而至潁上縣，即管仲出生之地。㊁少時：青年時代。㊂管仲與鮑叔合夥營商，販賣於南陽。㊃公子糾：桓公之兄。㊄進：推薦。鮑叔說齊桓公曰：「君欲治齊，則高傒與叔牙，足矣。君欲霸天下，非管夷吾不可。夷吾所居國，國重（言管仲居何國，則何國重）不可失也。」於是桓公從之。㊅管仲在齊國所推行之政治，完全是愛民政治，一曰老，二曰慈，三曰孤，四曰疾，五曰獨，六曰病，七曰通，八曰賑，九曰絕。

管仲曰：「吾始困時，嘗與鮑叔賈㊀，分財利多自與，鮑叔不以我為貪，知我貧也。吾嘗為鮑叔謀事而更窮困，鮑叔不以我為愚，知時有利不利也。吾嘗三仕三見逐於君，鮑叔不以我為不肖，知我不遭時也。吾嘗三戰三走㈡，鮑叔不以我為怯，知我有老母也。公子糾敗，召忽死之，吾幽囚受辱，鮑叔不以我為無恥，知我不羞小節而恥功名不顯于天下也㈢。生我者父母，知我者鮑子也。」

【註】㈠賈：音古（ㄍㄨˇ），商賈。販賣貨物。㈡走：敗陣而逃退。㈢不以小節為羞，而以功名不顯於天下為恥。

鮑叔既進管仲，以身下之㈠。子孫世祿於齊，有封邑者十餘世，常為名大夫。天下不多管仲之賢而多鮑叔能知人也㈡。

【註】㈠地位居於管仲之下，作管仲的屬下。㈡多：稱讚。天下不稱讚管仲的能幹，而稱讚鮑叔的能知人，夠朋友。

管仲既任政相齊，以區區之齊在海濱㈠，通貨積財，富國彊兵，與俗同好惡。故其稱曰：「倉廩實而知禮節，衣食足而知榮辱，上服度則六親固㊁。四維不張㊂，國乃滅亡。下令如流水之原，令順民心。」故論卑而易行㊃。俗之所欲㊄，因而予之；俗之所否，因而去之。

【註】㊀東海之濱。㊁服：實行，實踐。在上者能夠實踐法度，則六親（父、母、兄、弟、妻、子女）團結。㊂四維：禮、義、廉、恥。㊃平明易行，不唱高調。㊄俗：指人民大眾而言。

其為政也，善因禍而為福，轉敗而為功。貴輕重㊀，慎權衡㊁。桓公實怒少姬㊂，南襲蔡，管仲因而伐楚，責包茅不入貢於周室㊃。桓公實北征山戎㊄，而管仲因而令燕修召公之政。於柯之會㊅，桓公欲背曹沫之約，管仲因而信之，諸侯由是歸齊。故曰：「知與之為取㊆，政之寶也㊇。」

【註】㊀輕重：《管子》有〈輕重〉篇，講金錢貨幣的運用。但是，就本段的上下文而論，都是講管仲因禍為福，轉敗為功的史實，似不宜在此地參加一句財政經濟的專門名詞，那麼，「貴輕重，慎權衡」的意義，就成為注重利害的輕重，謹慎的權衡得失的可能，然後再去實行，這樣，就可以達到

因禍得福、轉敗為功的目的。㈡權衡：所以量物，而制衡物價之漲落，此為財政經濟之事。另外是一種普通意義的解釋，則為權衡（研判）利害得失的大小輕重。本段解釋，用普通意義。㈢少姬：蔡女，嫁於桓公為夫人。少姬善游水，與桓公乘舟為戲，故意使舟蕩搖欲翻，桓公不能水，嚇得要命。登陸之後，大怒，歸少姬於蔡，有休妻之意，但並未明言。蔡君亦怒，而另嫁少姬於他人。於是齊桓公伐蔡。但是，師出無名。㈣故又伐楚，冠冕堂皇的理由，是責楚國不貢包茅於周室。包茅：青茅，用以瀝酒，以供祭祀。㈤山戎：在河北省遷安縣。㈥柯：在山東陽穀縣北。齊桓公以優勢迫魯莊公而盟，魯將曹沫於盟時以匕首要脅桓公退還侵魯之地，桓公當時為生命所迫，許之。既而悔之，欲毀棄與曹沫之約。管仲諫以不可為了一件小事而失大信於諸侯。桓公從之，退還魯之失地。諸侯聞之皆以為齊有信而歸附之。㈦知道給與人家的東西，就等於取得人家的東西。（這個道理就是《老子》所謂「將欲取之，必固與之。」你想取得他人的東西，最好你先給與他人以東西，這就是釣魚上鈎的戰略，小餌釣小魚，大餌釣大魚。先給他人的是誘惑物，後取他人的是目的物。）㈧政治作戰的最高教程。寶：寶典、寶訓。

管仲富擬於公室㈠，有三歸、反坫㈡，齊人不以為侈。管仲卒，齊國遵其政，常彊於諸侯。後百餘年而有晏子焉。

【註】㈠擬：相比，相等。㈡三歸：娶三姓之女，成立三個公館，每一處都有臺榭樓閣，鐘鼓帷帳

的高級設備。反坫：坫在兩楹之間，獻酬飯畢，則反爵（杯）於其上。邦君為兩君之好，故有此設備，今管仲亦有之。

晏平仲嬰者，萊之夷維人也㈠。事齊靈公、莊公、景公，以節儉力行重於齊㈡。既相齊，食不重肉㈢，妾不衣帛。其在朝，君語及之，即危言；語不及之，即危行㈣。國有道，即順命㈤；無道，即衡命㈥。以此三世顯名於諸侯。

【註】㈠姓晏，名嬰，字仲，謚平。萊：山東東萊郡，今山東掖縣。㈡重於齊：為齊國人所尊重。㈢沒有兩個肉菜。㈣危言：言論端正謹慎。危行：行為、態度端正謹慎。㈤國有道，即順從命令。㈥國無道，即抗拒命令。衡：抗拒也。「順」與「衡」是相對的字義。衡，通「橫」，阻止，抗拒之意。這是晏子為人的個性，所謂「危言」「危行」都是嚴正之意，絕不是投機取巧，逢迎主上。細觀晏子的故事，即知其立朝任職，完全以國家為重，所謂「為社稷死，則死之；為社稷亡，則亡之。」有一次，齊景公坐於柏寢，自歎生命不久，沉痛異常，羣臣皆哭泣，惟晏子獨笑。景公大怒，問他笑什麼？晏子說：「我笑這般朝臣們都是些諂笑取媚之人。」景公說：「彗星出於東北，正在我們齊國的領空，這是不吉之兆，所以我發愁！」晏子說：「你現在大建高臺，修鑿深池，賦領人民惟恐不重，刑罰人民惟恐不苛，將來還會有更凶惡的節星出現，彗星何足怕呢。」桓公說：「我們是不是可

以請祝師求神消災呢？」晏子說：「百姓苦痛懣怨者有千千萬萬之多，你請一個祝師來求神，一個祝師怎能勝過千萬人之口呢？」諸如此類的故事，很多，可證明晏子是個正直莊敬之人，決不逢迎敷衍，以保富貴。所以「國無道，則衡命」之「衡」字，只作「抗拒」解，不是「權衡」「斟酌」之觀望形勢，苟且偷生。「命」，亦可作「命運」解，國有道，則國運泰，而個人之命運亦隨之而泰，於是可以順命而為。反之，國無道，則國運惡，國運惡而個人之命運亦惡，於是有志之士，就要與惡劣之命運相搏鬥、相抗拒，此之所謂「衡命」。

越石父賢，在縲紲中㊀。晏子出，遭之塗㊁，解左驂贖之㊂，載歸㊃。弗謝，入閨㊄。久之，越石父請絕㊅。晏子戄然，攝衣冠謝曰：「嬰雖不仁，免子於戹，何子求絕之速也㊆？」石父曰：「不然。吾聞君子詘於不知己而信於知己者。方吾在縲紲中，彼不知我也。夫子既已感寤而贖我，是知己；知己而無禮，固不如在縲紲之中㊇。」晏子於是延入為上客㊈。

【註】㊀越石父是個賢良的人。不幸而被繫於牢獄之中。㊁晏子出門，在路上碰見他（輕囚可以服勞役，可以外出，但晚間必歸牢獄）。㊂就解了自己車子左邊的馬以給他贖罪。㊃把他載在車上而歸。㊄越石父謝也不謝，逕自進門去了。㊅過了一些時，越石父到晏子處要絕交。㊆晏子非常的

驚惑，整理衣冠而抱歉的說：「嬰雖然不是有仁德於你，但是，在困厄之中把你救出，你為什麼這樣快就要對我絕交呢？」懼然：懼，音懼（ㄐㄩˋ），驚懼的樣子。㈧越石父說：「話不是這樣講，我聽說：君子受委屈不知己的人，而揚眉吐氣（信：伸）於知己的人。當我在牢獄之中的時候，那是因為他們不認識我，不足為怪。現在先生既然有所感動而贖我，就是我的知己了。既然是我的知己而又不用我（無禮），實在不如仍然在牢獄之中為好。」㈨晏子聽了他的話，恍然大悟，於是請他為上客。

晏子為齊相，出，其御之妻從門閒而闚其夫㈠。其夫為相御，擁大蓋，策駟馬，意氣揚揚，甚自得也。既而歸，其妻請去。夫問其故。妻曰：「晏子長不滿六尺，身相齊國，名顯諸侯。今者妾觀其出，志念深矣㈡，常有以自下者㈢。今子長八尺，乃為人僕御，然子之意自以為足，妾是以求去也。」其後夫自抑損㈣。晏子怪而問之，御以實對。晏子薦以為大夫。

【註】㈠門閒：門的隙縫。闚：同「窺」字，偷看。㈡心思很深沉的樣子。㈢常常自己覺得有什麼不滿足似的。自小與自大，恰好相反。㈣自我控制，自我貶損，學習謙退，不敢自滿自大。

太史公曰：吾讀管氏牧民、山高、乘馬、輕重、九府㈠，及晏子春秋㈡，詳哉其言之也。既見其著書，欲觀其行事，故次其傳。至其書，世多有之，是以不論，論其軼事㈢。

【註】㈠山高，一名形勢。九府：錢之府藏，論鑄錢之輕重，故云：輕重九府。《七略》云：「管子十八篇，在法家。」㈡《晏子春秋》七篇，在儒家。㈢軼：音逸（ㄧˋ）過去的故事。

管仲世所謂賢臣，然孔子小之㈠。豈以為周道衰微，桓公既賢，而不勉之至王，乃稱霸哉？語曰：「將順其美㈡，匡救其惡㈢，故上下能相親也。」豈管仲之謂乎？

【註】㈠孔子曾言：「管仲之器，小哉！」㈡將：助也。君上有美事，則順而助之。㈢君上有錯誤，則匡而救之。

方晏子伏莊公尸哭之，成禮然後去，豈所謂「見義不為無勇」者邪㈠？至其諫說，犯君之顏㈡，此所謂「進思盡忠，退思補過」者哉！假令晏子而在，余雖為之執鞭，所忻慕焉㈢。

【註】㈠方：當。齊莊公通於崔杼之妻，崔杼殺莊公。晏子不顧崔杼之暴惡，而往伏屍痛哭成禮，所以太史公稱之為「見義勇為」。㈡晏子諫說，觸忤君上的顏面，亦在所不懼。（可見上文所謂「國無道，則衡命」，是抗拒之義，敢於犯顏，即「衡命」也。）㈢假定晏子還活著的話，我即使為他執鞭趕車，也是衷心歡喜的！

卷六十三　老子韓非列傳第三

老子者㈠，楚苦縣厲鄉曲仁里人也㈡，姓李氏，名耳，字聃，周守藏室之史也㈢。

【註】㈠關於老子的神話甚多，有謂老子之母懷孕八十一年而生老子。有謂老子身長八尺八寸，黃色美眉，長耳大眼，廣額疏齒，方口厚脣，額有三五達理，日角月懸。鼻有雙柱，耳有三門，足蹈二五，手把十文。㈡苦縣：原屬陳，楚滅陳，故曰楚苦縣，在今河南鹿邑縣東十里。㈢守藏室：存儲檔案資料之室。史：管理圖書之官。

孔子適周，將問禮於老子㈠。老子曰：「子所言者，其人與骨皆已朽矣，獨其言在耳。且君子得其時則駕㈡，不得其時則蓬累而行㈢。吾聞之，良賈深藏若虛㈣，君子盛德容貌若愚㈤。去子之驕氣與多欲㈥，態色與淫志㈦，是皆無益於子之身㈧。吾所以告子，若是而已㈨。」孔子去，謂弟子曰：「鳥，吾知其能飛；魚，吾知其能游；獸，吾知其能走。走者可以為罔㈩，游者可以為綸㈡，飛者可以為矰㈢。至於龍，吾不能知其乘風雲而上天。吾今日見老子，其猶龍邪！」

【註】㈠孔子從山東到了洛陽。㈡得時而為官，有車可乘，故曰「駕」。㈢蓬累：蓬首累息也。《詩經》：「首如飛蓬」，言不事修飾，而蓬頭散髮。累息者，言默默屏氣，不為高言壯語以與人爭勝。㈣真正是善於經營的富商大賈，常是深藏不露，好像是沒有錢似的。㈤真正是修養有素、德行盛大的君子，外表看起來，好像是愚人似的。㈥趕快去掉你的驕傲之氣與紛雜的慾望。㈦去掉你的裝模作樣的表情與貪多務大的野心。㈧這些東西對於你都是毫無益處。㈨我所以奉告於你的，僅僅這幾句話罷了！㈩罔：即「網」字。以網捕獸。㈡以綸繫鉤而釣魚。㈢以矰繫矢而射鳥。

老子脩道德，其學以自隱無名為務㈠。居周久之，見周之衰，迺遂去。至關㈡，關令尹喜曰：「子將隱矣，彊為我著書㈢。」於是老子迺著書上下篇，言道德之意五千餘言而去，莫知其所終。

【註】㈠老子以自隱無名為務，孔子則「疾沒世而名不稱」，可見其處世哲學的不同。㈡關：函谷關，在河南陝縣。㈢彊：勉強，麻煩你為我著書。

或曰：老萊子亦楚人也㈠，著書十五篇，言道家之用，與孔子同時云。

【註】㈠太史公疑老子或是老萊子，故書之。《列仙傳》云：老萊子楚人，當時世亂，逃世耕於蒙山之陽，萑葭為牆，蓬蒿為室，杖木為牀，著艾為席，沮菱為食，墾山播種五穀。楚王至其門，迎之。老萊子遂去，至於江南而止。

蓋老子百有六十餘歲，或言二百餘歲，以其脩道而養壽也。

自孔子死之後百二十九年，而史記周太史儋見秦獻公曰：「始秦與周合，合五百歲而離，離七十歲而霸王者出焉。」或曰儋即老子，或曰非也，世莫知其然否。老子，隱君子也。

老子之子名宗，宗為魏將，封於段干㈠。宗子注，注子宮，宮玄孫假，假仕於漢孝文帝。而假之子解為膠西王卬太傅，因家於齊焉。

【註】㈠段干：魏之邑名。魏世家有段干木、段干子。田完世家有段干朋，疑此三人是姓段干。古時以邑為姓。

世之學老子者則絀儒學㊀，儒學亦絀老子。「道不同不相為謀」，豈謂是邪？李耳無為自化，清靜自正㊁。

【註】㊀絀：貶視，排斥，反駁。㊁讓人民自己過自己的生活，不必多所管教，多找麻煩，而人民自然感化；清靜無事，而人民自然正幹。

莊子者，蒙人也㊀，名周。周嘗為蒙漆園吏㊁，與梁惠王、齊宣王同時。其學無所不闚㊂，然其要本歸於老子之言。故其著書十餘萬言，大抵率寓言也㊃。作漁父、盜跖、胠篋，以詆訿孔子之徒㊄，以明老子之術㊅。畏累虛、亢桑子之屬，皆空語無事實。然善屬書離辭㊆，指事類情㊇，用剽剝儒、墨㊈，雖當世宿學㊉不能自解免也。其言洸洋自恣以適己⑪，故自王公大人不能器之⑫。

【註】㊀蒙：在今河南商邱縣東北蒙縣故城。㊁漆園：漆樹之園，公家經營，故以周為管理員。一解漆園為地名，莊周在漆園之地為吏。㊂闚：同「窺」，閱覽，涉覽。㊃大概都是寓言之類。寓言：寄託於他人之言，以表示自己的意思，而其人之姓名亦多是假造。㊄詆訿：毀謗，譏刺。訿，

音紫（ㄗˇ）。㈥明：宣揚。㈦屬：聯繫，編製。離：通「麗」，附麗，聯絡，編製。即謂其善於聯絡辭句，以成文章。㈧指點虛事，近於實情。㈨用：以。剽剝：攻擊，批駁，揭發儒家、墨家學說的短處。㈩宿學：飽學之士，極有學問的老先生。㈡他的言論浩浩蕩蕩，洋洋灑灑，痛快淋漓，以適己見。㈢所以王公大人都不能利用他。器：當作器物而利用之。莊周自由自得，不願受任何人的利用。

楚威王聞莊周賢㈠，使使厚幣迎之，許以為相。莊周笑謂楚使者曰：「千金，重利；卿相，尊位也。子獨不見郊祭之犧牛乎㈡？養食之數歲，衣以文繡，以入大廟。當是之時，雖欲為孤豚，豈可得乎㈢？子亟去，無污我㈣。我寧游戲污瀆之中自快㈤，無為有國者所羈㈥，終身不仕，以快吾志焉㈦。」

【註】㈠事在周顯王三十年。㈡郊祭：大祭的典禮。犧牛：祭祀用之牛。㈢孤豚：小豬。言龐然大物之牛，被人養活了幾年，終於作了郊祭的犧牲品，雖然身上被著文繡，抬進太廟。但是生命已經不保，這個時候，牠想當一個小小的豬兒，還能辦得到嗎？㈣你趕快走吧，不要污辱我。㈤我寧願遊戲於骯髒的小河溝之中比較痛快。㈥決不為有國者所牢弄。㈦篤定了，一輩子不做官，以快活我的心田。

申不害者，京人也㈠，故鄭之賤臣㈡。學術以干韓昭侯㈢，昭侯用為相。內脩政教，外應諸侯，十五年。終申子之身，國治兵彊，無侵韓者。

【註】㈠京：地名，在河南滎陽縣東南二十里。㈡原先是鄭國的奴僕。㈢學術：學習了刑名法律之術。干，求事，請求給一工作。

申子之學本於黃老而主刑名。著書二篇，號曰申子㈠。

【註】㈠申子原先學黃老之言，而以後主刑名之術，兩者本係衝突，但結合而用之，則其術更為殘酷。

韓非者㈠，韓之諸公子也。喜刑名法術之學㈡，而其歸本於黃老。非為人口吃㈢，不能道說，而善著書。與李斯俱事荀卿㈣，斯自以為不如非。

【註】㈠韓王安五年，韓非使於秦。九年，韓亡。㈡劉向新序曰：「申子之書，言人主當執術無刑，因循以督責臣下，其責深刻，故號曰「術」。商鞅所為書，號曰「法」，皆曰「刑名」，故號曰「刑名法術之書」。㈢口才不佳，不善言辭。㈣李斯與韓非俱是荀卿的弟子，荀卿主張性惡，又教

出了這兩個惡弟子，開中國極權專制之暴政史者，荀卿不能逃其罪。

非見韓之削弱，數以書諫韓王，韓王不能用。於是韓非疾㊀治國不務脩明其法制，執勢以御其臣下㊁，富國彊兵而以求人任賢，反舉浮淫之蠹㊂而加之於功實之上㊃。以為儒者用文亂法，而俠者以武犯禁。寬則寵名譽之人㊄，急則用介胄之士㊅。今者所養非所用㊆，所用非所養㊇。悲廉直不容於邪枉之臣，觀往者得失之變，故作孤憤、五蠹、內外儲、說林、說難十餘萬言㊈。

【註】㊀疾：痛恨。㊁掌握權勢以駕馭臣下。（這句話，就是極權專制的政治哲學。）㊂浮淫之蠹：指文士儒者而言，以為這些人都是說空話，而食公家之祿如蠹蝕蟲似的。㊃作戰有功之人。㊄寬：時局不緊張之時。㊅時局危急之時。介胄之士：作戰之人。㊆所養的都是一些安祿養交的文士，而不適於緊急之用。㊇所用的必須是衝鋒陷陣的武士，而不養於平素之日。㊈孤憤：憤孤直不容於時。五蠹：以論學者，言談者、帶劍者、近御者、商工者為國之五蠹。內外儲：內儲，言明君執術以制臣下，制之在己，故曰內。外儲，言明君觀聽臣下之言行，以斷其賞罰，賞罰在彼，故曰外也。說林：謂取眾妙之士的諫爭，其多若林，故曰說林。說難：謂進說之難也。

然韓非知說之難，為說難書甚具，終死於秦，不能自脫。

說難曰㈠：

凡說之難，非吾知之有以說之難也㈡；又非吾辯之難能明吾意之難也㈢；又非吾敢橫失能盡之難也㈣。凡說之難，在知所說之心，可以吾說當之㈤。

【註】㈠說：讀「稅」（ㄕㄨㄟˋ）。游說也，向自國之君主或他國之君主有所建議也。㈡大概建議之難，並不在於我不知道有什麼事情值得建議。㈢也不在於我對於我的建議不能辯論清楚以明白表達我的意見。㈣也不在於我不敢痛快淋漓的盡情陳辭。橫失：作「橫佚」，盛氣充滿，慷慨發言。㈤建議之難，乃在於如何瞭解君主（所要向之建議的人）的心理，而我的建議恰好可以符合了滿足了他的心理。當：符合，滿足。

所說出於為名高者也㈠，而說之以厚利㈡，則見下節而遇卑賤㈢，必弃遠矣㈣。所說出於厚利者也㈤，而說之以名高㈥，則見無心而遠事情㈦，必不收矣㈧。所說實為厚利而顯為名高者也㈨，而說之以名高㈩，則陽收其身而實疏之㈡，若說之以厚利㈢，則陰用其言而顯弃其身㊂。此之不可不知也㊃。

【註】㊀你所要建議的對象（君主），如果是一個好高務名之人。㊁而你建議以發財求利。㊂那麼，你就會被視為下流而待之以卑賤。㊃一定要把你扔得遠遠的了。㊄你所要建議的對象，如果是一個貪財求利的人。㊅而你建議以好高務名。㊆那麼，你就會被視為沒有心計而不切現實。㊇一定是不收留你了。㊈你所要建議的對象，如果是一個骨子裡實在為的是厚利，而表面上又裝出一幅為的是高名的模樣。㊉你不深察其內心而貢獻以高名的建議。⑪那麼，表面上會把你收留了，而實際上不把你當作親信看。⑫你所要建議的對象，如果是一個好厚利的人，而你貢獻以厚利的建議。⑬那麼，他會暗地裡使用你的建議，而外表上卻把你扔得遠遠的。⑭這種微妙的心理曲折，是不可不知道的啊。

夫事以密成，語以泄敗㊀。未必其身泄之也㊁，而語及其所匿之事㊂，如是者身危㊃。貴人有過端㊄，而說者明言善議以推其惡者㊅，則身危㊆。周澤未渥也而語極知㊇，說行而有功則德亡㊈，說不行而有敗則見疑㊉，如是者身危⑪。夫貴人得計而欲自以為功⑫，說者與知焉⑬，則身危⑭。彼顯有所出事⑮，迺自以為他故⑯，說者與知焉⑰，則身危⑱。彊之以其所必不為⑲，止之以其所不能已者⑳，身危㉑。故曰：與之論大人，則以為閒己㉒；與之論細人，則以為粥權㉓。論其所愛，則以為借資㉔；論其所憎，則以為嘗己㉕。徑省其辭，則不知而屈之㉖，汎濫博文，則多而久之㉗。順事陳意，則曰怯懦而不盡㉘；慮事廣肆，則曰草野而倨侮㉙。此說之難，不可不知也㉚。

【註】 ①事情以守密而成功，語言以洩漏而失敗。②未必是他本身洩漏了某件事情。③但是，如果對他說話，說及到類似於他內心裏所不願意使人知道的事情。④那麼，自己的生命便有危險。⑤貴人（君主）有了什麼錯誤的事端。⑥而建議者明白發言、仔細分析以推論其過失。⑦那麼，自己的生命便有危險。⑧交情沒有到了十分親密的程度，而談些極其深切的議論。周澤：相處的交情。渥：厚，十分親密（這就是「交淺者不可以言深」的道理）。⑨如果建議行了，而且行之有功，他也不會感激你（德亡）。⑩如果建議不行，或者行之而失敗，他就會疑猜你。⑪那麼，自己的生命便有危險。⑫貴人的計謀達到了目的，而想著個人獨居其功。⑬如果建議者知道這種計謀。⑭那麼，自己的生命便有危險。⑮他表面上（顯）是在作某種事情。⑯而暗地裡要作另一種事情。⑰如果建議者知道他的企圖。⑱那麼，自己的生命便有危險。⑲勉強他去作那他必然不作的事。⑳阻止

他去不作那他必然不能停止的事。㉑那麼，自己的生命便有危險。㉒與他談論他的高級幹部（大人），他便以為是你離間他的關係。㉓與他談論他的下級幹部（細人），他便以為是你出賣他的權柄。粥：同「鬻」字，出賣。㉔與他談論他所親愛的人，他便以為你是要攀扯關係以資利用。㉕與他談論他所憎惡的人，他便以為你是在試探他。㉖你與他要言不煩直接了當的談，他以為你沒有知識而侮辱你。㉗你與他長篇大論旁徵博引的談，他以為你繁雜多餘，消耗時間。㉘你就事論事，陳述你的意見，他便以為你是怯懦而不敢盡情表達。㉙你慮事周詳，毫無顧忌的大發議論，他便以為你是粗野而傲慢。㉚這就是建議的困難而不可不知道的啊！

凡說之務，在知飾所說之所敬㈠，而滅其所醜㈡。彼自知其計，則毋以其失窮之㈢；自勇其斷，則毋以其敵怒之㈣；自多其力，則毋以其難概之㈤。規異事與同計㈥，譽異人與同行者㈦，則以飾之無傷也㈧。有與同失者，則明飾其無失也㈨。大忠無所拂悟，辭言無所擊排㈩，迺後申其辯知焉⑪。此所以親近不疑，知盡之難也⑫。得曠日彌久⑬，而周澤既渥⑭，深計而不疑⑮，交爭而不罪⑯，迺明計利害以致其功⑰，直指是非以飾其身⑱，以此相持，此說之成也⑲。

【註】㊀大凡遊說的緊要事項，在於知道你所遊說之對象（君主）自認為可以表揚的事情是什麼，而加以渲染之。㊁他自覺得不可以為外人道的事情是什麼，而閉口不提。㊂如果他自以為他的計謀是很聰明的（知：通「智」），你就不要說出他的計謀之錯失以窘困（窮）他。㊃如果他自以為他的判斷是很勇決的，你就不要說出與他的判斷相敵對的意見以激怒他。㊄如果他自以為他的成功是很有把握的，你就不要說出事情的艱難以頂撞（概，通「格」，反對）他。㊅規劃特異的事情，而特異的事情與他（君主）的計劃相同者。㊆稱讚特異的人物，而特異的人物與他的行為相同者。㊇你就表揚那些特異的事情，特異的人物，不會有什麼傷害的。㊈某人的過失，與他的過失相同者，你就明白為之辯護，說某人是沒有過失的。㊉這樣，經過了很曲折的運用，長時間的接近，君主知道了你是大大的忠臣，對於你的建議完全接受，無所拂悟（拂悟，即「拂牾」，抵牾，反對），對於你的言辭欣然同意，無所排擊。⑪然後才可以儘量的發揮你的辯論與智慧（知，同「智」）。⑫這就是所謂與君王相處能夠作到親近不疑，知無不言，言無不盡的境界，是很艱難的啊！⑬這需要耗費漫長的時間。⑭君臣之間培植了很深厚的交情。⑮於是乎深切計議而君主不置疑。⑯當面爭論而君主不加罪。⑰於是乎可以明白的計議利害以獲致成功。⑱率直的指陳是非以光榮君身。⑲以此為標準，能夠達到這種標準，纔算是遊說的真正成功。

伊尹為庖㊀，百里奚為虜㊁，皆所由干其上也㊂。故此二子者，

皆聖人也，猶不能無役身而涉世如此其汙也㊃，則非能仕之所設也㊄。

【註】㊀伊尹為湯王作廚子。㊁百里奚為秦國作奴僕。㊂這就是他們與君主發生政治關係（干其上）的來歷。㊃這兩個人都是聖人，還不免以自己的身體為奴役，而踏進政治圈子（涉世）的方法是這樣的卑污！㊄但是只要能達到救世的目的，他們這般有本領的人，並不以此為可恥。能仕：即「能士」，有能力的人士。設：同「恥」。

宋有富人，天雨牆壞㊀。其子曰「不築且有盜㊁」，其鄰人之父亦云，暮而果大亡其財㊂，其家甚知其子而疑鄰人之父㊃。昔者鄭武公欲伐胡，迺以其子妻之。因問羣臣曰：「吾欲用兵，誰可伐者？」關其思曰：「胡可伐。」迺戮關其思，曰：「胡，兄弟之國也，子言伐之，何也？」胡君聞之，以鄭為親己而不備鄭。鄭人襲胡，取之。此二說者，其知皆當矣，然而甚者為戮，薄者見疑。非知之難也，處知則難矣㊄。

【註】㊀天落雨而把牆淋倒了。㊁且：將也。㊂天晚時，果然大失其財物。㊃知：認識。㊄如

何善於運用知識，實在是困難的事。

昔者彌子瑕見愛於衛君。衛國之法，竊駕君車者罪至刖㈠。既而彌子之母病，人聞，往夜告之，彌子矯駕君車而出㈡。君聞之而賢之曰：「孝哉，為母之故而犯刖罪！」與君遊果園，彌子食桃而甘，不盡而奉君㈢。君曰：「愛我哉，忘其口而念我！」及彌子色衰而愛弛，得罪於君。君曰：「是嘗矯駕吾車，又嘗食我以其餘桃。」故彌子之行未變於初也，前見賢而後獲罪者㈣，愛憎之至變也㈤。故有愛於主，則知當而加親㈥；見憎於主，則罪當而加疏㈦。故諫說之士不可不察愛憎之主而後說之矣㈧。

【註】㈠刖：音月，斷足之刑。㈡矯：假稱。㈢不盡：沒有吃完，剩了一部分。㈣前時被視為賢人而以後被判為罪人。㈤完全是由於愛憎的變化。㈥所以當君主愛他的時候，就以他為聰明（知：智）而加以親幸。㈦當君主憎惡他的時候，就以他為有罪而加以疏遠。㈧所以諫說的人不可以不觀察君主之愛憎而決定發言之道。

夫龍之為蟲也，可擾狎而騎也㈠。然其喉下有逆鱗徑尺㈡，人有嬰之㊂，則必殺人。人主亦有逆鱗，說之者能無嬰人主之逆鱗㊃，則幾矣㊄。

【註】㊀擾狎：訓練熟習，能認識人。龍是爬蟲，可以訓練熟習而供人騎用。㊁逆鱗：不順之鱗片，能刺人致死。㊂嬰：觸抵其鱗。㊃諫說君主者，能不觸及人主之逆鱗而致其發怒。㊄那就差不多了。

人或傳其書至秦㊀。秦王見孤憤、五蠹之書，曰：「嗟乎，寡人得見此人與之游，死不恨矣！」李斯曰：「此韓非之所著書也。」秦因急攻韓。韓王始不用非，及急，迺遣非使秦。秦王悅之，未信用。李斯、姚賈害之，毀之曰：「韓非，韓之諸公子也。今王欲并諸侯，非終為韓不為秦，此人之情也。今王不用，久留而歸之，此自遺患也，不如以過法誅之。」秦王以為然，下吏治非。李斯使人遺非藥，使自殺。韓非欲自陳，不得見。秦王後悔之，使人赦之，非已死矣。

【註】㊀傳：轉播。

申子、韓子皆著書，傳於後世，學者多有。餘獨悲韓子為說難而不能自脫耳。

太史公曰：老子所貴道，虛無㈠，因應變化於無為，故著書辭稱微妙難識。莊子散道德，放論㈡，要亦歸之自然。申子卑卑㈢，施之於名實。韓子引繩墨，切事情，明是非，其極慘礉少恩㈣。皆原於道德之意，而老子深遠矣。

【註】㈠虛無：實而若虛，有而若無。㈡散：推衍，發揮道德之理論。放論：縱橫自由的談論。㈢卑卑：瑣碎而卑近，不足以言大道。㈣申子、韓子的理論，發展至於極點，就成為慘酷少恩。礉：音核（ㄏㄜˊ），苛刻也。

卷六十四　司馬穰苴列傳第四

司馬穰苴者㊀，田完之苗裔也。齊景公時，晉伐阿、甄㊁，而燕侵河上㊂，齊師敗績。景公患之。晏嬰乃薦田穰苴曰：「穰苴雖田氏庶孽，然其人文能附眾，武能威敵，願君試之。」景公召穰苴，與語兵事，大說之，以為將軍，將兵扞燕晉之師㊃。穰苴曰：「臣素卑賤，君擢之閭伍之中，加之大夫之上，士卒未附，百姓不信，人微權輕，願得君之寵臣，國之所尊，以監軍，乃可。」於是景公許之，使莊賈往。穰苴既辭，與莊賈約曰：「旦日日中會於軍門。」穰苴先馳至軍，立表下漏㊄待賈。賈素驕貴，以為將己之軍而己為監，不甚急；親戚左右送之，留飲。日中而賈不至。穰苴則仆表決漏，入，行軍勒兵，申明約束。約束既定，夕時，莊賈乃至。穰苴曰：「何後期為？」賈謝曰：「不佞大夫親戚送之，故留。」穰苴曰：「將受命之日則忘其家，臨軍約束則忘其親，援枹鼓之急則忘其身㊅。今敵國深侵，邦內騷動，士卒暴露於境，君寢不安席，食不甘味，百姓之命皆懸於君(七)，何謂相送乎(八)！」召軍正問曰(九)：「軍法期而後至者云何？」對曰：「當斬。」莊賈懼，使人馳報景公，請救。既往，未及反，於是遂斬莊賈以徇三軍。三軍之士皆振慄(一〇)。久之，景公遣使者持節赦賈，馳入軍中。穰苴曰：「將在軍，君令有所不受。」問軍正曰：「馳三軍法何？」正曰：「當斬。」使者大懼。穰苴曰：「君之使不可殺之。」乃斬其僕，車之左駙(一一)，馬之左驂，以徇三軍(一二)。遣使者還報，然後行。士卒次舍井竈飲食問疾醫藥，身自拊循之(一三)。悉取將軍之資糧享士卒，身與士卒平分糧食。最比(一四)其羸弱者，三日而後勒兵。病者皆求行，爭奮出為之赴戰。晉師聞之，為罷去。燕師聞之，度水而解(一五)。於是追擊之，遂取所亡封內故境而引兵歸(一六)。未至國，釋兵旅，解約束，誓盟而後入邑。景公與諸大夫郊迎，勞師成禮，然後反歸寢。既見穰苴，尊為大司馬。田氏日以益尊於齊。

【註】(一)穰苴，名，田氏之族，官至大司馬，故曰司馬穰苴。(二)阿：在山東陽穀縣東北五十里。

甄：〈地理志〉云：「甄城縣屬濟陰」。㊂河上：齊國黃河南岸之地。即濟南一帶之地。㊃扞：抵禦。㊄立表下漏：古時定時刻之方法。立表，謂立木為表以視日影。下漏：謂下漏水以知刻數。㊅援：作「操」。枹，音孚（ㄈㄨ），鼓椎、擊鼓之棒。㊆懸：繫也。㊇還有什麼功夫送行。㊈軍正：軍法官。㊉振慄：即「震慄」，恐懼得發抖。⑪駙：通「軵」，音附（ㄈㄨˋ）車箱外之立木，承重較之材。⑫徇：行示軍中。⑬拊循：安慰病患的士卒。⑭最比：集合士卒加以考核而淘汰其瘦弱者。⑮渡黃河而北歸。⑯收復了封境之內已失去的土地。

已而大夫鮑氏、高、國之屬害之㊀，譖於景公㊁。景公退穰苴，苴發疾而死。田乞、田豹之徒由此怨高、國等。其後及田常殺簡公，盡滅高子、國子之族。至常曾孫和，因自立為齊威王，用兵行威，大放穰苴之法㊂，而諸侯朝齊。

【註】㊀已而：即「既而」，之後。㊁譖：以讒言陷害之。㊂放：即「倣」，效法。

齊威王使大夫追論古者司馬兵法而附穰苴於其中，因號曰司馬穰苴兵法。

太史公曰：余讀司馬兵法，閎廓深遠，雖三代征伐，未能竟其義，如其文也，亦少褒矣。若夫穰苴，區區為小國行師，何暇及司馬兵法之揖讓乎？世既多司馬兵法，以故不論，著穰苴之列傳焉㊀。

【註】㊀我讀司馬兵法，其立論廣大深遠，雖三代征伐，也未能完成其議論，實現其文章，也算是稍微值得稱讚的了。至於穰苴，他不過是為一個區區小國而行師，那裡有空閒去實行司馬兵法的揖讓呢？世上既然很多司馬兵法的書，所以不須詳論，只是著穰苴列傳罷了。

卷六十五　孫子吳起列傳第五

孫子武者，齊人也㊀。以兵法見於吳王闔廬。闔廬曰：「子之十三篇，吾盡觀之矣，可以小試勒兵乎？」對曰：「可。」闔廬曰：「可試以婦人乎？」曰：「可。」於是許之，出宮中美女，得百八十人。孫子分為二隊，以王之寵姬二人各為隊長，皆令持戟。令之曰：「汝知而心與左右手背乎？」婦人曰：「知之。」孫子曰：「前，則視心；左，視左手；右，視右手；後，即視背。」婦人曰：「諾。」約束既布，乃設鈇鉞，即三令五申之。於是鼓之右，婦人大笑。孫子曰：「約束不明，申令不熟，將之罪也。」復三令五申而鼓之左㊁，婦人復大笑。孫子曰：「約束不明，申令不熟，將之罪也；既已明而不如法者，吏士之罪也。」乃欲斬左右隊長。吳王從臺上觀，見且斬愛姬，大駭。趣使使㊂下令曰：「寡人已知將軍能用兵矣。寡人非此二姬，食不甘味，願勿斬也。」孫子曰：「臣既已受命為將，將在軍，君命有所不受。」遂斬隊長二人以徇㈣。用其次為隊長，於是復鼓之。婦人左右前後跪起皆中規矩繩墨，無敢出聲。於是孫子使使報王曰：「兵既整齊，王可試下觀之，唯王所欲用之，雖赴水火猶可也。」吳王曰：「將軍罷休就舍，寡人不願下觀。」孫子曰：「王徒好其言，不能用其實。」於是闔廬知孫子能用兵，卒以為將。西破彊楚，入郢，北威齊晉，顯名諸侯，孫子與有力焉。

【註】㈠《孫子兵法》十三篇，乃初見吳王闔廬時之作品。據《漢書・藝文志》謂：「吳孫子兵法八十二篇、圖九卷。」《隋志》謂：「孫子兵法二卷，吳孫子八變陣圖二卷，孫子兵法雜占四卷。」御覽三百二十八，孫子占曰：「三軍將行，其旗旍從容以向前，是為天送，必亟擊之，得其大將。三軍將行，其旌旗墊然若雨，是為天霑，其帥失。三軍將行，旍旗亂於上，東西南北無所主方，其軍不還。三軍將陣，雨甚，是為浴師，勿用陣戰。三軍將戰，有雲其上而赤，勿用陳，先陳戰者，莫復其迹。三軍方行，大風飄起於軍前，右周絕，軍其將亡，右周中，其師得糧。」此即《雜占》也。㈡鼓之使左。㈢趣：同「促」字，趕快。㈣徇：行示於軍中。

孫武既死，後百餘歲有孫臏。臏生阿鄄之閒㊀，臏亦孫武之後世子孫也。孫臏嘗與龐涓俱學兵法。龐涓既事魏，得為惠王將軍，而自以為能不及孫臏，乃陰使召孫臏。臏至，龐涓恐其賢於己，疾之㊁，則以法刑斷其兩足而黥之，欲隱勿見㊂。

【註】㊀阿：山東陽穀縣。鄄：山東濮縣。㊁疾：忌妬。同「嫉」。㊂欲藏孫臏而不得見惠王。

齊使者如梁㊀，孫臏以刑徒陰見㊁，說齊使。齊使以為奇，竊載與之齊㊂。齊將田忌善而客待之。忌數與齊諸公子馳逐重射㊃。孫子見其馬足不甚相遠，馬有上、中、下輩。於是孫子謂田忌曰：「君弟重射㊄，臣能令君勝。」田忌信然之，與王及諸公子逐射千金。及臨質㊅，孫子曰：「今以君之下駟與彼上駟㊆，取君上駟與彼中駟㊇，取君中駟與彼下駟㊈。」既馳三輩畢，而田忌一不勝而再勝，卒得王千金㊉。於是忌進孫子於威王。威王問兵法，遂以為師。

【註】㊀如：同「入」，往，至也。㊁陰見：暗地，偷偷的去見。㊂竊載：私自載去。㊃重射：

以重金為賭注而馳逐射箭，射中者即得金。㊄弟：同「第」，但也。㊅質：射侯，箭靶。㊆以你的下等之馬與他的上等之馬對馳。㊇以你的上等之馬與他的中等之馬對馳。㊈以你的中等之馬與他的下等之馬對馳。㊉三局賽完，結果，田忌第一局敗了，第二局勝了，第三局又勝了，終於贏得千金。

其後魏伐趙，趙急，請救於齊。齊威王欲將孫臏㊀，臏辭謝曰：「刑餘之人不可。」於是乃以田忌為將，而孫子為師，居輜車中㊁，坐為計謀㊂。田忌欲引兵之趙，孫子曰：「夫解雜亂紛糾者不控捲㊃，救鬭者不搏撠㊄，批亢擣虛㊅，形格勢禁㊆，則自為解耳㊇。今梁趙相攻，輕兵銳卒必竭於外，老弱罷於內㊈。君不若引兵疾走大梁㊉，據其街路⑪，衝其方虛⑫，彼必釋趙而自救⑬。是我一舉解趙之圍而收獘於魏也⑭。」田忌從之，魏果去邯鄲，與齊戰於桂陵⑮，大破梁軍。

【註】㊀欲以孫臏為將。㊁輜車：有帷之車。㊂坐：應為「主」字，負責出計謀。㊃排難解紛者，不可以緊握拳頭（因為緊握拳頭，就表示自己要當場參加戰鬥，反而使糾紛愈大。控：握。捲：同「拳」。）㊄救鬬者，不當場參加打擊（因為自己參加打擊，只有使鬬爭愈烈。撠：音擠（ㄐㄧˇ）擊也。）㊅分開相對抗的雙方，使攻擊空虛。（批：分開，拉開。亢：同「抗」。擣：攻擊。）㊆雙

方隔開，情勢禁制。㈧雙方的糾紛，自然就解開了。㈨罷：同「疲」，困倦。㈩火速向大梁（魏都）出動。㈡佔據他的交通要道。（這一句話，就是「批亢」的戰略意義。我們在前面講「批亢」為分開其對抗，那是就一般社會上排難解紛的情形而言。這裡解釋為打擊其咽喉地帶，是就軍事戰略意義而言的。同樣的一句話，在某一種場合是那樣的解釋，在另一種場合，又作別樣的解釋，這是要活用的，不可泥於一途。）㈢猛衝他正空虛的地區。（這一句話，就是「搗虛」的戰略意義，與前面所講者亦有異）。㈢釋：放手，放開。㈣一舉而解脫被圍的趙國，戰勝疲敝的魏國。㈤桂陵：在山東荷澤縣東北。

後十三歲，魏與趙攻韓，韓告急於齊。齊使田忌將而往，直走大梁。魏將龐涓聞之，去韓而歸，齊軍既已過而西矣。孫子謂田忌曰：「彼三晉之兵素悍勇而輕齊，齊號為怯，善戰者因其勢而利導之。兵法，百里而趣利者蹶上將㈠，五十里而趣利者軍半至。使齊軍入魏地為十萬竈，明日為五萬竈，又明日為三萬竈㈡。」龐涓行三日，大喜，曰：「我固知齊軍怯，入吾地三日，士卒亡者過半矣。」乃弃其步軍，與其輕銳倍日幷行逐之㈢。孫子度其行㈣，暮當至馬陵。馬陵道陝㈤，而旁多阻隘，可伏兵，乃斫大樹白而書之曰「龐涓死于此樹之下。」於是令齊軍善射者萬弩，夾道而伏，期曰「暮見火舉而俱發。」龐涓果夜至斫木下，見白書，乃鑽火燭之。讀其書未畢，齊軍萬弩俱發，魏軍大亂相失。龐涓自知智窮兵敗，乃自剄，曰：「遂成豎子之名㈥！」齊因乘勝盡破其軍，虜魏太子申以歸。孫臏以此名顯天下，世傳其兵法。

【註】㈠趣：同「趨」。蹶：倒斃。㈡逐日減少炊食之竈數，表示死傷之重。這是孫臏之偽裝欺敵的戰術，而龐涓適中其計。㈢加速前進，一日行兩日之路程。㈣度：推測，研判。㈤陜：即「狹」字。㈥豎子：小子。罵人的粗語。

吳起者，衛人也，好用兵。嘗學於曾子，事魯君。齊人攻魯，魯欲將吳起，吳起取齊女為妻，而魯疑之。吳起於是欲就名，遂殺其妻，以明不與齊也。魯卒以為將。將而攻齊，大破之。魯人或惡吳起曰：「起之為人，猜忍人也。其少時，家累千金，游仕不遂，遂破其家。鄉黨笑之，吳起殺其謗己者三十餘人，而東出衛郭門。與其母訣，齧臂㊀而盟曰：『起不為卿相，不復入衛。』遂事曾子。居頃之，其母死，起終不歸。曾子薄之㊁，而與起絕。起乃之魯，學兵法以事魯君。魯君疑之，起殺妻以求將。夫魯小國，而有戰勝之名，則諸侯圖魯矣。且魯衛兄弟之國也，而君用起，則是弃衛。」魯君疑之，謝吳起。

【註】㊀齧：音臬（ㄋㄧㄝˋ），咬。㊁薄之：看不起。輕視他的人格。

吳起於是聞魏文侯賢，欲事之。文侯問李克曰：「吳起何如人哉？」李克曰：「起貪而好色，然用兵司馬穰苴不能過也。」於是魏文侯以為將，擊秦，拔五城。

起之為將，與士卒最下者同衣食。臥不設席，行不騎乘，親裹贏糧，與士卒分勞苦。卒有病疽者，起為吮之㊀。卒母聞而哭之。人曰：「子卒也，而將軍自吮其疽，何哭為？」母曰：「非然也。往年吳公吮其父，其父戰不旋踵㊁，遂死於敵。吳公今又吮其子，妾不知其死所矣。是以哭之。」

【註】㈠為士卒之病瘡者吸膿。㈡不旋踵：形容很短的時間。

文侯以吳起善用兵，廉平，盡能得士心，乃以為西河守，以拒秦、韓。

魏文侯既卒，起事其子武侯。武侯浮西河而下，中流，顧而謂吳起曰：「美哉乎山河之固，此魏國之寶也！」起對曰：「在德不在險。昔三苗氏左洞庭，右彭蠡，德義不修，禹滅之。夏桀之居㈠，左河濟，右泰華，伊闕在其南㈡，羊腸在其北㈢，修政不仁，湯放之。殷紂之國，左孟門㈣，右太行，常山在其北，大河經其南，修政不德，武王殺之。由此觀之，在德不在險。若君不修德，舟中之人盡為敵國也。」武侯曰：「善。」

【註】㈠夏桀之都，依此文所指之山川形勢，似在河南洛陽附近之地。㈡伊闕：在河南洛陽縣南二十里之處，即龍門口，伊水由此口北流與洛河會。昔大禹疏以通水，兩山相對，望之如闕，伊水經歷其闕北流，故謂之伊闕。㈢羊腸：阪名，在山西交城縣東南，戰國時，為趙國之要塞。有人解釋為太行山區之地。㈣朝歌：今河南淇縣。為殷紂之都。孟門：依此文所指，應在淇縣之東，而書籍所註者，皆在淇縣之西，似與此文不合，但又不知其為何地。

（即封）吳起為西河守，甚有聲名。魏置相，相田文㊀。吳起不悅，謂田文曰：「請與子論功，可乎？」田文曰：「可。」起曰：「將三軍，使士卒樂死，敵國不敢謀，子孰與起？」文曰：「不如子。」起曰：「治百官，親萬民，實府庫，子孰與起？」文曰：「不如子。」起曰：「守西河而秦兵不敢東鄉，韓趙賓從㊁，子孰與起？」文曰：「不如子。」起曰：「此三者，子皆出吾下，而位加吾上，何也？」文曰：「主少國疑，大臣未附，百姓不信，方是之時，屬之於子乎？屬之於我乎？」起默然良久，曰：「屬之子矣。」文曰：「此乃吾所以居子之上也。」吳起乃自知弗如田文。

【註】㊀設置丞相，以田文為相。㊁賓從：處於客體之地位而服從主體。

田文既死，公叔為相，尚魏公主㊀，而害吳起。公叔之僕曰：「起易去也。」公叔曰：「柰何？」其僕曰：「吳起為人節廉而自喜名也。君因先與武侯言曰：『夫吳起賢人也，而侯之國小，又與彊秦壤界，臣竊恐起之無留心也。』武侯即㊁曰：『柰何？』君因謂武侯曰：『試延以公主㊂，起有留心則必受之，無留心則必辭矣。以此卜之。』君因召吳起而與歸，即令公主怒而輕君。吳起見公主之賤君也，則必辭。」於是吳起見公主之賤魏相，果辭魏武侯。武侯疑之而弗信也。吳起懼得罪，遂去，即之楚。

【註】㊀尚：娶也。㊁即：如果。㊂延：進也。

楚悼王素聞起賢，至則相楚。明法審令，捐不急之官，廢公族疏遠者，以撫養戰鬬之士。要在彊兵㊀，破馳說之言從橫者㊁。於是南平百越，北幷陳蔡，卻三晉；西伐秦。諸侯患楚之彊。故楚之貴戚盡欲害吳起。及悼王死，宗室大臣作亂而攻吳起，吳起走之王尸而伏之。擊起之徒因射刺吳起，幷中悼王。悼王既葬，太子立，乃使令尹盡誅射吳起而幷中王尸者。坐射起而夷㊂宗死者七十餘家。

【註】㈠以強兵為要務。㈡破除那些東奔西跑而高談合縱連橫之術的議論。㈢夷：滅。

太史公曰：世俗所稱師旅，皆道孫子十三篇，吳起兵法，世多有，故弗論，論其行事所施設者。語曰：「能行之者未必能言，能言之者未必能行。」孫子籌策龐涓明矣，然不能蚤救患於被刑。吳起說武侯以形勢不如德，然行之於楚，以刻暴少恩亡其軀。悲夫！

卷六十六　伍子胥列傳第六

伍子胥者，楚人也，名員。員父曰伍奢。員兄曰伍尚。其先曰伍舉，以直諫事楚莊王，有顯，故其後世有名於楚。

楚平王有太子名曰建，使伍奢為太傅，費無忌為少傅。無忌不忠於太子建。平王使無忌為太子取婦於秦，秦女好，無忌馳歸報平王曰：「秦女絕美，王可自取，而更為太子取婦。」平王遂自取秦女而絕愛幸之，生子軫。更為太子取婦。

無忌既以秦女自媚於平王，因去太子而事平王。恐一旦平王卒而太子立，殺己，乃因讒太子建。建母，蔡女也，無寵於平王。平王稍益疏建，使建守城父㊀，備邊兵。

【註】㊀城父：在今河南寶豐縣。但又有解為安徽亳縣。讀下文謂太子建奔於宋，即河南之商邱，則以亳縣距宋近，城父應即亳縣。

頃之，無忌又日夜言太子短於王曰：「太子以秦女之故，不能無怨望，願王少自備也㈠。自太子居城父，將兵，外交諸侯，且欲入為亂矣。」平王乃召其太傅伍奢考問之。伍奢知無忌讒太子於平王，因曰：「王獨柰何以讒賊小臣疏骨肉之親乎？」無忌曰：「王今不制，其事成矣。王且見禽㈡。」於是平王怒，囚伍奢，而使城父司馬奮揚往殺太子。行未至，奮揚使人先告太子：「太子急去，不然將誅。」太子建亡奔宋。

【註】㈠少：稍微。㈡禽：即「擒」。

無忌言於平王曰：「伍奢有二子，皆賢，不誅且為楚憂。可以其父質而召之㈠，不然且為楚患㈡。」王使使謂伍奢曰：「能致汝二子則生㈢，不能則死。」伍奢曰：「尚為人仁，呼必來。員為人剛戾忍訽㈣，能成大事，彼見來之并禽㈤，其勢必不來。」王不聽，使人召二子曰：「來，吾生汝父；不來，今殺奢也。」伍尚欲往，員曰：「楚之召我兄弟，非欲以生我父也，恐有脫者後生患，故以父為質，詐召二子。二子到，則父子俱死。何益父之死？往而令讎不得報耳。不如奔他國，借力以雪父之恥，俱滅，無為也㊅。」伍尚曰：「我知往終不能全父命。然恨父召我以求生而不往，後不能雪恥，終為天下笑耳。」謂員：「可去矣！汝能報殺父之讎，我將歸死。」尚既就執，使者捕伍胥。伍胥貫弓執矢嚮使者㊆，使者不敢進，伍胥遂亡㊇。聞太子建之在宋，往從之。奢聞子胥之亡也，曰：「楚國君臣且苦兵矣。」伍尚至楚，楚幷殺奢與尚也。

【註】㊀以其父為抵押品（質）而召其子。㊁且：將也。㊂致：召來。㊃忍詢：忍受恥辱。詢：通「詬」，恥辱。㊄幷禽：皆被擒縶。㊅無為：沒有用處，沒有意義。㊆貫弓：張滿了弓，作欲射之狀。嚮：即「向」。㊇亡：逃去。

伍胥既至宋，宋有華氏之亂㊀，乃與太子建俱奔於鄭。鄭人甚善之。太子建又適晉，晉頃公曰：「太子既善鄭，鄭信太子。太子能為我內應，而我攻其外，滅鄭必矣。滅鄭而封太子。」太子乃還鄭。事未會，會自私欲殺其從者，從者知其謀，乃告之於鄭。鄭定公與子產誅殺太子建。建有子名勝。伍胥懼，乃與勝俱奔吳。到昭關㈡，昭關欲執之。伍胥遂與勝獨身步走，幾不得脫㈢。追者在後。至江，江上有一漁父乘船，知伍胥之急，乃渡伍胥。伍胥既渡，解其劍曰：「此劍直百金㈣，以與父。」父曰：「楚國之法，得伍胥者賜粟五萬石，爵執珪，豈徒百金劍邪！」不受。伍胥未至吳而疾，止中道，乞食㈤。至於吳，吳王僚方用事，公子光為將。伍胥乃因公子光以求見吳王。

【註】㈠春秋昭公二十年，宋華亥、向寧、華定與君有爭奪。㈡昭關：山名，在安徽含山縣北，春秋時吳楚之界，因山為關，乃往來之要道，伍子胥橐載而出昭關，即此。㈢幾幾乎脫不了身。㈣直：即「值」，價值。㈤乞食於江蘇之溧陽縣。

久之，楚平王以其邊邑鍾離㈠與吳邊邑卑梁氏俱蠶，兩女子爭桑相攻，乃大怒，至於兩國舉兵相伐。吳使公子光伐楚，拔其鍾離、居巢而歸㈡。伍子胥說吳王僚曰：「楚可破也。願復遣公子光。」公子光謂吳王曰：「彼伍胥父兄為戮於楚，而勸王伐楚者，欲以自報其讎耳。伐楚未可破也。」伍胥知公子光有內志，欲殺王而自立，未可說以外事，乃進專諸於公子光，退而與太子建之子勝耕於野。

【註】㊀鍾離：在安徽之六安。居巢：安徽巢縣。

五年而楚平王卒。初，平王所奪太子建秦女生子軫，及平王卒，軫竟立為後，是為昭王。吳王僚因楚喪，使二公子將兵往襲楚。楚發兵絕吳兵之後㊀，不得歸。吳國內空，而公子光乃令專諸襲刺吳王僚而自立，是為吳王闔廬。闔廬既立，得志，乃召伍員以為行人㊁，而與謀國事。

楚誅其大臣郤宛、伯州犂，伯州犂之孫伯嚭亡奔吳㊂，吳亦以嚭為大夫。前王僚所遣二公子將兵伐楚者，道絕不得歸。後聞闔廬弒王僚自立，遂以其兵降楚，楚封之於舒㊃。闔廬立三年，乃興師與伍胥、伯嚭伐楚，拔舒，遂禽故吳反二將軍㊄。因欲至郢，將軍孫武曰：「民勞，未可，且待之。」乃歸。

【註】㊀斷絕吳兵的後路。㊁行人：官名，掌對外聘問之事。㊂郤宛：伯州犂之子。伯嚭：伯州犂之孫。嚭，音痞（ㄆㄧˇ）。㊃安徽舒城。㊄公子燭庸及蓋餘。

四年，吳伐楚，取六與灊㊀。五年，伐越，敗之。六年，楚昭王使公子囊瓦將兵伐吳。吳使伍員迎擊，大破楚軍於豫章㊁，取楚之居巢。

【註】㊀六：安徽之六安。灊：音潛（ㄑㄧㄢˊ），安徽之霍山縣。㊁昔豫章在江北，分後，徙之於江南。

九年，吳王闔廬謂子胥、孫武曰：「始子言郢㊀未可入，今果何如？」二子對曰：「楚將囊瓦貪，而唐、蔡皆怨之。王必欲大伐之，必先得唐、蔡乃可。」闔廬聽之，悉興師與唐、蔡伐楚，與楚夾漢水而陳。吳王之弟夫概將兵請從，王不聽，遂以其屬五千人擊楚將子常。子常敗走，奔鄭。於是吳乘勝而前，五戰，遂至郢。己卯，楚昭王出奔。庚辰，吳王入郢。

【註】㊀郢：楚都，在湖北江陵縣。

昭王出亡，入雲夢；盜擊王，王走鄖。鄖公弟懷曰：「平王殺我父，我殺其子，不亦可乎！」鄖公恐其弟殺王，與王奔隨㊀。吳兵圍隨，謂隨人曰：「周之子孫在漢川者，楚盡滅之。」隨人欲殺王，王子綦匿王，己自為王以當之。隨人卜與王於吳，不吉，乃謝吳不與王。

【註】㊀隨：湖北隨縣。

始伍員與申包胥為交，員之亡也，謂包胥曰：「我必覆楚㊀。」包胥曰：「我必存之。」及吳兵入郢，伍子胥求昭王。既不得，乃掘楚平王墓，出其尸，鞭之三百，然後已。申包胥亡於山中，使人謂子胥曰：「子之報讎，其以甚乎！吾聞之，人眾者勝天，天定亦能破人。今子故平王之臣，親北面而事之，今至於僇死人，此豈其無天道之極乎！」伍子胥曰：「為我謝申包胥日，吾日莫途遠，吾故倒行而逆施之。」於是申包胥走秦告急，求救於秦。秦不許。包胥立於秦廷，晝夜哭，七日七夜不絕其聲。

秦哀公憐之，曰：「楚雖無道，有臣若是，可無存乎！」乃遣車五百乘救楚擊吳。六月，敗吳兵於稷㊁。會吳王久留楚求昭王，而闔廬弟夫概乃亡歸，自立為王。闔廬聞之，乃釋楚而歸，擊其弟夫概。夫概敗走，遂奔楚。楚昭王見吳有內亂，乃復入郢。封夫概於堂谿㊂，為堂谿氏。楚復與吳戰，敗吳，吳王乃歸。

【註】㊀覆：滅亡，打倒。㊁稷：在河南桐柏縣。㊂堂谿：河南遂平縣。

後二歲，闔廬使太子夫差將兵伐楚，取番㊀。楚懼吳復大來，乃去郢，徙於鄀㊁。當是時，吳以伍子胥、孫武之謀，西破彊楚，北威齊晉，南服越人。

【註】㊀番：鄱陽。㊁鄀：在湖北宜城縣。音若。

其後四年，孔子相魯。

後五年，伐越。越王句踐迎擊，敗吳於姑蘇㊀，傷闔廬指，軍卻。闔廬病創將死，謂太子夫差曰：「爾忘句踐殺爾父乎？」

夫差對曰：「不敢忘。」是夕，闔廬死。夫差既立為王，以伯嚭為太宰，習戰射。二年後伐越，敗越於夫湫㈡。越王句踐乃以餘兵五千人棲於會稽之上，使大夫種厚幣遺吳太宰嚭以請和㈢，求委國為臣妾。吳王將許之。伍子胥諫曰：「越王為人能辛苦。今王不滅，後必悔之。」吳王不聽，用太宰嚭計，與越平㈣。

【註】㈠姑蘇：在江蘇吳縣西南。㈡夫湫：同「夫椒」，在江蘇吳縣西南太湖中，即包山。㈢遺：行賄收買。㈣平：議和。

其後五年，而吳王聞齊景公死而大臣爭寵，新君弱，乃興師北伐齊。伍子胥諫曰：「句踐食不重味，弔死問疾，且欲有所用之也。此人不死，必為吳患。今吳之有越，猶人之有腹心疾也。而王不先越而乃務齊，不亦謬乎！」吳王不聽，伐齊，大敗齊師於艾陵㈠，遂威鄒魯之君以歸㈡。益疏子胥之謀。

【註】㈠艾陵：在山東泰安縣。㈡威：脅迫。鄒：山東鄒縣。魯：山東曲阜。

其後四年，吳王將北伐齊，越王句踐用子貢之謀，乃率其眾以助吳，而重寶以獻遺太宰嚭。太宰嚭既數受越賂，其愛信越殊甚，日夜為言於吳王。吳王信用嚭之計。伍子胥諫曰：「夫越，腹心之病，今信其浮辭詐偽而貪齊。破齊，譬猶石田，無所用之。且盤庚之誥曰：『有顛越不恭，劓殄滅之，俾無遺育，無使易種于茲邑㈠。』此商之所以興。願王釋齊而先越；若不然，後將悔之無及。」而吳王不聽，使子胥於齊。子胥臨行，謂其子曰：「吾數諫王，王不用，吾今見吳之亡矣。汝與吳俱亡，無益也。」乃屬其子於齊鮑牧，而還報吳。

吳太宰嚭既與子胥有隙，因讒曰：「子胥為人剛暴，少恩，猜賊，其怨望恐為深禍也。前日王欲伐齊，子胥以為不可，王卒伐之而有大功。子胥恥其計謀不用，乃反怨望。而今王又復伐齊，子胥專愎㈡，彊諫，沮㈢毀用事，徒幸吳之敗以自勝其計謀耳。今王自行，悉國中武力以伐齊，而子胥諫不用，因輟謝，詳病不行㈣。王不可不備，此起禍不難。且嚭使人微伺之，其使於齊也，乃屬其子於齊之鮑氏。夫為人臣，內不得意，外倚諸侯，自以為先王之謀臣，今不見用，常鞅鞅怨望。願王早圖之。」吳王曰：「微子之言，吾亦疑之㊄。」乃使使賜伍子胥屬鏤㊅之劍，曰：「子以此死。」伍子胥仰天歎曰：「嗟乎！讒臣嚭為亂矣，王乃反誅我。我令若父霸。自若未立時，諸公子爭立，我以死爭之於先王，幾不得立。若既得立，欲分吳國予我，我顧不敢望也。然今若聽諛臣言以殺長者。」乃告其舍人曰：「必樹吾墓上以梓，令可以為器而抉吾眼縣吳東門之上㊆，以觀越寇之入滅吳也。」乃自剄死。吳王聞之大怒，乃取子胥尸盛以鴟夷革㊇，浮之江中。吳人憐之，為立祠於江上，因命曰胥山。

【註】㊀易種：繁殖其種類。㊁愎：音必（ㄅㄧˋ），倔強不順。㊂沮：敗興。毀：毀謗。㊃詳：即「佯」，偽裝。㊄微：非，不僅。㊅屬鏤：劍名。以鋼所鑄之劍。㊆器：棺材。抉：挑出，挖出。縣：通「懸」。㊇鴟夷：革囊也。

吳王既誅伍子胥，遂伐齊。齊鮑氏殺其君悼公而立陽生。吳王欲討其賊，不勝而去。其後二年，吳王召魯衞之君會之橐皋㊀。其明年，因北大會諸侯於黃池㊁，以令周室。越王句踐襲殺吳太子，破吳兵。吳王聞之，乃歸，使使厚幣與越平。後九年，越王句踐遂滅吳，殺王夫差；而誅太宰嚭，以不忠於其君，而外受重賂，與己比周也㊂。

【註】㊀橐皋：在安徽巢縣。㊁黃池：在河南封丘縣南七里。㊂比周：合作為姦。

伍子胥初所與俱亡故楚太子建之子勝者，在於吳。吳王夫差之時，楚惠王欲召勝歸楚。葉公諫曰：「勝好勇而陰求死士，殆有私乎！」惠王不聽。遂召勝，使居楚之邊邑鄢㊀，號為白公。白公歸楚三年而吳誅子胥。

【註】㊀鄢：河南鄢陵縣。

白公勝既歸楚，怨鄭之殺其父，乃陰養死士求報鄭。歸楚五年，請伐鄭，楚令尹子西許之。兵未發而晉伐鄭，鄭請救於楚。

楚使子西往救，與盟而還。白公勝怒曰：「非鄭之仇，乃子西也㊀。」勝自礪劍㊁，人問曰：「何以為？」勝曰：「欲以殺子西。」子西聞之，笑曰：「勝如卵耳，何能為也。」

【註】㊀不是仇視鄭國，乃是仇視子西。㊁礪劍：磨劍。

其後四歲，白公勝與石乞襲殺楚令尹子西、司馬子綦於朝。石乞曰：「不殺王，不可。」乃劫（之）王如高府㊀。石乞從者屈固負楚惠王亡走昭夫人之宮。葉公聞白公為亂，率其國人攻白公。白公之徒敗，亡走山中，自殺。而虜石乞，而問白公尸處，不言將亨㊁。石乞曰：「事成為卿，不成而亨，固其職也。」終不肯告其尸處。遂亨石乞，而求惠王復立之。

【註】㊀如：往也。高府：楚之別府。㊁亨：即「烹」。

太史公曰：怨毒之於人甚矣哉！王者尚不能行之於臣下，況同列乎㊀！向令㊁伍子胥從奢俱死，何異螻蟻。弃小義，雪大恥，名垂於後世，悲夫！方子胥窘於江上，道乞食，志豈嘗須臾忘郢邪㊂？故隱忍就功名，非烈丈夫孰能致此哉？白公如不自立為君者，其功謀亦不可勝道者哉！

【註】㊀怨毒對於人，真是太可怕了！王者尚不能與臣下結怨，而況是同事之間嗎？㊁向令：假使，倘使。㊂須臾：頃刻之間，很短暫的時間。郢：楚之首都，在湖北江陵縣。言伍子胥雖然困於江上，路中乞食，但是，他的心豈曾有頃刻之時忘記報楚國之仇啊？

史記今註　第四冊

主編◆中華文化復興運動推行委員會（國家文化總會）
國立編譯館中華叢書編審委員會
註者◆馬持盈
發行人◆王學哲
總編輯◆方鵬程
執行編輯◆葉幗英 吳素慧
校對◆林延澤 徐平
美術設計◆吳郁婷

出版發行：臺灣商務印書館股份有限公司
臺北市重慶南路一段三十七號
電話：（02）2371-3712
讀者服務專線：0800056196
郵撥：0000165-1
網路書店：www.cptw.com.tw
E-mail：ecptw@cptw.com.tw
網址：www.cptw.com.tw

局版北市業字第 993 號
初版一刷：1979 年 7 月
二版一刷：2010 年 7 月
定價：新台幣 620 元

ISBN 978-957-05-2470-3（精裝）

史記今註／中華文化復興運動推行委員會（國家文化總會），國立編譯館中華叢書編審委員會主編；馬持盈註. --二版. --臺北市：臺灣商務，2010. 07
冊；　公分

ISBN 978-957-05-2470-3（第四冊：精裝）

1. 史記　2. 註釋

610.11　　99001276